JAMES BERNARD MACKINNON, gewöhnlich J. B. MacKinnon, geboren 1970, ist ein mit zahlreichen Preisen ausgezeichneter kanadischer Journalist, Herausgeber und Buchautor, der sich vor allem mit Umweltthemen befasst. Seine Arbeiten erscheinen u. a. in *The New Yorker*, *The Atlantic* und *National Geographic*. Sein Buch über Mahlzeiten aus lokalen Nahrungsmitteln, *The 100-Mile-Diet*, war ein Bestseller. J. B. MacKinnon lebt in Vancouver an der kanadischen Westküste, wo er auch viel Zeit in einer Waldhütte ohne Internet verbringt. Shopping steht nicht oben auf seiner Agenda.

Der Tag, an dem wir aufhören zu shoppen in der Presse:

»Ein Buch voller Aha-Momente, das nicht missioniert.« *Brigitte*

»Aus der Menge von Büchern mit oft sehr simplen Rezepten für ein einfaches Leben ragt dieses heraus – wegen seiner Menschlichkeit und des wirklich globalen Ansatzes, mit dem er das Thema Überkonsum betrachtet.«
Frank Trentmann, Autor von *Die Herrschaft der Dinge*

www.penguin-verlag.de

J. B. MacKinnon

Der Tag, an dem wir aufhören zu shoppen

Was wir gewinnen,
wenn wir weniger konsumieren

Aus dem Englischen von
Stephan Gebauer

 PENGUIN VERLAG

Die Originalausgabe erschien 2021 unter dem
Titel *The Day, the World Stops Shopping* bei
The Bodley Head, London

Penguin Random House Verlagsgruppe FSC® N001967

1. Auflage 2023
Copyright © 2021 der Originalausgabe by J. B. MacKinnon
Copyright © 2021 der deutschsprachigen Ausgabe by Penguin Verlag
in der Penguin Random House Verlagsgruppe GmbH,
Neumarkter Straße 28, 81673 München
Redaktion: Fabian Bergmann
Umschlaggestaltung: Favoritbuero, München
Umschlagabbildungen: © Shutterstock/Molibdenis-Studio
Satz: Vornehm Mediengestaltung GmbH, München
Druck und Bindung: GGP Media GmbH, Pößneck
Printed in Germany
ISBN 978-3-328-10994-5
www.penguin-verlag.de

Inhalt

III ANPASSUNG

IV TRANSFORMATION

**Arm ist nicht,
wer wenig hat,
sondern wer sich
mehr wünscht.**

– SENECA

Dann sagte er zu den Leuten: Gebt acht, hütet euch vor jeder Art von Habgier. Denn der Sinn des Lebens besteht nicht darin, dass ein Mensch aufgrund seines großen Vermögens im Überfluss lebt.

– LUKAS 12,16

Die Welt hat genug für jedermanns Bedürfnisse, aber nicht für jedermanns Gier.

– MAHATMA GANDHI

Eine Konsumgesell-
schaft kann unmöglich
wissen, wie man für
eine Welt sorgt ... die
Konsumeinstellung
zerstört alles, was
sie berührt.

— HANNAH ARENDT

Die Leute ertrinken in Dingen. Sie wissen nicht einmal, wofür sie diese Dinge brauchen. Sie sind tatsächlich nutzlos. Man kann keinen Sex mit einem Cadillac haben, obwohl es anscheinend alle versuchen.

– JAMES BALDWIN

In einer Konsumgesell-
schaft gibt es durchweg
zwei Arten von Sklaven:
die Gefangenen der
Sucht und die Gefange-
nen des Neids.

– IVAN ILLICH

Ich fordere Sie alle auf, mehr einkaufen zu gehen.

— GEORGE W. BUSH

Wir müssen aufhören, Zeug zu kaufen, aber wir können nicht aufhören, Zeug zu kaufen

Die Sonne steht im Zenit über der Kalahari-Wüste in Namibia. Es ist so heiß, dass die Lunge mit jedem Atemzug ein wenig ledriger wird. In alle Himmelsrichtungen erstreckt sich Dornengestrüpp, das aussieht, als würde es dich bei der geringsten Berührung verletzen, dich stechen und deine Kleidung aufreißen. In der Nähe – aber doch zu weit entfernt, um in dieser Hitze hinzulaufen – stehen einige mit Strohdächern gedeckte Lehmhütten, die so rotgolden sind wie der sie umgebende Boden. Am Ende des zweiten Jahrzehnts des 21. Jahrhunderts ist dies ein bemerkenswerter Anblick, denn es gibt hier beinahe keine *Dinge:* Da sind nur ein paar von der Sonne verbrannte Plastikstühle, die ausgebleichten Kleidungsstücke, welche die Haut von ein paar jungen Jägern bedecken, und ein aus Metallabfällen zusammengebasteltes Gestell, an dem ein verbeulter Teekessel über einem Haufen fast erloschener Kohle hängt. Im Eingang einer Hütte ohne Tür hat jemand einen Bogen und einen Köcher mit Pfeilen abgestellt.

Ein alter Jäger sitzt unter einem kümmerlichen Baum, der einen so kleinen Schatten wirft, dass darin kaum zwei Personen Platz hätten, ohne mit den Knien zusammenzustoßen. Der Name des Jägers ist für Fremde kaum auszusprechen: Er heißt G‡kao, wobei das ‡ für einen harten Klang steht, den man erzeugt, indem man hinter den Vorderzähnen mit der Zunge schnalzt. Das Resultat klingt ein wenig wie »Gitkao«, und wenn es uns hilft, uns seinen Namen so vorzustellen, wird er uns diese ungeschickte Lösung sicher verzeihen. Man kann sich ihn selbst auch als einen Mann mit kurzem grauem Ziegenbärtchen vorstellen, mit einem Gesicht, das eher von Lachen geprägt als von Sorgen gezeichnet ist, und dem drahtigen, muskulösen Körper eines Langstreckenläufers.

»Gegenwärtig kommt unsere Nahrung vor allem aus dem Busch«, erklärt mir G‡kao. Hin und wieder bringen staatliche Beamte zwei große Säcke Maismehl für jeden Haushalt. Die Dorfbewohner haben auch ein wenig Bargeld, das entweder aus staatlicher Unterstützung oder dem Verkauf von Handwerkserzeugnissen stammt, die ein Mitglied der Gemeinschaft fast 40 Kilometer mit dem Pferd oder zu Fuß nach Tsumkwe bringt, um sie dort zu verkaufen. Diese kleine Ortschaft ist die wirtschaftliche Drehscheibe der Region. Aber die Bewohner des Dorfs Den|ui (klingt ein wenig wie »Dengui«) könnten nicht überleben, ohne auf die Jagd zu gehen und im Busch nach essbaren Pflanzen zu suchen.

»Ich habe gesehen, dass die Männer in anderen Dörfern nicht jagen und nicht einmal Jagdgeräte haben«, erzählt G‡kao. »Wenn die Sonne aufgeht, bleiben sie einfach bis Sonnenuntergang in ihren Häusern. Aber in diesem Dorf jagen wir bis heute und werden es auch in Zukunft tun. Wenn schwere Zeiten kommen, wenn die Flitterwochen enden, musst du in der Lage sein, selbst Nahrung zu finden.«

Natürlich ist Den|ui mit der modernen Welt in Berührung gekommen. G‡kao sitzt auf einem blauen Plastikstuhl

und trägt Kleidung – darunter eine schimmernde Gürtel-
schnalle im Cowboystil –, die er an einem Secondhandstand
in Tsumkwe erstanden hat. (Viele Kleiderspenden, die nach
Afrika gehen, werden dort von Händlern verkauft oder als
Abfall verbrannt, anstatt an Bedürftige verteilt zu werden.)
Aber G‡kaos Abendessen wird ein Fleischeintopf aus Kudu-
Antilope und Wildgemüse sein. Er jagt nicht mit dem Gewehr.
Sein Bogen ist aus Grewiaholz gefertigt und mit einer Sehne
aus dem Rücken einer Antilope bespannt. Die Schäfte seiner Pfeile schnitzt er aus dicken, hohlen Hochgrasstielen, die
Pfeilspitzen benetzt er mit dem Gift von Käferlarven, die er
ausgräbt und zerstampft. Sein Köcher ist eine Röhre aus der
harten Wurzelrinde einer Rotrindenakazie, die er ebenfalls
ausgegraben, dann zerschnitten und so lange geröstet hat,
bis er den Kern mit einem leichten Schlag entfernen konnte.
Manchmal fertigt er einen kleineren Köcher und ein paar
Pfeile ohne Gift an, die er an gelegentlich in die Gegend kom-
mende Touristen verkauft. Aber er bewahrt sich diese Fertig-
keiten nicht, weil sie einen Marktwert haben: Er setzt sie in
seinem täglichen Leben ein.

G‡kao bezeichnet sich als einen Angehörigen der Ju|'hoansi
(klingt ein wenig wie »Kukwansi«), was in seiner Sprache
»wirkliche Menschen« bedeutet. Außenstehende bezeichnen
dieses Volk als Buschmänner und manchmal als San. Man
kennt diese Menschen und ihre ungewöhnliche »Klickspra-
che« aus *National-Geographic*-Dokumentationen oder der
klassischen Kinokomödie *Die Götter müssen verrückt sein.* Es
wird darüber gestritten, inwieweit diese Begriffe historisch
belastet sind. Aber wie der britische Anthropologe und Autor
James Suzman, der den Ju|'hoansi viele Jahre seiner Karriere
gewidmet hat, erklärt: »Für sie ist das Problem nicht, wie
andere sie nennen, sondern wie andere sie behandeln.«

Im Jahr 1964 verbrachte ein kanadischer Anthropologe namens Richard B. Lee, der noch keine dreißig Jahre alt war, mehr als ein Jahr bei den Ju|'hoansi und leistete Forschungsarbeit, deren Ergebnisse mittlerweile zu den bedeutsamsten wissenschaftlichen Erkenntnissen des 20. Jahrhunderts zählen. Als Lee in der Kalahari eintraf, betrachteten Anthropologen und Außenstehende im Allgemeinen das Leben der Jäger und Sammler als den verzweifelten Überlebenskampf einer menschlichen Spezies, deren Entwicklungsstand eher dem wilder Tiere als dem moderner Menschen entsprach.

Lee entschloss sich, diese Annahmen empirisch zu überprüfen. Er verbrachte einen ganzen Monat damit, exakt festzuhalten, wie jedes einzelne Mitglied der Gemeinschaft seine Zeit nutzte. In einem weiteren Monat zählte er die Kalorien in sämtlichen Nahrungsmitteln der Ju|'hoansi. Nach Auswertung der im Lauf des Jahres gesammelten Daten gelangte er zu folgendem Ergebnis: Das Leben der Jäger und Sammler konnte durchaus gut sein. Und in mancher Hinsicht war es möglicherweise sogar *besser* als das Leben in den Industrieländern.

Zunächst einmal arbeiteten die Ju|'hoansi nicht sehr hart. Im Durchschnitt wandten sie etwa 30 Stunden in der Woche für den Nahrungserwerb und für Tätigkeiten wie Kochen und das Sammeln von Brennholz auf. Zu jener Zeit verbrachte das typische Mitglied der »ersten Wohlstandsgesellschaft« – jener der Vereinigten Staaten – 31 Stunden pro Woche am Arbeitsplatz und wandte durchschnittlich 22 Stunden für Hausarbeiten auf. Besonders bemerkenswert war, dass das fleißigste Mitglied der von Lee beobachteten Ju|'hoansi-Gemeinde, ein Mann namens ǂOma (klingt ein wenig wie »Toma«), jede Woche 32 Stunden der Jagd widmete – was weit von den mehr als 60 Arbeitsstunden entfernt war, die in unseren Gesellschaften heute nicht unüblich sind. Und dann war da noch die Tatsache, dass sich die meisten alten Leute sowie die unter Zwanzigjährigen normalerweise überhaupt nicht am Jagen und Sammeln beteiligten.

Mussten Menschen, die so lebten, nicht ständig Hunger leiden und unterernährt sein? Keineswegs, erklärte Lee. Die Juǀ'hoansi aßen mehr als genug für Menschen ihrer Größe und ihres Aktivitätsniveaus. Neben Wildfleisch genossen sie ein vielfältiges Menü von Wildpflanzen. Auf Lees Frage, warum sie nie zur Landwirtschaft übergegangen seien, erklärte einer der Juǀ'hoansi: »Warum sollten wir anpflanzen, wenn die Welt voll von Mankettinüssen ist?«

Natürlich mussten die Juǀ'hoansi für dieses relativ annehmliche Leben Zugeständnisse machen. Besonders auffällig für einen Fremden, der wie Lee aus der Welt der Beatlemania und des neuen Ford Mustang kam, war, dass die Juǀ'hoansi fast keine Dinge besaßen. Die Männer hatten ein paar Kleidungsstücke aus Tierfellen, Decken (in der Kalahari kann die Temperatur unter den Gefrierpunkt sinken), Jagdausrüstung und vielleicht ein einfaches, handgefertigtes Musikinstrument. Die Frauen besaßen ebenfalls Kleidung, Stöcke zum Graben und paar Schmuckstücke, die sie aus Holz, Samen und der Schale von Straußeneiern angefertigt hatten.

Gemessen daran, wie lange sie schon existieren, sind die Juǀ'hoansi und verwandte Völker im südlichen Afrika die erfolgreichsten Beispiele für den Lebensstil der Jäger/Sammler-Gesellschaften. Bisher weiß niemand genau, wo in Afrika unsere Spezies, der Homo sapiens, ihren Ursprung hat. Fest steht jedoch, dass bald nach diesem Evolutionsschritt Menschen im südlichen Afrika lebten, wo sich die menschliche Familie in zwei Gruppen spaltete. Die eine wanderte nach Norden, und ihre Nachfahren wurden afrikanische Bauern,

europäische Seefahrer, chinesische Kaufleute und Wagnis-
kapitalisten im Silicon Valley. Die andere Gruppe, darunter
die Vorfahren der Juǀ'hoansi, blieb in der Gegend. Diese Menschen haben die letzten 150 000 Jahre damit verbracht, den
bestmöglichen Weg zu finden, um ein gutes Leben in ihrer
natürlichen Umwelt führen zu können.

Lee war nicht der Einzige, der über einen bemerkenswer-
ten Wohlstand berichtete, wo Außenstehende ihn nie erwartet hatten: Weltweite Studien lieferten ähnliche Erkenntnisse.
Unsere Spezies lebte mehr als neun Zehntel ihrer Geschichte
vom Jagen und Sammeln. Als sich Lee und andere Forscher in
den Sechzigerjahren in der Welt umsahen, begannen sie zu
bezweifeln, ob ihre eigene Zivilisation genauso langlebig sein
würde: Ein atomares Wettrüsten hatte begonnen, die Weltbevölkerung wuchs rasant, und die Umwelt war rund um den
Erdball heftigen Belastungen ausgesetzt. Die Wissenschaftler
fingen an, sich Sorgen über ein Phänomen zu machen, das
sie als »Treibhauseffekt« bezeichneten, eine Entwicklung, die
das Klima zu verändern drohte. Die Anthropologen wurden
von einem Gefühl beschlichen, das mittlerweile viele Leute
haben: dass wir an irgendeinem Punkt in der Entwicklung
der Zivilisation den falschen Weg eingeschlagen haben, der
uns Tausende Jahre später in eine Welt geführt hat, in der
es von computergesteuerten Katzenklos, Zahnbürsten mit
Bleichfunktion, *Storage Wars* und all dem anderen surrealen
Gerümpel des modernen Lebens nur so wimmelt.

Als Lee seine Forschungsergebnisse im Jahr 1966 auf einer
Konferenz in Chicago vorlegte, erklärte sein Kollege Marshall
Sahlins: »Bei genauerer Betrachtung stellt man fest, dass dies
die ursprüngliche Wohlstandsgesellschaft war.« Anscheinend konnte die Menschheit zwei verschiedene Wege einschlagen, um jedermanns Wünsche und Bedürfnisse zu

erfüllen. Die erste Lösung bestand darin, viel zu produzieren, die zweite darin, wenig zu wollen. Die Ju|'hoansi und andere Jäger/Sammler-Gesellschaften hätten »Wohlstand ohne Überfluss« entwickelt, erklärte Sahlins, einen Lebensstil mit wenigen Bedürfnissen, die sie leicht mit dem erfüllen konnten, was ihnen ihre Umwelt anbot. (Henry David Thoreau beschritt den Weg der Ju|'hoansi und erklärte: »Ich mache mich reich, indem ich die Zahl meiner Wünsche verringere.«) Angesichts der Tatsache, dass Jäger und Sammler häufig weniger Nahrung und anderes Material anhäufen, als ihnen zur Verfügung steht, stellte Sahlins die Frage nach der »inneren Bedeutung der Produktion unterhalb der Kapazität«. Könne es sein, fragte er, dass eine solche Selbstbeschränkung ein erfüllteres und zufriedeneres Leben ermögliche als die Jagd nach immer mehr Geld und Besitz? Die Wissenschaftler waren sich darin einig, dass es schwierig werden würde, diese Frage zu beantworten, und zwar aus dem brutalsten aller Gründe. Im Konferenzresümee hieß es: »Bald wird es keine Jäger mehr geben, die wir studieren können.«

Die Jäger und Sammler selbst hatten andere Pläne und behaupteten sich trotz unablässiger Angriffe auf ihren Lebensraum und ihre Kultur. Den|ui, das umgeben von der Wüste am Ende eines langen, sandigen Fahrwegs liegt, zählt zu den Ju|'hoansi-Dörfern, in denen der »Jagdgeist« weiterhin ungebrochen ist. G‡kao wirkt wie ein Mann, der immer ein Jäger und Sammler war, ein Bollwerk gegen den Vormarsch des globalisierten Lebens. Aber dieser Eindruck täuscht. G‡kao diente eine Weile in der südafrikanischen Armee. Später arbeitete er als öffentlich Bediensteter in Tsumkwe und verdiente Geld, das er in den Läden ausgeben konnte. Er hat ferngeschaut, ist in Autos gefahren, hat sich von aus aller Welt importierten Lebensmitteln ernährt und die Ankunft des Mobiltelefons erlebt. In seinen Augen war das immer ein ungewisses, instabiles, verletzliches Leben, das fast vollkommen von Kräften abhing, die sich der Kontrolle des Einzelnen entzogen.

Eines Tages gab er dieses Leben auf. Er *entschied* sich dagegen.

»Ich dachte oft darüber nach, zum alten Wissen zurückzukehren«, sagt er. »Das war immer mein Traum. Ich kehrte ins Dorf zurück, und hier werde ich bleiben, um zu jagen.«

Ist es möglich, dass sich der Rest von uns eines Tages ebenfalls entscheiden wird, die Konsumkultur aufzugeben? Dass wir die »innere Bedeutung der Produktion unterhalb der Kapazität« suchen werden, anstatt uns dem ruhelosen Treiben im Kreislauf von Verdienen und Ausgeben, dem unverhohlenen Statuswettbewerb im Zeitalter der sozialen Medien und des Reality-TV, der planetarischen Zerstörungskraft des Systems auszuliefern, das uns mit unserer Kleidung, unseren Autos, unserem technischen Spielzeug und all den anderen Ablenkungen versorgt? Gǂkaos Rückkehr in ein Leben mit weniger Bedürfnissen und sogar weniger Wünschen spiegelt sowohl die Hoffnungen als auch die Befürchtungen wider, die eine solche Entscheidung bei uns weckt: Auf der einen Seite mag sich unsere uralte menschliche Seele nach Einfachheit sehnen, auf der anderen Seite befürchten wir, dass uns dieser Weg zurück in die Steinzeit führen wird.

Im 21. Jahrhundert rückt ein entscheidendes Dilemma in den Vordergrund: Wir müssen aufhören, Zeug zu kaufen, aber wir können nicht aufhören, Zeug zu kaufen. Nach Einschätzung einer von den Vereinten Nationen gebildeten Expertengruppe für globale Ressourcen überholte der Konsum um die Jahrtausendwende still und leise das Bevölkerungswachstum als größte Bedrohung für unsere natürliche Umwelt. Wenn es um den Klimawandel, das Aussterben von Spezies, die Erschöpfung der Wasserreserven, die Verseuchung mit Giftmüll, die Entwaldung und andere Krisen geht, hat die Frage, wie viel jeder von uns konsumiert, mittlerweile größere Bedeutung als die Frage, wie viele von uns es gibt. Der durchschnittliche Einwohner eines reichen Landes konsumiert das 13-Fache dessen, was ein Mensch in einem armen Land verbraucht. Gemessen an den Umweltfolgen bedeutet dies, dass die Auswirkungen der Geburt eines Kindes in Nordamerika oder Westeuropa auf den Planeten denen der Geburt von 13 Kindern in einem Land wie Bangladesch, Haiti oder Sambia entsprechen. Zwei Kinder in einem reichen Land großzuziehen, wiegt ökologisch genauso schwer wie das Aufziehen von 26 Kindern in einem armen Land.

Seit Jahrzehnten beobachten wir einen fast ununterbrochenen Anstieg des Verbrauchs an allen wichtigen Rohstoffen von Erdöl bis zu Schmucksteinen, von Kies bis zu Gold. Wir verbrauchen die Ressourcen des Planeten 1,6-mal schneller, als sie sich regenerieren können. Würden alle Menschen so viel konsumieren wie der Durchschnittsamerikaner, so würde die Ressourcenvernichtung fünfmal schneller voranschreiten. Es ist, als würden wir jedes Jahr unser gesamtes Einkommen ausgeben, zusätzlich die Hälfte dieses Betrags aus den Ersparnissen nehmen, die wir eigentlich unseren Kindern hinterlassen wollten, und dieses Geld ebenfalls ausgeben. Wenn wir so weitermachen, wird sich unser Ressourcenverbrauch bis 2050 allein im 21. Jahrhundert verdreifachen.

Hier und da ergreifen wir Gegenmaßnahmen und verbieten Plastiktüten oder Strohhalme; gleichzeitig explodiert die Kunststoffproduktion und wächst mehr als doppelt so schnell wie die Weltwirtschaft. Wir kaufen heute gemessen am Gewicht fünfmal mehr Kleidung als in den 1950er-Jahren, womit wir jedes Jahr einen 50 Millionen Tonnen schweren Berg aus Textilien anhäufen – ein Asteroid dieser Masse würde jede Großstadt in Schutt und Asche legen und rund um den Globus Erdbeben auslösen. Allein in den letzten zwanzig Jahren stieg die Zahl der Kleidungsstücke, die jeder von uns kauft, um mehr als 60 Prozent, während sich die Lebensdauer dieser Kleidung fast halbierte. Mag sein, dass wir unseren unersättlichen Appetit auf Konsum nicht genau messen können, aber das spielt keine Rolle: Selbst wenn die tatsächlichen Zahlen weit von den Schätzungen entfernt wären, hätten wir es mit einer Krise des Planeten zu tun.

In den Vereinigten Staaten geben die Konsumenten mittlerweile jedes Jahr mehr als 250 Milliarden Dollar für digitale Geräte aus. Sie investieren 140 Milliarden in Pflegeartikel, 75 Milliarden in Schmuck und Uhren, 60 Milliarden in Haushaltsgeräte und 30 Milliarden in Gepäckstücke. Aber das Stereotyp des Amerikaners als Inbegriff des rücksichtslosen Konsumsüchtigen trifft nicht länger zu – sofern es das jemals tat. Einige Länder, die über große Erdölvorkommen verfügen – darunter Katar, Kuwait und die Vereinigten Arabischen Emirate –, übertreffen mittlerweile den amerikanischen Pro-Kopf-Konsum, und dasselbe gilt für Luxemburg. Die Kauflustigen in der Europäischen Union geben fast genauso viel für Konsum aus wie die US-Amerikaner, und die Kanadier hinterlassen einen ähnlichen großen »ökologischen Fußabdruck« auf dem Planeten. In China räumen mittlerweile zwei Drittel der Bevölkerung ein, mehr Kleidungsstücke zu besitzen, als sie brauchen. In einem Bericht der Weltbank heißt es, dass selbst die ärmsten Erdenbewohner nicht kaufen, »was sie ›brauchen‹, sondern was sie zu bezahlen bereit sind«. Die 4,5 Milliarden einkommensschwachen Menschen auf der Welt bilden einen riesigen Konsummarkt und geben gemeinsam jedes Jahr mehr als fünf Billionen Dollar aus.

Die Arbeitsflächen in unseren Küchen sind heute größer, wir haben mehr Platz in unseren Betten, und das Fassungsvermögen unserer Schränke hat sich verdoppelt. Das Gewicht der Technosphäre – der globalen Masse der Dinge, die wir bauen und machen, also unserer *Sachen* – übersteigt unser kollektives Körpergewicht Schätzungen zufolge um das Hunderttausendfache. Würde unser materieller Besitz gleichmäßig über die Oberfläche des Planeten verteilt, so läge auf jedem Quadratmeter ein 50 Kilo schwerer Haufen. Stellen wir uns einen Haufen vor, der aus einem kleinen Fernsehgerät, einer Ananas, einem Toaster, einem Paar Schuhe, einem Betonklotz, einem Autoreifen, einer Jahresration Käse für den Durchschnittsamerikaner und einem Chihuahua als Haustier besteht.

Und dann sind da noch all die Dinge, die wir wegwerfen. Würde man sämtlichen Müll, der in einem Jahr in den Vereinigten Staaten und Kanada anfällt, auf Lastwagen laden und diese aneinanderreihen, so erhielte man eine Kolonne, die zwölfmal um den Äquator liefe. In der Vergangenheit warfen die Amerikaner sehr viel mehr Dinge weg als die Europäer, aber Länder wie Deutschland und die Niederlande haben mittlerweile aufgeholt. Im französischen Durchschnittshaushalt fällt heute viermal so viel Müll wie im Jahr 1970 an. Rund ein Fünftel der weltweit produzierten Lebensmittel wird weggeworfen, wobei bemerkenswert ist, dass dies in den ärmeren Ländern ebenso ein Problem ist wie in den reicheren. Früher halfen uns Hunde und Katzen bei der Beseitigung von Essensresten. Heute haben sie ihre eigenen Konsumgüter, von Betten über Spielzeuge und Kleidung bis zu »Haustiertechnologie« – auf diesem Markt werden allein in den Vereinigten Staaten jährlich mehr als 16 Milliarden Dollar umgesetzt. Unsere Haustiere produzieren ihren eigenen Müll.

Unsere Reaktion auf diese Entwicklungen besteht nicht darin, weniger zu konsumieren, sondern darin, den Konsum »grün« zu machen. Weltweit wird versucht, mit fossilem Brennstoff betriebene Fahrzeuge durch Elektroautos zu ersetzen und Handys mit Strom aus Wind- und Sonnenenergie statt aus fossiler Energie aufzuladen. Biolebensmittel, ungiftige Farben, wiederverwendete Computer, energieeffiziente Fernsehgeräte und wassersparende Spülmaschinen sind heute leicht zugänglich.

Ohne diese Fortschritte würde der Genuss all der Produkte und Dienstleistungen sehr viel größere Umweltschäden anrichten. Aber bisher führt der »grüne Konsum« nirgendwo auf der Welt zu einer Verringerung des absoluten Rohstoffverbrauchs. Wie es Joyce Msuya, die damalige Leiterin des Umweltprogramms der Vereinten Nationen, im Jahr 2019 ausdrückte: »Unsere Nachfrage nach natürlichen Ressourcen ist zu keinem Zeitpunkt und auf keinem Einkommensniveau gesunken.« Tatsächlich wurde die Effizienz unserer Ressourcennutzung seit der Jahrtausendwende insgesamt *geringer*, während die Geschwindigkeit, mit der wir die Ressourcen verbrauchen, zugenommen hat.

Es gibt einige Entwicklungen, die Hoffnung machen. Zwar ist der Rohstoffverbrauch in den letzten zwei Jahrzehnten rasant gestiegen, aber die reichsten Länder waren nur für einen kleinen Teil dieses Anstiegs verantwortlich: Mit Unterstützung der grünen Technologie hinterlassen die reichsten Konsumenten der Welt heute tatsächlich einen kleineren ökologischen Fußabdruck als in der Vergangenheit. Allerdings richten sie pro Kopf weiterhin den größten Schaden an, denn sie konsumieren immer noch am meisten, und ihr Verbrauch steigt weiter. Was wir bisher getan haben, um unseren Konsum umweltfreundlicher zu machen, konnte nicht mit dem Wachstum unseres Konsumappetits Schritt halten. Unsere Leidenschaft für den grünen Konsum wirkt sonderbar, wenn nicht sogar absurd. Wenn wir tatsächlich weniger Schaden verursachen wollen, sollten wir vielleicht darüber nachdenken ... weniger zu konsumieren.

Ein besonders anschauliches Beispiel liefern unsere Versuche, die Kohlenstoffemissionen zu verringern, die eine Erwärmung der Erdatmosphäre verursachen. Konzertierte internationale Anstrengungen, Milliardeninvestitionen in grüne Technologien und ein beeindruckender Anstieg des Angebots an erneuerbarer Energie haben bisher nicht genügt, um die Menge an CO_2 zu verringern, die jedes Jahr in die Erdatmosphäre gepustet wird. Jede Verbesserung wurde durch das Wachstum des globalen Konsums zunichtegemacht. Seit Beginn der historischen Aufzeichnungen sind die globalen Treibhausgasemissionen nur in großen Wirtschaftskrisen *gesunken* – das heißt in Zeiten, in denen die Menschheit aufhörte, einkaufen zu gehen. Während des Stillstands des wirtschaftlichen Lebens in der Coronapandemie in den ersten Monaten des Jahres 2020 sanken die CO_2-Emissionen in den meisten Ländern zwischen einem Fünftel und einem Viertel, und Länder, die Jahre hinter ihren Zielen für die Emissionssenkung herhinkten, übertrafen plötzlich ihre Ziele. Aber der Effekt war natürlich nicht von Dauer. (China stellte nur einen Monat nach Beginn der globalen wirtschaftlichen Erholung einen neuen Emissionsrekord auf.) Aber es ist unübersehbar, dass ein Stopp des Konsums dem Klimawandel augenblicklich und umfassend entgegenwirkt.

Aber wir können nicht einfach aufhören, Dinge zu kaufen. Ein wichtiger Grundsatz des 21. Jahrhunderts lautet, dass es unsere bürgerliche Pflicht ist, zu kaufen, zu kaufen und noch mehr zu kaufen. Neun Tage nach den Terroranschlägen auf New York und Washington am 11. September 2001 forderte Präsident George W. Bush in einer Rede vor dem amerikanischen Kongress, die in aller Welt verfolgt wurde, die Bürger auf, großzügig, ruhig, tolerant und geduldig zu sein. Und dann sagte er: »Ich bitte Sie, zur amerikanischen Wirtschaft beizutragen und ihr zu vertrauen.« Diese Aussage blieb als Aufforderung an die verwundete Nation in Erinnerung, »einkaufen zu gehen«. Lassen wir einmal beiseite, dass Bush das in Wahrheit gar nicht sagte. Die implizite Botschaft, der Kauf frischer Bettbezüge oder die Neudekorierung des Hauses sei eine gute Antwort auf den Beginn eines Zeitalters des Terrors, hinterließ einen derart tiefen Eindruck, dass diese Worte, die der Präsident – noch – nicht gesagt hatte, zu seinen berühmtesten Äußerungen zählen.

Bushs Appell war aufrüttelnd, weil die Menschheit seit jeher Zweifel am Konsum hegt. Moralische Wortführer aller großen Religionsgemeinschaften und politischen Bewegungen – die am Anfang des Buchs zitierten Äußerungen könnten durch Ermahnungen von Konfuzius, Benjamin Franklin, Henry David Thoreau, Betty Friedan, Aldous Huxley, Martin Luther King, John Maynard Keynes, Margaret Atwood, Chuck D und vielen anderen ergänzt werden – forderten die Menschen auf, weniger materialistisch zu sein und sich aus den Fängen der Konsumkultur zu befreien. Selbst der Ökonom Adam Smith, der oft als Vater des Kapitalismus bezeichnet wird, hielt den Materialismus nicht für eine Tugend, sondern für ein Laster. Er verurteilte den »Liebhaber von Spielzeug«, der »in einer Zeit des Überflusses« nach »Tand und Flitter«

strebte, »der eher zum Spielzeug für Kinder als zum ernsten Geschäft erwachsener Männer passt«. Weniger Dinge zu kaufen ist seit jeher, was wir tun *sollten,* selbst wenn es wenige von uns tatsächlich tun.

Jene, die vor dem Konsumismus warnen, führen vor allem zwei Argumente an. Das erste lautet, die Liebe zu Geld und Dingen verstärke unsere niederen Instinkte, darunter Gier, Eitelkeit, Neid und Verschwendungssucht. Das zweite Argument ist, dass jeder Augenblick, den wir mit Gedanken an Geld und Dinge verbringen, ein Augenblick ist, den wir dafür nutzen könnten, einen Beitrag zum Wohlergehen der Menschheit zu leisten, indem wir der Gemeinschaft dienen, nach Wissen streben oder unsere Spiritualität vertiefen.

Vor etwa fünfzig Jahren wurden zwei weitere Vorwürfe gegen die Konsumkultur erhoben, die große Besorgnis auslösten. Der eine – der in der Phrase »Lebe einfach, damit andere einfach leben können« zum Ausdruck kommt – besagt, dass jeder, der mehr als den ihm zustehenden Anteil konsumiert, sich selbst bereichert, indem er andere ärmer macht. Die Aufforderung, diesen »Überkonsum« zu verringern, gewann an Dringlichkeit, als wir uns der Tatsache bewusst wurden, dass wir uralte Wälder abholzten, um Toilettenpapier daraus zu machen, Möwen mit weggeworfenen Plastikverschlüssen erdrosselten, gewaltige Flüsse eindämmten, um Strom zu erzeugen, den wir brauchten, um uns Wiederholungen im Fernsehen ansehen zu können, und vor allem derart große Mengen an fossilen Brennstoffen verbrannten, dass wir das Klima ins Chaos stürzten.

Doch nach dem 11. September 2001 schien unser historisches Unbehagen über die Konsumkultur vergessen. Der Terrorangriff kostete die Vereinigten Staaten mindestens 60 Milliarden Dollar und mehr als eine halbe Million Arbeitsplätze, wobei der größte Schaden nicht von den Terroristen angerichtet wurde; vielmehr entstand er durch einen plötzlichen Verlust an Begeisterung für das Einkaufen in den USA und aller Welt. Von dort war es nur noch ein kleiner Schritt zu der Überzeugung, dass der Verzicht auf das Einkaufen an sich eine große Gefahr sei. Wie Präsident Bush seinerzeit auch sagte: »Entweder ihr steht auf unserer Seite, oder ihr steht auf der Seite der Terroristen.«

Bushs Reden veränderten unsere Einstellung zum Konsum. Politiker in aller Welt machten es sich zur Gewohnheit, die Bürger unverhohlen aufzufordern, einkaufen zu gehen, wann immer die Konsumlust unter ein an Hysterie grenzendes Maß sank – so als wäre das Einkaufen keine Aktivität, die von unseren Neigungen abhängt, sondern eine Notwendigkeit. (Im Jahr 2006, als erste Hinweise auf eine bevorstehende Rezession auftauchten, empfahl Bush den Amerikanern schließlich tatsächlich, sie sollten »einkaufen gehen«.) Als die Coronapandemie 2020 den abruptesten Rückgang der Konsumausgaben seit Beginn der Aufzeichnungen auslöste, begann man bald über die Frage zu debattieren, wie viele Todesfälle akzeptabel seien, um die Wirtschaft am Leben zu erhalten. Mittlerweile schien uns die Vorstellung, das Shoppen sei nicht einfach ein Zeitvertreib oder eine Ablenkung, sondern das Einzige, was den Zusammenbruch der Zivilisation verhindern könne, vollkommen normal.

Der Zusammenbruch des Konsums fand unter unseren Augen statt: verlassene Einkaufsstraßen, leere Flughäfen, verriegelte Restaurants, Millionen Menschen ohne Arbeit oder am Rand der Insolvenz. Aber während der Lockdowns in der Pandemie sahen wir auch einen verblüffend blauen Himmel über Los Angeles und London, atmeten frische Luft in Peking und Neu-Delhi und wurden Zeugen des deutlichsten je beobachteten Rückgangs der Treibhausgasemissionen. Als See-schildkröten und Krokodile tropische Strände zurückerober-ten, an denen sich normalerweise Touristen drängten, als die Vibrationen des Planeten in Ermangelung unseres gewohn-ten Krawalls messbar nachließen, drängte sich die Frage auf, welchen Preis wir für »Business as usual« bezahlen müssen.

Wie sich herausstellte, waren unsere Zweifel am Konsum nie wirklich verschwunden. Kaufen und konsumieren wir einen minderwertigen Ersatz für etwas, das in unserem Leben fehlt? Lenkt uns die Beschäftigung mit Sachen von Ideen, Gefühlen und Beziehungen ab, die wichtiger sind? Diese Gedanken rückten wieder in den Vordergrund, als die Menschen die Lücke, die durch die fehlenden Gelegenheiten zum Einkaufen entstanden war, eine Zeit lang mit kreati-vem Schaffen, sozialer Aktivität und Selbstreflexion füllten. Millionen erfuhren am eigenen Leib, was die Glücksforscher im Lauf eines Jahrzehnts herausgefunden hatten: Geldver-dienen und -ausgeben macht die Menschen in den reicheren Ländern und zunehmend überall auf der Erde nicht mehr viel glücklicher – sofern es sie überhaupt glücklich macht. (Wie mir ein Freund in der Quarantäne schrieb: »Wenn du einmal damit aufgehört hast, vermisst du es nach einer Weile kaum noch.«) Und natürlich wurde das Problem der fairen Ressourcenverteilung nicht gelöst, denn während sich Milli-ardäre auf ihren Riesenjachten isolierten, standen andere, die ohne eigenes Zutun über Nacht verarmt waren, Schlange für Lebensmittelspenden.

Eine Verringerung des Konsums hat zweifellos erhebliche Auswirkungen auf die Volkswirtschaft. Auf der anderen Seite wird es uns möglicherweise nicht gelingen, der Erderwär-mung Einhalt zu gebieten, ohne genau das zu tun (zumindest wird es uns nicht so schnell wie nötig gelingen). Und der Klimawandel ist nur eines von vielen Übeln, die durch die Konsumkultur verschärft werden und selbst nach Einschätzung zurückhaltender Experten zu politischen Umwälzungen oder zum Verlust zahlreicher Menschenleben führen könnten.

Wir müssen aufhören, einkaufen zu gehen, aber wir können nicht aufhören, einkaufen zu gehen: Im Dilemma des Konsumenten geht es letzten Endes um die Frage, ob das menschliche Leben auf der Erde Bestand haben kann.

Nehmen wir an, wir würden plötzlich auf all die Stimmen hören, die uns im Lauf der Geschichte aufforderten, uns mit weniger zufriedenzugeben. Nehmen wir an, die Welt hört eines Tages tatsächlich auf, einkaufen zu gehen.

Genau dieses Gedankenexperiment ist der Gegenstand des vorliegenden Buches. Das Experiment begann, als ich mich selbst dem Dilemma des Konsumenten stellte. Wie viele Leute hatte ich begonnen, darüber nachzudenken, wie mein eigener Konsum zur Zerstörung der Regenwälder, zum Klimawandel, zur Verschmutzung der Ozeane mit Plastikmüll und zu zahlreichen anderen ökologischen Krisen beiträgt, die unseren Planeten unbewohnbar machen. Ich wusste, dass ich die Wahl hatte, meinen Konsum zu verringern. (Als ich jünger war, gab ich einmal einem Bettler etwas Kleingeld. Er warf einen Blick auf meine Schuhe – sie waren vorne aufgerissen, sodass meine in Strümpfen steckenden Zehen herausschauten –, gab mir das Geld zurück und sagte: »Du siehst aus, als würdest du es brauchen.«) Aber wie konnte ich aufhören, Dinge zu kaufen, obwohl ich auch davon überzeugt war, dass die Weltwirtschaft tatsächlich zusammenbrechen würde, wenn alle dasselbe täten? Um herauszufinden, ob es einen Ausweg aus dieser Zwickmühle gab, würde ich das Szenario konsequent durchspielen müssen.

Ich beginne am Anfang: Was geschieht in den ersten Stunden und Tagen, wenn die Welt aufhört, einkaufen zu gehen? Wie können wir unsere Wünsche und Bedürfnisse sortieren? Wessen Leben ändert sich am meisten, wessen am wenigsten? Beginnen die Wunden der Erde zu heilen, und wenn ja, wie schnell? Ausgehend davon untersuche ich den wirtschaftlichen Zusammenbruch, der unvermeidlich scheint – und ich entdecke, wie wir sogar in einer Katastrophensituation anfangen, uns anzupassen. Anders als jeder andere Crash in der Geschichte endet mein Experiment nicht damit, dass die Menschheit wieder in die Einkaufszentren zurückkehrt. Stattdessen ändern wir, während aus einem Tag ohne Shopping Wochen und Monate werden, die Art und Weise, wie wir Dinge erzeugen. Wir organisieren unser Leben rund um neue Prioritäten und entwickeln neue Geschäftsmodelle für eine globale Kultur, welche die Lust auf den Konsum verloren hat. Schließlich sehe ich mir an, wohin uns diese Entwicklung im Lauf von Jahrzehnten oder auch Jahrtausenden führen könnte, von einem Leben in einer weitgehend virtuellen Realität über einen Planeten mit wiederhergestellter Natur bis zu einem Dasein, das einfacher sein könnte, als wir jemals beabsichtigt hatten.

Was bedeutet es tatsächlich, »aufzuhören, einkaufen zu gehen«? Manchmal sagen wir, dass wir »den Einkauf machen«, womit normalerweise gemeint ist, dass wir losgehen, um Artikel des täglichen Bedarfs zu kaufen, das heißt Dinge wie Lebensmittel, Waschmittel, Schulmaterial – und natürlich Toilettenpapier. Bei anderen Gelegenheiten sagen wir: »Lass uns einkaufen gehen«, womit oft gemeint ist, dass wir uns auf die Jagd nach Dingen machen, die wir eigentlich nicht brauchen. Heute leben die meisten von uns in Gesellschaften, in denen das soziale und wirtschaftliche Leben im

Wesentlichen um den Konsum kreist: Wir sind Konsumenten. Im Alltagsgebrauch wird mit dem Begriff »Konsument« jedoch oft nur eine Person bezeichnet, deren bevorzugter Zeitvertreib darin besteht, Geld für Kleidung, Spielzeug, Lappalien, Urlaube, gutes Essen oder all diese Dinge auszugeben. Und unter »Konsumkultur« verstehen wir die Welle von Werbung, Rabattangeboten, Trends, Fast Food, billiger Mode, Ablenkungen und dem neuesten Schnickschnack, die täglich über uns hereinbricht, sowie unsere Beschäftigung mit all diesem Zeug.

Für die Zwecke meines Gedankenexperiments bemühte ich mich um Einfachheit: An dem Tag, an dem die Welt aufhört, einkaufen zu gehen, brechen die globalen Konsumausgaben um 25 Prozent ein. Manch einem wird diese Zahl übertrieben konservativ erscheinen, wenn man bedenkt, wie groß unser Konsumappetit ist – er zeigt sich in Einkaufstumulten am Black Friday ebenso wie in majestätischen Flüssen, die unablässig Plastikmüll ins Meer spülen. Tatsächlich würde eine Verringerung des Konsums um ein Viertel das Niveau der Konsumausgaben auf globaler Ebene lediglich auf das vor einem Jahrzehnt beobachtete Niveau drücken. Auf der anderen Seite wirkte die Vorstellung, der globale Konsum könne um 25 Prozent einbrechen, zu dem Zeitpunkt, als ich mit der Arbeit an diesem Buch begann, wie ein sehr unglaubwürdiges Szenario: Die Annahme schien so weit hergeholt, dass sich viele Leute, mit denen ich über diese Möglichkeit sprechen wollte, weigerten, sich auch nur damit zu beschäftigen.

Doch dann geschah genau das. In China tauchte ein neuartiges Coronavirus auf, und innerhalb weniger Wochen wurden unsere kollektiven Verhaltensmuster – Geld verdienen und ausgeben, einkaufen, reisen und auswärts essen gehen –

abrupt außer Kraft gesetzt. In den Vereinigten Staaten fielen die Ausgaben der Privathaushalte innerhalb von zwei Monaten um fast 20 Prozent, und besonders schwer getroffene Branchen wie der Tourismus schrumpften um das Vierfache. In China brachen die Einzelhandelsumsätze um mindestens ein Fünftel ein. In Europa – wo sich der persönliche Konsum in vielen Ländern um fast ein Drittel verringerte – häuften sich auf den Bankkonten 450 Milliarden Dollar an, die normalerweise für Einkäufe ausgegeben worden wären. Plötzlich wirkte die Annahme, der Konsum könne an dem Tag, an dem die Welt aufhört einzukaufen, um 25 Prozent sinken, durchaus plausibel: zurückhaltend genug, um möglich zu sein, dramatisch genug, um ein weltweites Beben auszulösen.

Dass ich von einem Gedankenexperiment spreche, bedeutet nicht, dass dieses Buch Science-Fiction ist. Wir können es uns auch als fantasievolle Reportage vorstellen: Wir untersuchen ein Szenario, das nicht real ist, indem wir uns mit Menschen, Orten und Zeiten beschäftigen, die es sehr wohl sind. In der gesamten Menschheitsgeschichte bis zum heutigen Tag haben immer wieder große Gruppen und manchmal ganze Länder ihren Konsum drastisch eingeschränkt. Die Ursache war in vielen Fällen ein furchtbarer Schock: ein Krieg, eine Rezession, eine Naturkatastrophe. Aber es gab auch antimaterialistische Bewegungen, wiederholt breitete sich Zweifel an der Konsumkultur aus, und in manchen Epochen wurde dafür gesorgt, dass an einem Tag in der Woche jegliche kommerzielle Aktivität ruhte. Forscher haben das Phänomen des Einkaufsverzichts untersucht, in Computermodelle eingespeist und aus dem Weltraum beobachtet. Sie haben seine Auswirkungen auf Wale, auf unsere Stimmungen und auf die Atmosphäre des Planeten untersucht. Es gibt Unternehmer und Aktivisten, die Produkte, Geschäftsmodelle und eine neue Lebensart für eine Welt entwickeln, in der wir eines Tages möglicherweise weniger Dinge kaufen werden. In der Kalahari und in Finnland, in Ecuador, Japan und den Vereinigten Staaten stieß ich auf Gegenbewegungen zur Konsumkultur, die uns zuflüstern, dass wir anders leben könnten. Ich vermute, dass die meisten von uns schon einmal über diese Möglichkeit nachgedacht haben.

Als ich mich daranmachte, dieses Buch zu schreiben, hatte ich keine Vorstellung davon, wohin mich das Experiment führen würde. Ich erwartete, vielleicht auf einige konkurrierende Visionen für die Überwindung des Konsumentendilemmas zu stoßen – oder überhaupt keinen Ausweg zu entdecken. Aber als ich die verschiedenen Beispiele studierte, stieß ich überall dort, wo die Menschheit aufgehört hatte, Dinge zu kaufen, auf wiederkehrende Themen. Ich fand ein Muster, das Hinweise darauf liefert, wie eine Welt, die zu konsumieren aufhört, aussehen und funktionieren könnte. Ausgehend von diesen Hinweisen aus Vergangenheit und Gegenwart vermochte ich, eine Zukunft zu skizzieren.

Vielleicht ist es tatsächlich möglich aufzuhören, Kram zu kaufen. Wenn es möglich ist, werden wir mit persönlicheren Fragen konfrontiert: Wollen wir es tun? Würde unser Leben dadurch wirklich schlechter werden – oder besser?

I

DIE ERSTEN TAGE

1

Was wir aufgeben
und woran wir festhalten

Zu den Ersten, die begreifen werden, dass die Welt aufgehört hat einzukaufen, zählen all die unangestrengt coolen jungen Leute, die plötzlich um ihre Arbeitsplätze bangen müssen. Die Angehörigen des globalen Stammes der Angestellten im Textileinzelhandel haben ihre täglichen Umsatzziele um Welten verfehlt. Es ist eine Katastrophe.

Da sind beispielsweise die fast 3000 Läden von Levi Strauss & Co, die über Länder verteilt sind, die sich gut für ein Geografiequiz eigneten: von Aserbaidschan über Moldawien bis Sambia. Dort werden die berühmten Jeans des Unternehmens verkauft. An fast allen diesen Orten sind die Zahl der Konsumenten, die etwas kaufen, und die Zahl der pro Kunde gekauften Artikel abgestürzt. Nicht, dass an diesem Tag kein einziger Mensch auf der Welt eine neue Hose gebraucht hätte, aber die große Mehrheit der Leute brauchte keine. Die meisten von uns haben bereits ein Paar Jeans – oder drei, oder fünfzig.

Am Ende des Tages erstatten nervöse Filialleiter alarmierten Bezirksmanagern Bericht, welche die Nachrichten an unglückliche Regionalmanager weiterleiten, die ihre

Bereichsleiter in der Konzernzentrale anrufen. Nur achtzehn Stunden nach dem Beginn der Krise haben die drei Leiter der globalen Levi's-Bereiche, deren Zentralen sich in Brüssel, Singapur und einem Backsteingebäude mit überraschend überschaubaren Dimensionen in San Francisco befinden, sämtliche Zahlen zum Tag auf dem Tisch, an dem die Welt aufgehört hat einzukaufen.

Paul Dillinger, Leiter der globalen Produktinnovation bei Levi's, zählt zu den wenigen Personen, die von sich behaupten können, es vorhergesehen zu haben. Es gehört zu Dillingers Aufgaben, sich in seinem mit Stoffmustern übersäten Büro in der Firmenzentrale in San Francisco mit apokalyptischen Szenarien zu beschäftigen. Er nennt es »Untergang als Designkonzept«. Als die Stadtverwaltung von Kapstadt im Jahr 2017 bekanntgab, ihr werde möglicherweise bald das Wasser ausgehen, sah Dillinger die Chance, sich genauer anzuschauen, wie eine Zukunft des Ressourcenmangels aussehen könnte. Und er hatte eine Idee für ein Modestatement: eine Denim-Jacke mit zwei speziell gestalteten Taschen, die eine für eine Wasserflasche, die andere für eine Pistole.

Wie Sie schon vermutet haben dürften, ist Dillinger kein typischer Konzernmanager. Als wir uns in einem Sitzungssaal in der Levi's-Zentrale zusammensetzten, um gemeinsam durchzuspielen, wie der Tag, an dem die Welt aufhört einzukaufen, in einem multinationalen Textilunternehmen verlaufen würde, trug er eine schwarze Kapuzenjacke, schwarze Turnschuhe und eine farblich dazu passende schwarze Rollmütze, die jene leicht abstehenden Ohren herunterdrückte, die er mit seinem berühmten Onkel John Dillinger gemein hat, dem berüchtigten Bankräuber aus den 1930er-Jahren. Selbstverständlich trug er auch eine Levi's, die er seit mehreren Jahren nicht gewaschen hatte, um die Wasserreserven des Planeten zu schonen. (Er frischt sie lediglich hin und wieder mit ein paar Sprühstößen Wodka aus dem Zerstäuber auf.) Geistig rege und genau im richtigen Maß linkisch, ist Dillinger eine erwachsene Version des zu Hause unterrichteten Wunderkinds, das zwischen der Lektüre von *Marx für Anfänger* und dem Studium von *Kapitalismus für Anfänger* Klavier spielen lernt.

Das World Resources Institute bezeichnet den Konsum als »den neuen Elefanten im Vorstandszimmer«: Dieses Problem ist so groß, dass die Unternehmen, die uns unser Zeug verkaufen, nicht darüber zu sprechen wagen. Sie haben Angst vor einem »Ratner-Moment«: Vor zwanzig Jahren erlangte ein britischer Juwelier namens Gerald Ratner traurige Berühmtheit, als er erklärte, das Geheimnis seines Geschäfts, einen Sherry-Dekanter aus Kristallglas, sechs Gläser und ein Serviertablett für gerade mal ein paar Pfund zu verkaufen, sei es, dass diese Produkte »absoluter Mist« seien. Die öffentliche Empörung zwang ihn zum Verlassen des Unternehmens, er büßte ein Jahresgehalt von 800 000 Dollar ein und wurde im englischen Sprachraum sinngemäß als »Mister Mist« berühmt (allerdings ist er mittlerweile wieder ein erfolgreicher Juwelier). Ratners Schicksal rief anderen Managern in Erinnerung, in einer Konsumkultur nie eingestehen zu dürfen, dass die vom eigenen Unternehmen verkauften Artikel möglicherweise das Geld nicht wert sind, das die Konsumenten dafür bezahlen.

Dillinger ist ein Unikat. Er hat öffentlich erklärt, die Textilindustrie lebe von »unnötigem Konsum«. Die größte Bedrohung für Levi's sieht er nicht darin, dass die Leute aufhören, Kleidung zu kaufen, sondern eher im Gegenteil: Der unablässig wachsende Appetit auf Hosen und Hemden und Kleider und Jacken könnte eines Tages nicht mehr gestillt werden,

weil der Planet nicht mehr genug Wasser, Erdöl und Baumwolle für die Produktion all dieser Kleidungsstücke liefern
kann. Schon Jahre vor dem Ausbruch der Coronapandemie
hatte Dillinger im Geist durchgespielt, was geschehen könnte,
sollte die Nachfrage nach Kleidung infolge einer besonders
schweren Rezession oder einer globalen Pandemie einbrechen. Er gelangte zu dem Schluss, der Absatz werde sich
zwangsläufig wieder erholen und anschließend noch stärker
steigen.

Aber an dem Tag, an dem die Welt aufhört einzukaufen,
wird das natürlich nicht geschehen. Stattdessen wird an diesem Tag der Appetit auf Konsum an sich verschwinden – und
er wird nicht zurückkehren. »Eine Woche ohne Shopping
wäre ein Marktereignis«, sagt Dillinger. »Wird einen Monat
lang nicht eingekauft, so bricht diese Industrie zusammen.«

Die aufschlussreichste Erkenntnis über den Einkaufsstopp
lautet, dass wir fast nie aufhören einzukaufen. Wenn wir es
doch einmal tun, stehen wir augenblicklich vor der alten und
beunruhigenden Frage, zwischen Bedürfnissen und Wünschen abzuwägen: Was sollten wir weiterhin kaufen, worauf
können wir verzichten?

In jüngster Zeit haben Historiker und Anthropologen
versucht, den Augenblick in der Geschichte zu definieren,
an dem sich die Menschen in Konsumenten verwandelten.
Wie sich herausstellte, ist es unmöglich, einen solchen Zeitpunkt zu bestimmen. Die psychologische Grundlage der
Konsumkultur ist der Materialismus, ein Gefüge von Werten und Überzeugungen, die um die Bedeutung von Wohlstand, Besitz und sozialem Status kreisen. Die individuelle
Ausprägung des Materialismus verrät mehr als jedes andere
Merkmal der Persönlichkeit darüber, wie sehr ein Mensch

zum Konsument neigen wird. Die meisten von uns stellen sich unter einem Materialisten einen Menschen vor, der von Geld, Selbstdarstellung und Besitz besessen ist: einen gierigen, oberflächlichen Angeber. In Wahrheit sind wir alle bis zu einem gewissen Grad Materialisten. Der Materialismus ist in der Evolution der menschlichen Gesellschaft nützlich, weil er uns antreibt, unsere materiellen Bedürfnisse zu erfüllen und unsere Position in der Gemeinschaft zu verteidigen. Er gehört zum Menschsein.

Sämtliche Verhaltensweisen, die wir mit dem Materialismus verbinden, lassen sich bis in die Frühzeit der Menschheit zurückverfolgen. Schon vor 1,5 Millionen Jahren, lange vor dem Auftauchen unserer eigenen Spezies, des Homo sapiens, gaben unsere Vorfahren Werkzeugen wie Äxten ihren eigenen Stil, was auf eine Konsumentscheidung und einen Selbstausdruck durch Besitz hindeutet. Die Mitglieder von Jäger/Sammler-Gesellschaften, die praktisch keinen Besitz hatten, verglichen die wenigen Dinge, die sie ihr Eigen nannten, eifersüchtig mit dem Eigentum anderer. Die Maya, deren Zivilisation vor rund 4000 Jahren in Zentralamerika entstanden war, entwickelten eine enge Bindung an ihre Güter und versahen sie mit Bedeutung, wobei sie sogar so weit gingen, den Dingen ein eigenes Bewusstsein zuzusprechen. (In einem Ursprungsmythos der Maya lehnen sich schlecht behandelte Besitztümer – Kochtöpfe, Pfannen, Hunde, Truthähne und sogar Häuser – gegen die ersten menschlichen Wesen auf.) Vor fast 500 Jahren änderte sich in den reichen Handelsregionen Chinas das *shiyang* – das »aktuelle Aussehen« – sogar in kleinen Dörfern regelmäßig.

In Istanbul gab es Anfang des 17. Jahrhunderts mehr als 10 000 Läden und Verkaufsstände. Und der britische Durchschnittshaushalt füllte sich mit Töpferware, Spiegeln, Uhren,

Haushaltsutensilien und unterschiedlichen Gedecken für besondere Anlässe, lange bevor die von der industriellen Revolution ermöglichte Massenproduktion diese Dinge erschwinglicher machte. Im 19. Jahrhundert, zwei Jahrhunderte vor dem Siegeszug von Amazon, konnte ein Kauflustiger in Sansibar oder Tahiti einen Katalog durchstöbern und eine Lieferung über die Ozeane hinweg bestellen, sofern er genug Geld übrig hatte. Zur Zeit des Ersten Weltkriegs konnten Europäer, die etwas so Grundlegendes wie einen Stuhl kaufen wollten, zwischen Tausenden Designs wählen. Mittlerweile sind wir von Werbung umgeben, die uns sogar verfolgt, aber gemessen am Bruttoinlandsprodukt erreichten die Marketingausgaben in den Vereinigten Staaten ihren Höhepunkt vor hundert Jahren in den Goldenen Zwanzigern.

Die Geschichte scheint uns zu sagen, dass wir uns nicht in Konsumenten *verwandelt haben* – sondern dass wir von Natur aus Konsumenten *sind.* Unser wirtschaftliches Leben wurde von verschiedensten Kräften gestört, darunter Pandemien, Weltkriege und Kolonialismus, aber überall auf der Welt haben die meisten Leute schrittweise mehr Dinge angehäuft.

Erleichtert stellen wir fest, dass die Menschen seit jeher konsumieren, denn wir leiden unter dem Gefühl, dass unser heutiger Konsum abwegig ist. Allerdings lässt diese beruhigende Erkenntnis gewaltige Unterschiede im Maßstab außer Acht. Die Tatsache, dass die Jäger und Sammler und die heutigen Konsumenten psychologische Gemeinsamkeiten aufweisen, bedeutet nicht, dass wir alle im selben Boot sitzen. Nach dem Zweiten Weltkrieg begannen die Haushaltsausgaben zunächst in den Vereinigten Staaten und in der Folge in allen wohlhabenderen Ländern deutlich zu steigen. Ab 1965 explodierten sie. Die rasante Expansion des Konsums fiel mit der »großen Beschleunigung« zusammen: einer globalen Bevölkerungsexplosion, einem deutlichen Wachstum des Wohlstands, einer raschen Verstädterung, intensivierter Ressourcenausbeutung und deutlich zunehmender Umweltverschmutzung. Erst in dieser Epoche setzte sich die Erkenntnis durch, dass sich rund um den Erdball eine »Konsumgesellschaft« herausbildete, das heißt eine Gesellschaft, in der die Menschen in erster Linie Konsumenten sind, die Geld verdienen und ausgeben.

Erstmals auf die Probe gestellt wurde diese neue Begeisterung für den Konsum im Jahr 1973, als die erdölproduzierenden arabischen Länder, die mit der westlichen Politik in ihrer Region unzufrieden waren, die Förderung drosselten und damit praktisch ein »Ölembargo« gegen den Westen verhängten. Die Folge war einer der größten wirtschaftlichen Schocks in der Neuzeit. US-Präsident Richard Nixon führte den Ölpreisschock in einer Fernsehansprache teilweise auf den amerikanischen Konsumismus zurück: »Uns geht die Energie aus, weil unsere Wirtschaft auf eine gewaltige Größe gewachsen ist und weil wir Dinge, die einst ein Luxus waren, mittlerweile als grundlegende Güter betrachten.« Als Jimmy Carter im Jahr 1977 ins Weiße Haus einzog, war das Embargo beendet, aber das Angebot an Erdöl war weiter knapp. Carter posierte für ein Foto, das zum Symbol jener Zeit wurde: Er saß in einer Strickjacke vor einem Kaminfeuer und forderte die Bürger auf, »kleine Opfer« zu bringen und zu lernen, wieder »sparsam zu leben«. Später fand er klarere Worte: »Zu viele von uns neigen dazu, sich der Maßlosigkeit und dem Konsum hinzugeben. Die Identität eines Menschen hängt nicht länger von dem ab, was er tut, sondern von dem, was er besitzt.«

Nicht nur demokratische und republikanische Präsidenten forderten die Amerikaner auf, weniger einzukaufen. Anfang der Siebzigerjahre nahmen 20 Millionen Menschen an den Kundgebungen anlässlich des ersten »Tags der Erde« teil. Eine wachsende Umweltbewegung, deren Anhänger schockiert darüber waren, dass die Abfälle der Konsumkultur Flüsse brennen ließen, Regen in Säure verwandelten und die Autobahnen des Landes vermüllten, warb für ein einfacheres Leben. In der Ölkrise begann eine öffentliche Debatte darüber, was geopfert werden könnte, um die Abhängigkeit der Vereinigten Staaten von ausländischem Öl zu verringern. Sollten die Weihnachtsbeleuchtungen verboten werden? Sollten Regierungsbeamte auf Limousinen verzichten? Sollte das 500-Meilen-Rennen in Indianapolis abgeschafft werden? (Dazu kam es nicht, aber das Daytona 500 wurde zwischenzeitlich auf 450 Meilen verkürzt.)

»Zum ersten Mal wurde die Notwendigkeit beschworen, den Konsum zu verringern«, erklärt die Princeton-Historikerin Meg Jacobs, die sich mit den Ölkrisen der Siebzigerjahre beschäftigt. »Das war eine radikale Verschiebung in der amerikanischen Mentalität.«

Die Reaktion der Amerikaner bestand darin, die Haushaltsausgaben zu *erhöhen*. Der ehemalige Energieminister James Schlesinger sagte über diese unbeirrbare Begeisterung für den Konsum: »Wir müssen bedenken, dass wir über die Gewohnheiten der amerikanischen Bevölkerung sprechen. Moralisten mögen diese Gewohnheiten missbilligen, aber die Allgemeinheit findet sie befriedigend.«

Nachdem die amerikanischen Konsumenten im Zweiten Weltkrieg und im Vietnamkrieg, während der gesellschaftlichen Unruhen der Sechzigerjahre, in der Ölkrise, in elf

Rezessionen und ungeachtet des Aufstiegs der Umweltbewegung unermüdlich eingekauft hatten, legten sie im Jahr
2009 endlich die Geldbörsen weg. In der von der Finanzkrise
ausgelösten Großen Rezession sanken erstmals seit der Weltwirtschaftskrise der 1930er-Jahre die Konsumausgaben der
Amerikaner. In vielen anderen Ländern kauften die Leute
ebenfalls weniger ein. Ihr Verhalten zeigte, wie moderne
Konsumenten zwischen Bedürfnissen und Wünschen unterscheiden, ohne dass sich eine Katastrophe wie ein Krieg oder
ein Pandemie auf ihre Entscheidungen auswirkt.

Die Wirtschaftswissenschaftler entdeckten schon vor
langer Zeit, dass es Dinge gibt, die wir als unverzichtbar
betrachten, obwohl sie offenkundig nicht erforderlich sind,
um unsere grundlegenden Bedürfnisse zu erfüllen. Typische
Beispiele dafür sind kleine Genüsse (oder Suchtmittel) wie
Kaffee und Alkohol; andere, darunter Strom und Treibstoff
für unsere Autos, empfinden wir in den Zeiten, in denen wir
leben, als grundlegend. Diese Dinge, die als »Güter des täglichen Bedarfs« bezeichnet werden, gelten auch als die letzten
Sachen, auf die die Leute verzichten werden.

Wie es in einem klassischen Werbespot für den riesigen
allradgetriebenen Hummer-Geländewagen heißt: »Bedürfnis
ist ein sehr subjektives Wort.« In einer Konsumkultur ist das,
was wir konsumieren, unverzichtbar, um anderen gegenüber
unsere Werte und unsere Identität zum Ausdruck zu bringen; unser Eigentum signalisiert, dass wir Teil des sozialen
Gefüges sind, uns zugleich jedoch als einzigartige Individuen
von unseren Mitmenschen abheben. Diese Signale sind eine
Sprache, die alle, die in Konsumgesellschaften leben, bemerkenswert fließend sprechen, ob ihnen das nun bewusst ist
oder nicht – besonders klar wird uns das, wenn die Botschaft
übertrieben deutlich wird: wenn wir den unscheinbaren

Mann im überdimensionierten Geländewagen oder das mit vergoldeten Statuen überladene Haus des Neureichen sehen.

Die These, wir seien Konsumzombies, die einfach kauften, was ihnen die Werbung einrede, ist mittlerweile widerlegt. Nehmen wir das geheimnisvolle – aber keineswegs ungewöhnliche – Phänomen des Kauflustigen, der ins Einkaufszentrum geht und mit leeren Händen heimkehrt. Nehmen wir an, wir wollen uns ein Paar Jeans kaufen. Wir wissen, dass wir in Jeans passen (der Anthropologe Daniel Miller schätzt, dass jeden Tag die Hälfte der Weltbevölkerung solche Hosen trägt), und sie sind bequem, langlebig und im Allgemeinen erschwinglich. Aber es gibt vieles, was wir der Welt mit unseren Jeans sagen wollen: ob wir Hip-Hop oder Countrymusik bevorzugen, zu rebellischem Verhalten oder zur Konformität neigen, mit den Händen oder mit dem Kopf arbeiten ... »Wer einkaufen geht, hat eine sehr präzise Vorstellung davon, wer er in Beziehung zu der gewaltigen Vielfalt an Konsumgütern ist«, schreibt Miller in seinem Buch *Consumption and Its Consequences*. Wenn wir keine Hose finden können, die unsere Zwecke erfüllt, ist es durchaus möglich, dass wir – trotz der Werbung auf unseren Handys, trotz der Influencer in den sozialen Medien und Hunderter verfügbarer Stile – überhaupt keine Jeans kaufen.

Zu sagen, dass alles ein Bedürfnis sein kann, ist nicht dasselbe wie zu sagen, dass alles ein Bedürfnis ist. Porzellanpuppen für Sammler, speziell für Schluchtenwanderungen entwickelte Schuhe oder tägliche Besuche bei McDonald's können etwas sein, für das jemand so lange Geld locker machen wird, bis er in eine wirklich verzweifelte finanzielle Lage gerät. In der weltweiten Rezession nach der Finanzkrise zeigten die Konsummuster in den Vereinigten Staaten – einem Land, das sehr detaillierte Statistiken über die

Haushaltsausgaben führt –, dass die Amerikaner, wenn es hart auf hart kommt, auf ähnliche Art zwischen Bedürfnissen und Wünschen unterscheiden.

Worauf verzichteten die Konsumenten zuerst? Die Kleinstadt Elkhart in Indiana liefert eine klare Antwort. In der Wohnmobil-Hauptstadt der Welt, die auch als »Trailer Town« bezeichnet wird, werden nicht weniger als vier Fünftel der in den Vereinigten Staaten verkauften Campingfahrzeuge produziert – Wohnmobile, Caravans, Camper, Landjachten, Schiffe der Landstraße. Deshalb ist Elkhart seit Langem Teil des Frühwarnsystems für Erschütterungen des Konsumentenvertrauens. Beispielsweise hörten die Leute in der Ölkrise des Herbsts 1973 so plötzlich auf, Wohnmobile zu kaufen, »als hätte jemand einen Schalter umgelegt«, wie ein Manager aus der Branche erklärte. Und als vier Monate später die wirtschaftliche Erholung begann, kamen die Hersteller »nicht mehr mit der Produktion hinterher«. Die Große Rezession nach der Finanzkrise 2008 begann in Elkhart mehr als ein Jahr früher als in der übrigen Welt – an einem Punkt brach der Absatz von Wohnmobilen *in einer einzigen Woche* um 80 Prozent ein. Wenn die Einkäufe reduziert werden müssen, werden Wohnmobile als Erstes von der Wunschliste gestrichen.

(Ein Beleg dafür, dass etwas, was in einem Fall verzichtbar ist, in einem anderen unverzichtbar sein kann, ist die Tatsache, dass der Absatz von Wohnmobilen und Campingbussen, die teilweise 100 000 Dollar oder mehr kosten, in der Coronapandemie deutlich stieg, da viele Leute weiterhin reisen, dabei jedoch die Nähe anderer Menschen in Restaurants, Hotels und Flugzeugen meiden wollten.)

Zu den am ehesten verzichtbaren Käufen in der Großen Rezession zählten neben Wohnmobilen auch Geländewagen.

Die Konsumenten konnten auch auf SUVs und Pickups verzichten, deren Absatz um fast ein Drittel einbrach, dicht ge-
folgt von »Vergnügungsflugzeugen«, Motorrädern und Frei-
zeitbooten. Dann kam das Auto an die Reihe. Die Amerikaner
gaben 25 Prozent weniger Geld für Autos aus. Das scheint
naheliegend: Der Autokauf ist eine große Ausgabe, und die
meisten Leute kommen noch ein paar Jahre mit ihrem gegenwärtigen Wagen aus, bevor sie wirklich ein neues Auto brauchen. Das Nächste, was dem Rotstift zum Opfer fiel, waren
Teppiche.

Danach kamen alltäglichere Dinge an die Reihe. Die Amerikaner verringerten nach der Finanzkrise ihre Ausgaben für
Schmuck, Blumen und Zimmerpflanzen, Musikinstrumente
und Möbel um 15 bis 20 Prozent. Für Lehrbücher, große
Haushaltsgeräte (wie Kühlschränke und Waschmaschinen),
Botendienste, Flugtickets, Werkzeuge und Haushaltswaren,
Uhren, Sportausrüstung (darunter Schusswaffen, die während der Pandemie wiederum sehr gefragt waren), Kochzu-
behör und Geschirr gaben sie zwischen 10 und 15 Prozent
weniger aus. Alan Zell, ein Immobilienmakler aus Phoenix,
Arizona, mit jahrzehntelanger Erfahrung auf dem Markt
für Gewerbeimmobilien, erinnert sich an die aufgegebenen
Läden: »Das sind die zusätzlichen Ausgaben, auf die man
möglicherweise verzichten kann.«

Einige Güter und Dienstleistungen – Festnetztelefone,
Filme für Fotokameras, Videotheken – waren bereits auf dem
absteigenden Ast, und die Rezession kippte sie endgültig auf
den Abfallhaufen der Geschichte. Es wäre jedoch nicht richtig zu sagen, dass die Konsumenten ihre Ausgaben durch
die Bank kürzten: Es gab auch Güter, die vielen trotz Finanzkrise weiterhin notwendig schienen. Der Absatz von Fernsehgeräten stieg deutlich, da die Leute auf neuere Modelle

mit größeren Flachbildschirmen umstiegen. Die Ausgaben für Smartphones, PCs, digitale Spielereien und Internetzugang stiegen in jedem Jahr des wirtschaftlichen Abschwungs. Die Leute gingen weniger ins Restaurant essen, aber in diesem Bereich sanken ihre Ausgaben lediglich um 6 Prozent; in vielen Ländern ist es nicht länger extravagant, sondern ein unverzichtbarer Bestandteil des modernen Lebens, auswärts essen zu gehen. Nagelstudios mit ihrem Versprechen eines erschwinglichen Luxus behaupteten sich, obwohl Zell die gravierenden Auswirkungen der Finanzkrise teilweise an der Tatsache festmachte, dass diese Studios *überhaupt* Einbußen hinnehmen mussten. »Normalerweise ist dieses Geschäft nicht von der Konjunktur abhängig. Diese Salons scheinen immer zu laufen.«

Noch ein Jahrzehnt nach ihrem Ende waren die Auswirkungen der Rezession in Phoenix aus der Luft zu sehen: Rund um die lehmfarbene Stadt lagen die kahlen Flächen leer stehender Supercenter wie Taschentücher auf Rasierwunden. Phoenix verlor allein 13 Leinenhandlungen in den großen Einkaufszentren. Aber die Einwohner der Stadt vergaßen rasch, wer diese verlassenen Gewerbeflächen vor der Krise eingenommen hatte. Circuit City, Linens 'n Things, Kmart – ihrer Marken beraubt, sehen die Gebäude alle gleich aus, und ihre Farbe verblasst unter der Sonne der Sonora-Wüste. Sie sind Symbole dessen, worauf die Amerikaner verzichten konnten.

Doch selbst eine schwere Rezession liefert nur ein grobes Anschauungsbeispiel für das Ende des Einkaufens. Im typischen Wirtschaftsabschwung kaufen viele Menschen nicht weniger, sondern lediglich Billigeres, und während die Ärmsten sogar die Ausgaben für Dinge des grundlegenden Bedarfs verringern, geben reichere Leute ungehindert weiter Geld für die Sachen aus, die sie haben wollen. Insgesamt sanken die Haushaltsausgaben der Amerikaner in der Großen Rezession lediglich um 3,5 Prozent – das kann man kaum als das Ende des Konsumismus bezeichnen.

Der Tag, an dem die Welt aufhört einzukaufen, wird anders aussehen. Wir werden wahrscheinlich bei Ähnlichem sparen wie in der Großen Rezession, aber das Ausmaß des Ausgabeneinbruchs wird eher dem im globalen Shutdown wegen der Coronapandemie entsprechen. Selbst in dieser Krise gab es notwendige Güter, und viele davon würden wir auch weiter kaufen, wenn wir uns abrupt von der Konsumkultur abwendeten: Fahrräder, Bäckermesser, Gartenhandschuhe. Aber wenn der globale Konsum um ein Viertel sinkt, führt kein Weg daran vorbei, dass die Menschheit von fast allem weniger kauft.

Etwa 48 Stunden, nachdem die Welt aufgehört hat einzukaufen, würde sich jedermann in der Mode- und Bekleidungsindustrie den Kopf über die Gründe des plötzlichen Einbruchs des Konsumentenvertrauens zerbrechen, erklärt Dillinger. Zu diesem Zeitpunkt würde sich die Schockwelle bereits in andere Richtungen ausbreiten und Dutzende Millionen Menschen erfassen.

Der Bekleidungsmarkt hat einen Wert von 1,3 Billionen Dollar. Wäre das Modeland tatsächlich ein Land, so nähme es den 15. Rang unter den großen Volkswirtschaften ein, und die Zahl der Erwerbstätigen in diesem Land entspräche etwa der Bevölkerung der Vereinigten Staaten. Allein die Baumwollindustrie beschäftigt rund 250 Millionen Menschen in 80 Ländern, das sind etwa 3 Prozent der Weltbevölkerung. Levi's verarbeitet weniger als 1 Prozent der jährlich produzierten Baumwolle, aber das bedeutet, dass eine Halbierung

des Absatzes dieses einen Unternehmens – die Bekleidungsindustrie wird von einem Rückgang der Konsumausgaben
normalerweise härter getroffen als der Konsum insgesamt –
rund 1,25 Millionen Menschen in aller Welt ihres Einkommens berauben würde, unter anderem in den Vereinigten
Staaten, die der drittgrößte Baumwollproduzent der Welt
sind.

In einem typischen Jahr kauft Levi's Stoffe bei Baumwoll-
fabriken in 16 Ländern, darunter die großen Produktions-
standorte, die wir von den Etiketten in unseren Kleidungsstücken kennen – China, Indien, Bangladesch –, aber auch
Länder wie Bahrain, Lesotho und Nicaragua. Rechnet man
die Fabriken hinzu, in denen die Produkte von Levi's gefärbt,
genäht und anderweitig verarbeitet werden, so kommt man
auf eine Liste von mehr als 500 Lieferanten, von denen viele
mehrere Tausend Arbeitskräfte beschäftigen. Die Nachricht,
dass Levi's plant, die Produktion deutlich zu verringern, wird
sich auf wirkliche Unternehmen auswirken, die wirklichen
Menschen gehören und wirkliche Menschen beschäftigen,
Firmen wie Splendid Chance International in der kambod-
schanischen Hauptstadt Phnom Penh, Sleepy's im mexikani-
schen Guadalajara und Keep It Here Inc. im kalifornischen
Commerce.

»Wie schnell wird diese Botschaft den Hersteller von Reiß-
verschlüssen und die Baumwollfabrik erreichen?«, fragt Dillinger. »Wie schnell kann die Fabrik sie an ihre Baumwoll-
lieferanten weiterleiten? Und diese Produzenten beziehen
die Baumwolle bei Landwirten. Die Landwirte werden es als
Letzte erfahren, und es ist anzunehmen, dass sie die Baumwolle bereits gepflanzt haben.«

Es ist eine Ironie, dass sich die Modeketten, die unentwegt neue Produktlinien auf den Markt bringen, schneller

an die neue Situation anpassen würden als die traditionellen Firmen. Einige Anbieter von Wegwerfmode können ein Kleidungsstück innerhalb weniger Wochen designen, produzieren und in die Regale bringen – und genauso schnell können sie den Zyklus unterbrechen. Bei Unternehmen mit langsameren Abläufen, bei Unternehmen wie Levi's, würde es Monate dauern, die Abläufe zum Stillstand zu bringen, denn die bereits aufgegebenen Bestellungen würden noch abgewickelt und in den Containerhäfen von Singapur und Shanghai auf Frachtschiffe geladen werden. »Wir werden die Schiffe nicht anhalten und einfach auf Reede liegen lassen. Die Ware wird also geliefert, was unsere Lagerhaltung mit gewaltigen Problemen konfrontieren wird«, so Dillinger. In den Lagern von Levi's würden sich unverkaufte Jeans und andere Kleidungsstücke stapeln.

Ähnliche Dominoeffekte werden fast alle Industrien erschüttern. Smartphones sind eine moderne Notwendigkeit, aber in einer Welt, die weniger konsumiert, wird eine größere Zahl von Konsumenten mindestens ein oder zwei Jahre bei ihrem jetzigen Gerät bleiben, bevor sie auf ein neueres Modell umsteigen. Auf wen wirkt sich das aus? Forscher haben sich die Lieferkette für das iPhone angesehen und festgestellt, dass unter anderem Designer in Kalifornien, Softwareentwickler in den Niederlanden, Anbieter von Kameratechnik in Japan und Fabriken in China Beiträge zu diesem Produkt leisten. Fast 800 Unternehmen in zwei Dutzend Ländern sind an der Produktion des iPhone beteiligt, und hier ist die Gewinnung und Verarbeitung der für die Smartphones benötigten Rohstoffe noch nicht berücksichtigt; zu diesen Rohstoffen zählen 19 chemische Elemente, von vertrauten wie Gold, Blei und Kupfer bis zu Seltenerdmetallen wie Yttrium und Praseodym.

In der Ölkrise der 1970er-Jahre wurden die Lkw-Fahrer – der Gütertransport auf der Straße war die wichtigste Säule des damaligen Liefersystems – als »erste Opfer« der Verringerung des Konsums in den Vereinigten Staaten bezeichnet; heute wäre es Amazon. Die Zentrale des Unternehmens in Seattle ist ein Stadtviertel für sich, das an den typischen Regentagen an der amerikanischen Nordwestküste von großen Menschenmengen bevölkert ist, von Programmierern bis zu Boten, die alle die lustigen, beinahe totalitär wirkenden orange-weißen Regenschirme des Unternehmens mit sich herumtragen. Amazon hat allein in Seattle Dutzende Milliarden Dollar ausgegeben, und sein Heer von Angestellten verteilt das Geld auf Cafés, Hausbrauereien, vegane Restaurants, Fitnessstudios und Dutzende andere Branchen.

In der Pandemie wuchs Amazons Geschäft, weil sich das Einkaufen ins Internet verlagerte, aber letzten Endes lebt auch dieses Unternehmen vom Konsum der Privathaushalte. In dem Augenblick, in dem die Welt aufhört einzukaufen, werden die orange-weißen Regenschirme geschlossen. Ein Rückgang der Onlinebestellungen um 25 Prozent hätte zur Folge, dass allein in New York, wo sich die Hauszustellungen in den Zehnerjahren vervierfachten, jeden Tag 375 000 Pakete weniger zugestellt würden. Der schlimmste Verkehrsstau in den Vereinigten Staaten würde sich fast über Nacht auflösen, und auf den ständig verstopften Straßen Manhattans könnten die Autos zum ersten Mal seit Jahren wieder schneller als Schrittgeschwindigkeit fahren.

Aber die schwersten Verluste würden die Einwohner ärmerer Länder erleiden, die mittlerweile den Großteil der weltweit verkauften Produkte erzeugen und auch viele unserer Dienstleistungen erbringen. Sarah Labowitz, eine in Houston ansässige Menschenrechtsaktivistin, setzt sich seit Jahren dafür ein, die Arbeitsbedingungen dieser Menschen zu verbessern. Als sie nach der Rana Plaza-Katastrophe im Jahr 2013 – beim Einsturz eines mehrstöckigen Fabrikgebäudes, in dem Kleidung für britische, spanische, italienische, amerikanische, kanadische und andere Modemarken angefertigt wurde, starben mehr als tausend Arbeitskräfte – Bangladesch besuchte, fragte Labowitz Textilarbeiter, ob sie eine Botschaft für die Konsumenten im Westen hätten. Die Antwort: »Ja. Gebt weiter Bestellungen auf.« Die Arbeiter wollten bessere Arbeitsschutzgesetze, aber ihre größte Sorge war, dass die Industrie, die sie ernährte, zusammenbrechen könnte.

Dillinger kommt umgehend auf Länder zu sprechen, in denen gewalttätige islamistische Fundamentalisten eine große Anhängerschaft haben – und in denen die Textilindustrie wichtige Beiträge zur Volkswirtschaft leistet. Ein Rückgang des Konsums breitet sich von den reicheren Ländern, wo am meisten konsumiert wird, auf die ärmeren aus, aber es besteht auch die Gefahr eines Rückschlags in die Gegenrichtung. »Wir sollten uns Sorgen darüber machen, was geschieht, wenn das Geld der westlichen Konsumenten nicht länger in die Türkei, nach Ägypten, Tunesien und Pakistan fließt«, gibt Dillinger zu bedenken. »Mit unserem Konsum haben wir tatsächlich politische Stabilität in Regionen gekauft, in denen wir nicht gemocht werden.«

Hier haben wir eine direkte Verbindung zwischen dem Ende des Einkaufens und einer Zunahme des internationalen Terrors. George W. Bushs Worte beginnen prophetisch zu klingen: *Entweder ihr steht auf unserer Seite, oder ihr steht auf der Seite der Terroristen.*

Ein Ort, an dem nichts von dem plötzlichen Schock zu spüren ist, den das Ende des Einkaufens verursacht, ist unser

Schrank. Ein Tag ohne Einkaufen? »Niemand würde ohne Hosen herumlaufen«, sagt Dillinger. Eine Woche? »Es tragen immer noch alle Leute Hosen.« Ein Monat? Das ist genug Zeit, damit sich der Körper einiger Personen – zum Beispiel von schwangeren Frauen oder Kindern im Wachstum – so verändert hat, dass sie neue Kleidung brauchen. »Aber die meisten Leute haben immer noch eine Hose.« Die Mode ändert sich nicht derart schnell grundlegend. Dillinger veranschaulicht das gerne anhand eines Fotos der Darsteller der Fernsehserie *Seinfeld* aus den 1990er-Jahren, das er neben ein Foto der Darsteller der Serie *Modern Family* hält, die in den 2010er-Jahren gedreht wurde. Obwohl zwischen beiden Produktionen zwei Jahrzehnte liegen, könnte man die Kleidung der Darsteller von einem Foto ins andere kopieren, ohne dass es jemandem auffallen würde. Tatsächlich könnten wir nach Ansicht Dillingers die Weltbevölkerung ohne zusätzliches Einkaufen einkleiden, indem wir bereits vorhandene Kleidung modifizierten, selbst wenn die Weltbevölkerung auf zehn Milliarden Menschen und darüber hinaus anwüchse. »Wir haben das erforderliche Rohmaterial dafür. Unsere Kleiderschränke sind voll davon.«

Die Zahlen geben Dillinger recht. Im Jahr 2016 berichtete die globale Consultingfirma McKinsey, dass sechs von zehn Kleidungsstücken innerhalb eines Jahres nach ihrer Erzeugung auf einer Deponie oder in einer Müllverbrennungsanlage landen. Nur ein kleiner Teil dieser Kleidungsstücke wird entsorgt, weil sie im Laden keine Käufer finden – die meisten werden gekauft und bald wieder weggeworfen. Das ist die Kleidung, die wir geschenkt bekommen, aber nicht mögen, es sind die bei Veranstaltungen als Werbegeschenke verteilten T-Shirts und Hüte, die Sachen, die wir kaufen, weil wir etwas Grünes für den St. Patrick's Day brauchen. Und immer häufiger handelt es sich einfach um Kleidung, die wir erstehen, weil sie billig ist, ohne wirklich darüber nachzudenken, ob wir sie behalten werden.

Ein Großteil der heutigen Kleidung ist ohnehin nicht dafür gemacht, lange Zeit zu überdauern: Socken und Strumpfhosen lösen sich oft innerhalb von Stunden auf, von Hemden lösen sich Knöpfe, Hosen reißen auf, Pullover lassen Fäden, Kleidungsstücke schrumpfen oder verfärben sich in der Waschmaschine oder werden in der Reinigung ruiniert, in T-Shirts tauchen diese geheimnisvollen kleinen Löcher auf, die ein beliebtes Thema in Internetforen sind (*Habe ich Motten? Ungeziefer?* Nein, du hast geplante Obsoleszenz: Die Löcher entstehen, wenn die dünnen Gewebe, die heute verarbeitet werden, an der Gürtellinie, an der Arbeitsplatte oder sonst wo reiben.) Das extremste Beispiel für den Kleidungsumschlag ist das weiße T-Shirt, das billig produziert wird, sich leicht verfärbt und in Secondhandläden kaum Käufer findet, weil niemand Lust hat, unser minderwertiges und verfärbtes weißes T-Shirt zu übernehmen.

Nehmen wir an, wir haben zehn Kleidungsstücke pro Jahr gekauft. Wenn wir die sechs Artikel abziehen, von denen wir uns üblicherweise innerhalb eines Jahres trennen, bleiben vier übrig. Stellen wir uns jetzt vor, wir würden nur halb so viele Kleidungsstücke kaufen, das heißt fünf pro Jahr. Wir würden immer noch vier behalten – aber nur noch eins wegwerfen.

Das ist das Konsumdilemma in Kurzfassung. Würden wir halb so viel Kleidung wie bisher kaufen, so würde die Weltwirtschaft von einem Asteroiden getroffen. Aber unsere Garderobe hat noch nicht einmal begonnen zu schrumpfen.

2

Wir shoppen nicht alle auf dieselbe Art und werden nicht alle auf dieselbe Art damit aufhören

6000 Kilometer südlich der Firmenzentrale von Levi's rollt Fernanda Paez in der Mittagshitze in ihrem Auto durch die von der Sonne verbrannten Straßen der ecuadorianischen Hauptstadt Quito. »Ich bin nicht sehr arm und nicht sehr reich«, sagt sie lachend. »Ich bin modischer Durchschnitt.« Am Tag, an dem die Welt aufhört einzukaufen, wird sie damit zu einer für die Weltwirtschaft bedeutsamen Person.

Paez ist *taxista,* Taxifahrerin, was in Ecuador ein ebenso ungewöhnlicher Beruf für eine Frau ist wie an jedem anderen Ort der Welt. Sie fährt eine anspruchslose Limousine: einen gelb lackierten Chevrolet Aveo Family, den sie gebraucht gekauft hat. Als sie mir erzählt, dass sie in nur zweieinhalb Jahren 100 000 Kilometer darin zurückgelegt hat, wirkt sie größer auf dem Fahrersitz. Paez ist nicht groß, sondern klein und filigran. Sie ist Mitte dreißig, wirkt jedoch jünger. Trotzdem strahlt sie Härte aus. Wenn sie ihren Worten Gewicht verleihen will, schaut sie ihr Gegenüber über den Rahmen ihrer Sonnenbrille hinweg durchdringend an.

»Ja, ich habe ein Fernsehgerät«, sagt sie. »Was ich nicht habe, ist ein Fernseher in jedem Zimmer.«

Es heißt, wenn alle Menschen auf der Erde wie der Durch-schnittsamerikaner leben würden, bräuchte die Menschheit die Ressourcen von fünf Erden, um ihren Lebensstil auf-rechterhalten zu können. Das Problem ist offenkundig, dass wir keine fünf Erden haben. Wir haben nur eine.

Die gemeinnützige Organisation Global Footprint Network vervollkommnet derartige Berechnungen seit fast zwei Jahr-zehnten. Sie zerlegt den Planeten in biologisch produktive und für den Menschen nutzbare Flächen von jeweils einem Hektar – das ist etwas mehr als ein normales Fußballfeld – und ordnet jeder dieser Flächen die durchschnittliche Pro-duktivität zu, die ihrem Anteil an der gesamten Erdoberflä-che entspricht. Diese Parzellen werden als »globale Hektare« bezeichnet; würden sie zu gleichen Teilen auf die Menschen verteilt, erhielte jeder von uns 1,6 Hektar. Dies können wir uns als den Anteil der Erde vorstellen, der jedem Einzelnen von uns zur Verfügung stünde, wenn die Boden- und Wasser-ressourcen des Planeten gleichmäßig verteilt würden – was natürlich nicht geschehen wird.

Abgesehen von der Trennung zwischen Bedürfnissen und Wünschen können wir auch noch ein anderes Kriterium her-anziehen, um Klarheit darüber zu gewinnen, was es bedeutet, mit dem Einkaufen aufzuhören: Wir können uns fragen, ob wir *übermäßig konsumieren,* das heißt mehr, als die Erde dau-erhaft bereitstellen kann. Nach Angabe des Global Footprint Network verbraucht jeder Mensch gegenwärtig im Durch-schnitt die Ressourcen von 2,7 globalen Hektar. Das ist die Größe unseres ökologischen Fußabdrucks: Er ist 170 Prozent größer als langfristig für den Planeten tragbar. (Wie die meis-ten in globalem Maßstab erhobenen Daten ist der ökologi-sche Fußabdruck ein grober Maßstab. Die Wissenschaftler des Netzwerks bezeichnen ihn als »Mindestreferenzwert des

Ausmaßes der Ausbeutung der Natur durch den Menschen«.) Um herauszufinden, wie viele Erden wir brauchen würden, wenn wir alle wie der Durchschnittsamerikaner lebten, gehen die Forscher von der Zahl der globalen Hektare aus, die der Durchschnittsamerikaner braucht, um seine Konsumbedürfnisse zu erfüllen. Dieser durchschnittliche ökologische Fußabdruck ist 8 globale Hektar groß. Das ist das Fünffache des weltweit für jeden Menschen verfügbaren Ressourcenangebots von 1,6 globalen Hektar, was eben bedeutet, dass fünf Erden benötigt würden, um den »Planeten Amerika« zu erhalten.

Dieselbe Berechnung kann für andere Länder angestellt werden, wobei sich zeigt, wie ungleich der globale Konsum verteilt ist. Würden wir alle wie der durchschnittliche Einwohner Afghanistans leben, das eines der ärmsten Länder der Welt ist, so könnten wir die Erde halbieren und hätten immer noch genug Ressourcen, um diesen Lebensstandard für alle Menschen auf dem Planeten aufrechtzuerhalten. Lebten wir wie der durchschnittliche Chinese, so würden wir etwas mehr als zwei Erden brauchen; als Spanier, Briten oder Neuseeländer kämen wir mit etwa zweieinhalb aus; als Bewohner der Planeten Italien, Deutschland oder Niederlande bräuchten wir drei und als Russen, Finnen oder Norweger dreieinhalb Erden. Vier oder mehr würden wir brauchen, wenn wir den Lebensstil von Schweden, Südkoreanern, Australiern oder Kanadiern pflegten. Und lebten wir auf dem Planeten Ecuador, so würden wir nur eine Erde brauchen – jene, die bereits existiert.

Das ecuadorianische Konsumverhalten kann also als »global replizierbar« bezeichnet werden, was bedeutet, dass wir alle wie der durchschnittliche Ecuorianer – zum Beispiel wie Fernanda Paez – konsumieren könnten, ohne dass uns jemals die natürlichen Ressourcen ausgehen würden. Das wird auch als »Ein-Planet-Leben« bezeichnet.

Wie sieht dieser Lebensstil aus? Wie sieht ein nachhaltiger Konsum auf der Erde aus – nicht in einer imaginären Zukunft windgetriebener Flugzeuge und aus Grünkohl gefertigter Kleidung, sondern *in diesem Augenblick?*

Die Autofahrt von Quito, das in einer Art von Berghängen gebildeten Schüssel liegt, in den Vorort, in dem Fernanda Paez lebt, dauert eine halbe Stunde. Carapungo erstreckt sich auf einem Landstreifen zwischen dem Gebirge, das Quito einfasst, und einer steilen Schlucht, die zur »Mitte der Welt« hin abfällt – Ecuador verdankt seinen Namen der Tatsache, dass es vom Äquator durchzogen wird, der direkt nördlich der Hauptstadt verläuft. Die Gegend ist ungepflegt, die Mauern sind mit Schmierereien übersät. Die Hauptstraße ist von kleinen Läden gesäumt, vor denen die Inhaber unermüdlich aufwischen, um ihren Bereich des aufgerissenen Gehsteigs makellos sauber zu halten.

»Das Leben hier ist mühevoll, aber wir leiden nicht«, sagt Paez.

Die Kurzbeschreibung ihres Lebens klingt vertraut. Mit ihrem Lebensgefährten Henri hat sie drei Kinder (zwei Jungen und ein Mädchen), dazu kommt ein Schnauzer namens Locky. Die Familie lebt im Obergeschoss eines melonenfarbenen Hauses in einer Eigentumswohnung, die Fernandas Schwiegereltern gehört. Sie bewohnen das Untergeschoss. Alle haben genug zu essen, und die Kleidung – die Familie hat eine Vorliebe für sportliche Sachen mit Fußballthemen – würde in einer normalen Wohngegend Europas und Nordamerikas nicht fehl am Platz wirken.

Aber vielen Einwohnern reicherer Länder würde der

Lebensstil der Familie Paez unangemessen erscheinen. In ihrer Wohnung kommt kein heißes Wasser aus den Leitungen, weshalb sie ein elektrisches Heizsystem verwendet, um das Duschwasser zu erhitzen. Die Kinder teilen sich ein Zimmer und erhalten ein tägliches Taschengeld von 1,50 US-Dollar (in Ecuador wird der Dollar als Währung verwendet). Die Familie hat einen Kühlschrank und eine Waschmaschine, aber keinen Trockner; die Wäsche wird auf der Terrasse aufgehängt. Der Weihnachtsbonus, den Henri in der Fabrik erhält, in der er Sitze für Autos von General Motors anfertigt, wird nicht in bar, sondern in einem Jahresvorrat Reis, Zucker und Speiseöl ausgezahlt. Es gibt nur einen PC im Haus, und nur die Erwachsenen besitzen Handys. »Die Technologie ist unverzichtbar geworden«, erklärt Paez. »Es ist notwendig, diese Dinge zu haben.« Die Familie lebt mit einem knappen Budget, in dem es jedoch nicht an Luxus mangelt. Paez besitzt dreißig Paar Schuhe.

Die Familie geht nur selten ins Restaurant, und in ihrer Freizeit spielen alle Mitglieder Fußball oder treffen sich mit Freunden und Verwandten. Viele Leute in Carapungo besitzen kein Auto, aber Fernandas Familie kann in ihrem Wagen zu einem der Nationalparks des Landes fahren oder die steile Abfahrt von Quito, das fast 3000 Meter über dem Meeresspiegel liegt, hinunter zu den Stränden an der Pazifikküste in Angriff nehmen. Aber kein Familienmitglied ist jemals in einem Flugzeug geflogen.

In Ecuador leben viele Menschen so: Ihr Lebensstil ähnelt dem in reicheren Ländern, nur hat man den Eindruck, er sei beim Waschen eingelaufen. Das Land wirkt nicht wie ein Teil der »Dritten Welt«. Vor allem in den Elendsvierteln ist die Armut sichtbar, aber es ist klar, dass es eine große Mittelschicht gibt: Leute trainieren für Marathonläufe, Familien gehen chinesisch essen, überall sieht man frisch asphaltierte Straßen. (»Wir haben die besten Autobahnen in Südamerika«, erzählte mir ein Mann, »aber nicht die besten Fahrer.«) Die Toilettenspülungen funktionieren, die Lichter gehen an.

Aber selbst in Viersternehotels findet man nur winzige Seifenstücke und Shampoo in Fläschchen, die eher für Augentropfen bestimmt scheinen. Klimaanlagen sind selten. Die Mahlzeiten in Restaurants sind sättigend und schmackhaft, enthalten jedoch kaum Fleisch, und es ist nicht ungewöhnlich, dass an Verkaufsständen auf der Straße die Speisen in solidem Geschirr und mit Metallbesteck statt in Wegwerfbehältern serviert werden. In Läden, Restaurants, Cafés und Bars herrscht im Allgemeinen kein hektischer Betrieb. Überraschend viele dieser Lokale schließen an Wochenenden, und abseits der reichsten Viertel begegnet man kaum jemandem, für den das Shoppen ein schöner Zeitvertreib ist. Die Einwohner Quitos werden als *quiteños* bezeichnet; wenn man ihnen sagt, dass man sich zu Fuß durch die Stadt bewegt, lächeln sie und sagen: »Ah, wie ein *quiteño*.«

Die Vereinten Nationen stufen die Länder in Kategorien ein, die von »geringer menschlicher Entwicklung« bis zu »weit fortgeschrittener menschlicher Entwicklung« reichen. Im Jahr 2018 lebte man in keinem der 62 sehr hoch entwickelten Länder – die Liste beinhaltet sämtliche Länder, die man erwarten würde, und viele, die möglicherweise überraschen (darunter Chile, Kasachstan und Malaysia) – auf dem Ein-Planet-Niveau. Es gibt jedoch auch gute Nachrichten: In einigen wenigen Ländern auf »fortgeschrittenem menschlichem Entwicklungsniveau« führen die Einwohner tatsächlich ein »Ein-Planet-Leben«. Eines dieser Länder ist Ecuador.

Wir sollten uns keine Illusionen machen: Die Entfernung zwischen dem »sehr hohen« und dem lediglich »hohen«

Entwicklungsstand ist beträchtlich. Für einen Menschen aus einem Land auf sehr hohem Entwicklungsstand würde der Wechsel zum ecuadorianischen Lebensstandard eine um etwa fünf Jahre geringere Lebenserwartung sowie einen Verlust von fünf Jahren Bildung bedeuten. Bei Vergleichen zwischen einzelnen Ländern fallen die Unterschiede geringer aus. Die US-Amerikaner leben im Durchschnitt nur zwei Jahre länger als die Ecuadorianer. In Kanada, einem sehr hoch entwickelten Land, gehen die Menschen nur ein Jahr länger zur Schule als in Ecuador. Und während die Einkommensungleichheit in Ecuador größer ist als in den meisten »sehr hoch entwickelten« Ländern, darunter sämtliche EU-Staaten, ist sie kaum stärker ausgeprägt als in den USA. Tatsächlich sind die Einkommen in einigen amerikanischen Bundesstaaten ungleichmäßiger verteilt als in Ecuador. Beispielsweise ist die Einkommensungleichheit in Puerto Rico – oder in Washington, D. C. – deutlich höher als in dem Andenstaat.

Aus den aktuellsten verfügbaren Daten geht hervor, dass der Konsum in neun Ländern mit hohem Entwicklungsstand auf dem Ein-Planet-Niveau oder nahe daran liegt. Dies sind Kuba, Sri Lanka, Armenien, die Dominikanische Republik, die Philippinen, Jamaika, Indonesien, Ägypten und eben Ecuador. Diese Länder haben noch eine weitere Gemeinsamkeit: Das Pro-Kopf-Einkommen ist dort deutlich geringer als in den reichen Ländern. Nach Angaben der Weltbank entspricht die Kaufkraft des ecuadorianischen Durchschnittseinkommens etwa der eines US-Amerikaners mit einem Jahreseinkommen von 11 500 Dollar. Aber das durchschnittliche Pro-Kopf-Einkommen in den Vereinigten Staaten liegt bei mehr als 65 000 Dollar.

Personen mit geringerer Kaufkraft können weniger Geld für Güter und Dienstleistungen ausgeben. Schonungslos ausgedrückt: Ärmere Menschen sind nicht das Problem, wenn es um den Konsum geht. Es gibt mindestens 53 Länder, deren Einwohner im Durchschnitt auf oder unter dem Ein-Planet-Niveau konsumieren. (Der Planet Indien müsste nur drei Viertel der Größe der Erde haben. Würden wir alle wie der durchschnittliche Einwohner des bitterarmen ostafrikanischen Eritrea leben, so könnten wir auf einem Planeten überleben, der nur wenig größer als der Mond wäre.) Zusammengenommen beherbergen diese Länder fast die Hälfte der Weltbevölkerung.

Das konfrontiert uns mit einer unangenehmen Wahrheit: Wenn wir vom ökologischen Fußabdruck ausgehen, müssten die Einwohner der reicheren Länder an dem Tag, an dem die Welt aufhört einzukaufen, ihren Konsum erheblich einschränken, während Milliarden Menschen erst noch *anfangen* müssten, einkaufen zu gehen. Viele konsumieren nicht mehr, als ihnen zusteht. Viele andere konsumieren *zu wenig* – sie warten noch auf den Tag, an dem sie in der Lage sein werden, ihre grundlegenden Bedürfnisse zu erfüllen.

Sogar in den reichsten Ländern gibt es Menschen, die auf oder unter dem Ein-Planet-Niveau konsumieren. Die meisten von ihnen sind keine Städter, die sich vegan ernähren und die muskulösen Beine überzeugter Radfahrer haben. Vielmehr sind sie einfach Menschen, die nicht viel verdienen.

Das Economic Policy Institute in Washington studiert die Lebenshaltungskosten in den Vereinigten Staaten, um herauszufinden, wie viel Familien verdienen müssen, um einen »bescheidenen, aber angemessenen Lebensstandard« zu erreichen. Dies bezeichnet das Institut als »Familienbudget«.

»Es ist keine Armut«, erklärte mir Elise Gould, eine Volkswirtin des Instituts. »In diesem Land gibt es viele Menschen –

Millionen –, die von einem Gehaltsscheck zum nächsten leben. Das ist gemeint.«

Ein amerikanischer Haushalt, der vom Familienbudget lebt, gibt 25 Prozent weniger aus als der Durchschnittshaushalt – für die Zwecke meines Gedankenexperiments kann man sagen, dass er praktisch aufgehört hat einzukaufen. Doch diese Personen können nicht nur überleben, sondern auch am sozialen und wirtschaftlichen Leben teilnehmen – sie sind »wirtschaftliche Bürger«, wie es Caroline Ware, eine Pionierin auf dem Gebiet des Konsums, in den 1940er-Jahren ausdrückte. Vielleicht besitzen sie nicht das neueste iPhone, aber die Erwachsenen im Haus haben Smartphones. Wenn sie in der Stadt leben, wohnen sie wahrscheinlich in einer Wohnung, und auf dem Land bewohnen sie vielleicht ein kleines Haus. »Im Normalfall werden sie ein Fernsehgerät besitzen, sie haben einen Esstisch und Sitzgelegenheiten in ihrem Haus. Sie leben nicht in einem leeren Haus«, erklärt Gould.

Fernanda Paez würde dieses Leben vertraut vorkommen, und umgekehrt würden diese US-Amerikaner in Fernandas Leben in Ecuador ihr eigenes wiedererkennen. Der vom Familienbudget lebende Haushalt hat mindestens ein zusätzliches Schlafzimmer für die Kinder, einen PC und ein Auto. Der Kühlschrank und die Küchenschränke sind mit Lebensmitteln gefüllt (wahrscheinlich nicht mit Biolebensmitteln, weil diese Leute nach günstigen Produkten suchen), aber die Familie geht durchaus, wenngleich selten, ins Restaurant. Die Kleidung entspricht nicht der neuesten Mode, aber sie ist auch nicht altmodisch. »Sie können sich im Winter Mäntel und warme Schuhe kaufen, aber sie sprechen nicht über die neuesten Trends«, erklärt Gould. Sie stellen einen beträchtlichen Teil jener 53 Prozent der Amerikaner, die selten oder nie Flugreisen unternehmen. Zu den Orten in den

Vereinigten Staaten, an denen sich die Lebenshaltungskosten dem Familienbudget-Standard annähern, zählen DeFuniak Springs in Florida, Friendsville in Tennessee und große Teile von Kansas – jene Art von Orten, die der typische Tourist nie besucht. Großstädte, in denen man viele solche Haushalte findet, sind Detroit und Houston, aber nicht New York oder Los Angeles. Etwa die Hälfte der amerikanischen Haushalte lebt vom Familienbudget oder weniger.

Dieser Lebensstil wird auch jedem bekannt vorkommen, der sich noch an das 20. Jahrhundert erinnert. Restaurant-besuche sind ein seltener Luxus, Kleidung wird aufgetragen, der Urlaub wird vor der Haustür verbracht, das Tempo des kommerziellen Lebens ist gering, und es herrscht das Gefühl vor, dass es eher die Ausnahme als die Regel ist, an einem typischen Tag überhaupt Geld auszugeben – die meisten Leute können sich noch an eine Zeit erinnern, in der das die Norm war. Nach Angaben des Global Footprint Network war 1970 wahrscheinlich das letzte Jahr, in dem die Menschheit insgesamt noch ein Ein-Planet-Leben führte. Die reicheren Länder überschritten die Grenze natürlich schon früher: Die Analysten des Netzwerks schätzen, dass der Lebensstil des Durchschnittsamerikaners die globale Replizierbarkeit irgendwann zwischen 1940 und 1960 einbüßte. Dasselbe gilt für Großbritannien, Kanada, Deutschland und die meisten anderen reichen Länder, obwohl einige von ihnen die Grenze später überschritten, darunter Spanien, Italien und Japan, die diesen Punkt Mitte der Sechzigerjahre erreichten, und Südkorea, das erst 1979 so weit war. Stellen wir es uns so vor: Die US-Bevölkerung ist heute 60 Prozent größer als im Jahr 1970, aber die gesamten Konsumausgaben sind inflationsbe-reinigt um 400 Prozent gestiegen. Verglichen mit dem Jahr 1965 sind sie heute fast 500 Prozent höher. Wir müssen die

Uhr nur bis zur Generation X zurückdrehen, den zwischen 1965 und 1980 Geborenen, um Zeiten zu sehen, in denen ein übermäßiger Konsum, der die Ressourcen mehrerer Erden verschlang, noch nicht existierte.

Der Lebensstandard, den eine Person erreichen muss, um sich wie ein wirtschaftlicher Bürger fühlen zu können, steigt ständig. Wir essen häufiger und mehr im Restaurant. Wir besitzen mehr Schuhe für mehr Gelegenheiten. Die Pandemie beschleunigte einen Trend zu möblierten »Freilufträumen«, die teilweise mit Flachbildfernsehern ausgestattet sind. Wir brauchen neuere und größere Wagen: Der Anteil der SUVs an den weltweit verkauften Autos hat sich seit dem Jahr 2000 verdoppelt. Wir sehen eine Expansion vollkommen neuer Konsumsphären, die vor zwei Jahrzehnten kaum existierten – die Lieferung von allem Erdenklichen nach Art von Amazon, die Kochkunst als Leidenschaft und das damit einhergehende unablässige Wachstum des Sortiments an Küchenutensilien, die geradezu komisch anmutende Vielzahl von Produkten, die uns helfen sollen, unser Heim zu entrümpeln. Nicht nur Kleidung, sondern auch Haushaltswaren, Möbel und sogar die grundlegende Struktur des Wohnraums (Größe der Räume, Zahl der Wände) durchlaufen mittlerweile sehr kurze Modezyklen. Neben Arbeit, Spiel und Familie unternehmen etliche Leute heute so viele Flugreisen wie zur Jahrtausendwende nur die Elite – Diplomaten, Filmstars, Politiker, der Papst. In diesen Tagen kann sogar ein vom Familienbudget lebender Haushalt mit überflüssigem Zeug aus dem Ramschladen gefüllt sein, das mit überzogenen Kreditkarten und Konsumkrediten finanziert wurde. Wir konsumieren sehr viel mehr als früher, aber wir haben das Gefühl, dass sich nichts geändert hat.

Ecuador lockt Menschen an, die den Lebensstandard früherer Zeiten nicht nur für erträglich halten, sondern bevorzugen. Bruce Finch, der aus Austin in Texas stammt, lebt zwei Fahrstunden von Quito entfernt in Cotacachi, einer geschäftigen, aber ruhigen Kleinstadt am Fuß eines Vulkans. Mit silbergrauem Haar und kantigem Kiefer wirkt er in T-Shirt und Shorts und mit einem Panamahut auf dem Kopf wie der klassische Gringo, aber er ist weniger nach Ecuador gekommen, als dass er die Vereinigten Staaten hinter sich gelassen hat. Vertrieben haben ihn unter anderem »die politische Korrektheit und der ganze Mist, den sie mit sich bringt«. Aber der amerikanische Lebensstil gefiel ihm auch nicht mehr. Den Lebensstil in seinem Heimatland erkannte er nicht wieder. Den in Ecuador schon.

»Ich fühle mich in meine Kindheit zurückversetzt. Ich wuchs in einer kleinen Gemeinde im Süden von Texas auf, wo jeder jeden kannte und man die Namen der Angestellten im Lebensmittelladen wusste. Es war einfach ein schönes Gefühl. Hier ist es noch heute so, in Austin nicht mehr – dort kennst du niemanden, und du musst in das verdammte Auto steigen, wenn du etwas aus dem Supermarkt brauchst. Hier gehe ich überall zu Fuß hin. Ich habe dreißig Pfund abgenommen! Und ich habe mich nicht darum bemüht, es ist einfach die Lebensart.«

Finch lebt in einer Wohnung im Zentrum von Cotacachi. Er hat nicht vor, wieder in sein Heimatland zurückzukehren.

»Die Leute hier sind glücklich«, sagt er. »Sie besitzen nicht so viele Dinge wie die Amerikaner, aber die Amerikaner streben nur nach Dingen – sie sind materialistisch. Die Leute hier sind das viel weniger. Natürlich haben auch sie gerne Dinge. Aber ihr Glück hängt nicht davon ab.«

»Es wird so oft und in völliger Unkenntnis des Landes behauptet, die Mexikaner seien ein zufriedenes, glückliches Volk. ›Sie brauchen nichts.‹ Das ist natürlich keine Beschreibung des Glücks der Mexikaner, sondern des Unglücks der Person, die es sagt.«

Das schrieb John Steinbeck, nachdem er vor achtzig Jahren die lange, offene Arterie des Golfs von Kalifornien hinaufgesegelt war und Männer kennengelernt hatte, die sich nach dem Erwerb eines Kanus, einer Harpune, einer Hose, eines Hemds und eines Huts offenbar als »fürs Leben gerüstet« betrachteten. Aber Steinbeck traute dem Eindruck nicht. Waren diese Leute wirklich glücklich?

Es ist ein altes Klischee, dass Menschen aus der rastlosen, materialistischen westlichen Welt in ärmere Länder reisen und das einfache, glückliche Leben bewundern, das sie dort vorfinden. (Nur sehr wenige dieser Reisenden geben nach der Heimkehr den Materialismus auf.) Dank globaler Umfragen können wir uns heute ein objektiveres Urteil bilden. Zum Zeitpunkt meines Besuchs in Ecuador nahm es in der Rangliste der Länder mit der glücklichsten Bevölkerung den 50. Platz ein. Das bedeutet, dass sich seine Einwohner als weniger glücklich betrachteten als die Bürger der meisten reichen Länder, obwohl Ecuador vor Ländern wie Kuwait, Südkorea, Japan und Russland lag.

Spitzenplätze nehmen Ecuador und viele andere Entwicklungsländer gemessen an der Fähigkeit ein, den Menschen ein glückliches Leben auf einem nachhaltigeren Konsumniveau zu ermöglichen. Im von der britischen New Economics Foundation entwickelten Happy Planet Index werden Maßstäbe wie das Wohlergehen in der Selbsteinschätzung der Befragten, die Lebenserwartung, das Maß an Ungleichheit und der ökologische Fußabdruck kombiniert. Gemessen an diesem Index zählt Ecuador zu den Top Ten. Die meisten sehr hoch entwickelten Länder schaffen es nicht einmal in die Top Twenty, und die Vereinigten Staaten landen abgeschlagen auf dem 108. Platz unter 140 analysierten Ländern. Kanada nimmt den 85. Rang ein. Die reichsten Länder haben ein Effizienzproblem: Ihre Einwohner werfen mit Konsum um sich, ohne ihn in Freude zu verwandeln. Erzeugte der Konsum in den USA in den letzten 15 Jahren 25 Prozent mehr Glück, während er um 25 Prozent wuchs? Machte er die Menschen überhaupt glücklicher?

In den Zehnerjahren hatte Ecuador fast fünf Jahre lang ein »Ministerium für Glück« – jedenfalls nannten die internationalen Medien es so. Oder ein Ministerium für das Gute Leben, oder ein Staatssekretariat für Wohlergehen. Der Minister war Freddy Ehlers, eine Fernsehpersönlichkeit, die selten ohne ihr Markenzeichen zu sehen war: einen *sombrero de paja toquilla* (einen Panamahut, der, wie die Ecuadorianer mit Fug und Recht behaupten, in Wirklichkeit in ihrem Land erfunden wurde), und der tatsächliche Titel der Einrichtung lautete *Secretario del Buen Vivir.* Ehlers hielt die Bezeichnung für unübersetzbar. Wie er mir damals bei einem Treffen erklärte, gibt es im Englischen keinen Begriff für *buen vivir,* der nicht ein »besseres« Leben impliziert, eine Tatsache, die in Ehlers Augen viel über die westliche Kultur verrät.

»Wenn wir das Wort ›besser‹ verwenden, müssen wir einen Vergleich anstellen«, erklärte er mir. Wir hatten in einem Sitzungssaal des Sekretariats Platz genommen, das in einem gespenstisch leeren Flughafengebäude untergebracht war. »Und womit vergleichen wir? Ich möchte besser leben als mein Bruder, besser als mein Nachbar – vor allem besser als der Nachbar. Ich will besser leben als vor zwanzig Jahren, vor zehn Jahren, vor fünf Jahren. Wir werben nicht für ein besseres Leben, denn das bessere Leben zerstört den Planeten. Wir werben für das gute Leben.«

Ehlers war eine umstrittene Figur. Er unterzeichnete Dokumente nicht mit seinem Namen, sondern mit der Skizze eines lächelnden Baums und überredete seine Besucher (darunter Offiziere der ecuadorianischen Armee) zur gemeinsamen Zen-Meditation in der Mittagspause. »Bei der Armut geht es nicht um die Frage, wer wenig und wer viel hat. Armut bedeutet, mehr und mehr und immer mehr zu wollen und nie mit dem zufrieden zu sein, was man hat.«

In einem Land, in dem viele Menschen ihre Grundbedürfnisse nicht erfüllen können, aber jeden Tag im Fernsehen vorgeführt bekommen, wie die Reichen leben, war diese Botschaft schwer zu vermitteln.

Als eine neue Regierung gewählt wurde, setzte sie Ehlers an ihrem ersten Tag im Amt auf die Straße. Die Mehrheit der Ecuadorianer lehnt die Vorstellung ab, sie hätten ein gutes Leben.

Fernanda Paez ist eine Ausnahme. »Ich glaube, wir haben das gute Leben«, sagt sie.

Als sie ein Kind war, lebte ihre Familie in der Garage eines Mechanikers in Quito, wo ihre Eltern als Hausmeister beschäftigt waren. Nicht gerade ein sicherer Spielplatz. Im Alter von neun Jahren kletterte Fernanda auf das Dach eines schrottreifen Busses und fiel herunter. Sie lag sechs Monate mit einem Beckenbruch im Bett. Ihre Eltern nutzten die Zeit, um ein Haus in Carapungo zu bauen, das damals noch auf dem Land lag. In dem neuen Haus gab es kein fließend Wasser und keinen Strom, aber es war ein ruhiger Platz zum Leben.

»Die Leute sagten: Wer wird nach Carapungo kommen? Wer will an einem so abgelegenen Ort leben? Und sehen

Sie!« Sie deutet auf die Ausfallstraße, wo zu jeder Tageszeit Dutzende Leute entlang der Pan-American-Stadtautobahn auf Busse und Taxis warten oder sich in als *micromaxis* bezeichneten Gemischtwarenläden drängen. »In Carapungo mangelt es uns an nichts.«

Dennoch haben Henri und sie ein Grundstück in einer nahe gelegenen *cuchara* gekauft, wo sie sich ein Haus bauen wollen – in Ecuador bezeichnet dieses Wort, das eigentlich »Löffel« bedeutet, auch eine Sackgasse. »Ich glaube, wir werden ein kleines Haus bauen«, sagt Paez. »Denn wenn die Kinder erwachsen sind, werden sie das Haus verlassen, und ihre Räume werden leer stehen.« Dennoch wird es eines der wenigen frei stehenden Häuser in Carapungo sein. Paez und ihre Familie genießen einen überdurchschnittlich hohen Lebensstandard. Am Tag, an dem die Welt aufhört einzukaufen, werden sie möglicherweise zu denen gehören, die ihren Konsum ein bisschen einschränken müssen.

An diesem Tag werden sich rund um den Erdball 7,5 Milliarden individuelle Geschichten ereignen. In den ärmeren Weltregionen wird sich an den Gewohnheiten der meisten Haushalte kaum etwas ändern, während eine Minderheit wohlhabenderer Bürger ihren Konsum erheblich einschränken wird. In der reichen Welt wird sich das umgekehrte Bild bieten: Einige wenige werden kaum einen Unterschied bemerken, während sich für die Mehrheit alles ändert. Der Schock wird so groß sein, dass sich die Zeit zu krümmen scheint.

3

Es ist nicht so, dass die Zeit verrücktspielt – es ist eine andere Art von Zeit

Auf dem Parkplatz des Garden State Plaza, wo man alles vom Value Meal von McDonald's bis zum Luxus-SUV von Tesla bekommt, haben 11 000 Autos Platz. An diesem Tag ist er fast leer, eine riesige Fläche grauen Asphalts rund um das Einkaufszentrum. Vor einer heruntergekommenen Macy's-Filiale spielen Kinder Hockey. In den Grünanlagen krächzen Blauhäher. Hin und wieder rollt auf der sechsspurigen Autobahn ein Auto vorbei. Es herrscht eine apokalyptische Stille, wie in einer Szene während des Corona-Lockdowns. Das Einkaufszentrum ist geschlossen? Es muss etwas Schlimmes passiert sein.

»Früher war dieser Anblick so gewohnt wie alles Amerikanische«, erklärt mir Judith Shulevitz, die Autorin von *The Sabbath World*. Das Garden State Plaza befindet sich in Bergen, dem letzten County in den Vereinigten Staaten, in dem immer noch am Sonntag die Geschäfte geschlossen sind.

Wir haben gesehen, dass es praktisch nicht vorkommt, dass die Leute freiwillig aufhören einzukaufen, aber im Bergen County geschieht genau das, und zwar einmal in der Woche. Und dies ist nicht die Heimat einer isolierten religiösen Gemeinschaft, in der sich die Mode seit dem 17. Jahrhundert nicht geändert hat: Bergen liegt gegenüber von New York am anderen Ufer des Hudson, nur eine halbstündige Autofahrt vom Times Square entfernt. Warum hat sich die Vorschrift, dass die Geschäfte am Sonntag geschlossen bleiben müssen, im Bergen County gehalten? »Paramus«, sagt Paul Contillo. »Das ist die Antwort, die ich Ihnen geben kann: Paramus. Das schiere Volumen dessen, was dort passiert.«

Die Ortschaft Paramus ist die wirtschaftliche Drehscheibe des Countys, und der mittlerweile über neunzig Jahre alte Contillo ist eine Legende in Bergen. Im Lauf seines langen Lebens hat er fast jedes politische Amt im Bezirk bekleidet. Der weißhaarige Herr mit den blauen Augen ist eine patrizische Erscheinung und wäre die ideale Besetzung für einen römischen Senator in einem Hollywoodfilm. Als er im Jahr 1955 von Brooklyn nach Bergen umzog, war Paramus eine ländliche Gemeinde – »Rehe, Füchse im Garten« –, und die Einwohner erledigten ihre Einkäufe in den größeren Ortschaften in der Umgebung, etwa im benachbarten Hackensack. Heute ist Paramus ein Ort mit begrünten Straßen und weißen Häusern im Kolonialstil – und Heimat einer überwältigenden Vielfalt von Einkaufszentren, Outlets und Superstores.

In den Fünfzigerjahren begannen sich Discounter, die Kauflustige aus New York anlocken wollten, bei Paramus entlang der Autobahnen anzusiedeln, und im Bergen County entstand einer der ersten auf dem Reißbrett geplanten Vororte mit Einkaufszentren. Die Inhaber der örtlichen Läden fürchteten, bald sieben Tage in der Woche arbeiten zu müssen, um sich gegen die neue Konkurrenz behaupten zu können, und schlossen sich mit Kirchengruppen und Anwohnern zusammen, die Angst vor einem unerträglichen Verkehrsaufkommen hatten. Noch bevor das erste Einkaufszentrum eröffnet wurde, hatte Paramus sein eigenes »Blue Law« verabschiedet, mit dem der Handel an Sonntagen eingeschränkt wurde. (Manche Historiker führen den Ursprung des amerikanischen Begriffs *blue law* auf die Farbe des Papiers zurück, das die puritanischen Siedler verwendeten, um ihre Regeln für die Sonntagsruhe festzuschreiben; andere sehen die Wurzel des Begriffs in einer umgangssprachlichen Bezeichnung für die Puritaner selbst.)

Ende des Jahres 1957 beherbergte Paramus den größten Einkaufskomplex des Landes. Die kleinen Einzelhändler im County kämpften ums Überleben. Innerhalb von drei Jahren machte ein Zehntel der Läden in der Main Street von Hackensack dicht. Daraufhin beschloss der Kongress von New Jersey, jedem County im Staat die Möglichkeit zu geben, ein eigenes Referendum über ein Blue Law abzuhalten, mit dem der Verkauf von Mode, Möbeln, Haushaltsgeräten und Baumaterial an Sonntagen untersagt werden konnte. Mehr als die Hälfte der Countys wählten diese Lösung, darunter Bergen, wo fast alle Geschäfte an Sonntagen schließen mussten. Die Vereinigten Staaten insgesamt verwandelten sich in das Land mit den striktesten sonntäglichen Handelsbeschränkungen auf der Welt. In den Sechzigerjahren gab es in sämtlichen Bundesstaaten mit Ausnahme Alaskas Vorschriften für einkaufsfreie Sonntage. Man übersieht leicht, wie radikal diese Lösung war. Heute scheint Amerikanern die Vorstellung sonderbar, die Läden könnten am Sonntag geschlossen bleiben, aber würde eine solche Regelung morgen eingeführt werden, so verringerte sich die für das Einkaufen verfügbare Zeit augenblicklich um 15 Prozent.

Nur in Bergen sind umfassende Vorschriften für die Sonntagsruhe im Handel erhalten geblieben – nicht *trotz*, sondern *wegen* des Aufstiegs der Konsumkultur. An sechs Tagen in der Woche sind Bergen und insbesondere Paramus ein hypermoderner Basar für Rabattaktionen, Ramschverkäufe, Trends, Moden, Zerstreuungen und technologische Neuerungen, die alle in jene Art von Konsumpalästen gezwängt werden, in denen die Schuhabdrücke der Kauflustigen rasch wieder weggewischt werden, damit der Boden immer makellos glänzt. Aber an einem Tag in der Woche kommt die hektische Aktivität zum Stillstand. Contillo entspannt sich an einem solchen Sonntagmorgen in seinem Haus und erklärt, dass die Schließung der Läden über die parteipolitischen, religiösen und kulturellen Gräben hinweg Zustimmung findet. »Es ist ein Familientag.« Die Leute treffen sich, um miteinander zu essen, zu sprechen, zu trinken, Sport zu betreiben oder einen Ausflug an die Strände von New Jersey zu unternehmen. »Oder einfach gar nichts zu tun.«

Ist das ein Akt der Konsumfeindlichkeit?

»Wir haben ein anderes Wort dafür«, antwortet Contillo. »Wir nennen es ›Lebensqualität‹.«

Was tun die Leute eigentlich, wenn sie aufhören einzukaufen? Bis der Ausbruch des Coronavirus den Konsum plötzlich zum Stillstand brachte, hatten wir das vergessen. Wir hatten mehr als eine Generation lang in einer 24/7-Wirtschaft gelebt, in der eine wachsende Zahl von Läden und Restaurants an 365 Tagen im Jahr geöffnet hatte. Selbst wenn man an einem exotischen Ort wie Bhutan oder der Antarktis lebte, wo die Konsumkultur noch nicht jeden Augenblick des Alltagslebens erobert hatte, konnte man sich zu jeder Tages- und Nachtzeit einen Film auf dem Smartphone ansehen oder online 2300 Dollar für einen programmierbaren, drahtlos mit einer App gesteuerten Duschkopf für das Badezimmer ausgeben. Die Fähigkeit, jederzeit und überall Dinge zu kaufen, war ein derart fester Bestandteil unseres Lebens geworden, dass wir vergaßen, dass es jemals anders gewesen war.

Dabei war diese Lebensart sowohl neu als auch ungewöhnlich. In den reichsten Ländern der Welt war die Sonntagsruhe im Handel vor dreißig Jahren noch üblich, und so können sich zum Beispiel viele Leute in den USA, Kanada oder auch den britischen Großstädten noch daran erinnern, dass sie an Sonntagen auf leeren Parkplätzen Autofahren lernten oder als Jugendliche durch verlassene Fußgängerzonen streunten. Am Tag, an dem die Welt aufhört einzukaufen, wird eine ältere, ja uralte Architektur der Zeit wieder zum Vorschein kommen, in der die Menschen ihre wachen Stunden mit anderen Aktivitäten als dem Arbeiten oder Einkaufen verbrachten. Es ist die erste Veränderung, die den Weg zur persönlichen Transformation ebnen wird.

Schon in den frühesten Kulturen ruhte die wirtschaftliche Aktivität an bestimmten Tagen, aber die Idee, das Arbeitsleben an einem Wochentag zu unterbrechen, um Platz für die spirituelle Betätigung zu schaffen, wurde erstmals mit dem jüdischen Sabbat verwirklicht, den der israelische Dichter Chaim Nachman Bialik als »die brillanteste Schöpfung des hebräischen Geistes« bezeichnete. In dieser Tradition war der Sabbat ein Tag, an dem die erzeugende Tätigkeit eingestellt wurde, ein Tag, der von dem Gefühl des *schinui,* des Wandels beherrscht war. Es war ein früher Akt des Widerstands gegen die Vorstellung, dass jeder Augenblick unseres Lebens mit Geschäftigkeit, Handel und Arbeit ausgefüllt sein muss – also des Widerstands gegen das Leben, das wir mittlerweile führen.

Der jüdische Sabbat fällt zumeist auf den Samstag, aber rund um den Erdball setzte sich der Sonntag als Ruhetag durch. Vor 1700 Jahren verbot der römische Kaiser Konstantin, ein Christ, alle geschäftlichen und produktiven Tätigkeiten an Sonntagen. Seit damals hat die Sonntagsruhe viele verschiedene Formen angenommen: Der Sabbat war ein Tag der Musik, der Schlemmerei und des Trunks, ein Tag der moralischen Reinheit, an dem Verbrechen wie freudvolles Reiten mit Arrest oder Auspeitschen geahndet werden konnten, ein Tag, an dem man im Fernsehen bei Sportveranstaltungen mitfieberte. Aber immer war es ein Tag, an dem nicht gearbeitet und nicht eingekauft wurde.

Ende der Vierzigerjahre wollte die britische Forschungseinrichtung Mass Observation herausfinden, was die Menschen am Sonntag umtrieb. Die Forscher mussten sich beeilen, denn dies war ihre letzte Chance, mehr über das Phänomen zu erfahren: In London hatten Pubs, öffentliche Verkehrsmittel, Museen und Kinos bereits begonnen, am Sonntag zu öffnen, und dasselbe galt für Freizeiteinrichtungen wie Schwimmbäder. Doch die meisten Betriebe einschließlich Restaurants und Cafés blieben weiterhin geschlossen, und organisierter Sport war verboten. Außerhalb der Hauptstadt stand das öffentliche Leben fast vollkommen still. In Schottland wurden sogar die Schaukeln auf Spielplätzen abmontiert, etwas, was wir nicht mehr sehen sollten, bis siebzig Jahre später die Spielplätze während der Pandemie geschlossen wurden, um Ansteckungen zu verhindern.

In Großbritannien war das Christentum jahrzehntelang nicht die treibende Kraft hinter der Sonntagsruhe. Zu der Zeit, als die Forscher von Mass Observation ausschwärmten, gingen nur 15 Prozent der Briten am Sonntag in die Kirche – das waren weniger, als in den Pub gingen, und weniger als halb so viele, wie im Garten arbeiteten. Eine weitere verblüffende Ähnlichkeit zur Pandemie war, dass die meisten Leute ihre Häuser überhaupt nicht verließen. Die wichtigste Sonntagsaktivität – wenn man es so nennen kann – war nicht das Streben nach Glück, sondern das Bemühen um Ziellosigkeit.

Die Leute plauderten. Sie blieben lang im Bett liegen und hielten Schläfchen. Sie spielten Karten, tranken Tee, erledigten kleine Arbeiten im Haushalt, schrieben Briefe. Sie erholten sich vom Samstagskater. Sie besuchten Freunde, ältere Familienmitglieder oder Behinderte. Bei Schönwetter, das in Großbritannien vor dem Klimawandel eher selten war, strömten sie in Scharen in die Parks, an die Strände und aufs Land. Vor allem junge Leute unternahm ganztägige Radausflüge und bewiesen eine gemessen an heutigen Maßstäben verblüffende körperliche Fitness – zum Beispiel bei einer 140 Kilometer langen Rundfahrt von London nach Southend-on-Sea und zurück. Sie schufen sich ihre Vergnügungen selbst: Im Londoner Bezirk Hammersmith gab es eine Radrennbahn, die auf einem Gelände angelegt worden war, auf dem deutsche Bomber im Zweiten Weltkrieg mehrere Häuser dem Erdboden gleichgemacht hatten; mit Helmen, Gummistiefeln und einer »Körperbedeckung aus Kunstleder« ausgestattete Jugendliche nahmen dort an Wettrennen teil.

Mass Observation fasste die Einstellung der Briten zum Sonntag mit den Worten eines 15-Jährigen zusammen: »Es passiert nie etwas Besonderes, und trotzdem würde ich es nicht als langweilig bezeichnen.« Zwei Drittel der Befragten mochten den Tag, so wie er war, und von den übrigen hatten viele zumindest gemischte Gefühle. Nur wenige Jahre früher hatten zwei unter Heimweh leidende britische Kriegsgefangene im Lager Changi in Singapur ein Lied über die Londoner Sonntage geschrieben, in dem sie die verschiedenen Vergnügungen auflisteten, auf die man an diesem Tag verzichten musste, all das Geschehen, das nie geschah. »Es klingt komisch«, hieß es in dem Song, »aber es gefällt uns so.«

Am Sonntag wurde nicht nur die Lautstärke des Lebens heruntergedreht, sondern es war tatsächlich ein andersartiger Tag. Er war *schinui*. Da war die »sonntägliche Zeitungsleseorgie«, wie es die Autoren der Mass-Observation-Studie ausdrückten: Neun von zehn erwachsenen Briten lasen jeden Sonntag mindestens eine Zeitung, und mehr als ein Viertel las drei oder mehr. An diesem Tag lasen die Leute auch anders. In der hektischen Arbeitswoche verfolgten sie in erster Linie die aktuellen Nachrichten. Am Sonntag lasen sie gründlicher (längere Artikel, in denen die aktuellen Geschehnisse in den größeren Kontext eingeordnet wurden), teilweise aber auch oberflächlicher (Unterhaltungsnachrichten, die Klatschseiten und Skandale). Außerdem hörten sie viel Radio.

Man aß auch anders, nahm sich Zeit für die Zubereitung größerer Mahlzeiten – eine Gruppe mit einer zum Sonntag bemerkenswert ambivalenten Einstellung waren die Hausfrauen, denen an diesem Tag zusätzliche Arbeit aufgebürdet wurde. Die Leute kleideten sich anders und zogen unabhängig davon, ob sie in die Kirche gingen, ihren »Sonntagsanzug« oder ihr »Sonntagskleid« an. Sie tranken sogar anders und schlürften ihr Bier im Pub deutlich langsamer. Der unvermeidliche Schluss lautet: *Die Menschen selbst veränderten sich am Sonntag.* Veranschaulicht wird das durch die völlige Verwandlung eines Polizisten und der Bürger bei einem Glas Bier in einer englischen Industriestadt:

> Ein fünfzigjähriger Polizeiinspektor kommt jeden Mittag in die Bar und trinkt zwei oder drei kleine Gläser Bitterbier – er lädt niemanden ein, und niemand lädt ihn ein. Am Sonntagmittag trinkt er nicht weniger als neun Glas Bier – er wird eingeladen und spendiert seinerseits Runden. So ist es jeden Sonntag.

Im Bericht von Mass Observationen sehen wir Menschen, die geübt darin waren, diese andersartige Zeit zu nutzen – sie verstanden sich drauf. Als das öffentliche Leben in der Coronapandemie zum Stillstand kam, stellten wir fest, dass sich die meisten Leute nicht mehr darauf verstanden. Angesichts eines Überflusses an Zeit, der nicht länger mit Pendeln, Arbeiten, Einkaufen, Reisen, Restaurantbesuchen und ungezählten anderen Zerstreuungen gefüllt war, fühlten viele von uns etwas, das an Furcht grenzte. Fast augenblicklich überhäuften uns die Medien mit Ideen zur Selbstverbesserung: Wir konnten mit einem flacheren Bauch, perfekt organisierten Schränken, einem Diplom für hausgemachte Sauce Hollandaise und einer neuen Fremdsprache aus der Isolation kommen. Hatte der ursprüngliche Zweck des Ruhetags darin bestanden, keiner gezielten Aktivität nachzugehen (einen Sauerteig zu kneten oder sogar zu backen war verboten), so war das Maß aller Dinge in den ersten Wochen der Pandemie, nichts anderes zu tun, als gezielten Aktivitäten nachzugehen. Den meisten Menschen gelang es nicht, dessen habhaft zu werden, was sich die Mehrzahl von ihnen zu wünschen schienen.

In der englischsprachigen Welt wird der Zeitmangel manchmal mit dem Begriff *time famine* beschrieben – was wörtlich »Hunger nach Zeit« bedeutet –, um das im 21. Jahrhundert verbreitete Gefühl der unablässigen Geschäftigkeit auszudrücken. Doch das Gefühl des Zeitmangels ist ein Widerspruch in sich: Streng genommen hat sich an der Zahl der Stunden, die der durchschnittliche Haushalt in Erwerbs- und Hausarbeit investiert, seit vielen Jahrzehnten kaum etwas geändert. Das Problem ist, dass wir mittlerweile jede freie Stunde mit Aktivitäten füllen. Wenn sich die Leute im England der Sonntagsruhe die Zeit mit entspannenden

Nebensächlichkeiten vertrieben, so deshalb, weil es nicht viel anderes zu tun gab. Heute kann man in einem Café sitzen, Freunde in einem Restaurant treffen, in den Vergnügungspark fahren, in einem Einkaufszentrum eine Boutique nach der anderen abklappern, einen Fallschirmspringkurs machen oder die Aufführung von *Tod eines Handlungsreisenden* im örtlichen Theater unterstützen – und das alles zusätzlich zu älteren Zeitvertreiben wie Handarbeiten, Gärtnerei, Spaziergängen mit dem Hund und der Pflege der sozialen Kontakte. Der Inbegriff des Schicksals unserer Freizeit ist das Smartphone, das so wie die Waschmaschine ursprünglich das Potenzial hatte, uns Zeit zu sparen. Doch unsere Reaktion auf das Angebot beispielloser Möglichkeiten, unser Leben unterwegs zu organisieren, bestand nicht darin, dieselbe Zahl von Vorhaben in weniger Zeit zu erledigen; stattdessen quetschten wir zusätzliche Vorhaben in die vorhandene Zeit. Wie der Anthropologe David Kaplan zu Beginn des neuen Jahrtausends sagte: »In einer solchen Gesellschaft ein Konsument zu sein *ist* Arbeit.«

Viele Menschen haben tatsächlich zu wenig Freizeit, sei es, weil ihnen ihr Arbeitgeber Überstunden aufzwingt oder weil sie aus wirtschaftlicher Verzweiflung mehreren schlecht bezahlten Tätigkeiten nachgehen müssen. Weltweit mangelt es an in Muße verbrachter, wirklich *freier* Zeit, an Tagen und Stunden, die sich zu dehnen scheinen, anstatt sich zusammenzuziehen. Das änderte sich, als die Coronapandemie Millionen Menschen zwang, mehrere Wochen am Stück zu Hause zu verbringen. Plötzlich sprach alle Welt darüber, wie plastisch die Zeit geworden sei, dass sie manchmal vorbeitrudele wie ein Blatt im Wind und manchmal klaffe wie eine Wunde. Das Problem war nicht nur, dass unsere vertrauten Muster und Zeitpläne durcheinandergebracht worden waren.

Wir sahen uns auch mit einer vollkommen anderen Art von Zeit konfrontiert: der *nicht kommerziellen* Zeit.

In den Vereinigten Staaten wurde die Sonntagsruhe wiederholt vor dem Obersten Gerichtshof angefochten. Die bedeutsamste dieser rechtlichen Auseinandersetzungen wurde im Jahr 1961 entschieden. Angestellte eines Kaufhauses in Maryland waren mit einem Bußgeld belegt worden, weil sie an einem Sonntag einen Aktenordner, eine Dose Parkettwachs, einen Hefter mit Heftklammern sowie ein Modell-U-Boot verkauft hatten. Die Beschuldigten verteidigten sich mit dem Argument, die Ladenöffnungszeiten fügten ihnen wirtschaftlichen Schaden zu, indem sie ihnen die Vorschriften der christlichen Religion aufzwangen. Das Höchstgericht war anderer Meinung. Richter Earl Warren schrieb in der Urteilsbegründung, das, was durch die Sonntagsruhe geschützt werde, sei kein religiöser Sabbat, sondern eine »besondere Atmosphäre«, die den Übergang zu einer säkularen, multikulturellen Gesellschaft überlebt habe.

»Der Staat versucht, einen Tag als Tag der Rast, der Sammlung, der Erholung und der Ruhe von allen anderen abzuheben – einen Tag, an dem alle Mitglieder der Familie und der Gemeinde die Chance haben, Zeit miteinander zu verbringen und zu genießen, einen Tag, an dem eine relative Ruhe und Lösung von der alltäglichen Intensität der geschäftlichen Aktivitäten herrscht, einen Tag, an dem die Menschen Freunde und Verwandte besuchen können, die sie an den Werktagen nicht sehen.« In den Vereinigten Staaten war der Sonntag für diesen Tag reserviert worden. Der Oberste Gerichtshof hielt die Sonntagsruhe als eine Form von Freiheit aufrecht, die jedermann genießen konnte.

Die von Mass Observation im Jahr 1949 in Großbritannien Befragten verstanden ihren Sabbat ganz ähnlich. Zu jener

Zeit entstand eine Bewegung, die zu einer Staffelung der freien Tage aufrief – zur Einführung des heutigen Systems, in dem sich verschiedene Mitarbeiter verschiedene Tage freinehmen. Es gab auch Aufrufe, die Sonntage mit zusätzlichen Möglichkeiten zum Besuch von Museen, Kinos, Sportveranstaltungen, Cafés und Restaurants und sogar zum Einkaufen »aufzuhellen«. Das Dilemma lag auf der Hand: »Wird die Forderung nach helleren Sonntagen erfüllt, so stellt sich die Frage, ob das zu einem Tag führen wird, an dem eine Hälfte der Bevölkerung die andere unterhalten wird«, hieß es im Bericht von Mass Observation. »Wie lautet die Antwort?«

Die nicht kommerzielle Zeit stand auf dem Spiel, »die alte Dualität des Lebens«, wie es der Schriftsteller D. H. Lawrence ausdrückte. Mehr als ein Jahrhundert lang hatten die Einwohner der reichsten Länder der Welt einem »ausgeklügelten Pakt« zugestimmt, wie Frank Trentmann in *Herrschaft der Dinge* schreibt, seiner Weltgeschichte der Konsumkultur. Sechs Tage der Woche wurden von einer sich beschleunigenden kommerziellen Kultur beherrscht, aber ein Tag gehörte der nahezu vollständigen Ablehnung dieser Kultur. Heute wirkt es lächerlich auf uns, dass man an einem Tag in der Woche kein Fahrrad ausleihen, keinen Kaffee trinken gehen konnte und nicht die Möglichkeit hatte, in einen Laden für Malerzubehör zu gehen und drei Stunden darüber nachzudenken, in welchem Weißton – Leinenweiß? Kokosweiß? – man den begehbaren Schrank ausmalen sollte. Es wirkt geradezu komisch auf uns, dass die Gemeinde Paramus in den Achtzigerjahren versuchte, den Betrieb von Großrechnern an Sonntagen zu verbieten. Aber der Hauptbeweggrund für diese Maßnahmen war wiederum nicht Frömmigkeit, sondern die unangenehme Tatsache, dass jede neue kommerzielle Aktivität am Sonntag die nicht kommerzielle Zeit – in

der fast niemand arbeitete oder konsumierte – der Auslöschung näher brachte.

Die von Mass Observation befragten Briten nahmen auch
die am weitesten verbreitete moderne Epidemie vorweg: die
Einsamkeit. Damals verbrachten die Leute ihre Sonntage
normalerweise mit anderen Menschen. In Großbritannien
gab es im Jahr 1949 52 Sonntage, zu denen Feiertage kamen,
an denen man sicher sein konnte, dass alle Leute, die man
kannte – und alle, die man nicht kannte –, nicht am Arbeitsplatz sein und nicht viel mehr tun würden, als in einem Sta-
pel Zeitungen zu schmökern. Ein 66-jähriger Straßenkehrer,
der den Sonntag tatsächlich nicht mochte und langweilig
fand, lehnte gestaffelte freie Tage dennoch entschieden ab.
»Das wäre schlimmer als der Sonntag«, sagte er. »Es würde
bedeuten, den Kontakt zu aller Welt zu verlieren.«

Als wir die Freizeit staffelten und die Sonntage »aufhell-
ten«, sorgten wir in der Praxis dafür, dass die kommerzielle
Zeit nie mehr endete. Die Leute hörten nicht auf, in ihrer Freizeit Nickerchen zu halten, spazieren zu gehen oder Karten
zu spielen, zumindest nicht vollkommen; der entscheidende
Unterschied ist, dass wir all diese Dinge heute nach einem
individuellen Zeitplan tun. In der Zwischenzeit wurden alle
anderen Formen des Widerstands gegen die unablässige Produktivität und den ewigen Konsum – die Ladenschließun-
gen zu Weihnachten und in der Nacht, das New Yorker Drei-
Martini-Mittagessen und das Londoner Nachmittagsbier an
Werktagen – schrittweise gebrochen. In Israel ist der Sabbat
mittlerweile der emsigste Einkaufstag der Woche. In Spanien
hat die Politik sowohl die Gesetze über die einkaufsfreien
Sonntage als auch die Siesta, die traditionelle mittägliche
Unterbrechung von Arbeits- und Einkaufstag, ausgehöhlt.
Historische Bastionen der Sonntagsruhe, darunter England,

Deutschland und Frankreich, haben die Beschränkungen für den Handel am Sonntag in den Städten weitgehend aufgehoben. Als das Bundesverfassungsgericht die Gesetze zum Schutz des arbeitsfreien Sonntags vor einigen Jahren bestätigte, erhielt es Applaus von Akteuren im gesamten politischen Spektrum. »Der Sonntag ist der Sonntag, weil er nicht wie andere Tage ist«, hieß es in einem Leitartikel. »Er ist ein Tag, um die Gesellschaft zu synchronisieren.« Doch die Gerichtsentscheidung hinderte den Einzelhandel lediglich daran, an mehr als drei aufeinanderfolgenden Wochenenden am Sonntag zu öffnen.

Natürlich hatte die Sonntagsruhe den entscheidenden Schlag schon Jahre früher hinnehmen müssen. Am 11. August 1994 bestellte ein Mann in Philadelphia bei einem virtuellen Einkaufszentrum in Nashua, New Hampshire, die Platte *Ten Summoner's Tales* von Sting – dies war der erste bekannte digitale Onlinekauf. Die *New York Times* meldete das historische Ereignis unter der Schlagzeile »Kauflustige aufgepasst: Das Internet hat geöffnet«.

Die Gesetze des Bergen County über den arbeitsfreien Sonntag sind ebenfalls häufigen Attacken ausgesetzt. Einer ihrer Gegner, Mitch Horn, gelangte in einem Babies »R« Us zu der Überzeugung, dass der Zeitpunkt zum Handeln gekommen sei: An drei aufeinanderfolgenden Sonntagen hatte Horn die 45-minütige Fahrt von seinem Wohnort in Bergen ins benachbarte Hudson County auf sich genommen, um sich die Wünsche und Bedürfnisse zu erfüllen, die mit der modernen Elternschaft einhergehen. An jedem anderen Wochentag konnte er die Einkäufe im Babies »R« Us um die Ecke erledigen, das keine fünf Minuten von seinem Haus entfernt war. In jedem anderen County in den Vereinigten Staaten hätte er das auch am Sonntag tun können.

»Es geht um unsere Freiheiten«, erzählt mir Horn. »Wir sollten das Recht haben, Güter zu kaufen und zu verkaufen, wann immer wir wollen.«

Horn sieht ermutigende Signale in verbreiteten Verstößen gegen die Gesetze zum Schutz der Sonntagsruhe. Wir sitzen an einem Sonntag in einem Starbucks (Cafés dürfen öffnen), als sich Horn plötzlich an eine Mitarbeiterin wendet, die gerade einen Artikel aus einem Regal nimmt.

»Das ist eine French Press, nicht wahr?«, fragt er. »Das kauft heute tatsächlich jemand?«

»Ja«, antwortet die Angestellte.

»Das ist ein Küchenutensil«, erklärt mir Horn sichtlich zufrieden. »Das ist eine verbotene Transaktion.«

Es ist leicht, diesem Mann mit Ablehnung zu begegnen, weil er versucht, auch noch den letzten Widerstand zu brechen. Man könnte die Sonntagsruhe im Bergen County als einen »Endling« bezeichnen – so nennen die Biologen das letzte lebende Exemplar einer fast ausgerotteten Spezies. Doch Horn will nur, was die meisten Leute auf der Welt bereits haben, und seine Gründe sind dieselben, welche die Sonntagsruhe überall sonst zu Fall gebracht haben: Der Vormarsch der kommerziellen Zeit hat die nicht kommerzielle Zeit unerträglich gemacht. Als Familien mit zwei erwerbstätigen Eltern zur Norm wurden und die Arbeitszeiten auf die Nacht und andere ungewöhnliche Zeiten ausgeweitet wurden, war es ärgerlich, gezwungen zu sein, an den Werktagen einkaufen zu gehen. Als der Konsum zum Synonym des bürgerlichen Lebens wurde, verwandelte sich das Einkaufen in einen Teil der Erholung: Ein Tag im Einkaufszentrum wurde zu einer familiären Aktivität wie der Kirchgang oder der Besuch eines Fußballspiels.

Es ist bemerkenswert, dass die von Mass Observation

befragten Personen zwei Dinge unerwähnt ließen. Erstens beklagte sich offenbar niemand (zumindest nicht so viele Befragte, dass die Forscher es für erwähnenswert gehalten hätten) über die Unannehmlichkeit der Sonntagsruhe. Obwohl viele Leute auch damals schon ihr Leben als »irrsinnige Raserei« empfanden, waren anscheinend alle Befragten der Ansicht, dass sechs Tage in der Woche genügten, um die Einkäufe zu erledigen. Zweitens schien sich niemand Sorgen über die Auswirkungen des arbeitsfreien Sonntags auf die Umsätze der Unternehmen oder die britische Wirtschaft zu machen. Seit damals wurden in zahlreichen Studien keine klaren Belege für wirtschaftliche Auswirkungen der Sonntagsruhe gefunden. Das Bergen County beispielsweise gehört zu den wohlhabendsten Bezirken in New Jersey und nimmt landesweit einen der zehn Spitzenplätze bei den Einzelhandelsumsätzen ein. Vielleicht wussten die britischen Bürger das aus Erfahrung. Eine andere mögliche Erklärung: Da sie einmal in der Woche die kommerzielle Zeit verließen, hatten sie den nötigen Überblick, um zu sehen, dass die maximale Ausschöpfung des wirtschaftlichen Potenzials nicht unbedingt der einzige Sinn des Lebens sein muss.

Bis zur Pandemie durfte man annehmen, dass die Sonntagsruhe weitgehend verschwunden war und nie zurückkehren würde. Wir fragten uns: Führten die Leute früher, als sie jede Woche einen ganzen Tag Zeit hatten, um auf die vier Wände in ihrem eigenen Kopf zu starren, ein Leben, das in irgendeiner Hinsicht erfüllter war als unseres? Denken wir heute weniger gründlich über uns selbst und unser Verhalten nach? Sind wir gewöhnlichere, weniger nachdenkliche Menschen? Anscheinend war es nicht mehr möglich, diese Fragen zu beantworten, denn das »Sonntagsgefühl« war für immer verloren. Selbst wenn die nicht kommerzielle Zeit irgendwo wieder auftauchte, waren wir ständig verbunden und verfolgten unablässig Ziele und Bestrebungen, zu abgelenkt für das Alleinsein oder lange Gespräche vor dem Kamin über den Sinn des Lebens. »Eine Rückkehr scheint einfach nicht unsere Bestimmung zu sein«, sagte Judith Shulevitz zu mir, als wir uns lange vor der Pandemie zu einem ersten Gespräch zusammensetzten. »Ich kann mir nicht vorstellen, dass es dazu kommen wird. Meine Forderung in *The Sabbath World* war aussichtslos.«

Die Sonntagsruhe war nicht einfach aufrechtzuerhalten, aber es fiel uns auch schwer, uns von ihr zu trennen. Lange vor der Pandemie hatten die Leute begonnen, sich gegen das zu wehren, was Shulevitz als »Aufwertung der Geschäftigkeit« bezeichnet. Allerdings taten sie das nur in ihrem eigenen Leben und in ihrem Haus, nicht jedoch in der Gesellschaft insgesamt. Sonderbarerweise nahm dieser Widerstand oft die Form von Konsum an: Wellness, Meditationskurse, Urlaube in All-inclusive-Ferienanlagen sowie Produkte, um zu Hause aufzuräumen und Ordnung zu schaffen, aber auch Drogen, Alkohol und anderer Konsum, der eine Realitätsflucht ermöglichte.

Der Historiker David Shi, der in seinem Buch *The Simple Life* dem Widerstand gegen den materialistischen Lebensstil von der Gründung der Vereinigten Staaten bis in die Gegenwart nachspürt, zählt die Geschäftigkeit zu den Hauptproblemen der Konsumkultur. »Geld, Besitz oder Aktivität an sich beeinträchtigen die Einfachheit nicht, aber die Liebe zum Geld, die Sehnsucht nach Besitz und der Zwang zur Aktivität tun es sehr wohl«, erklärt er. Als aus der mehrtägigen eine mehrwöchige Corona-Quarantäne wurde, schien sich eine wachsende Zahl von Leuten von diesem Zwang zu befreien.

Die Fixierung auf Leistung und die unablässige Planung von Aufgaben ließen nach, und wie die an die Sonntagsruhe gewöhnten Menschen der Vergangenheit lernten viele von uns wieder, nicht nur mit weniger zu leben, sondern auch weniger zu tun. Nach einer Weile ließ das beängstigende Gefühl nach, dass die Zeit ein Loch war, das gefüllt werden musste. Sie verlangsamte sich. Und dann geschah ein Wunder: Das Leben selbst wurde länger.

Einen Monat nach Beginn des Lockdowns startete ich eine Umfrage in meinem persönlichen Netzwerk, das enge Freunde und fast fremde Menschen umfasste. Ich erfuhr von einem wachsenden Überdruss an der Produktivität und einer verbreiteten Vertiefung in die Zeit. »Ich lebe bewusster«, sagte ein Befragter, der die Veränderung in sehr einfachen Worten beschrieb. »Wir haben die Chance bekommen, den Frühling wirklich auf eine Art zu bemerken und zu genießen, die vielleicht nicht wiederkehren wird«, antwortete eine andere Person. In vielen Kommentaren kam beinahe die verlorene Welt zum Vorschein, die Mass Observation siebzig Jahre zuvor beschrieben hatte. »Es ist interessant zu sehen, dass wir jetzt wieder eine Chance haben, uns eingehend mit anderen über ein Thema zu unterhalten«, schrieb eine Frau. »Es erinnert mich ein wenig an Fernreisen im Zug und die Qualität der Gespräche dort.« Einige wenige beschrieben den Stillstand von sich aus als eine Art von Sonntagsruhe.

Seit der Pandemie denken wir beim Anblick fast leerer Autobahnen und von verwaisten Parkplätzen umgebener Einkaufszentren wie jener im Bergen County beinahe unweigerlich an eine Katastrophe. Sie erinnern uns jedoch auch daran, dass die ersten Lockdowns eine gewisse Befreiung brachten. Das Erste, was einem an den Sonntagen im Bergen County auffällt, ist der Verkehr. Er ist natürlich sehr viel spärlicher, so wie wir es während des Covid-Ausbruchs gesehen haben. Aber es ist nicht nur die Abwesenheit von Verkehr: Die Polizei von Paramus erklärt, dass der Sonntagsverkehr *anders* ist. Die Leute fahren langsamer, weniger aggressiv, und man sieht weniger »Rattenrennen« durch Nebenstraßen – der Begriff beschreibt die Ähnlichkeit dieses Fahrverhaltens mit den Bewegungen von Laborratten, die einen Ausweg aus einem Labyrinth suchen.

Der Philosoph Jean-Jacques Rousseau bezeichnete den Müßiggang als einen Rückzug aus der Erwachsenenzeit, und tatsächlich üben Skateboarder auf den verwaisten asphaltierten Flächen Kickflips, und Eltern bringen ihren Kindern das Radfahren bei. Am anderen Ende des Lebensspektrums erinnerte uns das Coronavirus daran, wie wenig Zeit wir uns für die alten Menschen in ihrer Isolation und Verletzlichkeit genommen hatten. In Paramus sind die Parkplätze der Altenpflegeheime an den Sonntagen stets voll.

Als die Beschränkungen des öffentlichen Lebens gelockert wurden, schworen viele Leute feierlich, von nun an würden sie an dieser entspannten Einstellung zur Zeit festhalten. Shulevitz, die während der Pandemie aus New York in ihr Haus in der Kleinstadt Catskills flüchtete, wo sie sich eines Tages zur Ruhe setzen möchte, stellte die zutreffende Vorhersage an, es werde nur wenigen Leuten gelingen, dieses Versprechen zu halten. »Ich glaube einfach nicht, dass man das allein tun kann«, erklärte sie mir. »Es funktioniert nur, wenn alle anderen es zur selben Zeit ebenfalls tun. Alle müssen es gleichzeitig tun. Wenn wir es nicht als Gruppe tun, werden wir nicht weniger im Stau stehen. Wir werden die Leute nicht zu Hause antreffen, wir werden den Kontakt zu unseren Nachbarn nicht pflegen können, weil sie andernfalls damit beschäftigt sein werden, ihre Kinder zum Fußball oder

zum Einkaufen zu bringen.« Ein Sabbat ist wie ein Waffen-
stillstand: Er funktioniert nur, wenn sich alle daran halten.
Alle müssen aufhören zu arbeiten. Alle müssen aufhören zu
shoppen. Wenn wir das tun, entsteht eine Art von Zeit, die
beginnt, die Welt zu verwandeln.

Eine augenblickliche Veränderung findet in der Erdatmosphäre statt, wo wir im selben Moment, in dem wir aufhören einzukaufen, das erreichen, woran wir jahrzehntelang
gescheitert sind: Wir verringern die globalen Kohlenstoffemissionen, die den Klimawandel verursachen.

4

Plötzlich ein Sieg im Kampf
gegen den Klimawandel

Könnten wir die Belastung der Atmosphäre mit Kohlendioxid sehen – nehmen wir an, dieses Gas wäre sichtbar wie Smog, jedoch nicht von bräunlicher Farbe, sondern in seiner höchsten Konzentration indigoblau wie Tinte –, so wäre die Bedrohung durch den Klimawandel zumindest schön anzusehen. Aus dem Auspuff eines vorbeifahrenden Autos würden die blassblauen Dämpfe des Hauptbeitrags der Menschheit zur Erderwärmung aufsteigen. Über dem Schornstein einer Fabrik prangte wie der Fingerabdruck eines anklagend auf diesen Frevel weisenden Gottes eine fetter blauer Fleck. Und über allem würden durchscheinende Wolken von der Farbe des Mittelmeers quellen, ein Sturm, der niemals endet.

Die Luft, die den Großteil der Menschheit einhüllen würde, wäre ein zauberhafter zartblauer Nebel. Wenn wir von Kohlendioxid in der »Erdatmosphäre« sprechen, klingt es so, als hinge dieses Gas hoch über uns. In Wahrheit ist die CO_2-Konzentration am Boden am höchsten, denn dort wird es freigesetzt, um sich anschließend langsam mit den höheren Luftschichten zu vermischen. Würden wir in einem Passagierflugzeug (das einen dicken tiefblauen Kondensstreifen hinter sich herzieht) in den Himmel aufsteigen und die Reisehöhe etwa 10 000 Meter über dem Meeresspiegel erreichen, so wäre die Luft klarer – dort oben erinnert die Atmosphäre noch an eine Zeit, in der die Menschheit sehr viel weniger Kohlenstoff in die Luft pumpte. Vielleicht würden wir dort ein anderes Blau über uns sehen: Himmelblau.

Blickten wir aus dem Weltraum auf den Planeten hinab, so wäre die indigoblaue Erdatmosphäre ein reizvoller Anblick: Von unseren Städten und Industriegebieten stiegen blaue Schwaden auf, die in das blassere Blau des angesammelten Kohlendioxids fließen würden, das sich fast gleichmäßig über den Erdball verteilt hat. Wir würden blaue Ströme sehen, die sich durch Ebenen und Ozeane ziehen, sich von Gebirgspässen in Täler ergießen und hinter Berggipfeln in Strudeln wirbeln wie Wasser um einen Felsblock in einem Gebirgsfluss.

Sowohl die Natur als auch der Mensch produzieren in der nördlichen Hemisphäre mehr Kohlendioxid als in der südlichen. Im Sommer würde die blaue Atmosphäre um uns herum heller werden, da Wälder und Wiesen zu grünem Leben erblühen, das Kohlendioxid aufnehmen und in den Sauerstoff umwandeln, den wir atmen. Aber wenn der Winter naht, würde fast überall blaues Gas quellen, nicht nur in den Städten, sondern auch auf dem Land: Die Vegetation nimmt kein Kohlendioxid mehr auf, sondern gibt es ab, da Gräser absterben und die Bäume ihre Blätter abwerfen. Den Höhepunkt erreicht der jährliche CO_2-Ausstoß am Ende des Winters, und zu diesem Zeitpunkt wäre die nördliche Hälfte der Erde von einer dicken indigoblauen Decke bedeckt. Im Frühling würde das Blau wieder verblassen. Ein NASA-Sprecher – meine Beschreibung beruht teilweise auf den Datenvisualisierungen der Weltraumbehörde – beschrieb mir diesen Zyklus als den Herzschlag des Planeten.

Dauerhaft erhöht wird die Kohlendioxidkonzentration in der Atmosphäre, die katastrophale Auswirkungen auf das Klima hat, jedoch durch die Emissionen der Menschheit. In einer Welt, in der die Kontamination durch das CO_2 sichtbar wäre, würden die Zentren des Konsums und der Industrieproduktion – Westeuropa, Südostasien, die Ostküste Nordamerikas sowie kleinere Ballungsräume und Industriezentren wie Kalifornien und Japan – aus dem Weltraum aussehen, als stießen sie unablässig blauen Rauch aus. Die Südhalbkugel hingegen würde kaum schwelen. Nur in der Trockenzeit stiegen in Afrika, Südamerika und Australien große blaue Wirbel auf, die jedoch nicht durch menschliche Aktivität, sondern durch Wald- und Buschbrände verursacht würden. (Allerdings hat der Klimawandel die Brände verschlimmert.) Da mehr und mehr CO_2 in die Atmosphäre geblasen wird, würde der gesamte Planet jedes Jahr einen dunkleren indigoblauen Ton annehmen.

Und in dem Moment – genau in dem Augenblick –, in dem die Welt aufhört einzukaufen, würde sich die Farbe der Luft aufhellen. Innerhalb weniger Tage würde der blaue Nebel am Boden merklich verblassen. Die blauen Fegefeuer, die in der nördlichen Hemisphäre brennen, gäben weniger Rauch ab. Unter dem tiefblauen Himmel der akkumulierten Kohlenstoffbelastung würde sich eine Schicht klarerer Luft bilden, so wie am Grund einer schlammigen Flussmündung eine saubere Strömung fließt.

Selbstverständlich können wir Kohlendioxid nicht sehen – es ist ein farbloses Gas. Aber ein Rückgang der Kohlenstoffemissionen ist unübersehbar, wie wir während der Pandemie festgestellt haben.

Die Feinstaubbelastung, die wir in den Städten oft in einem

gelbbraunen Smog sehen, hat ihren Ursprung in denselben Fabriken, in denselben mit fossilen Brennstoffen befeuerten Stromkraftwerken und Fahrzeugen, die auch die Treibhausgase erzeugen. Als das Coronavirus die globale Konsumwirtschaft stilllegte, begann sich der Dunst aufzulösen. Der mehr als blaue Himmel, der verblüffend unvermittelt über den Städten der Welt auftauchte, konfrontierte die Menschheit vielleicht umfassender als je zuvor mit der Tatsache, dass sich unsere alltäglichen Handlungen auf den Planeten auswirken – und er bedeutete, dass die Kohlenstoffemissionen, die wir nicht sehen können, ebenfalls zurückgingen.

Zunächst war die Veränderung vor allem an den am stärksten verschmutzten Orten der Erde zu sehen, die sich fast alle in Indien, China und Pakistan befinden: Es sind die Orte, an denen ein großer Teil der Konsumgüter der Welt erzeugt wird. Innerhalb weniger Tage nach Beginn des Lockdowns kamen sogar aus dem indischen Ghaziabad, das im Jahr 2019 die schlechteste Luftqualität weltweit hatte, Berichte über einen klareren Himmel. In einem typischen April bewegt sich die Luftqualität in 55 der 100 schmutzigsten Städte aufgrund der Feinstaubbelastung zwischen »sehr ungesund« und »gefährlich«. Ende April 2020 wurde ein solches Maß an Luftverschmutzung nur in drei davon erreicht. (Diese Städte – die vietnamesische Hauptstadt Hanoi sowie die chinesischen Metropolen Guangzhou und Chengdu – waren früh von der ersten Welle der Corona-Epidemie getroffen worden, weshalb sich die industrielle Aktivität dort bereits wieder erholte.) Auf Satellitenbildern, welche die Konzentration kontaminierender Abgase sichtbar machen, sieht es tatsächlich so aus, als würden die Brandherde auf einem in Flammen stehenden Planeten erlöschen.

In der reichen Welt war die Luft bereits relativ sauber, was teilweise daran lag, dass in den wohlhabenden Ländern kaum noch Güter produziert werden; diese Länder haben die verschmutzenden Industrien weitgehend in andere Teile der Welt verlegt. Doch es dauerte nicht lange, bis über Städten wie Vancouver, wo die Luft ohnehin schon so sauber ist wie an wenigen anderen Orten in der Welt, ein Blau auftauchte, das unsere Augen als echter erkannten, so als wären wir seit Jahren durch seichtes Wasser gewatet und hätten nie in die Tiefe des Ozeans geschaut. An manchen Tagen hatten London und New York *die sauberste Stadtluft der Welt.* Toronto duftete wie der Eichen- und Fichtenwald, der sich einst dort erstreckt hatte, bevor die Stadt gegründet wurde; Los Angeles erwachte nach nächtlichen Regenfällen mit dem frischen Duft von Salbeisträuchern. Plötzlich wurde uns bewusst, dass wir bis dahin fast alle Luft geatmet hatten, die schmutziger war, als wir es uns vorgestellt hatten. Als Stellvertreter der unsichtbaren Luftverschmutzung war das Fehlen eines sichtbaren Dunstes beängstigend aufschlussreich.

Viele Leute meinten, die Luft sei reiner, weil alle Welt daheimbleibe. Eine zutreffendere Erklärung lautet, dass die Konsumwirtschaft zum Erliegen gekommen war. Fabriken standen still. Flugzeuge hoben nicht ab. Auf den Schifffahrtsstraßen herrschte Flaute. Unsere täglichen Fahrten zum Geldverdienen oder Geldausgeben wurden abgesagt. Das Konsumdilemma trat deutlich zutage: Unsere Volkswirtschaften hängen vom Konsum ab, aber der Konsum erhöht die Kohlenstoffemissionen. Der Zusammenhang ist derart eng, dass Klimaforscher seit Langem ein Wachstum des einen Phänomens als Indikator für ein Wachstum des anderen heranziehen: Beschleunigt sich der Modezyklus, so beschleunigt sich der Klimawandel; schrumpft das Weihnachtsgeschäft, so gelangen weniger CO_2-Moleküle in die Atmosphäre. Doch die Politik hat nie ernsthaft über die Möglichkeit nachgedacht, den Klimawandel durch eine Verringerung des Konsums zu bekämpfen.

Seit der Club of Rome im Jahr 1972 den Bericht *Die Grenzen des Wachstums* veröffentlichte und die Weltöffentlichkeit vor den Gefahren des unbegrenzten Wachstums auf einem Planeten mit begrenzten Ressourcen warnte, wird darüber debattiert, ob eine unendlich wachsende Konsumwirtschaft mit einer sauberen, gesunden natürlichen Umwelt vereinbar ist. Könnten wir mit all dem Komfort leben, an den wir uns gewöhnt haben oder den wir anstreben – Klimaanlagen, drei Autos pro Haushalt, eine stets aktuelle Garderobe, ein unablässiger Strom neuer Dinge, Fernreisen –, ohne der Umwelt Schaden zuzufügen? Der Bericht schloss die Möglichkeit nicht aus: »Die Überwindung von Beschränkungen prägt die kulturelle Tradition vieler dominanter Völker in der Welt der Gegenwart.«

An der vorherrschenden Weltsicht hat sich nichts geändert, und Regierungen und Unternehmen in aller Welt orientieren sich an der Vorstellung, unsere gesamte Wirtschaft – von Textilfabriken bis zu Fußballspielen, von der Rinderzucht bis zum Massentourismus – könne von der Schädigung der Umwelt »abgekoppelt« werden wie ein Waggon von einem Zug. Auf dieser Vorstellung beruht der Glaube, die Technologie könne den Klimawandel aufhalten, ohne dass wir unseren Lebensstil erheblich ändern müssten. Dies ist der heilige Gral, der als »grünes Wachstum« bezeichnet wird: eine endlos wachsende Wirtschaft, welche die Umwelt nicht schädigt.

Mitte der Zehnerjahre wirkte das Versprechen der Entkoppelung plötzlich real. Als die Daten zu den globalen Kohlendioxidemissionen im Jahr 2014 hereinkamen, zeigte sich, dass die CO_2-Emissionen stagnierten. Wir hatten nicht *weniger* Kohlendioxid in die Atmosphäre gepumpt als im Jahr davor, aber wenigstens hatten wir auch nicht *mehr* in die Luft geblasen. Dasselbe geschah 2015, und auch im Jahr darauf setzte sich die Stagnation fort. »Es gibt Grund für Optimismus«, sagte mir Laura Cozzi damals. Sie leitete das Team, das die Daten für die Internationale Energieagentur (IEA) auswertete, in der dreißig der großen Volkswirtschaften vertreten sind.

Aber es gab auch Grund für Pessimismus. Die Treibhausgasemissionen waren immer noch viel zu hoch. Als die Emissionen im Jahr 2014 erstmals stagnierten, geschah das auf einem Rekordhoch. Um nachzuvollziehen, was das bedeutet, können wir uns die Erdatmosphäre als Badewanne vorstellen. Nehmen wir an, wir legen einen Haufen Tischtennisbälle in diese Wanne. Die Bälle stehen für das Kohlendioxid, das sich in der Atmosphäre angesammelt hat. Der Trend war, dass wir jedes Jahr mehr und mehr Tischtennisbälle in die Badewanne warfen, bis wir im Jahr 2013 eine Rekordzahl von Bällen hinzufügten, sagen wir zum Beispiel, zehn. 2004 fügten wir weitere zehn Bälle hinzu, aber wenigstens keine elf oder zwölf. 2015 kamen weitere zehn dazu, und im Jahr darauf noch einmal. Die Menge der Tischtennisbälle in der Badewanne – des Kohlendioxids in der Atmosphäre – stieg weiter; lediglich die Zuwachsrate hatte schließlich den Zenit erreicht.

Sehr viel erfreulicher war die Nachricht, dass die Weltbevölkerung um 170 Millionen Menschen und die Weltwirtschaft um 10 Prozent gewachsen war, während wir die Kurve des Anstiegs der CO_2-Konzentration abflachten. Anstatt sich weiter im Gleichschritt zu entwickeln, bewegten sich Wirtschaftswachstum und CO_2-Emissionen anscheinend endlich mit unterschiedlichen Geschwindigkeiten: Die Emissionen stagnierten, während das Wirtschaftswachstum weiter zunahm.

Es gab mehrere Gründe dafür, dass das Ansteigen der Emissionen gedrosselt wurde. Erstens verringerten die reichsten Länder und China den Ausstoß von Kohlendioxid deutlich. Europa ging seit Jahren mit gutem Beispiel voran, aber jetzt hatten sich auch die Vereinigten Staaten, der zweitgrößte Kohlenstoffemittent, dem Kampf gegen den Klimawandel angeschlossen. Nicht zuletzt wegen der Auslagerung der Produktion westlicher Unternehmen bläst China, das der größte Produzent der Welt ist, auch am meisten CO_2 in die Atmosphäre, obwohl der durchschnittliche chinesische Konsument für weniger Emissionen verantwortlich ist als der typische Einwohner fast jedes reicheren Landes. Doch wie die westlichen Länder verbrannte auch China mittlerweile weniger Kohle und mehr Erdgas und machte größere Fortschritte in der Nutzung von erneuerbaren Energien und Atomkraft. Ein grüneres Wachstum war eine Realität.

Doch es gab noch einen weiteren wichtigen Grund dafür, dass die CO_2-Emissionen auf hohem Niveau stagnierten, einen Grund, der nur selten Schlagzeilen machte. Das Wirtschaftswachstum hatte sich insgesamt verlangsamt, insbesondere in China, den Vereinigten Staaten und Europa. Es war nicht nur den grünen Technologien zu verdanken, dass wir die Emissionen gebremst hatten: Wir hatten auch den Konsum verringert. »Wir haben einen fragilen Stillstand der Emissionen erreicht«, erklärte Rob Jackson, ein Ökologe an der Universität Stanford, der das Global Carbon Project leitete, einen Zusammenschluss von Klimaforschern, welche die Kohlendioxidemissionen beobachten. »Würde die Weltwirtschaft auf Hochtouren laufen, so würden die Emissionen nicht stagnieren.«

Einer von Jacksons Kollegen in Stanford bot ihm eine Wette um 10 000 Dollar an und erklärte, die CO_2-Emissionen hätten keineswegs ihren Höhepunkt erreicht, sondern würden bald wieder steigen. Jackson nahm die Wette nicht an. Allerdings glaubte er, dass die Emissionen nie wieder in einem einzigen Jahr um 2 Prozent oder mehr steigen würden.

Im Jahr darauf, das heißt 2017, erhöhten sich die CO_2-Emissionen nach den Berechnungen des Global Carbon Project um 2 Prozent. Als die Weltwirtschaft im Jahr 2018 kräftig wuchs, stiegen sie um fast 3 Prozent. Die Nutzung der Kohle wurde erneut angekurbelt. Die Verbrennung von Erdöl und Erdgas setzte sich ungebremst fort. Trotz aller Theorien über die Entkoppelung war es weiterhin zutreffender zu sagen, dass Wirtschaftswachstum und Kohlendioxidemissionen eng zusammenhingen.

An dem Tag, an dem die Welt aufhört einzukaufen, kann man von einer absichtlichen weltweiten Verringerung der Kohlenstoffemissionen sprechen. Das ist etwas, was uns nie zuvor gelungen ist.

Seit dem Zweiten Weltkrieg sind die globalen Kohlendioxidemissionen nur bei vier Gelegenheiten gesunken: Mitte der Achtzigerjahre, Anfang der Neunziger, 2009 und 2020. In keinem dieser Fälle war der Rückgang das Resultat der Entkoppelung, des grünen Wachstums oder irgendeines anderen gezielten Eingriffs zur Rettung des Planeten. Vielmehr war die Ursache jeweils ein abrupter weltweiter Einbruch der wirtschaftlichen Aktivität: Die Emissionen sinken, wenn die Welt aufhört einzukaufen. Der deutlichste Rückgang war während der Coronapandemie zu beobachten, welche die globalen Emissionen in einem Jahr um 7 Prozent verringerte.

Aber der Rückgang während der Pandemie wird möglicherweise nicht der bisher längste sein.

»Der größte Einbruch der Kohlenstoffemissionen, den wir je gesehen haben, folgte in den Neunzigerjahren auf den Zusammenbruch der Sowjetunion. Ein großer Teil der Weltwirtschaft schrumpfte«, erklärt Richard York, ein Soziologe an der University of Oregon, der untersucht, wie sich die Struktur von Gesellschaften auf Konsum und Umweltverschmutzung auswirkt.

Die Sowjetunion löste sich im Jahr 1991 auf. Im folgenden Jahrzehnt durchlief das ehemalige kommunistische Imperium eine »Entmodernisierung«, wie es York ausdrückt. Die CO_2-Emissionen im früheren Ostblock sanken schließlich um fast ein Drittel, was noch mehr war als der 25-prozentige Rückgang in den vier Wochen des strengsten Lockdowns in China während der Pandemie. Der Rückgang im alten Ostblock fiel drastisch aus und ging mit einer schweren Rezession in weiten Teilen der westlichen Welt einher, was zur Folge hatte, dass die weltweiten Emissionen in zwei aufeinanderfolgenden Jahren sanken und während des gesamten Jahrzehnts nur langsam wieder stiegen. Kaum jemand erinnert sich noch daran, aber einige westeuropäische Länder wie Deutschland und die Niederlande bemühten sich bereits zu jener Zeit, ihre Emissionen zu senken, aber nirgendwo kam es zu einer annähernd so drastischen Verringerung wie in den Ländern der ehemaligen Sowjetunion. »Das deutet darauf hin, dass es schwierig, wenn nicht unmöglich ist, die Emissionen ohne eine Verringerung der wirtschaftlichen Aktivität deutlich zu senken«, sagt York.

Das Problem ist natürlich, dass ein Schrumpfen der Wirtschaft von der Art, wie wir es nach dem Zusammenbruch der Sowjetunion oder während der Coronapandemie gesehen haben, Millionen Menschen in Not stürzt. Laszlo Varro wuchs in Budapest auf, als Ungarn noch hinter dem Eisernen Vorhang lag. Budapest war weit von Moskau entfernt und wirkte wie eine westeuropäische Hauptstadt. Sogar unter dem Kommunismus konnte Varro in den Achtzigerjahren *Star Wars* sehen und Coca-Cola trinken wie junge Menschen im Westen. Gemessen am materiellen Wohlstand ging es einem Teil der Ungarn unter dem Sozialismus sogar besser als heute in der freien Marktwirtschaft.

Als die Sowjetunion zusammenbrach, verlor jeder fünfte Ungar seinen Arbeitsplatz. Unter dem Kommunismus hatten die Bürger nicht für Strom und Gas bezahlt; nun waren manche Familien, die das Erdgas nicht bezahlen konnten, gezwungen, Brennholz zu sammeln. Ungarn entwickelte sich wirtschaftlich besser als viele andere Ostblockländer, aber der Konsum schrumpfte trotzdem um mindestens 25 Prozent, was sehr viel schlimmer war als an fast jedem Ort in den Vereinigten Staaten in der Rezession nach der Finanzkrise.

»Es war ein außergewöhnlich gravierender gesellschaftlicher und politischer Schock«, sagt Varro. »Das ist keine dauerhaft akzeptable Klimapolitik. Niemand – *niemand* – würde das absichtlich tun. Es kann dir passieren, aber du möchtest nicht in einem dieser Länder leben.«

Heute ist Varro Chefvolkswirt bei der IEA. Zu den vorrangigen Aufgaben der Energieagentur zählt es, einen Weg vorzuzeichnen, den die Weltgemeinschaft beschreiten könnte, um ihre jährlichen Kohlenstoffemissionen zu verringern. In allen von der IEA entwickelten Szenarien ist das Ziel ein grünes Wachstum. In keinem dieser Szenarien wird die Möglichkeit in Betracht gezogen, die Menschheit könne ihren Konsum freiwillig verringern, um den Klimawandel zu

bremsen. Die Behörde betrachtet die Abkoppelung einer endlos wachsenden Wirtschaft von der Klimazerstörung als rea-
listisch, hält eine »Schrumpfung« der Wirtschaft – jede noch
so geringe geplante Verringerung ihres Umfangs – jedoch
für undenkbar.

»Ich kenne kein Land, in dem eine Partei eine demokratische Wahl mit dem Vorhaben gewonnen hat, den Konsum der
Bevölkerung gezielt zu verringern«, sagt Varro. »Wir gehen
von der Annahme aus, dass eine Änderung der menschlichen
Natur unmöglich ist.«

Im Jahr 2008 schlug die IEA Alarm: Gelinge es der Weltgemeinschaft nicht, aggressive Schritte zur Entkoppelung
zu ergreifen, so werde die Nachfrage nach Energie bis 2018
um 15 Prozent steigen, und der daraus folgende Anstieg der
Emissionen werde »schockierende« Auswirkungen auf unser
zukünftiges Klima haben. Es ist beklemmend, diesen Bericht
heute zu lesen, denn die Vorhersage der IEA ist eingetreten.
Im Jahr 2018 veröffentlichte die Behörde neue Szenarien für
den Kampf gegen die Klimakrise. Im nach Einschätzung der
Wissenschaftler am ehesten realistischen Szenario würde die
Nachfrage nach Energie in den nächsten zwei Jahrzehnten um
ein Viertel steigen, wobei das Wachstum der Weltwirtschaft
und der Bevölkerung aufrechterhalten bleiben könnte. Um
dieses Ziel zu erreichen, müsste die Energieeffizienz so drastisch erhöht werden, dass die reichen Länder keine zusätzliche Energie benötigten. Das Wachstum würde ausschließlich
in den Entwicklungsländern stattfinden, wo der Lebensstandard von Millionen Menschen erhöht werden muss.

Um die Emissionen in diesem Szenario unter Kontrolle
zu bringen, müsste die Nutzung von Erdgas, Wind- und Sonnenenergie um ein Vielfaches schneller ausgeweitet werden
als bisher. Nur den Entwicklungsländern (vor allem in Asien)

dürfte erlaubt werden, neue Kohlekraftwerke in Betrieb zu nehmen. Die Menge an Erdöl, die wir brauchen, um die Autos der Welt zu bewegen, müsste innerhalb von fünf Jahren den Zenit erreichen, obwohl die Nutzung von Erdöl insgesamt weiterhin stiege (da es insbesondere für die Erzeugung petrochemischer Produkte, für den Gütertransport auf der Straße und zur See und für Flugreisen benötigt wird). Die Menge der recycelten Kunststoffe müsste verdoppelt werden, obwohl das immer noch nicht genug wäre, um den wachsenden Bedarf nach Kunststoffprodukten zu erfüllen.

Um das realistischste Szenario der IEA zu verwirklichen, bedürfte es also einer gewaltigen, global koordinierten Anstrengung – und am Ende wären wir trotzdem weiter von einem Sieg über den Klimawandel entfernt als heute. Die Kohlenstoffemissionen würden weiter steigen, wenn auch langsamer als bisher. Die IEA selbst räumt ein, dass ihre Vision »keineswegs den wissenschaftlichen Erkenntnissen bezüglich dessen entspricht, was nötig ist, um den Klimawandel aufzuhalten«.

Im Jahr 2020 stellte die Behörde ein neues Szenario vor, das eine Möglichkeit eröffnen könnte, den Klimawandel zu bekämpfen. In diesem alternativen Szenario sinken die Kohlenstoffemissionen bis 2050 auf null oder beinahe null. Um das zu erreichen, müssten wir die Energieeffizienz und die Nutzung erneuerbarer Energiequellen deutlich ausweiten, den Flug- durch Zugverkehr ersetzen usw., und all das mit einer Geschwindigkeit und in einem Umfang, der eine Neuerfindung der globalen Gesellschaft erfordern würde. Bis 2030 müssten die Gesamtemissionen um 45 Prozent gesenkt werden – und vergessen wir nicht, dass unsere Bemühungen um eine Entkoppelung bisher noch überhaupt keinen Rückgang ermöglicht haben. Die Nachfrage nach Energie, die immer noch stetig steigt, müsste stattdessen auf das Niveau von 2006 sinken – damals war die Weltwirtschaft halb so groß, wie sie den Prognosen zufolge 2030 sein wird. Wir müssten unseren Kohleverbrauch auf das Niveau der 1970er-Jahre senken, als auf der Erde halb so viele Menschen lebten wie heute. Beispiele für die erforderlichen Veränderungen im Alltagsleben sind, dass bis zum Ende dieses Jahrzehnts keine Flüge mehr stattfinden, die weniger als eine Stunde dauern; Bewegungen von weniger als drei Kilometern (vielerorts ein Weg ans andere Ende der Stadt) müssten zu Fuß, auf dem Fahrrad oder mit Verkehrsmitteln unternommen werden, die nicht mit fossilen Brennstoffen angetrieben werden. Der jährliche Absatz von Elektroautos müsste um fast 2000 Prozent steigen, und wir müssten uns – was uns vielleicht am schwersten fallen würde – bei allen Fahrten, die wir weiterhin mit dem Auto unternähmen, mit niedrigeren Tempolimits abfinden. Würden wir all das und noch viel, viel mehr tun, so könnten wir das Ziel erreichen, eine wirklich gefährliche Erderwärmung zu verhindern.

Natürlich gab es 2020 auch eine »gute« Nachricht. Der weltweite Wirtschaftseinbruch infolge der Pandemie verringerte die Nachfrage nach Energie und verlangsamte den Anstieg der Emissionen unter das bis dahin erwartete Maß. Dennoch wies die IEA die Vorstellung, eine Verlangsamung der Konsumwirtschaft könne zum Kampf gegen den Klimawandel beitragen, ein weiteres Mal zurück. Für unsere Politiker ist die Vorstellung, wir könnten in kürzester Zeit technologische und kulturelle Fortschritte erzielen, die weit über jene hinausgehen, an denen wir in den letzten drei Jahrzehnten gescheitert sind, immer noch plausibler als der Gedanke, die Menschheit könne überzeugt werden, ein bisschen weniger Zeug zu kaufen.

Wie Varro erklärt: »Es gibt kaum historische Belege dafür, dass Menschen das in den vergangenen 5000 Jahren freiwillig getan haben.«

Es ist schwer vorauszusagen, um wie viel die Verschmutzung der Atmosphäre an dem Tag zurückgehen würde, an dem die Welt aufhörte einzukaufen. Als sich der Wirtschaftsabschwung im ersten Jahr der Pandemie auf fast alle Konsumenten auswirkte, schrumpften die Kohlenstoffemissionen mehr als die Weltwirtschaft. Hingegen waren die Gesamtemissionen im schwersten Rezessionsjahr nach der Finanzkrise etwas weniger als die Wirtschaftsleistung zurückgegangen. Das Auf und Ab des Konsums hängt eng mit dem Konjunkturzyklus zusammen, aber es gibt zweifellos Ausnahmen.

Nehmen wir an, beide schrumpfen etwa im selben Umfang: Ein 25-prozentiger Rückgang des Konsums führt dazu, dass die Emissionen ebenfalls um 25 Prozent sinken. Lassen wir für einen Augenblick das unvermeidliche Wirtschaftschaos beiseite und konzentrieren wir uns auf die Klimakrise. Am Tag eins des Einkaufsstopps würden wir keine Abflachung der steigenden Emissionskurve sehen, sondern einen absoluten Rückgang der Emissionen. Anstatt sich auf einem Rekordhoch zu stabilisieren – das beste Ergebnis, das wir bisher im Bemühen um ein grünes Wachstum erzielt haben –, würden die globalen Kohlenstoffemissionen rasch auf das Niveau von 2003 sinken.

Wir würden immer noch zusätzliche Tischtennisbälle in die Badewanne werfen. Um die Erdtemperatur zu stabilisieren, müssen wir nach Einschätzung der meisten Klimaforscher die CO_2-Emissionen der Menschheit auf null senken. Das bedeutet, dass wir sogar mit einer weltweiten Verringerung des Konsums um 25 Prozent lediglich ein Viertel des Wegs zurücklegen würden. Trotzdem wäre es eine gewaltige Leistung, die uns ein paar Jahre Zeit für weitere Maßnahmen verschafften, bevor sich die Erdtemperatur um 1,5 Grad erhöht – jenseits dieser Grenze sagen die Klimaforscher nüchtern »große Risiken für die natürlichen und menschlichen Systeme« voraus. Wenn wir so weitermachen wie bisher, werden wir diese Temperatur Anfang der Dreißigerjahre erreichen. »Wir hätten sehr viel mehr Zeit für Veränderungen«, sagt Rob Jackson.

Es ist niederschmetternd, dass uns sogar eine deutliche Verringerung des Konsums dem Ziel, dem Klimawandel Einhalt zu gebieten, nicht näher bringen wird. Das zeigt, wie gewaltig die Herausforderung ist. Wie wir in den letzten Jahrzehnten gelernt haben, ist es obendrein extrem schwierig, den Kampf gegen die Klimakatastrophe nur mit grüner Technologie und sauberer Energie zu gewinnen. Jede Verringerung der Emissionen um einige Prozentpunkte verringert die Lücke, die durch die Entkoppelung geschlossen werden muss. Das war ein weiterer surrealer Meilenstein, der in der Pandemie erreicht wurde. Als im April 2020 vier Milliarden Menschen teilweise oder vollkommen inaktiv waren, schrumpfte die Weltwirtschaft genug, um uns dem Ziel, unsere moderne Zivilisation mit erneuerbaren Energien anzutreiben, näher zu bringen als je zuvor.

Vor fünf Jahren, als die Emissionen stagnierten, war Jackson nicht sicher, ob das Wirtschaftswachstum an sich und der Konsum, der es antreibt, in der Auseinandersetzung mit dem Klimawandel zur Debatte gestellt werden sollten. »Das ist ein gewagter Schritt«, sagte er. »Ich glaube nicht, dass eine Verringerung des Wachstums politisch durchsetzbar ist – was jedoch nicht bedeutet, dass sie falsch wäre.« Als ich kurz vor der Pandemie, als die Kohlenstoffemissionen erneut Rekordwerte erreicht hatten, ein weiteres Gespräch mit ihm führte, war seine Frustration unübersehbar. Und seine Einschätzung hatte sich geändert. »Ich glaube, die Verringerung des Wachstums muss Teil der Antwort sein«, sagte er.

5

Wir müssen uns wieder an
die Nacht gewöhnen

Es ist noch gar nicht so lange her. Am 20. Februar 1962 war der Großteil der Erde nachts pechschwarz. Als die Raumkapsel, in der der Astronaut John Glenn – der erste Amerikaner im Weltraum – an diesem Tag die Erde umrundete, am Himmel über der von der Sonne beleuchteten Seite der Erde auf die im Dunkeln liegende Seite wechselte, erwartete die Welt unter ihm Antworten auf ihre Fragen: War ein Gewitter aus dem Weltraum sichtbar? Wie viel von den Lichtern der Städte konnte man aus 200 Kilometer Höhe sehen? Einige Physiker sagten voraus, dass überhaupt nichts sichtbar sein würde. Eine Weile raste Glenn in der rumpelnden Raumkapsel über den schwarzen Indischen Ozean. Schließlich meldete er: »Zu meiner Rechten sehe ich ein großes Muster von Lichtern, anscheinend direkt an der Küste. Ich kann den Umriss einer Stadt sehen.«

Es waren die Lichter der australischen Küstenstadt Perth, die den Astronauten begrüßen wollte. Da sie wussten, dass Glenn über ihre Köpfe hinwegfliegen würde, hatten die Stadträte beschlossen, die Straßenbeleuchtung brennen zu lassen (vor nicht allzu langer Zeit schalteten viele Städte die Lichter in den zentralen Nachtstunden noch aus), und die

Einwohner von Perth beteiligten sich ebenfalls: Sie schalteten die Lichter auf ihren Veranden und die Scheinwerfer ihrer Autos ein oder richteten Taschenlampen gen Himmel. Die örtliche BP-Raffinerie zündete sogar ihre Gasflamme an – »ein sehr helles Licht«, wie Glenn es beschrieb. Während der Rest der weitläufigen australischen Landmasse in Dunkelheit gehüllt war, leuchtete Perth auf. »Die Lichter sind sehr gut sichtbar. Dankt bitte allen dafür, dass sie sie eingeschaltet haben«, sagte Glenn zur Crew der Bodenstation.

Wie sich die Zeiten ändern. Im Jahr 2020 war fast ein Viertel der Landfläche der Erde mit Ausnahme der Eiskappen an den Polen von künstlichem Licht erhellt. Auf den »Black Marble«-Bildern der NASA von unserem Planeten bei Nacht sind sogar in der Arktis, in der Sahara und im Herzen des Amazonas leuchtende Punkte zu sehen, und in vielen Bereichen der Erdoberfläche, darunter die amerikanische Ostküste, Westeuropa, das Nildelta, große Teile Indiens und Ostasiens, herrscht nachts keine wirkliche Finsternis mehr. Und dasselbe gilt natürlich auch für Perth, das sich mittlerweile als »Stadt des Lichts« bezeichnet.

In dem Augenblick, in dem die Welt aufhört einzukaufen, beginnt dieses Leuchten, trüb zu werden.

Adam Storeygard hat es mit eigenen Augen gesehen.

Der Ökonom an der Tufts University in Medford, Massachusetts, misst anhand der nächtlichen Beleuchtung verschiedener Weltregionen Veränderungen der wirtschaftlichen Aktivität, vor allem dort, wo andere Datenquellen nur mit Einschränkungen verfügbar sind. Wie sich herausstellte, besteht ein enger Zusammenhang zwischen Beleuchtung und Konsumökonomie, und ähnlich wie die Kohlenstoffemissionen hat die nächtliche Lichtintensität trotz zunehmender

Energieeffizienz und der Einführung grüner Technologien eher zu- als abgenommen. Die Erde wird immer heller.

Von wenigen Ausnahmen abgesehen entsprechen sowohl die Größe der beleuchteten Fläche als auch die Gesamthelligkeit eines Landes – sein Strahlen – der Größe seiner Volkswirtschaft. Die Einwohnerzahl hat sehr viel geringere Aussagekraft. Beispielsweise hat Bangladesch eine höhere Bevölkerungsdichte als die Niederlande, aber sehr viel mehr unbeleuchtete Flächen, und obwohl Kanada und Afghanistan ähnlich viele Einwohner haben, ist Kanada sehr viel heller. Das Licht der Welt ist wie so viele andere Produkte der menschlichen Anstrengung alles andere als gleichmäßig verteilt.

Beleuchtung ist etwas, was wir einkaufen – wir konsumieren Licht. Mehr wirtschaftliche Aktivität bedeutet mehr Beleuchtung, aus dem einfachen Grund, dass Produktion und Konsum der meisten Güter und Dienstleistungen entweder in geschlossenen Räumen oder nachts stattfinden, das heißt bei eingeschaltetem Licht. »Die Menschen neigen dazu, so viel Kunstlicht zu nutzen, wie sie für etwa 0,7 Prozent des Bruttoinlandsprodukts kaufen können«, schrieb ein Team von Experten für Lichtverschmutzung im Jahr 2017 in der Zeitschrift *Science Advances*. Das bedeutet, dass im am hellsten leuchtenden Land der Welt – den Vereinigten Staaten – jedes Jahr 140 Milliarden Dollar oder etwa 450 Dollar pro Person ausgegeben werden, um Privathäuser, Fabriken, Restaurants, Einkaufszentren, Museen, Stadien, Parks usw. in Licht zu tauchen. Der durchschnittliche Einwohner des südafrikanischen Simbabwe hingegen konsumiert nur Beleuchtung im Wert von etwa 10 Dollar im Jahr.

Wenn auf dem Konsum beruhende Volkswirtschaften schrumpfen, gehen die Lichter aus. Das kann sehr schnell der Fall sein. Anhand von Satellitendaten maßen Storeygard und seine Kollegen die Helligkeit des boomenden Indonesien kurz vor dem Beginn der asiatischen Finanzkrise im Jahr 1997; ein Jahr später war das Licht in dem Land um 6 Prozent schwächer. Simbabwe erlebte im ersten Jahrzehnt des 21. Jahrhunderts einen verheerenden Wirtschaftseinbruch um 50 Prozent, was zur Folge hatte, dass sich das Land dramatisch verdunkelte.

Wie sieht die Abnahme der Lichter auf dem Boden aus? »Die Menschen bewegen sich weniger, und man sieht weniger Autos und Lkw«, erläutert Storeygard. »Und dann sind da die Unternehmen. Manche Betriebe öffnen am Abend. In Gegenden mit vielen Lokalen oder an Orten mit Beleuchtung und Schildern, wo sich Menschen versammeln, wird man eher keine Lichter mehr sehen, wenn der Betrieb eingestellt wird.«

Am stärksten ist dieser Effekt in den Entwicklungsländern, aber wenn der Konsum sinkt, wird das Licht auch in reichen Ländern gedämpft. Die Stadtverwaltung von Detroit begann im Jahr 2012 nach einer langen wirtschaftlichen Durststrecke, einen Teil der Straßenbeleuchtung auszuschalten, um Geld zu sparen; fast die Hälfte der verbleibenden Laternen waren ohnehin kaputt. An Stadträndern, wo Einkaufszentren, Autohändler und Filialen von Restaurantketten leuchten, tauchen nach und nach schwarze Flecken auf – man stelle sich Phoenix mit seinen Dutzenden aufgegebenen Supercentern vor. »Ich wäre nicht überrascht, wenn die Lichter der Städte in den Vereinigten Staaten bis zu einem gewissen Grad in Richtung der Stadtzentren schrumpften«, sagt Storeygard.

Zu den hellsten individuellen Lichtern, die man aus dem Weltraum sehen kann, zählen Öl- und Gasfelder (ähnlich der »sehr hellen« Flamme der Raffinerie, die John Glenn nahe

Perth erblickte). Eine mit flammenden Quellen übersäte Region ist Bakken Shale in North Dakota, eines der größten Erdöl- und Erdgasfelder in den Vereinigten Staaten. Die Dichte an Fördertürmen in diesem riesigen Gebiet ist so groß, dass die Landschaft – bei Nacht aus dem Weltraum betrachtet – fast pixelig aussieht. Die Ölfirmen schließen selbst in schweren Rezessionen nur ungern die Bohrlöcher; sie ziehen es vor, die Fördermenge zu drosseln, was zur Folge hat, dass die Gasflammen blasser leuchten. Doch Storeygard sagte voraus, dass die Brennstoffnutzung in einer Welt ohne Einkaufen so deutlich sinken könnte (im Industriejargon wird das als »Nachfragezerstörung« bezeichnet), dass die Förderdrosselung in Bakken Shale bald unübersehbar würde. Die Pandemie hat ihm recht gegeben. Im zweiten Monat der umfassenden Lockdowns leuchteten die Punkte in Bakken Shale und auf anderen Ölfeldern nicht nur schwächer – sie erloschen einer nach dem anderen.

Ganze Städte könnten optisch verschwinden. Im Jahr 1998 war das Licht der Ortschaft Ilakaka auf Madagaskar, wo Fernfahrer Rast machten, aus dem Weltraum nicht zu erkennen. Doch in jenem Jahr wurden in der Umgebung große Vorkommen von Saphiren und Rubinen entdeckt, und fünf Jahre später war Ilakaka bei Nacht ein strahlender Fleck, der von behelfsmäßig ausgehobenen Gruben mit Namen wie »Schweizer Bank« umgeben war. In einer Welt, die aufhörte, Edelsteine zu kaufen, geschähe das Gegenteil von dem, was John Glenn über Perth sah: Anstatt in der Dunkelheit zu erstrahlen, könnte Ilakaka wieder in der Nacht verschwinden.

Versuchen wir, uns Chicago mit 90 Prozent weniger Licht vorzustellen. Stellen wir uns vor, die Beleuchtung der meisten amerikanischen Städte würde auf ein Drittel oder ein

Fünftel des gegenwärtigen Werts verringert. Stellen wir uns vor, die Straßen und Plätze Madrids oder Mailands würden halb so hell strahlen wie heute. Denken wir an Shanghai, wo der mehrfarbige Schimmer der in Flutlicht gebadeten Skyline einen Regenbogen über den Huangpu wirft, oder an den in das strahlende Licht riesiger Bildschirme getauchten Hachiko-Platz in Tokio – denken wir uns all diese Plätze in gedämpftem Licht und schattenverhangen. Stellen wir uns London so abgedunkelt vor, dass die Umfahrungsautobahn M25 nicht länger aus dem Weltraum zu sehen wäre. Wie sähe das Leben in diesen Städten aus, wenn ein abrupter Rückgang des Konsums den Erdball verdunkelte?

Es sähe aus wie das Leben in Berlin in jeder normalen Nacht.

»Zumindest gemessen an der von einem Satelliten erfassten Lichtmenge ist Deutschland sehr viel dunkler als die meisten anderen reichen Länder«, erklärt Christopher Kyba, ein Physiker, der am GeoForschungsZentrum (GFZ) in Potsdam die Lichtverschmutzung erforscht. »Wir verstehen noch nicht wirklich, woran das liegt. Teilweise hat es mit der Straßenbeleuchtung zu tun, aber es liegt auch an der Kultur.«

Ich war einer, der mit der Nacht vertraut war, schrieb Robert Frost. »Das trifft zweifellos auf mich zu«, sagt Kyba. Er isst gerne bei Kerzenlicht im Restaurant, und selbst wenn sich der Sommer weit in den Herbst hinein erstreckt, was in Berlin mittlerweile zu oft geschieht, nimmt seine Haut keine Farbe an. Er kleidet sich in verschiedenen Schattierungen von Schwarz und Grau und trägt ein T-Shirt mit dem Aufdruck »Because Every Day Needs a Night«. Schon im Alter von fünf Jahren wusste er, was Lichtverschmutzung ist: Seine Familie lebte in einer kanadischen Kleinstadt südlich von Edmonton, und er konnte den deutlichen Unterschied zwischen dem nächtlichen Firmament im Süden und dem hellen Himmel über der Stadt im Norden sehen.

In Berlin, so Kyba, gelte der Grundsatz »Nur so viel Licht wie vernünftig und notwendig«. Die Straßenlaternen schalten sich anders als in anderen Städten, wo bei der ersten Andeutung der Abenddämmerung die Lichter angehen, in der deutschen Hauptstadt erst ein, wenn es wirklich dunkel wird. Plätze, die in London, Las Vegas, Rom oder Seoul in gleißende Helligkeit getaucht wären, schimmern in Berlin in einem weichen, körnigen Licht wie alte Handyfotos. Ladenschilder und Werbetafeln auf der Straße sind im Allgemeinen kleiner und leuchten weniger als in anderen Städten. Kyba schätzt, dass er selbst auf einem besonders hell erleuchteten Platz in Berlin, bei der Gedächtniskirche, in der Nacht 50 Prozent mehr Sterne zählen könnte als in den meisten anderen Stadtzentren.

Bis vor Kurzem brannten in Berlin mehr als 40 000 Gaslampen, mehr als in jeder anderen Stadt. Sie werden derzeit durch hellere, energieeffizientere Lampen ersetzt, aber viele Berliner ziehen das goldene Glühen der Gaslampen vor, das so weich ist, dass es beinahe dekadent wirkt. Darin sieht Kyba einen Beleg dafür, dass eine helle Straßenbeleuchtung nicht zwangsläufig das Ideal für Stadtbewohner ist.

Die Berliner Parks sind nachts überhaupt nicht beleuchtet. »Anfangs fürchtet man sich ein wenig an diesen wirklich dunklen Orten«, erklärt Kyba. »Man hat das Gefühl, dass man überhaupt nichts sehen wird, wenn man einmal im Park ist.« In Wahrheit passen sich die Augen rasch an die Dunkelheit an, und man sieht ... Menschen. Bei einer Parkbank haben sich Teenager versammelt, deren Gesichter vom blauen Schimmer ihrer Handys beleuchtet werden. Männer und Frauen gehen allein mit ihren Hunden spazieren. Paare wispern in der Dunkelheit. »Die Berliner sind eher an diese Vorstellung von der Dunkelheit gewöhnt«, sagt Kyba.

Ohnehin ist die Nacht nur selten wirklich rabenschwarz. Im Jahr 1900 berichtete der amerikanische Ethnograf Walter Hough auf einem wissenschaftlichen Kongress in Paris über die »zahlreichen Manifestationen des Lichts in der Natur, die den Bewohnern der Erde in den Stunden der Dunkelheit zur Hilfe kommen«. Jeder kennt den Mond und die Sterne – obwohl die meisten von uns einen Nachthimmel sehen, an dem die Lichtverschmutzung viele Himmelskörper unsichtbar machte. Aber Hough rief seinem Publikum noch weitere Lichtquellen in Erinnerung: die nördlichen und südlichen Polarlichter; die diffuse, schwach leuchtende Pyramide des Zodiakallichts am Horizont, das durch die Reflexion des Sonnenlichts in kosmischem Staub erzeugt wird; die Magellanschen Wolken, zwei Galaxien, die auf der Südhalbkugel als Lichtbänder zu sehen sind; elektrisch geladene lumineszente Wolken, phosphoreszierende Pflanzen, Pilze, Minerale, Gewässer und »Gaserscheinungen«; die damals bekannten 150 Arten von Leuchtkäfern an Land und im Wasser. »Unter dem klaren Nachthimmel der Wüste von Arizona scheint die Atmosphäre mit Sternennebel geladen; die Umrisse Meilen entfernter Anhöhen sind zu erkennen, man kann das Ziffernblatt einer Uhr lesen und einem Trampelpfad ohne große Schwierigkeit folgen.« Hough wies darauf hin, dass allein die Venus unter bestimmten Umständen so viel Licht auf die Erde werfe, dass ein Reisender in offener Landschaft keine andere Beleuchtung brauche. (Kyba schrieb einmal in einem Tweet, dass auf einer Liste der Dinge, die er in seinem Leben tun müsste, der Wunsch stünde, einmal seinen eigenen Schatten im Licht der Venus zu sehen.)

Die schwärzere Nacht in einer Welt ohne Einkaufen hätte zahlreiche vorteilhafte Auswirkungen. Im letzten Jahrzehnt wurde die Lichtverschmutzung gründlich erforscht, und wie sich herausstellte, hängt die Gesundheit vieler Lebewesen, zu denen wahrscheinlich auch der Mensch zählt, von natürlicher Dunkelheit ab. Der Pillendreher, jener Käfer, der berühmt dafür ist, dass er Dungkugeln in sein Nest rollt, um seinen Nachwuchs zu ernähren, orientiert sich an der Position der Milchstraße am Nachthimmel. Ohne diesen Bezugspunkt ist der Käfer buchstäblich verloren – und heute ist die Milchstraße vielerorts unsichtbar inmitten von Helligkeit, die ihren Ursprung Hunderte Kilometer entfernt haben kann. Mehr als ein Drittel der Weltbevölkerung vermag die Milchstraße an ihrem Wohnort nicht mehr zu sehen. Wenn man bedenkt, dass sie ein Abdruck unserer eigenen Galaxie am Nachthimmel ist, fragt man sich, ob wir vielleicht ebenfalls im Weltraum verloren sind.

Ein weiteres Beispiel für die Auswirkungen der Lichtverschmutzung: Als sich einmal Ende Juni die Nacht über die Weiten des Lake Erie breitet, eines der Großen Seen zwischen den USA und Kanada, registriert das Wetterradar eine geheimnisvolle Wolke, die in der Dunkelheit rasch an Umfang gewinnt. Dann beginnt die Wolke, sich auf Cleveland zuzubewegen. »Oh. Mein. Gott«, tweetet eine lokale Nachrichtensprecherin.

Die Wolke besteht aus Millionen – vermutlich Milliarden – Eintagsfliegen. Die gute Nachricht ist, dass die Fliegen, die Menschen nicht schaden und eine Lieblingsspeise von Fischen und zahlreichen anderen Tieren sind, nach Jahrzehnten, in denen die Seen und Flüsse im Osten der Vereinigten Staaten derart mit Schadstoffen belastet waren, dass die Insekten nicht überleben konnten, wieder Eier legen. Die schlechte Nachricht ist, dass die Quellen der Lichtverschmutzung – die »Lichtbomben«, wie es ein Entomologe ausdrückte – eine unwiderstehliche Anziehung auf die Fliegen ausüben. Die Insekten verwechseln von Flutlichtern ausgeleuchteten Asphalt und den schimmernden Lack von Autos in Städten wie Cleveland mit vom Mondlicht beschienenem Wasser, was zur Folge hat, dass sie ihre Eier nutzloserweise auf diese trockenen Oberflächen legen und anschließend sterben. Forscher vermuten, dass Kunstlicht die Populationen zahlreicher Spezies überall auf der Erde dezimiert. Die Weltgesundheitsorganisation erachtet Schlafstörungen beim Menschen als wahrscheinlich krebserregend, und Studien stellen einen Zusammenhang zwischen Lichtverschmutzung und Depression, Fettleibigkeit und anderen gesundheitlichen Problemen her.

In Berlin verfärbt sich das Laub der Bäume im Herbst rot, orange und gelb, aber an Zweigen, die nahe an Straßenlaternen hängen, bleiben die Blätter teilweise sehr viel länger grün. Auf der künstlich beleuchteten Seite eines Baums ist Sommer, auf der dunklen Seite hat schon der Herbst begonnen. Noch ist unbekannt, ob diese Effekte den Baum belasten. Klar ist jedoch, dass die Dunkelheit Berlins einigen Spezies zugutekommt. »Berlin ist ein wichtiger Lebensraum für Nachtigallen«, sagt Kyba. In einigen Regionen Europas sind die Populationen dieses unscheinbaren braunen Vogels, der für seinen nächtlichen Gesang berühmt ist, innerhalb eines einzigen Jahrzehnts um die Hälfte geschrumpft, aber in der deutschen Hauptstadt ist er weiterhin verbreitet. Ein Grund dafür ist, dass Berlin der Nachtigall weiterhin eine Nacht anbietet, in der sie singen kann.

Es gibt schon seit Jahren eine technologische Lösung, um sowohl die Lichtverschmutzung als auch die gewaltige Menge an Energie für die Beleuchtung unseres Lebens zu verringern. Leider genügt diese Lösung nicht – denn unsere Lichter sind ein fester Bestandteil unseres Konsumdenkens.

Wenn man Plastik ins Meer wirft, das Erdreich mit Bergbaurückständen verseucht oder Kohlendioxid in die Atmosphäre pumpt, entfalten sich die Wirkungen über Jahre oder sogar Jahrhunderte hinweg, weshalb es schwierig ist, diese Probleme wirklich zu lösen. Anders die Lichtverschmutzung. »Man kann sie buchstäblich abschalten«, erklärt Kevin Gaston, ein britischer Ökologe, der die Auswirkungen von Kunstlicht studiert. »Man kann einiges von dem, was man verloren hat, relativ leicht wiedergewinnen.«

Dasselbe gilt für das Energiesparen. Während sich grüne Technologie in vielen Bereichen nur langsam Bahn bricht, sind energieeffiziente Leuchtdioden (LEDs) allgemein zugänglich und erschwinglich. Die meisten dieser Lampen verbrauchen mindestens 75 Prozent weniger Strom als ältere Modelle, und gut designte Halterungen verringern die Lichtverschmutzung, indem sie das Licht nur auf jene Bereiche richten, die wirklich beleuchtet werden müssen. Ein umweltfreundliches weltweites Beleuchtungssystem ist machbar, und Lichtforscher schlagen vor, wir sollten es verwirklichen, um der Menschheit die Zuversicht zu geben, dass auch größere globale Herausforderungen bewältigt werden können.

Stattdessen geschieht das Gegenteil. Während sich die LEDs durchsetzen, gibt es immer mehr Hinweise darauf, dass wir das dank des geringeren Stromverbrauchs gesparte Geld verwenden, um ... mehr Beleuchtung zu kaufen. In aller Welt hat ein Boom in der »Medienarchitektur« begonnen: Gebäudefassaden werden zu riesigen Bildschirmen, die auch vom

Boden aus mit Flutlichtern angestrahlt werden. Die »Mighty Lights« auf der Hernando de Soto Bridge in Memphis, Tennessee, bestehen aus 10 000 Lampen, welche die gesamte Struktur der Brücke bedecken und in verschiedenen Farben erstrahlen können. In der berühmten Bahnhofstrasse, einer schicken Einkaufsstraße in Zürich, ist die Größe der Bildschirme allein in den letzten fünf Jahren um mehr als das Vierzigfache gewachsen. Eine ähnliche Explosion von dekorativen Beleuchtungen beobachten wir auf Privatgrundstücken und in Privathäusern. »Wenn wir die Energieeffizienz der gesamten Außenbeleuchtung verbessern, indem wir zu LED-Lampen übergehen, gleichzeitig jedoch die Gesamtmenge von Werbung und Flutlichtern erhöhen, werden wir wahrscheinlich auf globaler und nationaler Ebene nicht viel Energie sparen«, vermutet Kyba.

Als er und seine Kollegen sich die Änderung der globalen Menge und Intensität der Beleuchtung in den Jahren 2012 bis 2016 ansahen, stellten sie fest, dass die meisten Orte Schritt für Schritt heller leuchteten. Die wenigen Länder, die dunkler wurden, litten unter kriegerischen Auseinandersetzungen oder erlebten einen wirtschaftlichen Niedergang.

Können wir uns wieder an die Nacht gewöhnen?

Im vergangenen Jahrzehnt begannen viele britische Gemeinden, Geld zu sparen, indem sie spät nachts die Straßenbeleuchtung dämpften oder sogar abschalteten. Forscher haben keine Hinweise auf eine Zunahme der Verkehrsunfälle oder der Kriminalität infolge dieser Maßnahmen beobachtet. (Die Daten deuten teilweise darauf hin, dass die Verbrechensrate in Gemeinden, die ihre Straßenbeleuchtung dämpften, sogar *sank*.) Die meisten Einwohner bemerkten gar nicht, dass die Laternen abgeschaltet worden waren, oder es interessierte sie nicht. »Die Straßenbeleuchtung gehört zu diesen Dingen, die man kaum bemerkt«, sagt ein englischer Barkeeper, der sich in einer ländlichen Gegend regelmäßig spät nachts nach der Arbeit auf den Heimweg macht.

Dass eine Rückkehr der Dunkelheit weitgehend unbemerkt bleiben würde, sollte uns nach Einschätzung Kybás nicht überraschen. Sofern sie nicht darauf aufmerksam gemacht werden, fällt den meisten Besuchern Berlins nicht auf, dass die Stadt nachts ungewöhnlich schwach beleuchtet ist; als Wien die Straßenlaternen jede Nacht für eine Stunde um 50 Prozent dämpfte, fiel dieser Eingriff fast niemandem mit Ausnahme der Astronomen auf (die begeistert waren). Die Lebensdauer von LED-Lampen wird oft daran gemessen, wie lange es braucht, bis ihre Lichtintensität um mehr als 30 Prozent abnimmt: An diesem Punkt bemerken die meisten Leute, dass die Glühbirne nicht mehr richtig funktioniert. Es ist also davon auszugehen, dass die Helligkeit um ein Drittel sinken muss, bevor uns die Veränderung überhaupt auffällt.

Es ist die Nacht selbst, die unsere Aufmerksamkeit weckt. In Großbritannien freuten sich die meisten Leute dort, wo die Lichter abgedreht wurden, darüber, dass sie nun wieder den Nachthimmel sehen konnten. Als die Luft- und Lichtverschmutzung während der Pandemie deutlich sank, waren Stadtbewohner in aller Welt fasziniert vom klarsten Sternenhimmel, den sie jemals in ihrem Leben gesehen hatten. Die weltweite Ausbreitung des Lichts im vergangenen Jahrhundert wurde als »Eroberung der Nacht« beschrieben, und wie bei jeder Eroberung gab es auch bei dieser Gewinner und Verlierer. Als in Japan die ersten Straßenlaternen auftauchten, äußerte ein Dichter die Sorge, seine Landsleute könnten die Fähigkeit einbüßen, die Schönheit der Schatten zu betrachten. Als Paris in den Sechzigerjahren des 19. Jahrhunderts zur *ville lumière* wurde und seine Straßen mit 20 000 Gaslampen erhellte, entbrannte eine Debatte über den Verlust der Nacht: Manche Leute hatten das Gefühl, die Beleuchtung erzeuge Konformitätsdruck, andere befürchteten, »die Geborgenheit der Dunkelheit« zu verlieren.

Im Jahr 1998, 36 Jahre nach seinem ersten Flug um die Erde, kehrte John Glenn in den Weltraum zurück. Er sah eine vollkommen veränderte nächtliche Welt: Fast jede Stadt auf der Erde war mittlerweile eine »Stadt des Lichts«. Dennoch schalteten Perth und seine Einwohner ein weiteres Mal alle Lichter für den Astronauten ein. Glenns Worte wurden vom Kontrollzentrum nicht aufgezeichnet. Doch die Astronauten, die mit ihm in der Raumkapsel unterwegs waren, berichteten, beim Überfliegen der Stadt habe Glenn gesagt: »Wow. Perth ist sehr viel größer als das letzte Mal, als ich es sah.« Dann meinte er: »In Ordnung, Leute, ihr könnt das Licht jetzt abschalten.«

Eine Welt, die aufhört einzukaufen, wäre ein dunklerer Ort, und vielleicht ist die Zeit reif dafür. Doch eine Rückkehr in die Dunkelheit hat etwas Symbolisches an sich, das Besorgnis weckt. Die Zähmung des Feuers vor einer halben Million Jahre und damit die Verbannung der Nacht waren einer der folgenreichsten Augenblicke in der Entwicklung der Menschheit, und die Erhellung der Dunkelheit dank der Elektrizität wird noch heute als Meilenstein in der Entwicklung der Zivilisation betrachtet. In Großbritannien wurden selbst jene, die es genossen, unter den wieder leuchtenden Sternen durch die Straßen zu schlendern, von der Befürchtung beschlichen, dies könne ein Rückschritt für die Zivilisation und den menschlichen Fortschritt sein. Es hatte etwas Gespenstisches, während der Pandemie zu verfolgen, wie auf den Satellitenfotos die Feuer der Ölquellen verloschen. Es war, als würden Sterne am Himmel erlöschen.

In den ersten Tagen nach dem Ende des Einkaufens sehen wir eine ähnliche Dualität. Es breiten sich Stille und Ruhe aus, das Gefühl, dass sich die Zeit dehnt und eine ältere Lebensart zurückkehrt. Es gibt weiterhin Essen auf dem Tisch und Kleidung im Schrank. Es ist friedlich, nostalgisch, vielleicht sogar ein wenig zu langsam. Doch tief im Inneren haben wir das beunruhigende Gefühl, dass uns sehr viel schwerere Zeiten bevorstehen.

II

ZUSAMMEN-BRUCH

6

Das Ende des Wirtschaftswachstums
ist nicht das Ende der Wirtschaft

An einem milden Nachmittag in Toronto teile ich Peter Victor mit, dass die Konsumausgaben der kanadischen Privathaushalte um 50 Prozent gefallen seien. Victor, ein Ökonom im Ruhestand, der an der York University lehrte, zieht die Augenbrauen hoch. Jene, die uns im Lauf der Geschichte wieder und wieder aufgefordert hatten, ein einfacheres, weniger materialistisches Leben zu führen, sprachen nie darüber, was geschehen würde, wenn wir alle tatsächlich der Aufforderung nachkämen. Die Ökonomen füllten die Lücken. Würden wir aufhören, einkaufen zu gehen, erklärten sie, so würde die Wirtschaft aufhören zu wachsen und stattdessen schrumpfen. Die unvermeidliche Folge wären implodierende Märkte, Massenarbeitslosigkeit, verwaiste Ladenstraßen, zerbrochene Lieferketten und vielleicht sogar eine Herrschaft des Mobs und Hungersnöte.

Victor stimmt dieser Einschätzung mit Einschränkungen zu. Er ist ein Spezialist für makroökonomische Modellierung und simuliert auf seinem Laptop regelmäßig Rezessionen und Marktzusammenbrüche. Wenn es um den Konsum geht, zeigt Victors Arbeit sehr anschaulich, inwieweit unser Einkaufsverhalten von volkswirtschaftlichen Kräften wie

Preisen, Steuern, Verteilung des Wohlstands, Zinsen usw. beeinflusst wird. Erhöht oder verringert man den einen oder anderen Wert – die Regierungen verfügen über Instrumente, um das zu tun –, so kann man über die wirtschaftlichen Gewinner und Verlierer entscheiden oder sogar eine wirtschaftliche Blüte oder Katastrophe herbeiführen. Victor weiß, dass ein Ende des Einkaufens einen wirtschaftlichen Absturz verursachen kann. Er weiß auch, dass man nicht einfach sagen kann, dass sich alles auflöst. Man kann einiges tun, um zu verhindern, dass aus einer Krise ein Zusammenbruch wird.

»Sehen wir uns an, was passiert.« Victor beginnt, auf seiner Tastatur zu tippen.

Er nutzt die Methode der Systemdynamik, die Jay Forrester vom Massachusetts Institute of Technology (MIT) in den Fünfzigerjahren einführte. Anhand dieser Methode kann untersucht werden, wie verschiedene Variablen in Systemen, die zu komplex sind, um sie zu überblicken, miteinander interagieren. Wir leben gegenwärtig in solchen Systemen und kämpfen unablässig mit den unvorhersehbaren und unbeabsichtigten Auswirkungen unserer Handlungen. In einigen Fällen beschäftigen die Abläufe in diesen Systemen die Welt: Der Verkauf von Wildtieren auf einem Markt in Wuhan führte drei Monate später zum Stillstand der Weltwirtschaft. Häufiger bleiben diese Wirkungen unbemerkt und machen nur denen Sorgen, die direkt mit den Fakten konfrontiert sind. Als zum Beispiel technologische Fortschritte die Nutzung der Sonnen- und Windenergie verbilligten, wurde angenommen, diese Energiequellen würden den fossilen Energieträgern mehr Konkurrenz machen. Das geschah – aber es passierte auch noch etwas anderes: Die Ölkonzerne begannen, zur Gewinnung von Erdöl und Erdgas erneuerbare Energien einzusetzen. Mit anderen Worten, Wind- und Sonnenenergie wurden genutzt, um die fossilen Energieträger konkurrenzfähiger gegenüber Wind- und Sonnenenergie zu machen.

Das System, mit dem sich Victor beschäftigt, ist die kanadische Volkswirtschaft. Seit mehr als zehn Jahren entwickelt er Computermodelle dieses Systems und fügt unablässig Details hinzu, so als würde er ein Flaschenschiff bauen. Anhand der neuesten Version seines Modells, die er gemeinsam mit dem britischen Ökonomen Tim Jackson entwickelt hat, kann er per Knopfdruck Zusammenhänge über Raum und Zeit hinweg herstellen. Wie werden sich Steuererhöhungen auf die Treibhausgasemissionen in dreißig Jahren auswirken? Victor und sein Laptop können eine fundierte Vorhersage dazu anstellen.

Sein eigentliches Ziel besteht jedoch seit Langem darin, eine andere Frage zu beantworten: Kann eine Volkswirtschaft, die sehr wenig wächst – oder überhaupt nicht wächst, oder sogar schrumpft –, dennoch ein überlebensfähiges System und vielleicht sogar ein kapitalistisches sein? Victor lebt schon lange in Kanada, stammt ursprünglich jedoch aus Großbritannien, und die dunkle Muse, die seine Forschung inspirierte, war die britische Premierministerin Margaret Thatcher. Die »Eiserne Lady« war eine unbeugsame Verteidigerin des Kapitalismus, aber sie hatte eine düstere Vorstellung von dem Wirtschaftssystem, in dem wir leben: Sie beschrieb den Kapitalismus als eine totalisierende Ideologie, als eine Art Gefängnis, wenn auch eines, das für viele seiner Insassen bequem eingerichtet ist. Die tragende Säule ihrer Vision von nicht regulierten Märkten, Individualismus, Privatunternehmen und Sparsamkeit war eine unendlich wachsende Wirtschaft. Dies wurde als die TINA-Doktrin bekannt, wobei TINA das Akronym eines Grundsatzes ist, den Thatcher oft wiederholte: »There is no alternative.«

»Es war ein lähmendes Weltverständnis«, sagt Victor.

Es ist nach wie vor das vorherrschende Weltverständnis. Wie es so schön heißt: Das Ende der Welt ist leichter vorstellbar als das Ende des Kapitalismus. Die Frage des Wachstums steht im Mittelpunkt des Konsumdilemmas, denn das Einzige, was eine Verringerung des Konsums anscheinend unmöglich macht, ist die Annahme, sie werde das Wirtschaftswachstum beenden. Die endlose Ausweitung der Konsumökonomie ist das Ziel von Politikern auf allen Ebenen, von Kommunalregierungen bis zu Präsidialämtern, und alles von der Einrichtung von Nationalparks über Einwanderungsgesetze bis zur Entscheidung darüber, ob mehr oder weniger Covid-Tote in Kauf genommen werden sollten, wird an der Frage gemessen, ob es das Wirtschaftswachstum bremsen oder ankurbeln wird.

Victor findet das verwunderlich, denn ein geringes oder überhaupt kein Wirtschaftswachstum war über die gesamte Menschheitsgeschichte hinweg die Norm.

Von der grauen Vorzeit bis ins 18. Jahrhundert wuchs die Weltwirtschaft sehr langsam – wahrscheinlich mit einer Rate von etwa 0,1 Prozent pro Jahr. Und dieses Wirtschaftswachstum war fast zur Gänze einem graduellen Bevölkerungsanstieg zu verdanken. Wenn die Zahl der Mitglieder einer Gesellschaft wächst, werden mehr Güter und Dienstleistungen produziert und konsumiert: Die Wirtschaft wächst. Die Menge der pro Kopf verbrauchten Güter und Dienstleistungen änderte sich jedoch kaum von einem Jahr zum nächsten. Hätten wir irgendwann vor 1800 gelebt, so wären wir wahrscheinlich mit etwa derselben Menge an Besitztümern durchs Leben gegangen wie unsere Eltern, Großeltern und Urgroßeltern. Tatsächlich hätten wir vieles von dem, was wir besaßen, darunter unsere Kleidung, von unseren Eltern übernommen.

Erst infolge der industriellen Revolution begann die Pro-Kopf-Produktion zu Beginn des 19. Jahrhunderts rasant zu wachsen. In den hundert Jahren zwischen 1913 und 2013 wuchs die Weltwirtschaft dreißigmal schneller als während der längsten Zeit der Menschheitsgeschichte. Jedes Jahr wurden mehr und mehr Dinge erzeugt und verkauft. Die Konsumökonomie war geboren.

Die Vorstellung, das Wachstum sei der wichtigste Indikator für den wirtschaftlichen Erfolg, ist sogar noch jünger. Gegen Ende der Weltwirtschaftskrise entwickelte der brillante Ökonom Simon Kuznets, ein jüdisch-russischer Einwanderer, die erste volkswirtschaftliche Gesamtrechnung für die Vereinigten Staaten. Zum ersten Mal konnte festgestellt werden, um wie viel die amerikanische Wirtschaft in der Depression geschrumpft war: Kuznets rechnete aus, dass sie sich halbiert hatte. Diese Erkenntnis trug dazu bei, Franklin D. Roosevelts New Deal zu inspirieren. Der Hauptzweck dieses Vorhabens war es, die Wirtschaft durch Staatsausgaben wieder in Gang zu bringen, die teilweise direkt in die Taschen der Konsumenten flossen.

Der von Kuznets entwickelte Maßstab für die gesamte wirtschaftliche Produktion eines Landes wurde als Bruttoinlandsprodukt (BIP) bekannt. In den Fünfzigerjahren betrachteten einflussreiche Ökonomen das BIP-Wachstum als Wundermittel, das eingesetzt werden konnte, um die uralte Frage zu lösen, welcher Anteil der wirtschaftlichen Erträge den Investoren und Unternehmen zufließen und wie viel davon den Arbeitskräften und der Gesellschaft als ganzer zugutekommen sollte. Endlich schien es eine Methode zu geben, um den Wohlstand aller Menschen zu erhöhen, ohne von den Reichen zu nehmen und den Armen zu geben: Man musste nur jedes Jahr mehr Geld und Dinge pro Person erzeugen. Die Anhänger des »Growthmanship«, der Fixierung auf das Wachstum, bezeichneten dieses als »eine steigende Flut, die alle Boote anhebt«.

Aber das BIP war von Anfang an umstritten, und Kuznets selbst betrachtete es kritisch. Der Wohlstand eines Landes könne kaum vom Nationaleinkommen abgeleitet werden, erklärte er in seinem ersten einschlägigen Bericht an den Kongress in Washington. Er wies spezifisch darauf hin, dass seine neue Statistik wenig über die Verteilung des Wohlstands aussagte. Beispielsweise hatte die Weltwirtschaftskrise gezeigt, dass das Auf und Ab der Konjunkturgezeiten tatsächlich die meisten Boote anhob oder absenkte, aber abhängig von der Struktur von Gesellschaft und Wirtschaft wurden einige sehr viel höher gehoben oder tauchten in sehr viel tiefere Wellentäler ab als andere.

Kuznets räumte auch ein, dass Wirtschaftswachstum nicht immer auf dieselbe Art entsteht. »Beim Ziel von ›mehr‹ Wachstum sollte spezifiziert werden, was wachsen soll und wofür«, schrieb er später in *The New Republic;* er wies darauf hin, dass das Wirtschaftswachstum in Diktaturen manchmal durch Unterdrückung oder dadurch erreicht werde, dass die Arbeitskräfte angespornt würden, aus Furcht vor und Hass auf äußere Feinde härter zu arbeiten. Kuznets glaubte, die volkswirtschaftlichen Gesamtrechnungen müssten nicht nur eine Haben-, sondern auch eine Sollseite aufweisen, obwohl nicht geklärt war, in welcher der beiden Spalten die verschiedenen wirtschaftlichen Aktivitäten erfasst werden sollten. Kuznets selbst war der Meinung, die Militärausgaben müssten vom BIP *abgezogen* werden, anstatt sie hinzuzu-

rechnen, wie es heute üblich ist, denn zu Verteidigungsaus-
gaben werde ein Land von seinen potenziellen Angreifern
gezwungen; das für die Verteidigung benötigte Geld könnte
ansonsten verwendet werden, um den Lebensstandard der
Bevölkerung zu heben. Kuznets war kein Anhänger der Konsumkultur. Ähnlich wie Adam Smith, der einige Formen der
wirtschaftlichen Aktivität für nicht wünschenswert, weil zer-
störerisch hielt, war Kuznets der Meinung, das BIP solle die
wirtschaftlichen Ziele »eher unter dem Gesichtspunkt einer
aufgeklärten Sozialphilosophie als unter dem einer Erwerbs-
gesellschaft« definieren. Zu den wirtschaftlichen Aktivitäten,
die seiner Meinung nach nicht als Dienstleistung, sondern
als »schlechter Dienst« eingestuft werden sollten, zählten
Werbung und Finanzspekulation. Und er fragte, ob die unbe-
zahlte Arbeit von Hausfrauen nicht in die volkswirtschaftliche Gesamtrechnung aufgenommen werden sollte.

Im Jahr 1968 nahm Robert F. Kennedy nur drei Monate
vor seiner Ermordung in einer Rede Bezug auf Kuznets, als
er seine Präsidentschaftskandidatur anmeldete. Kennedy
erklärte, die materielle Armut gehe mit einer noch größeren »Armut an Zufriedenheit, Daseinszweck und Würde«
einher, und bezeichnete das BIP als ungeeigneten Maßstab
für den Zustand des Landes: »Schon zu lange opfern wir im
Streben nach Anhäufung materieller Dinge die persönliche
Vortrefflichkeit und die Werte der Gemeinschaft.« Das BIP,
erklärte Kennedy, werde durch Zigarettenwerbung, Kran-
kenwagen, Haussicherheit, Gefängnisse, die Zerstörung der
Redwood-Wälder, Zersiedelung, Napalm, Atomsprengköpfe
und die gepanzerten Fahrzeuge angekurbelt, welche die Polizei einsetze, um Unruhen in den amerikanischen Städten zu
unterdrücken. »Nicht Teil des BIP sind die Schönheit unserer
Dichtkunst oder die Stabilität unserer Ehen, die Intelligenz

unserer gesellschaftlichen Debatte oder die Integrität unserer Staatsdiener. Es misst weder unseren Verstand noch unseren Mut, weder unsere Weisheit noch unsere Lernfähigkeit, weder unser Mitgefühl noch unsere Liebe zu unserem Land. Kurz gefasst, misst es alles außer dem, was das Leben lebenswert macht.«

Die heutigen Kritiker des BIP – diese Gruppe wird jeden Tag zahlreicher, und neben der wachstumskritischen »Postwachstumsbewegung« gehört ihr auch der gegenwärtige Präsident der Weltbank an – haben sich eingehender mit den von Kuznets und Kennedy geäußerten Bedenken befasst. Die Früchte des Wirtschaftswachstums werden weiterhin sehr ungleich verteilt. Während einige ärmere Länder wie China und Indien gegenüber den historischen Gewinnern im Wachstumsrennen in Europa, Nordamerika, der Pazifikregion und Japan aufholen, müssen wir aufpassen, nicht über das Ziel hinauszuschießen. Gleichmäßig verteilt, würde der in einem Jahr von der Weltwirtschaft angehäufte Wohlstand jedem Menschen ein Einkommen von etwa 12 000 Dollar sichern. In Kanada und den Vereinigten Staaten, wo nur 5 Prozent der Weltbevölkerung leben, ist das Durchschnittseinkommen 400-mal höher.

Während die Ungleichheit zwischen den Ländern schrittweise abnimmt, wächst sie innerhalb der Länder. Wie der französische Ökonom Thomas Piketty beobachtet hat, erkennt man das besonders deutlich nicht am reichsten 1 Prozent der Weltbevölkerung, sondern am reichsten 0,1 Prozent (natürlich nur auf dem Papier; im wirklichen Leben ist es sehr schwierig zu sehen). In den Vereinigten Staaten sind die Einkommen dieses reichsten Tausendstels der Bevölkerung in den vergangenen vierzig Jahren um 420 Prozent gestiegen, während das Pro-Kopf-BIP lediglich um 79 Prozent gewachsen ist. (Die untere Hälfte der amerikanischen Erwerbspersonen erzielte einen Einkommenszuwachs von 20 Prozent.) In den letzten Jahren näherten sich die Einkommen dieser Superoberschicht dem Hundertfachen des amerikanischen Durchschnittseinkommens an. In den Vereinigten Staaten sind die Einkommen »etwa so ungleich verteilt, wie jemals irgendwo beobachtet wurde«, erklärt Piketty. Aber selbst in Ländern mit weniger ausgeprägter Ungleichheit, zum Beispiel in Westeuropa, verdienen die obersten 10 Prozent der Einkommensverteilung sehr viel mehr als die unteren 50 Prozent.

Seit den Tagen Robert Kennedys hat eine lange Reihe von sonderbaren und abwegigen Vorgängen denen recht gegeben, die fordern, das BIP müsse subtrahieren lernen. Wenn Regierungen Steuergelder in gescheiterte Banken pumpen, wie es in der Finanzkrise geschah, trägt dies zum BIP bei. Ineffizienz, die Geld für Resultate verschwendet, die man mit weniger Geld hätte erzielen können, ist gut für das BIP. Wie der Finanzjournalist David Pilling beobachtete, würde das BIP steigen, wenn alle stillenden Mütter dazu übergingen, stattdessen Fertigmilch für ihre Babys zu kaufen – wovon rund um den Globus fast jeder Kinderarzt abrät. Die Freiwilligen auf der Welt durch bezahlte Arbeitskräfte zu ersetzen, würde sich vorteilhaft auf das Wirtschaftswachstum auswirken. Während der Coronapandemie zählte das Geschäft mit Atemschutzmasken, Beatmungsgeräten, Schutzausrüstung, Impfstoffen, Alkohol und Software für virtuelle Begegnungen zu den Lichtblicken der BIP-Statistiken, obwohl sie allesamt Indikatoren für Verzweiflung oder Isolation waren. Unmoralische Geschäftemacher, die in der Pandemie lebenswichtiges Material horteten, um von den unvermeidlichen Preissteigerungen zu profitieren, vollbrachten unter dem Gesichtspunkt des BIP-Wachstums tatsächlich gute Taten.

Im Jahr 2019 schaffte Neuseeland als erstes Land offiziell das BIP als wichtigsten Maßstab des wirtschaftlichen Erfolgs ab, und Schottland und Island erklärten, sie würden sich bei der Gestaltung der Politik in Zukunft am Wohlbefinden ihrer Bürger orientieren. Viele andere Länder und Regionen messen mittlerweile auch den Genuine Progress Indicator (GPI). (Der amerikanische Bundesstaat Maryland berechnet den Indikator echten Fortschritts seit 2010.) Der GPI soll die sozialen und Umweltkosten der wirtschaftlichen Aktivität berücksichtigen. Während beispielsweise die Produktivität der Fabriken eines Landes im BIP nur als positives Wachstum erfasst wird, werden im GPI auch die durch die Luftverschmutzung verursachten Kosten berücksichtigt.

Zwei Jahrzehnte der Forschung haben gezeigt, dass BIP und GPI unterschiedlichen Wegen folgen. Zum einen entwickelt sich der echte Fortschritt langsamer als das BIP. Zum anderen steigen BIP und GPI zwar im Normalfall gemeinsam, wenn sich die Wirtschaft eines Landes entwickelt, aber nur bis zu einem bestimmten Punkt. In den reichsten Ländern der Welt ist das BIP seit dem Zweiten Weltkrieg rasant gestiegen, während der GPI seit den Siebzigerjahren kaum oder überhaupt nicht wächst. In den letzten Jahrzehnten ist es den leistungsfähigsten Konsumökonomien der Welt nicht gelungen, das Wirtschaftswachstum in ein glücklicheres Leben für die Mitglieder dieser Gesellschaften zu verwandeln.

Mittlerweile sind sämtliche Argumente für die Vorzüge des Wachstums in die Kritik geraten. Beispielsweise ist unbestreitbar, dass das Wirtschaftswachstum Millionen Menschen aus der Armut befreite: Heute lebt ein kleinerer Teil der Weltbevölkerung in tiefer Armut als vor der Ära des rasanten Wachstums. Aber während der Anteil der Verarmten niedriger ist als je zuvor, ist die absolute Zahl der Armen

gestiegen. Nach zwei Jahrhunderten des Wirtschaftswachstums ist die Zahl der in tiefer Armut Lebenden auf der Welt
mittlerweile so hoch wie die Gesamtzahl der Menschen auf
der Erde zu Beginn des 19. Jahrhunderts.

Peter Victor sitzt an einem schönen Tag in seiner ruhigen
Nachbarschaft unter seiner Lieblingseiche. Er ist nicht versessen darauf, sein computermodelliertes Kanada dem Schock
des Endes des Einkaufens auszusetzen. Um mein Szenario
zu simulieren, verringert Victor zunächst das, was die Ökonomen als »marginale Konsumquote« bezeichnen. Dies ist
der Anteil eines zusätzlichen Einkommens, den die durchschnittliche Person für Konsum ausgeben wird. Verhielte
sich der durchschnittliche Konsument weiterhin so wie im
bisherigen 21. Jahrhundert, würden die Kanadier in fünfzig
Jahren 170 Prozent mehr konsumieren als heute. (Wenn ein
solcher Anstieg in einem Land, das bereits so reich ist wie
Kanada, unvorstellbar scheint, kann man sich einfach den
typischen kanadischen Haushalt vorstellen, der heute ein
Jahreseinkommen von 60 000 Dollar hat, jedoch den Lebensstil eines Haushalts pflegt, der etwa 160 000 Dollar verdient.)
Victor verringert diesen Wert um 50 Prozent – so als wäre
die vom Konsum angetriebene Wirtschaft über Nacht aufgegeben worden.

Anschließend nimmt er einige weitere Anpassungen vor,
um sicherzustellen, dass das Shopping kein Comeback fei-
ert. Wenn der Konsum schwächer wird, versuchen normalerweise starke wirtschaftliche Kräfte, ihn wieder in Gang
zu bringen. Die Regierung senkt die Steuern und beginnt,
öffentliche Mittel in Arbeitsbeschaffungsmaßnahmen wie
die Instandsetzung von Straßen und Brücken zu investieren. Die Banken bieten zinsgünstige Kredite an. Einzelhandel

und Gastronomie senken die Preise. Aber wenn das Bedürfnis, Geld auszugeben, einfach nur noch halb so stark ausgeprägt ist wie in der Vergangenheit, wird nichts von alledem funktionieren. Victor wirkt besorgt.

Der Mauszeiger wandert über eine Schaltfläche mit der Aufschrift »Ausführen«.

Einen Augenblick später tauchen mehrere Diagramme auf. Die Linien krümmen sich auf- oder abwärts oder springen zwischen beiden Extremen hin und her. Victor studiert sie. Arbeitslosigkeit und Schulden sind so hoch, dass sie den Rahmen der Diagramme sprengen, erklärt er mir. Die Investoren müssen gewaltige Verluste hinnehmen. Der Durchschnittshaushalt muss 60 Prozent seines Einkommens als Steuern abführen, da die Regierung alles tut, um einen Rückfall der Zivilisation ins Mittelalter zu verhindern. Obwohl die Bevölkerung weiter wächst, werden die Kanadier 50 Jahre nach dem Tag, an dem die Welt aufgehört hat einzukaufen, fast 300 Prozent weniger konsumieren, als sie es getan hätten, wenn sie weitergemacht hätten wie gehabt – ja sie werden sogar deutlich weniger konsumieren als heute. Bemerkenswert ist, dass die Treibhausgasemissionen in dieser chaotischen Situation immer noch steigen, wenn auch sehr viel langsamer, als es sonst der Fall gewesen wäre. Insgesamt prognostiziert das Modell eine Reihe schwerer Rezessionen mit kurzen (und einigermaßen mysteriösen) Episoden der wirtschaftlichen Erholung.

Victor lehnt sich in seinem Gartenstuhl zurück. Ein leuchtend roter Kardinal landet in seinem Lieblingsbaum, fliegt wieder weg, kehrt zurück. In einer Welt ohne Shopping könnten wir diesen Baum bald als Brennholz brauchen. »Ich glaube, Sie bringen den Kapitalismus um«, sagt mein Gastgeber.

Das Modell des Einkaufsstopps hat Ähnlichkeit mit zwei Dingen. Das eine ist die Wirtschaftskrise infolge der Corona-Lockdowns. Das andere ist ein älteres Szenario, das Victor entwickelt und als »No Growth Disaster« (Katastrophe durch Nullwachstum) bezeichnet hat. In diesem Szenario ging er von einem abrupten Ende sowohl des Wirtschafts- als auch des Bevölkerungswachstums in Kanada aus. Das Resultat waren ein rasanter Rückgang des BIP, ein deutlicher Anstieg der Arbeitslosenzahlen, eine Explosion der Staatsschulden und wachsende Armut; die einzige erfreuliche Entwicklung war ein Rückgang der Treibhausgasemissionen um 14 Prozent. Das Szenario des Einkaufsstopps wird noch schlimmer sein, meint Victor: »Das verdeutlicht, warum die Politik dem steigenden Konsum so große Bedeutung beimisst. Jedermanns Einkommen hängt von den Ausgaben anderer ab. Wenn wir alle unsere Ausgaben verringern, sinken die Einkommen. Es ist sehr gefährlich, die Wachstumsrate bewusst deutlich zu senken.«

Aber die Geschichte hat noch eine andere Seite. Wie die Umweltschützer haben die Ökonomen eine »übermäßig ausgeprägte Vorliebe für apokalyptische Vorhersagen«, wie es Piketty ausdrückt. Da die Ära des starken Wirtschaftswachstums auch die Welt hervorgebracht hat, die wir heute kennen, wird oft ein untrennbarer Zusammenhang zwischen den beiden angenommen: Das Ende des einen wird das Ende des anderen sein. Doch als Victor begann, Modelle der kanadischen Volkswirtschaft zu entwickeln, gelangte er rasch zu einem häretischen Ergebnis: Sie kann durchaus ohne Wachstum funktionieren.

Victor schlägt mir vor, uns die Simulation eines Konsumrückgangs von 4 Prozent anzusehen – das könnten wir als »gedrosseltes Einkaufsszenario« bezeichnen. »Wenn man von einer Kultur ausgeht, in der die Bestrebung stets ist, möglichst viel zu konsumieren, ist das kein geringer Rückgang.« Er lässt den Computer die neuen Zahlen verarbeiten. Das Resultat ist keine absolute Katastrophe, aber eine andauernde Rezession in Kanada, begleitet von vertrauten Übeln wie Arbeitslosigkeit, Investitionseinbußen und sinkenden Staatseinnahmen.

Victor nimmt weitere Anpassungen vor. Wenn die Menschen weniger konsumieren, sinkt die Nachfrage nach Gütern und Dienstleistungen, weshalb die wirtschaftliche Aktivität zwangsläufig nachlässt. Das Arbeitsaufkommen sinkt. Um Massenarbeitslosigkeit zu vermeiden, greift Victor ein, um die verbleibende Arbeit auf möglichst viele Menschen zu verteilen. Er verkürzt die Arbeitszeit so lange, bis die meisten Erwerbstätigen statt fünf nur noch vier Tage in der Woche arbeiten müssen. Anschließend verringert er das Bevölkerungswachstum, das gegenwärtig nur von der Einwanderung gespeist wird; auch dieser Schritt begrenzt die Zahl derer, die sich um die verfügbare Arbeit bemühen. (Da laufend Menschen aus der Erwerbsbevölkerung ausscheiden, kann immer noch eine gewisse Zahl von Einwanderern aufgenommen werden.) Als Nächstes schraubt Victor die grünen Investitionen herauf, die Arbeitsplätze und Einkommen schaffen, jedoch den Ressourcenaufwand für die Güter und Dienstleistungen verringern, die wir nach wie vor konsumieren wollen. Er passt auch die Steuersätze an, um den weiterhin von der Volkswirtschaft geschaffenen Wohlstand gleichmäßiger zu verteilen.

Am Ende gelingt es Victor, die Arbeitslosigkeit innerhalb der historischen Bandbreite zu halten, einen angemessenen Lebensstandard für die meisten Menschen zu gewährleisten und den Druck auf Klima und Umwelt deutlicher zu verringern als durch eine Senkung des Konsums allein – er nutzt die Vorteile sowohl von Entkoppelung als auch von »Entwachstum«. Selbst in diesem angepassten Modell steigt die Arbeitslosigkeit weiterhin zeitweilig, aber indem mehr öffentliche Mittel für die Unterstützung der Armen aufgewandt werden (wofür andere große Ausgabeposten wie Bildung und Verteidigung gekürzt werden), verschlimmert sich die Armut nicht. Zumindest in der Theorie ist es möglich, Konsum und Wachstum sehr abrupt zu bremsen, ohne einen Zusammenbruch zu riskieren – »langsamer durch Design, nicht infolge einer Katastrophe«, wie Victor in seinem Buch *Managing without Growth* schreibt.

Nichts von alledem wird von allein geschehen: Es ist das Resultat der Entscheidungen derer, die an der Macht sind – in diesem Fall ist Victor der große Puppenspieler, aber im wirklichen Leben wären es Politik und staatliche Verwaltung. Es gibt auch sehr viel brutalere Optionen. Beispielsweise könnte der Staat, wenn es weniger Arbeit und Einkommen zu verteilen gibt, zulassen, dass beides in den Händen einer kleinen Gruppe von Privilegierten konzentriert wird. Er könnte eine Zunahme von Armut und Arbeitslosigkeit zulassen, um die Investoren zu schützen. Auch die Verringerung des Konsums könnte ungerecht verteilt werden: Menschen, die nicht übermäßig konsumieren, könnten gezwungen werden, ihre Ausgaben zu verringern, um denjenigen, die viel zu viel konsumieren, tiefe Einschnitte zu ersparen. Tatsächlich entsprechen diese Optionen eher der gegenwärtigen Funktionsweise der globalen Konsumgesellschaft.

Das »gedrosselte Einkaufsszenario« ähnelt einem von Victors neueren Modellen, das als »nachhaltiger Wohlstand« bezeichnet wird. In diesem Szenario sinkt das jährliche BIP-Wachstum im Lauf von fünfzig Jahren schrittweise auf null. Anhand derselben Instrumente, die er einsetzte, um eine Verringerung der Konsumausgaben um 4 Prozent zu bewältigen, ist es Victor gelungen, die Arbeitszeit und die Einkommensungleichheit zu verringern, ohne eine erhebliche Verschlechterung der Beschäftigungsquote zu riskieren. Auch in diesem Szenario steigen die Staatsausgaben, aber lediglich auf ein Niveau, das in der Realität schon deutlich übertroffen wurde, ohne dass dies zu einem wirtschaftlichen Zusammenbruch geführt hätte. Insgesamt steigt der Wohlstand der Haushalte weiter, wenn auch langsamer als mit einem robusten Wirtschaftswachstum.

Wäre dies immer noch ein kapitalistisches System? Aufgrund der ausgeprägten Umverteilung von Wohlstand würden viele Leute insbesondere in den Vereinigten Staaten Victors System als sozialistisch bezeichnen. Aber in diesem Szenario gibt es immer noch Investoren. Sie würden weniger Geld verdienen als heute, aber nicht sehr viel weniger, und die Verteilung der wirtschaftlichen Erträge zwischen Unternehmen und Arbeitskräften bliebe in der historischen Bandbreite. Aber der CO_2-Ausstoß würde im Szenario »Nachhaltiger Wohlstand« innerhalb eines Vierteljahrhunderts netto auf null sinken – sehr viel früher, als wenn wir uns auf erneuerbare Energien und grüne Technologie konzentrieren, um den Klimawandel in einer wachsenden Wirtschaft zu bremsen.

Victor betont, dass Modelle stets unvollkommen sind. Um nur eine wichtige Einschränkung zu nennen: Ein Modell kann nicht voraussagen, ob die Menschen die gewaltigen Veränderungen akzeptieren würden, die er in der Simulation vornimmt. Aber jedes Werkzeug, das Victor auf sein Modell anwendet, wird bereits von hoch entwickelten Ländern eingesetzt, zuletzt in der Pandemie, um verbreitete Armut oder explosive gesellschaftliche Unzufriedenheit zu vermeiden. Es scheint tatsächlich möglich, die Konsumökonomie jederzeit gezielt zu bremsen.

Natürlich findet in meinem Gedankenexperiment keine solche graduelle Anpassung der Faktoren statt. Stattdessen kommt die Welt abrupt zum Stillstand, und der folgende Niedergang ist plötzlich, schnell, lang und beschwerlich. Um herauszufinden, was dann geschieht, müssen wir uns einen Ort ansehen, der das durchgemacht hat.

Einen Ort wie Finnland.

7

Das Konsumdesaster beginnt, das
Desaster des Alltagslebens ist vorüber

Ein achtjähriges Mädchen, dessen blondes Haar in den kürzeren Spätherbsttagen dunkler wird, sieht seinem Vater dabei zu, wie er auf dem Küchentisch ein halbes Schwein zerlegt. Das Mädchen trägt selbst genähte Kleidung. Bei der Tür steht sein einziges Paar Schuhe, das es im Haus nie trägt und so lange verwenden wird, bis die Schuhe vollkommen verschlissen sind. Das Kind betrachtet mit einer Mischung aus Faszination und Abscheu das Blut und die Eingeweide auf dem Tisch. Das freiliegende Gehirn des Tiers sieht aus wie eine wundersame rosafarbene Koralle.

Es wirkt wie eine Szene aus lange vergangener Zeit: dem Zweiten Weltkrieg oder der Weltwirtschaftskrise, einer Zeit vor der Ära des Überflusses, der Marken und der schnell wechselnden Modezyklen. Aber andere Details passen nicht in eine andere Zeit: Unter den selbst gemachten Kleidungsstücken des Mädchens findet sich eine Kunstpelzjacke mit Tigerfellmuster. In der Kochecke stehen ein Videorekorder und ein Fernsehgerät. In seinem Zimmer bewahrt das Mädchen einen leuchtenden Zauberstab auf, den es als Souvenir von einer Reise mitgebracht hat: Vor zwei Jahren entfloh die

Familie dem finsteren finnischen Winter ins subtropische Florida, wo sie Disney World besuchte.

Varpu Pöyry, die diese Bilder im Gedächtnis bewahrt, wirkt als Millennial zu jung, um sich an wirtschaftlich derart schwere Zeiten in einem der wohlhabenderen Länder der Welt erinnern zu können. Mit ihrem Baby Rosa sitzt Pöyry im Café Aalto auf der schmucken Promenade, die vom Hafen Helsinkis ins Zentrum der finnischen Hauptstadt führt. Das Café ist nach dem Architekten und Designer Alvar Aalto benannt und verkörpert dessen eigenwillige Vision der Konsumkultur, eine Mischung von harten, modernistischen Linien mit anheimelndem Leder, Holz und warmem Licht der von der Decke hängenden Lampen. Es ist eine altertümliche Art von Schönheit, und die Finnen um uns herum tragen nicht aus Notwendigkeit, sondern aus Gewohnheit Herbstkleidung: Das Wetter – eine Hitzewelle im Oktober – wirkt surreal.

Pöyry ist Ingenieurin und die Autorin von *Her Finland,* einem Blog für den finnischen Lebensstil. Aber im Jahr 1990 war sie ein Kind, das in der kleinen, von Wäldern umgebenen Gemeinde Kuhmoinen aufwuchs. Wie viele Kinder hatte sie kein Verständnis für makroökonomische Zusammenhänge. Sie spielte auf Feldern und in Wäldern, besuchte eine winzige Dorfschule und liebte den klassischen finnischen Comic *Die Mumins.* »Ich hatte wirklich die beste Kindheit, die man sich vorstellen kann«, sagt sie. Erst als ihre Mutter begann, die Lebensmitteleinkäufe der Familie den Ablaufdaten auf den Fleischpackungen anzupassen, um sie für den halben Preis zu bekommen, wurde ihr bewusst, dass die Familie in die Armut abglitt.

Plötzlich schien die Hälfte der Einwohner von Kuhmoinen arbeitslos zu sein. Pöyrys Eltern hatten das Glück, ihre Arbeitsplätze nicht zu verlieren, mussten jedoch die Eltern der Mutter unterstützen, die bankrottgegangen waren. »Ich weiß bis heute nicht, woran es lag, denn wir sprechen nicht über Geld – das ist sehr finnisch«, erklärt Pöyry. »Aber sie hatten über ihre Verhältnisse gelebt.« Noch wenige Monate zuvor waren Fischen und Holzfällen einfache Vergnügungen des Landlebens gewesen; jetzt war die Familie darauf angewiesen, um Essen auf den Tisch zu bringen und das Haus warm zu halten. Pöyrys Eltern legten einen riesigen Gemüsegarten und einen ebenso großen Kartoffelacker an und füllten den »Sarggefrierschrank« – eine große Gefriertruhe – mit Wildgeflügel und Elchfleisch. Es gab keine Reisen nach Disney World mehr. Stattdessen wurde die bleibende Erinnerung an dieses Jahr die an das Schweinehirn.

Die Depression in Finnland begann 1990 und hielt vier Jahre an, obwohl es nicht weniger als sieben Jahre dauerte, bis eine spürbare wirtschaftliche Erholung eintrat. Es war die größte »Konsumkatastrophe« – ein Rückgang der Konsumausgaben von 10 Prozent oder mehr pro Kopf –, die ein wohlhabendes demokratisches Land in der jüngeren Vergangenheit erlitten hat.

»Es war sehr, sehr, sehr hart«, erinnert sich Lasse Jääskeläinen, der zu jener Zeit als Finanzjournalist in Helsinki arbeitete. In den Achtzigerjahren erklommen die Börse und der Immobilienmarkt in Finnland immer neue Höhen, angetrieben von der Deregulierung der Finanzmärkte, billigen Krediten, einer Investitionsblase und der in Zeiten der Wirtschaftsblüte unvermeidlichen Überzeugung, es werde ewig so weitergehen. So wie in der übrigen reichen Welt war dies auch in Finnland die Ära des Yuppies (*juppi* in Finnisch) samt Lacoste-Polohemd und Corvette-Cabrio. Gegen Ende des Jahrzehnts warnte *Businessweek*, das System gehe

»von der Investition zur Spekulation« über. Heute ist es normal, die Immobilien- und Aktienmärkte nicht als Handelsplätze für wirkliche und nützliche Dinge, sondern eher als riesige Casinos zu betrachten, aber in den Achtzigerjahren war diese Einschätzung weitgehend vergessen, da der Börsenkrach und die Weltwirtschaftskrise der Dreißigerjahre lange zurücklagen. In Finnland hatte sich diese Vorstellung *nie* durchgesetzt. In dem Land war die industrielle Revolution spät angekommen, und viele Finnen konnten sich noch daran erinnern, wie sie in den Fünfzigerjahren ihre erste importierte Orange gekostet hatten. Fleisch war bis in die Sechziger ein Luxus. Weniger als zwei Jahrzehnte später hatte sich der Lebensstil so grundlegend gewandelt, dass es vollkommen normal war, zum Abendessen Wein zu trinken oder im Winter in wärmere Gefilde zu fliegen.

»Die Geschwindigkeit macht dich blind«, sagt Jääskeläinen. »Alle Leute standen an der Bar und versuchten, den Eindruck zu erwecken, sie seien wer.« Jääskeläinen selbst war einfach zu exzentrisch, um dem Herdentrieb zu folgen – er ist der Inbegriff des sarkastischen Finnen, und zu seinen Leidenschaften gehören (getrennt voneinander) Kampfsport und Himalaya-Katzen. »Ich hatte diese kleine Stimme in mir, die sagte: ›Lass die Finger davon.‹«

Ende der Achtziger- und Anfang der Neunzigerjahre geriet die ganze Welt in eine Rezession, aber in Finnland wurde die Krise durch den Niedergang des größten Handelspartners verschärft: der Sowjetunion. Im ersten Monat des Crashs büßte Jääskeläinens Haus ein Drittel seines Werts ein. Als Finnland aufhörte einzukaufen, begannen Betriebe überall in Helsinki, die Rollbalken herunterzulassen. »Stellen Sie sich vor, in New York würden innerhalb von zwei Jahren vierzig- oder fünfzigtausend kleine Betriebe untergehen.«

Der Begriff »Konsumdesaster« veranschaulicht, wie grundlegend der Konsum mittlerweile ist: Eine Verringerung unserer Einkäufe erzeugt eine wirtschaftliche Realität, die jener in Kriegen, Hungersnöten und nach einem verheerenden Erdbeben ähnelt. Zumeist gehen solche Katastrophen Hand in Hand. Nach Aussage von Robert Barro, einem Harvard-Ökonomen, der die globale Datenbank makroökonomischer Krisen durchforstete, wurden Europa und große Teile Asiens im Zweiten Weltkrieg von brutalen Konsumdesastern heimgesucht, darunter einige der schlimmsten der Geschichte mit Rückgängen von 54 Prozent in den Niederlanden, 58 in Russland, 64 in Griechenland und Japan sowie verheerende 68 Prozent in Taiwan. Doch als die Coronapandemie ausbrach, hatten einige Nationen seit Generationen kein Konsumdesaster mehr erlebt.

Als die finnische Depression begann, glaubten viele in der industrialisierten Welt, wirtschaftliche Katastrophen in Friedenszeiten gehörten der Vergangenheit an. Doch Finnland erlitt einen Zusammenbruch, der noch folgenreicher als die Weltwirtschaftskrise der Dreißigerjahre war, und das in der Ära der beginnenden Globalisierung, der Mobiltelefonie, der Videospielkonsolen und des Internets.

Ganz ähnlich wie die Amerikaner nach der Finanzkrise sortierten die Finnen ihre Bedürfnisse und Wünsche, aber einige Verhaltensweisen waren sehr typisch finnisch. Das plötzliche Erscheinen von Essenstafeln war ein Schock für das Land, das einer der stärksten Wohlfahrtsstaaten der Welt ist. Als billiges dekadentes Vergnügen tauchten Lokale auf, in denen die Kellnerinnen oben ohne »Halb-und-halb-Bier« servierten (die halbe Menge mit der Hälfte des gewohnten Alkoholgehalts). Aber die Ausgaben für Mobiltelefonie und Internet erhöhten sich in der finnischen Depression um das

Zehnfache, denn diese Dienste erfüllten ein Grundbedürf-
nis – »wie Brot«, erklärt ein finnischer Ökonom. Während
rund um sie herum die Wirtschaft zusammenbrach, kauften die Finnen auf der Suche nach Trost und dem Gefühl,
für mindestens ein anderes Lebewesen unverzichtbar zu
sein, Katzen und Hunde. Drei Jahrzehnte später, während
des Covid-19-Ausbruchs, kam dieses Bedürfnis erneut in der
steigenden Nachfrage nach »Pandemie-Haustieren« zum
Ausdruck.

Als der Boom der Achtzigerjahre plötzlich endete, hatten die meisten Finnen, die hohe Hypothekenraten oder
Mieten zahlen mussten, kaum noch Geld für unnötige Einkäufe übrig. Doch dieselben Bankenlobbyisten und Politiker, welche die Spekulationsblase möglich gemacht hatten,
beschuldigten jetzt die Normalbürger, den Zusammenbruch
durch Gier und Exzesse verursacht zu haben. Von Scham
erfüllt, verringerten viele Einwohner des historisch sparsamen Landes ihre Ausgaben noch mehr, als nötig gewesen
wäre.

»Es war psychologisch«, sagt Juha Siltala, ein hohlwangiger
Historiker mit strahlend blauen Augen, der wirkt, als wäre
er aus dem wirbelnden Schnee einer der heidnischen finnischen Epen gestiegen. »Wenn Menschen einen höheren
Lebensstandard genießen als die vorhergehende Generation,
haben sie das Gefühl, sie hätten die Normen verletzt und der
wirtschaftliche Zusammenbruch sei eine göttliche Strafe. Sie
müssen die erbosten Geister und das Schicksal beschwichti-
gen, indem sie sich selbst kasteien und alles aufgeben.« Einige
Haushalte waren gezwungen, fast ihren gesamten Besitz zu
verkaufen; andere verzichteten darauf, Kinder in die Welt zu
setzen, weil sie es sich nicht leisten konnten, sie aufzuziehen.
Während der wirtschaftlichen Depression wurde Finnland

für eine extrem hohe Selbstmordrate bekannt – diese Statistik gehört zu den bekanntesten Fakten über ein ansonsten wenig bekanntes Land.

Der Konsum fiel in Finnland in dieser tiefen Wirtschaftskrise in vier langen Jahren lediglich um 14 Prozent – es ist verblüffend, wie gravierend die Auswirkungen eines moderaten Rückgangs der Haushaltsausgaben sein können. In den Vereinigten Staaten vernichtete die von der Finanzkrise ausgelöste Rezession Arbeitsplätze, Eigenheime, Unternehmen und Ersparnisse, aber auf dem Papier erlangte sie nicht den Status einer nationalen Katastrophe; dasselbe gilt für die Pandemie im Jahr 2020. In den letzten anderthalb Jahrhunderten erlebten die Vereinigten Staaten nur zwei wirkliche Konsumdesaster: Das erste erschütterte das Land 1920/21, als eine Kürzung der Staatsausgaben nach dem Ersten Weltkrieg einen Konsumrückgang um etwa 15 Prozent auslöste. Ein Jahrzehnt später brach die Weltwirtschaftskrise aus, die den Konsum im Lauf mehrerer Jahre um 21 Prozent verringerte. Viele Amerikaner fragten sich vermutlich, warum das tägliche Leben in der Großen Rezession oder während der Coronakrise nicht so schlimm schien wie in der Weltwirtschaftskrise der Dreißigerjahre. Ein Grund dafür ist, dass keine der beiden Krisen vergleichbar katastrophale Auswirkungen hatte, selbst wenn Zehntausende Amerikaner in wirtschaftliche Not gerieten.

Dass die jüngsten Wirtschaftskrisen nicht als so gravierend empfunden werden, liegt auch daran, dass die meisten Einwohner der reichen Länder sehr lange fallen müssen, bevor sie den Tiefpunkt erreichen. In den Dreißigerjahren, als die Privathaushalte ein Viertel ihres durchschnittlichen Budgets für Nahrungsmittel ausgaben, drohte denen, die ihre Arbeit verloren, tatsächlich Hunger – es gibt Geschichten über Menschen, die verrottete Bananen und Tierfutter aßen. In der Großen Rezession nach der Finanzkrise kauften viele amerikanische Konsumenten einfach weniger Songs auf iTunes, aßen in weniger teuren Restaurants und stiegen auf billigere Telefon- und Kabeltarife um. Würde sich der Konsum der Amerikaner heute um 14 Prozent verringern wie in der finnischen Depression, so würde er inflationsbereinigt lediglich auf das Niveau sinken, auf dem die Amerikaner vor fünf Jahren konsumierten. Und das wäre eines der größten wirtschaftlichen Desaster in der Geschichte.

Eine paradoxe Eigenschaft von Katastrophen ist, dass wir oft angenehme Erinnerungen damit verbinden. Die Gründe dafür wurden in den 1920er-Jahren entdeckt, als eine kleine Gruppe von Sozialwissenschaftlern mit »Desasterstudien« begann. Zu ihren wichtigsten frühen Erkenntnissen gehörte, dass Menschen, die von Katastrophen wie Kriegen, Erdbeben oder Überschwemmungen getroffen werden, eher füreinander sorgen, als sich gegenseitig auszunutzen, und eher vernünftig und bedacht handeln, anstatt sich von primordialer Furcht leiten zu lassen.

Ein Pionier der Desasterstudien, der Soziologe Charles E. Fritz, kam fünf Jahre nach Beginn des Schreckens und der Entbehrungen des Zweiten Weltkriegs nach Großbritannien. »Man hätte erwarten sollen, ein Volk von panischen, kriegsmüden Menschen vorzufinden, die verbittert über Tod und Verletzungen von Angehörigen und Freunden und erbost über die lang anhaltende Einschränkung ihres Lebens waren«, schrieb er später. »Stattdessen fand man ein Volk von wunderbar glücklichen Menschen vor, die das Leben in vollen Zügen genossen und eine wirklich bemerkenswerte Freude und Liebe zum Leben an den Tag legten.« Die Einstellung der

Briten zum Leben im Weltkrieg, das unter dem treffenden Motto »Bleib ruhig und mach weiter« stand, ist allgemein bekannt. Sehr viel weniger bekannt ist die Tatsache, dass eine ähnliche Widerstandskraft auch in vielen anderen Ländern beobachtet wurde, etwa in Deutschland, wo sich in einer Studie über die psychologischen Auswirkungen der Luftangriffe herausstellte, dass die Bevölkerung der Städte, die am meisten unter den Bombenangriffen litten, die beste Moral hatte. Natürlich gibt es Grenzen: Niemand wird behaupten, dass die verzweifelten Flüchtlinge in unserer heutigen Welt ein schönes Leben haben. Aber wenn Menschen nicht in absolutem Elend leben, gewöhnen sie sich angesichts von Katastrophen durchweg schnell daran, mit weniger auszukommen, und werden unter diesen Umständen oft freundlicher, toleranter, solidarischer und großzügiger.

In ihrem Buch *A Paradise Built in Hell,* das teilweise auf ihren eigenen Erfahrungen während eines starken Erdbebens in San Francisco beruht, erklärt Rebecca Solnit, dass diese Empfindungen inmitten von Katastrophen so stark werden, *weil sie normalerweise abwesend sind.* Unter normalen Umständen sind viele von uns mit sozialer Isolation, unablässigem Zeitdruck, deutlich empfundener Einkommens- und Chancenungleichheit oder dem Gefühl konfrontiert, dass unser Leben kaum einen Zweck oder Sinn hat. »Das Alltagsleben ist bereits eine Art von Katastrophe«, schreibt Solnit, »und eine tatsächliche Katastrophe befreit uns davon.«

Leider liegen die Dinge bei wirtschaftlichen Desastern anscheinend anders. Wie in Finnland werden die Opfer von Marktversagen oder Rezessionen oft für ihr Schicksal verantwortlich gemacht, während die übergeordneten Ursachen – normalerweise die Handlungen mächtiger wirtschaftlicher, gesellschaftlicher und politischer Akteure – übersehen werden. Anstatt unser Leben mit Sinn zu füllen, vertiefen Wirtschaftskrisen oft die Isolation, berauben das Leben seines Sinns und verstärken alltägliche Sorgen wie jene um die Arbeitsplatzsicherheit und die Fähigkeit, die Rechnungen zu bezahlen.

Es gibt eine bemerkenswerte Ausnahme von diesem düsteren Bild: Wirtschaftliche Desaster verringern oft den mit dem Konsum verbundenen Statusdruck. Während sich beispielsweise die Einkommensungleichheit in einer Rezession vertiefen kann, gilt die Zurschaustellung von Reichtum als geschmacklos; die Leute kleiden sich unauffälliger und kaufen weniger protzige Häuser und Autos, während die Sparsamkeit wieder akzeptabler wird. Die finnische Gesellschaft insgesamt blickt nicht nostalgisch auf die Depressionsjahre zurück, aber viele, die damals jung waren, haben diese Zeit als befreiend in Erinnerung. Wie überall in Europa und Nordamerika während der globalen Rezession der Neunzigerjahre wurden die farbenfrohe Mode und die intensiv beworbenen Marken der Achtziger aufgegeben und durch einfache schwarze Lederjacken und Jeans ersetzt, die gar nicht abgetragen genug sein konnten. Die schlechteren Berufsaussichten machten Bestrebungen zunichte, aber der Erfolgsdruck wurde ebenfalls geringer. »Ein Lebensstil mit geringerem Konsum, und du vermeidest viele Probleme«, erklärte mir eine Frau. »Du musst dir keine Gedanken über deine Kleidung oder darüber machen, ob dein Auto oder dein Haus modern ist.« Dieses Gefühl der Erleichterung ist eine der bedeutsamsten psychologischen Auswirkungen des Endes des Einkaufens.

Im Jahr 1899 veröffentlichte der amerikanische Soziologe und Ökonom Thorstein Veblen das Buch *The Theory of the*

Leisure Class[*], in dem er das Verhalten der Oberschicht distanziert analysierte. Darin prägte Veblen den Begriff »Geltungskonsum« (»demonstrativer Konsum«), um einen Konsum zu beschreiben, dessen vorrangiger Zweck in seiner Sichtbarkeit für andere besteht. Veblens klassisches Beispiel für Geltungskonsum kreise um die Frage, warum jemand einen handgefertigten Silberlöffel besitzen wollte (der zu jener Zeit etwa 20 Dollar kostete), obwohl dieser die Suppe nicht besser zum Mund brachte als ein industriell gefertigter Aluminiumlöffel, der 20 Cent kostete.

Veblen nahm das offenkundige Argument für den Silberlöffel vorweg: Seine Funktion bestand nicht einfach darin, Suppe zu löffeln, sondern er verschaffte dem Benutzer auch das Vergnügen, etwas Schönes und kunstfertig Erzeugtes in der Hand zu halten. Dieser Antwort hielt Veblen drei vernichtende Argumente entgegen. Erstens: Der Unterschied der »intrinsischen Schönheit von Maserung oder Farbe« zwischen Silber und poliertem Aluminium sei nicht groß genug, um den um das Hundertfache höheren Preis des Silberlöffels zu rechtfertigen. (Viele Leute sind nicht imstande, den Unterschied zwischen den beiden Metallen mit bloßem Auge zu erkennen, und beide reflektieren Licht so gut, dass sie für hochwertige Spiegel wie jene verwendet werden, die in Teleskopen zum Einsatz kommen.) Zweitens: Sollte sich herausstellen, dass der vermeintlich von Hand gefertigte Silberlöffel mit einer Maschine erzeugt worden sei, so würde er augenblicklich 80 Prozent oder mehr seines Werts verlieren, obwohl das Produkt an sich dasselbe sei. Drittens: Selbst wenn der Aluminiumlöffel so hergestellt würde, dass er abgesehen vom Gewichtsunterschied zwischen den Metallen

---

[*] Deutsch als: *Theorie der feinen Leute* (1958).

exakt dem Silberlöffel entspräche, hätte er nicht annähernd den gleichen Preis. Der Wert des Silberlöffels entspringe im Wesentlichen der Tatsache, dass man wohlhabend sein müsse, um ihn zu besitzen – und dass jedermann das wisse.

»Der Fall der Löffel ist typisch«, schrieb Veblen. »Die höhere Befriedigung durch die Verwendung und Betrachtung kostspieliger und vermeintlich schöner Produkte ist normalerweise eher eine Befriedigung unseres Sinns für Kostspieliges, der sich hinter dem Namen der Schönheit versteckt.«

Seit Veblen ihn benannte, wird der Geltungskonsum allgemein als solcher erkannt. Wir kennen ihn aus der Yuppie-Kultur der 1980er-Jahre, der Bling-Bling- und Instagram-Kultur des frühen 21. Jahrhunderts und von einem Milliardär/Präsidenten, der sich die Gurtschnallen in seinem Privatjet mit zwanzigkarätigem Gold überziehen ließ. In der Öffentlichkeit einen teuren Lippenstift aufzutragen, einen Lamborghini zu fahren, eine 5000 Dollar teure Hobo Bag von Chanel zu tragen, auf einem Kurzstreckenflug in der Businessclass zu sitzen – all das sind moderne Beispiele für den klassischen Geltungskonsum.

Die Werbung zielt zumeist auf Geltungskonsum; und von dieser Art von Konsum sprechen wir normalerweise, wenn wir vom Shoppen sprechen. »Der Einfluss der Peergroup ist bei demonstrativ konsumierten Produkten immer höher als bei denen, die wir privat konsumieren«, erklärt die amerikanische Soziologin Juliet Schor, die in den Neunzigerjahren wesentlich zu einer erneuten Hinwendung der Forschung zum Geltungskonsum beitrug. Mehr und mehr Konsum wird demonstrativ. Produkte, die sich in den Neunzigern nach Schors Dafürhalten noch nicht für den »sichtbaren Konsum« eigneten, darunter Öfen, Heizkessel oder Schlafzimmervorhänge, werden heute bei Facebook oder auf Instagram auf

Fotos zur Schau gestellt. Noch vor kurzer Zeit wussten wir selten genau, wie Freunde oder Verwandte, geschweige denn Fremde, in ihren Ferien oder im Restaurant konsumierten; heute erfahren wir es oft in Echtzeit. Genau das sah Veblen voraus. »Der Geltungskonsum von Gütern dürfte schrittweise an Bedeutung gewinnen«, schrieb er, »bis er sich schließlich sämtliche verfügbaren Produkte einverleibt hat und nichts außer den lebensnotwendigen Dingen mehr übrig ist.« Mittlerweile ist fast alles ein »Veblen-Gut«.

Viel dachte Veblen über die Frage nach, warum wir uns so verhalten. Die einfache kulturelle Erklärung für seine Theorie lautet, dass ärmere Menschen reichere beneiden und daher versuchen, entweder ebenfalls reich zu werden oder das Verhalten der Reichen nachzuahmen. Was Veblen als Geltungskonsum bezeichnete, wird auch Konkurrenz-, Status- oder Neidkonsum genannt – als Konsum, der bei anderen wahrscheinlich Groll, Neid oder Empörung auslösen wird. Veblen hatte mehr Verständnis für jene, die einem derartigen Konsum frönten. Er sah den Hauptgrund für den Geltungskonsum nicht darin, dass wir gierig, neidisch oder auch nur auf den Wettbewerb versessen seien, sondern er glaubte, wir verhielten uns so im Streben nach dem angenehmen Gefühl, »das wir Selbstachtung nennen«.

Leider scheinen die meisten von uns keine Selbstachtung aus der einfachen Tatsache zu beziehen, dass wir uns ernähren, kleiden und ein Dach über dem Kopf sichern können. Stattdessen sind wir zu Unzufriedenheit verdammt, wenn wir nicht auch das Gefühl haben, ein ebenso gutes Leben zu führen wie die Leute, mit denen wir uns vergleichen. Diese Leute sind nicht zwangsläufig, ja nicht einmal im Normalfall die Reichen. Stattdessen sind es die Personen, die wir heute als unser Umfeld oder unser Netzwerk bezeichnen.

Mittlerweile wissen wir, dass die Frage, mit wem wir uns vergleichen, quälend komplex ist. Wir vergleichen uns mit Freunden, Arbeitskollegen und Nachbarn – mit den Schmidts mithalten! –, mit Prominenten – mit den Kardashians mithalten! – und mit vollkommen Fremden in den sozialen Medien. Da wir unablässig den Konsum einsetzen, um uns in Relation zu den Menschen in unserer Umgebung zu positionieren, sprechen die Gelehrten heute oft von »positionalem Konsum«. Tatsächlich positionieren wir uns so sorgfältig, dass der demonstrative Konsum teilweise sonderbar unauffällig geworden ist: eine Hiut-Jeans, ein Löffel von Robbe & Berking oder ein mit den Susuwatari-Wollmäusen aus dem Totoro-Universum bedrucktes T-Shirt werden einem Teil unserer Mitmenschen augenblicklich ein klares Signal senden, während sie für die meisten anderen vollkommen unsichtbar bleiben werden.

Manche Beobachter sind der Meinung, unser Konsum sei mittlerweile so hochgradig persönlich, dass es nicht länger sinnvoll sei, von Geltungskonsum zu sprechen. Doch in einem großen Teil des heutigen Konsums geht es weiterhin um unverblümten Statuswettbewerb. Beispielsweise sind Häuser ein wichtiges Statussymbol. Forscher haben herausgefunden, dass sich die meisten Leute, wenn sie zwischen einem 300-Quadratmeter-Haus in einer Nachbarschaft, in der die meisten Häuser 200 Quadratmeter groß sind, und einem 400-Quadratmeter-Haus in einer Gegend wählen können, in der die meisten Häuser 600 Quadratmeter groß sind, für das 300-Quadratmeter-Haus entscheiden werden, weil es größer ist als das ihrer Nachbarn. Die Ergebnisse einer Studie zu der Frage, welche Marken in den 2010er-Jahren mit einem »hohen Status« verbunden wurden, hätten im Wesentlichen aus den 1980er-Jahren übernommen werden können, und diese Marken werden in Regionen der Vereinigten Staaten, in denen die Kluft zwischen Reich und Arm größer ist, häufiger in den sozialen Medien erwähnt. Hier sind die Top Ten: Gucci, Mercedes, Louis Vuitton, Rolex, BMW, Chanel, Apple, Prada, Armani und Versace. Wir haben nach wie vor ein Auge für die sichtbaren Indikatoren des Reichtums. Wir setzen den Konsum immer noch ein, um unseren Platz in der Hackordnung zu markieren. Ein weiteres wichtiges Forschungsergebnis: Die meisten von uns werden behaupten, selbst keinen positionalen Konsum zu betreiben, aber die Daten zeigen, dass wir fast alle genau das tun.

Der positionale Konsum ist einer der wichtigsten Gründe für das Unglück des Konsumenten. Vor vierzig Jahren zeigte eine Studie die Stärke dieses Effekts auf unerwartete Weise. Da im Fernsehen so oft Verbrechen gezeigt werden, wollten die Forscher wissen, ob die Ausbreitung des Fernsehens in den Vereinigten Staaten in den Fünfzigerjahren zu einem Anstieg der Kriminalität geführt hatte. Wie sich herausstellte, war das mit einer Ausnahme nicht geschehen. Wo auch immer das Fernsehen eingeführt wurde, kam es bald darauf zu einer Zunahme von Diebstählen, einer Straftat, die im Fernsehen nur selten gezeigt wird. Nachdem sie andere mögliche Ursachen für die Häufung der Eigentumsdelikte ausgeschlossen hatten, führten die Forscher das Phänomen auf »Faktoren in Zusammenhang mit der Darstellung eines hohen Konsumniveaus« zurück und erklärten, mögliche Gründe für die Zunahme von Diebstählen seien »relativer Mangel und Frustration«. Zu jener Zeit gehörten 85 Prozent aller im Fernsehen dargestellten Figuren der Mittel- und Oberschicht an. Anscheinend hatte die intensivere Konfrontation mit dem Geltungskonsum genügt, um mehr Menschen zu Dieben zu machen.

In privaten Gesprächen mit Veblen gestanden sogar die sehr Reichen, den Geltungskonsum zugleich als Vergnügen und als Last zu empfinden – manchmal hatten sie das Gefühl, ihr Rücken krümme sich unter dem »aufwendigen und lästigen« Gewicht von »Häusern, Möbeln, dekorativen Kleinigkeiten, Garderobe und Mahlzeiten«. Aber die Erklärung mit »relativem Mangel und Frustration« gilt auch hier. Gleichgültig, ob wir nur mit Mühe über die Runden kommen oder Wohlstand genießen: Wenn wir das Gefühl haben, Schritt zu halten, sind wir relativ gelassen; wenn wir einen Vorsprung haben, umso besser. (»Extrem befriedigend«, wie es Veblen ausdrückt.) Doch jeder Hinweis, dass wir zurückfallen – dass wir in der Gesellschaft keinen Platz auf Augenhöhe mit unseren Mitmenschen mehr einnehmen –, verringert unser Glück erheblich.

Forschungsergebnisse bestätigen, dass die Ungleichheit den Konsumismus fördert. Das tut sie in erster Linie, indem sie den Statuswettbewerb verschärft, sodass offenkundige Kennzeichen von Wohlstand und Erfolg, seien es teurere Smartphones, Luxusautos oder Weltreisen, die wir in den sozialen Medien zur Schau stellen, wichtiger werden. Das wiederum macht das Streben nach Geld wichtiger. Einfach ausgedrückt: Die Ungleichheit fördert materialistische Werte. Wir reagieren unterschiedlich auf das, was der Ungleichheitsforscher Richard Wilkinson als das mit dem Statuswettbewerb einhergehende »Leistungsmartyrium« bezeichnet: Manche Menschen werden zu klassischen, demonstrativ konsumierenden Materialisten, andere rutschen in Depression oder Angst ab, weil ihr Selbstwertgefühl unablässigen Attacken ausgesetzt ist, und wieder andere flüchten sich in Drogen, Alkohol oder eben den Konsum. (Das Einkaufen kann tatsächlich eine vorübergehend wirksame »Einzelhan-

delstherapie« für Statusängste sein.) Wenn wir unser eigenes
Leben betrachten, erkennen die meisten von uns wahrscheinlich eine Mischung all dieser Reaktionen bei sich.

Die Journalistin Anu Partanen zog von Finnland, einem
wohlhabenden Land mit relativ geringer Ungleichheit, in die
Vereinigten Staaten, in denen die Ungleichheit zu den höchsten in der reichen Welt zählt, und schrieb schließlich ein
Buch über ihre Erfahrungen: *The Nordic Theory of Everything.*
Wir sitzen in einem Café in Helsinki, und sie erzählt mir,
dass sie in Finnland nie großen Druck spürte, ihren Erfolg
nach außen zu zeigen. Sie fühlte sich finanziell abgesichert,
und der Lebensstil anderer Leute schien ihrem eigenen sehr
ähnlich. Tatsächlich beklagen sich die finnischen Reichen
manchmal darüber, dass sie ihren Wohlstand nicht öffentlich genießen können und nur respektiert werden, wenn sie
sich zurückhalten.

Als Partanen nach New York umzog, schien ihr der amerikanische Materialismus zugleich offenkundig und unwiderstehlich. Sie begegnete unentwegt Menschen, die keinen
Hehl daraus machten, dass sie sich teurere Kleidung, größere
und schönere Wohnungen und schnittigere Autos leisten
konnten. In den Medien stellten Prominente ihren Geltungskonsum zur Schau. »Sie wollen ihre großen Häuser herzei-
gen, es werden Fernsehshows darüber produziert, und es ist
etwas, was man bewundern und sich wünschen soll«, sagt
Partanen. »Und es ist sehr exzessiv. Es genügt nicht, einen
Ferrari zu haben. Du musst zehn Ferraris haben.«

Gleichzeitig sah sie in den Straßen und U-Bahnen New
Yorks ein Ausmaß an Armut, das ihr in Europa vollkommen
unbekannt gewesen war, und ihr wurde klar, dass Arbeitslosigkeit und sogar eine schlecht bezahlte Arbeit in den Vereinigten Staaten zu Obdachlosigkeit, Hunger und Verzweif-

lung führen konnten. Vergrößert wurde Partanens Angst durch die Tatsache, dass der Wohlstand im Gegensatz zur Armut oft nicht sichtbar war: Schließlich wurde ihr klar, dass viele jener Leute, die sie als Gleichgestellte betrachtet hatte, nicht von ihrem Einkommen, sondern von Erbschaften oder familiärer Finanzhilfe lebten. Und das Schlimmste war, dass es wirklich schwer war, genug zu verdienen, um ein Haus zu kaufen, ihre Kinder auf die Universität zu schicken oder eine gute Krankenversicherung zu bezahlen. Und mit all dieser Unsicherheit konfrontiert, wollte sie nicht weniger, sondern mehr Geld ausgeben.

»Es wunderte mich, dass ich, die ich in einem skandinavischen Land aufgewachsen war und dieses Gefühl nicht gekannt hatte, mich bald nach meiner Ankunft in Amerika nicht mehr dagegen wehren konnte. Ich hatte das Gefühl, mehr konsumieren zu müssen. Du willst mehr Dinge kaufen, die dir das Gefühl geben sollen, dass du es geschafft hast, dass du in Sicherheit bist.«

Ihre Erfahrungen entsprechen den Erkenntnissen der Ungleichheitsforschung. Mittlerweile haben zahlreiche Studien die Theorie bestätigt, dass Menschen materialistischer werden, wenn sie nicht sicher sind, ob sie ihre materiellen und psychologischen Bedürfnisse erfüllen können, und dass die Ungleichheit dieses Gefühl der Unsicherheit verstärkt. Eine tiefe Kluft zwischen Reich und Arm macht es uns zudem leichter, unseren eigenen Lebensstandard mit dem von anderen zu vergleichen, und das wiederum bewegt uns dazu, uns darauf zu konzentrieren, welche Besitztümer oder Erfahrungen wir möglicherweise brauchen, um das von Veblen beschriebene Gefühl zu haben, »das wir Selbstachtung nennen«.

Partanen kehrte schließlich nach Finnland zurück. Sie

hatte augenblicklich das erleichternde Gefühl, die der Selbstdarstellung dienende Kleidung, die sie in New York getragen
hatte, in den Schrank hängen zu können. Da sie nicht länger
unter Druck stand, sich auf ihren Status konzentrieren zu
müssen, fühlte sie sich frei, darüber nachzudenken, was sie
wirklich erreichen wollte. Wie ein britischer Politiker einmal sagte: »Wer den amerikanischen Traum will, sollte nach
Finnland gehen.«

Im heutigen Finnland ist die Ungleichheit jedoch sehr viel
ausgeprägter als vor der Rezession der Neunzigerjahre. Bis
dahin hatte sich das Land an der Vision einer Gesellschaft
orientiert, in der »alle in derselben Realität leben und einander daher verstehen können«, wie mir ein Ethnograf
erklärte. Auch in der *Juppi*-Ära in den Achtzigerjahren nahm
die Ungleichheit nicht übermäßig zu, und in der finnischen
Depression gelang es, mit staatlichen Hilfsprogrammen und
Steuererhöhungen für jene, die weiterhin ein Einkommen
erzielten, Obdachlosigkeit und Hunger in Schach zu halten –
das Land bediente sich jener Art von Eingriffen, die Peter
Victor in seinen Modellen vornimmt, um die Auswirkungen
von Katastrophen zu lindern. Es kam nicht zu Unruhen oder
Massenkundgebungen auf den Straßen Finnlands.

Doch als sich die Rezession in die Länge zog, drängten
die Reichen und Mächtigen des Landes auf dieselbe Art von
marktwirtschaftlichen Eingriffen, die von ihren Gleichge-
sinnten in Europa und Nordamerika gefordert wurden. Seit
damals hat sich die Kluft zwischen Reich und Arm in Finnland vergrößert. Heute wäre es dort schwieriger als vor dreißig Jahren, ein Konsumdesaster zu überstehen. Die Tafeln
verschwanden nie.

Aber was ist mit der berüchtigt hohen Selbstmordrate in
Finnland? Sie ist zweifellos ein furchtbarer Beleg für die

Kosten der finnischen Depressionsjahre. Selbst in Finnland ist kaum bekannt, dass die Zahl der Menschen, die sich das Leben nahmen, in der Wirtschaftskrise in Wahrheit gar nicht stieg: Ihren Höhepunkt erreichte die Selbstmordrate auf dem Höhepunkt der Wirtschaftsblüte der Achtzigerjahre. Als die Rezession begann, sank die Zahl der Selbstmorde, und dieser Trend setzt sich bis heute fort. (Die Suizidrate ist immer noch höher als in den meisten westeuropäischen Ländern, aber etwa genauso hoch wie in den Vereinigten Staaten und niedriger als in Japan oder Südkorea.) Tatsächlich ist die Frage nach dem psychischen Gesundheitszustand der Finnen während des Konsumdesasters ungeklärt: Es gibt keine Studien, die auf eine deutliche Verschlechterung hindeuten, und einige gelangten zu dem Ergebnis, dass sich die Situation an den meisten Indikatoren gemessen gebessert hat.

Niemand kann genau sagen, woran das liegt. Eine häufig vorgebrachte Erklärung lautet, dass sich die Finnen in der rastlosen Konsumkultur der Achtzigerjahre plötzlich einem sehr viel erbitterter geführten Wettbewerb und ständigen Vergleichen mit ihren Mitmenschen ausgesetzt sahen. Nie zuvor war das Gefühl so stark gewesen, dass sich das Land in Gewinner und Verlierer spaltete. Im finnischen Volksmund heißt es, dass sich junge Menschen nicht in der langen Winterfinsternis, sondern bei Frühlingsbeginn das Leben nehmen. »Sie sehen eine Welt voller Möglichkeiten«, sagte mir eine Frau, »und töten sich.« Sie stehen vor dem Desaster des Alltagslebens.

Varpu Pöyry, die junge Frau, die mir von einer Kindheit mit selbst gemachter Kleidung und ausgeweideten Schweinen auf dem Küchentisch erzählte, erinnert sich noch an den Augenblick, in dem ihr bewusst wurde, dass die finnische

Depression vorüber war. In den schweren Jahren hatte Pöyry im Fernsehen verfolgt, was es in der Modewelt Neues gab, um anschließend Muster zu zeichnen, nach denen ihre Mutter und Großmutter Kleidung für sie nähten. Als sie elf Jahre alt war, trugen alle Leute im Fernsehen Neonfarben, und sie wünschte sich eine neongrüne Hose und eine Bluse in Neonrosa. »Ich war so stolz, ich war so modisch«, sagt sie. Aber zu jener Zeit begann sich die Lage in Finnland aufzuhellen.

Im Jahr darauf reiste Pöyry mit ihrer Familie nach Griechenland, und dort lernte sie am Strand Mädchen aus Helsinki kennen, die in aktuelle Modemarken wie Diesel und Miss Sixty gekleidet waren. »Ich trug meine hausgemachte Kleidung und dachte: ›Oh Gott, wie furchtbar ich aussehe.‹«

Pöyry erklärt, dass sich viele finnische Millennials wie sie heute große Sorgen über ihren Konsum machen. Sie ist nicht sicher, was dieser Generation mehr zu schaffen macht: die Erinnerung an die Kindheit in der Depression oder die Tatsache, dass die globalen Umweltprobleme mittlerweile nicht mehr zu leugnen sind. Wie andere besorgte Menschen in aller Welt tun auch die jungen Finnen individuell Dinge, die ihren Fußabdruck auf dem Planeten verringern sollen. Sie fahren mit dem Fahrrad und nutzen die öffentlichen Verkehrsmittel. Sie essen *nyhtökaura,* ein veganes Schweinefleischimitat aus Hafer. Sie machen Flugreisen und fühlen sich anschließend schuldig.

Aber ein weiteres Vermächtnis aus Pöyrys Kindheit ist, dass sie keine Angst vor dem nächsten Crash hat. »Ich hatte nicht das Gefühl, dass es mir an irgendetwas mangelte«, sagt sie. »Ich finde es toll, dass ich *nicht* alles bekam, was ich mir wünschte. Ich lernte, dass ich trotzdem ein schönes Leben haben kann.« Sie weiß, dass sie immer in der Lage sein wird zu überleben. Sie kann selbst Nährpflanzen anbauen, Nutztiere halten und Fische fangen. Sie kann Marmelade kochen, Kleidung nähen und Socken stopfen.

Vor ihrem inneren Auge taucht eine überraschende Erinnerung auf: Man könnte meinen, als Kind während der harten Zeiten habe sie sich danach gesehnt, in einem großen Haus oder einer rastlosen Stadt zu leben. Stattdessen träumte sie davon, noch selbstgenügsamer zu leben, als es ihre Familie bereits tat. Sie stellte sich ein einfaches Landhaus mit Sonnenpaneelen auf dem Dach und Nutztieren vor, wo statt Toilettenpapier Moos verwendet wurde. Obwohl sie ein glückliches Kind war, hatte sie die ängstliche Stimmung der finnischen Depressionszeit verinnerlicht. Sie dachte, es stünden düstere Zeiten bevor. Es war ihr nicht bewusst, dass dies bereits die düsteren Zeiten waren.

8

Kann sich Werbung in ihr Gegenteil verwandeln?

Wer durch die U-Bahn-Station Clapham Common in London geht, kommt auf dem Weg vom Bahnsteig zum Ausgang oder umgekehrt normalerweise an 65 Werbetafeln vorbei. Ein Pendler geht also in den zwei Minuten, die er jeden Tag in dieser Station verbringt, an 130 Werbebotschaften vorbei, das heißt an 650 pro Woche. Allein auf der Rolltreppe wird er mit 54 Werbetafeln für Kleidung, Parfüms, Filme, Schuhe, Smartphones, Musicals konfrontiert.

All diese Werbetafeln sind plötzlich verschwunden. Stattdessen sind die Wände und sogar die Drehkreuze mit Bildern von Katzen übersät: eine klassische schwarz-weiß gestromte, ein Kätzchen mit violettem Halsband, ein geflecktes mit langem Haar und grünen Augen. Die Katzen haben nichts zu verkaufen. Sie wollen nichts von uns. Sie sind aus dem einfachen Grund da, weil der Anblick von Katzen uns Menschen *ein gutes Gefühl gibt,* wie das Internet zweifelsfrei bewiesen hat, während uns Werbung ein Gefühl der Unsicherheit oder den Eindruck vermittelt, dass es uns an etwas mangelt – mit anderen Worten, sie sorgt dafür, dass wir uns *schlecht* fühlen. Warum also nicht mehr Katzen und weniger Werbung?

Das mit den Katzen in der Londoner U-Bahn ist tatsächlich geschehen. Im Jahr 2016 mietete eine Gruppe von rebellischen Werbekreativen (so nennen sich die Leute, die sich die Werbung ausdenken) während einer für England ungewöhnlichen Hitzewelle im September die gesamte Station Clapham Common und ersetzte die Poster, auf denen für allen möglichen Kram geworben wurde, durch ein visuelles Loblied auf Katzen. Das gab uns eine Ahnung davon – die Gruppe von Kreativen nennt sich Glimpse (»flüchtiger Einblick«) –, was möglich wird, wenn die Werbung aus unserer geistigen und körperlichen Umwelt verschwindet.

So viel ist sicher: Eine Welt, die aufgehört hat zu shoppen, ist eine Welt mit weniger Werbung. Wenn es einen Wirtschaftszweig gibt, der an diesem schicksalhaften Tag sinnbildlich für die Schwere des Zusammenbruchs und die Unwahrscheinlichkeit einer Erholung steht, so ist es die Werbe- und Marketingbranche.

Wenn die Konsumenten aufhören zu konsumieren, zählt die Werbung zu den ersten Dingen, bei denen die Unternehmen sparen. Während der Pandemie schrumpfte selbst die Werbung im Internet – wo die Leute mehr Zeit verbringen als je zuvor – in nur zwei Monaten um fast 40 Prozent. Während die Allgemeinheit die Verluste vieler Unternehmen in der Krise bedauerte, wurden Medienberichte über die Einschränkung der Werbekampagnen normalerweise begrüßt. Es ist eine Ironie, dass die meisten dieser Medienberichte mit Werbung finanziert wurden.

Das Muster ist seit Langem etabliert. Als die Finanzkrise im Jahr 2009 ihren Höhepunkt erreichte, sanken die Werbeausgaben weltweit um 10 Prozent, das heißt sehr viel mehr als die Konsumausgaben. In den Vereinigten Staaten fiel die

Zahl der Beschäftigten im Marketing auf das Niveau von 1995, womit die Uhr in diesem Wirtschaftszweig um fast 15 Jahre zurückgedreht wurde. Und der Einbruch in dieser Rezession war nicht einmal der schlimmste in der jüngeren Geschichte der Werbebranche: Den erlitt sie im lang anhaltenden Abschwung Anfang der Neunzigerjahre, als der Sektor in den reicheren Ländern fünfmal schneller schrumpfte als die Gesamtwirtschaft. Am schlimmsten war es natürlich in Finnland, wo die Werbeausgaben im Lauf mehrerer Jahre um mehr als ein Drittel sanken.

Konsum und Werbung hängen offenkundig eng zusammen. Landet man aus Ecuador kommend auf einem amerikanischen Flughafen, so wirkt das Bombardement mit Werbeanzeigen schockierend im Vergleich zu einem ärmeren Land. Doch die Menge an Werbung ist sogar geringer, wenn die Einkommensungleichheit weniger ausgeprägt ist, denn die Leute kaufen weniger, wenn sie das Gefühl haben, mit dem Lebensstil ihrer Umgebung mithalten zu können.

Die Funktion der Werbung und ihre Wirkung auf uns sind Gegenstand einer nicht endenden Debatte. Unter denen, die dieses Thema studieren, besteht nicht einmal Konsens in der Frage, ob man sagen kann, dass Werbung *funktioniert,* denn sie ist offenkundig nur manchmal oder bei manchen wirksam und hat in vielen Fällen überhaupt keinen messbaren Einfluss auf die Konsumenten. Aber dass wir instinktiv wissen, welch starke gesellschaftliche Kraft Werbung ist, zeigt sich an der Tatsache, dass in einem normalen Jahr weltweit mehr als 600 Milliarden Dollar dafür ausgegeben werden. Das Marketing ist wie der Klimawandel: Wir können nicht sagen, ob eine Hitzewelle im September in London auf die Erderwärmung zurückzuführen ist, aber wir wissen, dass die Erderwärmung die Wahrscheinlichkeit von Septemberhitzewellen in London erhöht. Nicht alles, was wir kaufen, kaufen wir wegen der Werbung, aber die Allgegenwärtigkeit der Werbung erhöht die Wahrscheinlichkeit, dass wir etwas kaufen werden.

So unterschiedlich wir unseren Sachen Wert beimessen, so vielfältig ist auch die Art und Weise, wie uns die Werbung Dinge zu verkaufen vermag. Eine Werbeanzeige kann so gestaltet sein, dass sie uns überzeugt, dass ein Produkt nützlich ist, ein Problem lösen wird, unserem Leben Sinn oder Schönheit verleihen wird, uns attraktiver machen wird, ein wichtiges Ereignis in unserem Leben prägen wird, uns die Möglichkeit eröffnen wird, uns unseren Tagträumen und Fantasien hinzugeben, dass es Schuldgefühle oder Unsicherheit zerstreuen wird, uns helfen wird, der Welt zu zeigen, wer wir sind, dass es unseren Status heben wird, unsere Beziehungen zu Menschen stärken wird, an denen uns liegt, dass es uns mit der Vergangenheit verbinden wird oder sich als ein Geschenk eignet und so weiter ... Letzten Endes weckt die Erfüllung all dieser Wünsche und Bedürfnisse dasselbe Gefühl: Vergnügen, sei es der sprichwörtliche »Funke der Freude« oder die komplexere Zufriedenheit darüber, den richtigen Sarg gefunden zu haben, um einen geliebten Menschen zu beerdigen. Die Werbung verspricht uns, dass uns der Konsum Befriedigung bringen wird.

Es heißt, der Kapitalismus könne alles verkaufen, nur nicht weniger. Vincent Stanley, der bei der Outdoor-Bekleidungsfirma Patagonia eine sonderbare Hybridfunktion als Vermarkter und Philosoph erfüllt, führte 2011 ein mittlerweile berühmtes Experiment durch, um diese Hypothese am geschäftigsten Einkaufstag dieses Jahres zu testen. Er schlug vor, Patagonia solle am Black Friday, an dem mittlerweile weltweit der Startschuss zum irrsinnigen Weihnachtsgeschäft gegeben wird, in der *New York Times* eine ungewöhnliche Werbeanzeige schalten. In der Anzeige war ein Bild der meistverkauften Fleecejacke von Patagonia zu sehen. Die Werbebotschaft lautete: »Kauf diese Jacke nicht.« Der restliche Text war ebenso unverblümt: »Kauf nicht, was du nicht brauchst. Denk zweimal darüber nach, bevor du etwas kaufst.« Die Umweltkosten der Jacke wurden aufgelistet: Für Herstellung und Vertrieb eines Exemplars wurde eine Menge an Wasser benötigt, die genügt hätte, um einen Tag lang den Bedarf von 45 Personen zu decken. Pro Jacke wurden fast 10 Kilo CO_2 in die Atmosphäre gepumpt, was das Gewicht der Jacke selbst deutlich überstieg,

Einige Leute in der Firmenleitung befürchteten, die Anzeige könne zu einem Ratner-Moment führen und einen Umsatzeinbruch oder sogar den Untergang des Unternehmens auslösen – in der Weihnachtssaison wird ein Fünftel der Einzelhandelsumsätze in den Vereinigten Staaten erzielt. Trotzdem erklärten sie sich bereit, die Anzeige zu schalten. »Wenn wir einen solchen Schritt tun, planen wir normalerweise nicht zwei oder drei Schachzüge im Voraus«, erklärt Stanley. »Wir sagen einfach: Sehen wir uns an, was passiert.«

Es passierte Folgendes: Der Umsatz von Patagonia *stieg* in den folgenden Monaten; nicht einmal der Absatz der Jacke, von deren Kauf man den Konsumenten abgeraten hatte, ging zurück. Seit damals verkauft das Unternehmen Jahr für Jahr mehr Produkte und eröffnet neue Filialen, viele davon an Orten, die für jene Art von Vergnügungskäufern bekannt sind, deren Konsumverhalten Patagonia seinen Spitznamen »Patagucci« verdankt: an der Upper West Side von Manhattan, in Gangnam in Seoul oder in Chamonix in Frankreich.

All das scheint Wasser auf die Mühlen des modernen Zynismus zu sein: Was könnte widersinniger sein als der Einsatz des Antikonsumismus, um mehr Dinge zu verkaufen? Aber die Kampagne könnte auch ein Hinweis darauf sein, wie das Marketing in einer Welt aussehen könnte, die weniger konsumiert.

Patagonia macht nicht viel Werbung. Das Unternehmen stellt seine Produkte vor allem in seinem Katalog und auf seiner Website vor, auf der wie so oft in der modernen Werbung eigentlich nichts Konkretes, sondern vielmehr *alles* verkauft wird: ein ganzer Lebensstil, in dem die Produkte von Patagonia eine wichtige Rolle spielen. Das Patagonia-Universum ist eines von Kameradschaft und persönlichen Triumphen an wilden und authentischen Orten, bevölkert von durchtrainierten Menschen, die Konzepte wie »Seele« und »Geist« verkörpern. Vielleicht glaubt der Konsument, sich mit dem Kauf einer Patagonia-Jacke in eine dieser Personen zu verwandeln; vielleicht glaubt er, dieser Welt mit seinem Kauf einen Schritt näher zu kommen.

Patagonia vermarktet seine Produkte auch mit einer Art von »Unternehmenspropaganda der Tat«: Die Firma macht insbesondere durch die Teilnahme an Umweltkampagnen auf sich aufmerksam, aber gelegentlich betreibt sie auch Guerillawerbung. Der Slogan »Kauf diese Jacke nicht« gehörte in diese Kategorie und wurde in den Medien umfassend kommentiert – eine Werbung, für die Patagonia nicht bezahlen musste. Dasselbe gilt für eine Werbekampagne im Jahr 2016, in der das Unternehmen versprach, seine gesamten Erträge aus den Verkäufen am Black Friday für Umweltschutzkampagnen zu spenden. Patagonia rechnete mit einem Umsatz von 2,5 Millionen Dollar, wie mir Stanley erklärt – es wurden 10 Millionen. »In der Woche darauf kamen einige Leute in die Filialen und sagten: ›Wir haben den Kopf verloren und zu viel gekauft. Können wir die Sachen zurückgeben?‹ Wir waren einverstanden.«

Gleichzeitig betreibt die Marke typische Marketingstrategien: Wenn der Kunde auf die Packung getrockneter Chili-Mango-Scheiben für 7 Dollar klickt, werden ihm augenblicklich vier weitere Produkte angeboten. Man kann Patagonia auch bei der Anwendung der klassischen Marketingtechnik erwischen, Bedürfnisse zu erzeugen, von deren Existenz der Konsument gar nichts wusste. Im Jahr 2018 brachte das Unternehmen seine »lautlose Daunenjacke« auf den Markt, bei der das Rascheln beseitigt worden war, das bei der Bewegung in bauschiger Kleidung entsteht, wenn Stoff an Stoff reibt. Über Nacht drohte der Besitz einer »lauten« Daunenjacke unmodisch und schließlich ein peinlicher Hinweis auf das Alter zu werden.

»Beim Blick auf den Umfang unserer Produktlinie und die Zahl der von uns erzeugten Dinge wird mir bewusst, dass hier eine gewisse Spannung besteht«, räumt Stanley ein, dessen Sensibilität für Umweltfragen wuchs, als er bei einem der verheerenden Waldbrände, die in den letzten Jahren über Kalifornien hinwegrasten, aus seinem von den Flammen bedrohten Haus fliehen musste und einige Zeit später die Firmenzentrale in Santa Barbara nicht erreichen konnte, weil sintflutartige Regenfälle das verbrannte, auf die Minerale reduzierte Erdreich in Schlammlawinen verwandelt hatten. »Wir funktionieren nicht wie ein Spirituosenladen in den Fünfzigerjahren, mit grüner Wand und Metallregalen, um dir Schuldgefühle zu machen, wenn du Schnaps kaufst. Unsere Läden sind schön, und alle Produkte sehen toll aus.«

Patagonias verwirrender Zugang zur Werbung hat einen Namen. Er wird als »Demarketing« bezeichnet, und nach

Aussage von Catherine Armstrong Soule, einer Konsumforscherin an der Western Washington University, stellt diese Methode historisch einen »winzig, winzig, winzig kleinen« Bruchteil der gesamten Werbung dar. Das erstmals in den Siebzigerjahren beschriebene Demarketing besteht darin, Wege zu finden, um die Konsumenten davon abzubringen, übermäßig viel von einem Produkt oder einer Dienstleistung zu erwerben. Zu den Beispielen für Produkte, für die zu jener Zeit Demarketing-Kampagnen durchgeführt wurden, zählten Budweiser-Bier, Kodaks ursprüngliche Instamatic-Kamera und Reisen nach Bali, die allesamt auf große Nachfrage stießen, die gebremst werden musste.

Zu jener Zeit begann die Menschheit zu sehen, dass die Ressourcen der Erde nicht unerschöpflich sind. Die ersten Wissenschaftler, die sich mit dem Demarketing beschäftigten, die Konsumforscher Philip Kotler und Sidney J. Levy, blickten in die Zukunft und stellten sich die Anwendung dieser Methode auf eine Welt vor, die aufhört einzukaufen. Das Marketing, erklärten sie, hatte sich in einer langen historischen Phase entwickelt, in der die industrielle Produktion und Ressourcen im Überfluss ein »Überangebot« an Gütern ermöglichten. In den Siebzigerjahren sahen die meisten Unternehmer in der Werbung einen Schönwetterberuf, der »in einer von Knappheit gekennzeichneten Wirtschaft erheblich schrumpfen« würde. Doch beim Marketing müsse es nicht immer nur um eine Ankurbelung der Nachfrage gehen, schrieben Kotler und Levy in der *Harvard Business Review*. Sein eigentlicher Zweck bestehe einfach darin, »die Nachfrage einem Niveau und einer Zusammensetzung anzupassen, mit denen das Unternehmen arbeiten kann oder will«. Die beiden Autoren sahen keinen Grund, warum das Marketing nicht das fördern konnte, was sie als »Dekonsum« bezeichneten: die Verringerung von Nachfrage und Konsum.

Die jüngsten Bemühungen einer winzig, winzig kleinen Zahl von Unternehmen, die Nachfrage im Sinn der ökologischen Verantwortung zu verringern, werden als »grünes Demarketing« bezeichnet. Patagonias »Kauf diese Jacke nicht«-Kampagne war hier beispielgebend und weckte das Interesse Armstrong Soules. Ein jüngeres Beispiel ist REI, ein amerikanischer Anbieter von Outdoorausrüstung und -dienstleistungen, der seit 2015 am Black Friday schließt und die Konsumenten auffordert, den geschäftigsten Einkaufstag des Jahres in der Natur zu verbringen.

Viele Leute halten das grüne Demarketing mit gutem Grund für heuchlerisch: Eine kognitive Dissonanz ist unvermeidlich, wenn Unternehmen das Marketing einsetzen, um ihre Produkte sowohl zu verkaufen als auch nicht zu verkaufen. Patagonia erwartete nicht, dass die Aufforderung »Kauf diese Jacke nicht« seinen Umsatz verringern würde, und das Demarketing des Unternehmens trug zu seinem stetigen Wachstum bei. Und Armstrong Soule wurde einmal am Tag vor der Schließung am Black Friday in einer REI-Filiale von Angestellten begrüßt, die Rabattcoupons verteilten. In der Praxis fand dort ein Black-Friday-Abverkauf statt, nur eben nicht am Black Friday.

Aber das grüne Demarketing ist mehr als ein zynischer Kunstgriff. Es ist keine Überraschung, dass die Strategie besonders bei Anbietern von Outdoorausrüstung beliebt ist: Viele der Kunden, die Outdooraktivitäten nachgehen, sind relativ wohlhabend und gleichzeitig besorgt über die Auswirkungen des Konsums auf den Planeten. Ein großer Teil des Outdoormarkts besteht aus »Dekonsumenten«, wenn wir es so ausdrücken dürfen, das heißt aus Personen, die ihren eigenen Konsum und den der Welt aktiv verringern wollen.

Patagonia dürfte die erste Dekonsummarke mit globalem Profil sein. Das Unternehmen konzentriert sich zunehmend auf einen Dekonsummarkt, den es aktiv zu vergrößern versucht, indem es die Kunden zur Verringerung ihres Konsums anhält. In einer Welt der geplanten Obsoleszenz – von Produkten, die gezielt so erzeugt werden, dass sie nach einer bestimmten Zeit zu funktionieren aufhören, kaputtgehen oder aus der Mode kommen – vermarktet Patagonia seine Ausrüstung als langlebig. Abgesehen davon, dass sie dauerhaft sind, haben viele Produkte von Patagonia klassische Farben und einen zeitlosen Stil, um mehrere Modezyklen überdauern zu können. Das Unternehmen betreibt ein Programm namens »Worn Wear«, um seine Kunden zu ermutigen, ihre Kleidung so lange wie möglich zu verwenden, und verbreitet regelmäßig Fotos von Patagonia-Produkten, die geflickt und ausgebleicht, ramponiert und ausgefranst wirken. Das Unternehmen bietet Reparaturen an, und wenn ein Kunde ein Produkt nicht mehr braucht, nimmt Patagonia es zurück, um es weiterzuverkaufen oder zu recyceln. Patagonia ist ein endlos wachsendes Unternehmen in einer auf endlosem Wachstum beruhenden Volkswirtschaft, aber sein Vorgehen nimmt vorweg, wie die Unternehmenstätigkeit in einer Dekonsumkultur aussehen könnte.

Daran ist nichts wirklich Widersprüchliches: Eine langsamer konsumierende Gesellschaft konsumiert *weniger* Produkte; sie hört nicht auf, Produkte zu kaufen. Wenn wir den globalen Konsum um 25 Prozent verringern, werden immer noch Billionen Dollar ausgegeben. In der Finanzkrise floss der Großteil dieser Ausgaben in Schnäppchen und minderwertige Produkte, da die Haushalte versuchten, Geld zu sparen, ohne das Shoppen einschränken zu müssen, aber Patagonia bemerkte auch kleinere, in seinen Augen jedoch bedeutsamere Trends. Impulskäufe und Geltungskonsum gingen in der Rezession zurück, und einige Kauflustige hielten Ausschau nach hochwertigen, langlebigeren Produkten statt nach einem schnellen Kauf für kurzfristiges Wohlbefinden. Das Unternehmen beobachtete auch eine sonderbare Verschiebung hin zu Dekonsumgütern, die sich in der Pandemie wiederholte.

»Die ganze Outdoorindustrie profitierte von dem Abschwung«, erklärt Stanley, »denn die Leute fuhren in den Ferien nicht länger in Luxushotels, sondern in Nationalparks oder auf Campingplätze in der Nähe ihres Wohnorts. Die Kunden kamen herein und kauften Zelte, Schlafsäcke und Jacken.«

Es bedurfte großer Marketinganstrengungen, um den modernen Konsumenten heranzuziehen, und das Demarketing könnte seine Weiterentwicklung zum Dekonsumenten beschleunigen. In einer neueren Studie zeigten Armstrong Soule und andere Forscher Versuchsteilnehmern mit sehr unterschiedlichem Hintergrund ein Foto von einem Mann in einer gelben Outdoorjacke, der lächelte und mit den Fingern das Friedenszeichen machte. Das Gesicht des Mannes war verwittert, und seine Jacke war nicht nur alles andere als neu, sondern auch von weißen, rosafarbenen und hellblauen Farbklecksen übersät. Die Studienteilnehmer wurden gefragt: Wer ist dieser Mann? Einer, der auf der Straße lebt und zu arm ist, um sich eine neue, unbeschädigte Jacke leisten zu können? Ein gut situierter Wochenendausflügler, der aus Umweltschutzbewusstsein an dieser Jacke festhält und die an einen Bohemien erinnernde Ausgefallenheit genießt? Oder etwas dazwischen?

Wie der Mann wahrgenommen wurde, hing von subtilen Signalen ab. Einigen der Befragten wurde das Originalfoto gezeigt, das aus Patagonias Marketingmaterial stammte und die Jacke samt Markenzeichen und sichtbarem »Worn Wear«-Aufnäher zeigte; diesen Personen wurde auch erklärt, wofür Patagonia als Unternehmen steht und worum es beim Worn-Wear-Programm geht (nämlich darum, an abgenutzter Kleidung festzuhalten, um zum Umweltschutz beizutragen). Anderen Versuchspersonen wurde dasselbe Foto ohne Markenzeichen und Aufnäher gezeigt. Jene, die das Markenzeichen sahen und wussten, was es bedeutete, neigten sehr viel eher zu der Vermutung, der Mann auf dem Foto habe ein hohes Einkommen und ein ausgeprägtes Umweltbewusstsein. Sie waren auch eher bereit, Patagonia-Produkte zu kaufen, selbst wenn sie dafür einen Aufpreis bezahlen müssten.

Wenn wir wissen, dass eine Person nicht aus Geldmangel, sondern aus freien Stücken weniger konsumiert, verbinden wir ihr Verhalten mit einem höheren Status. Es wird zu einem Akt des demonstrativen Dekonsums. »So viel von unserem Konsum hängt davon ab: Ich habe das nicht nur gewählt, weil es zu mir passt, sondern auch, weil die Welt wissen soll, wer ich bin oder wer ich sein will«, erklärt Armstrong Soule. »Die Idee, dem Konsumenten etwas davon zurückzugeben, wenn er Antikonsum praktiziert – in meinen Augen erfordert das viel Werbung in einem traditionellen Sinn.«

James Turner ist der Kommunikationskreative, der Glimpse gegründet hat, jene Gruppe, die eine Londoner U-Bahn-Station mit Katzenbildern füllte, um nichts anderes als die Idee zu verkaufen, dass man die Mauern unserer Städte mit etwas Besserem als mit Werbung bedecken könnte. »Die Leute, die gegenwärtig in der Werbung arbeiten, müssen die Geschichte des Konsums neu schreiben und die Alternativen zu augenblicklicher Befriedigung mit derselben Energie und demselben Einfallsreichtum ›verkaufen‹ wie gegenwärtig die Konsumprodukte«, erläutert er. »Die Leute, die heute in der Werbebranche tätig sind, sollten sich an die Spitze dieser neuen Bewegung setzen oder sich zumindest an ihrer Führung beteiligen.«

So wie ein Großteil der Konsumwerbung nicht nur Produkte, sondern auch ein Statussystem verkauft, das unsere Neigung erhöht, diese Produkte zu kaufen, könnte das Demarketing nach Turners Einschätzung nicht nur den Verkauf von Produkten verhindern oder unsere Beziehung zu ihnen verändern, sondern auch ein neues Statussystem verankern. Könnten die klügsten Köpfe in der Werbung uns davon überzeugen, dass der nächste große Trend die Freiwilligenarbeit ist? Oder die Wiederherstellung unserer Beziehung zur Natur? Oder das Streben nach Weisheit?

»Ich hege die etwas verschwommene Hoffnung, dass die Kreativität selbst der neue große Trend sein wird«, sagt Turner. Ihm schwebt eine Welt vor, in der wir unsere Identität rund um kreative Bestrebungen und Selbstausdruck gestalten und den »Anker der Marken« nicht mehr brauchen, um auszudrücken, wer wir sind. Das würde seiner Meinung nach große Anstrengungen der Werbekreativen erfordern. »Die Frage ist dann, ob das System ausreichende Kapazitäten hat, um ihnen allen Arbeit zu geben.«

Wahrscheinlich nicht, meint Vincent Stanley. In der Pandemie war es plötzlich keine philosophische Frage mehr, ob Patagonia wachsen sollte oder nicht: Das Unternehmen legte seine Lager, Läden, Büros und sogar seine Lieferketten früher still als die meisten anderen. Es verpflichtete sich, seinen Stammkräften in den ersten Monaten der Krise die Gehälter weiterzuzahlen, kündigte jedoch an, dass es viele seiner

Mitarbeiter nicht werde halten können. »Wir schrumpfen«, sagte Stanley zu jener Zeit. »Vielleicht wird das langfristig gesünder für die Ökosphäre sein. Aber es wird lange Zeit furchtbar schmerzhaft sein.«

Dennoch wollte das Unternehmen an einem zweigleisigen Ansatz festhalten und sowohl ökologisch verträglichere Produkte anbieten als auch nach Wegen suchen, um weniger neue Dinge zu verkaufen. Schließlich hatte die Krise das Potenzial, das Wachstum des kleinen globalen Dekonsummarkts anzukurbeln, da die Leute herausfanden, wie viele Dinge sie nicht zum Leben brauchen und wie viele sie nicht einmal vermissen.

In normalen Zeiten kurbeln höhere Konsumausgaben die Aktivität der Werbebranche an, die wiederum die Konsumausgaben antreibt – beide regen in einer Rückkoppelungsschleife unablässig gegenseitig ihr Wachstum an. Die Aufforderung zum Konsum durch einen Aufruf zu kreativem Ausdruck, bürgerlichem Einsatz oder Freiwilligenarbeit zu ersetzen, lohnt sich nicht auf dieselbe Art. Wenn die Leute aufhören einzukaufen, verlangsamt sich die Produktion von Werbung ebenso wie die Produktion anderer Konsumgüter. Die Übersättigung und Ablenkung, die das Marketing fast überall in unserer geistigen und körperlichen Umwelt verursacht hat, weicht einer unbekannten Abwesenheit. »Und die ist besser«, sagt Stanley lachend.

Leonora Oppenheim, eine in London ansässige Künstlerin und Designerin, hat zwanzig Jahre lang in einer Umgebung gelebt, in der die Werbung unterdrückt war, in jener Art von Umgebung, die wir in einer weniger konsumfixierten Welt vorfinden würden. Sie glaubt, das habe sie zu einer anderen Person gemacht.

Oppenheim wuchs umgeben von Werbung auf. Ihr Vater arbeitete im Marketing, vor allem für Zigaretten- und Tabakmarken. Ihren ersten Job fand sie im Alter von 15 Jahren in einer Werbeagentur. Ihren zweiten Job hatte sie bei Wolff Olins, einer globalen Markenagentur, die seit einem halben Jahrhundert im Geschäft ist und mit Unternehmen wie General Electric, Google, Microsoft und Alibaba arbeitet. Schon in ihrer Kindheit und Jugend, in einer Zeit, in der die meisten von uns die Werbung einfach verinnerlichen, bis wir schließlich die Marken der Welt besser kennen als deren Geografie, lernte Oppenheim, wie Werbung gemacht wird und dass ihr Zweck darin besteht, unser Verhalten auf eine bestimmte Art zu beeinflussen.

Ihr Verständnis der Funktionsweise der Werbung löste während Oppenheims Designstudium an der Universität London eine persönliche Krise aus. »Ich steuerte auf die sehr anspruchsvolle, luxuriöse Welt des experimentellen Designs zu – Innenarchitektur, Möbel und all diese Dinge.« Wir sitzen in einem Café im Keller einer ehemaligen Schule in London, in der heute Künstlerstudios untergebracht sind. »Das Problem der Umweltauswirkungen brachte mich von diesem Kurs ab.«

Sie entwickelte eine ablehnende Haltung gegenüber den Mechanismen, die uns dazu bewegen, Güter und Dienstleistungen zu kaufen, die den Klimawandel, die Entwaldung, die Verseuchung der Ozeane mit Plastikmüll und viele andere zerstörerische Entwicklungen antreiben. »Es ist wie die Umweltverschmutzung, es fühlt sich an wie eine visuelle mentale Verschmutzung«, sagt sie. »Nehmen wir an, wir gehen auf die Website von The Gap und suchen nach einer Hose. Nicht nur, dass The Gap in der nächsten Woche unsere Bewegungen im Netz verfolgen wird. Diese Hose, von der wir glaubten, sie gefalle uns – und die wir dann doch nicht wollten –, stellt uns nach. Wir werden buchstäblich von Produkten, deren Kauf wir vermeiden wollen, durch das Internet gejagt. Die Unternehmen versuchen, uns zu zermürben und dazu zu bringen, diese Dinge doch zu kaufen.«

Zu Beginn des Jahrtausends begann Oppenheim, Werbung aktiv zu meiden. Anfangs hielt sie sich an das werbefreie Fernseh- und Radioprogramm der öffentlichen Rundfunkanstalt BBC. Als das Zeitalter des Internets wirklich anbrach, zählte sie zu den ersten Benutzern von Apps, die Werbung blockieren. Später, als werbefreie Zeitschriften und Streaming-Plattformen verfügbar wurden, abonnierte sie diese. »Die meisten Werbeanzeigen, die ich heute sehe, werden mir bei Fahrten in den öffentlichen Verkehrsmitteln präsentiert. Plakatwände, Busse, Poster in der U-Bahn.« Sie versucht, nicht hinzusehen.

Ein offenkundiges Resultat von Oppenheims Bemühen, der Werbung aus dem Weg zu gehen, besteht darin, dass sie für eine wachsende Liste von Dingen bezahlt, für die die meisten von uns nicht bezahlen. Kritiker der Werbung konzentrieren sich darauf, wie unverschämt sie uns drängt, dieses oder jenes zu kaufen; sie regen sich darüber auf, dass dieselbe Werbung weltweit einen Großteil der Medien und ihre Urheber finanziert, von Podcasts und Musikstreaming bis zu den sozialen Medien und Nachrichtenmedien. Die Coronapandemie legte die Schwächen dieses Modells offen: Während sich die Leute auf der Suche nach Ablenkung und Information den Medien zuwandten, ging die Werbung, die diese Medien finanziert, in den freien Fall über. Insbesondere kleine lokale Medien standen just in dem Moment, als sie Rekordzahlen von Lesern, Zuhörern oder Zuschauern anlockten, vor dem finanziellen Ruin. Oppenheims selbst gemachte

Welt gibt Aufschluss über die wahrscheinlichen Ergebnisse: Wir, die Konsumenten, müssten sehr viel mehr für Information, Unterhaltung und soziale Vernetzung bezahlen, sei es direkt oder mit Steuern und durch gemeinnützige Einrichtungen. Das bedeutet, dass es mit einiger Sicherheit weniger Information geben würde.

Manche Produzenten haben sich bereits von der Werbung verabschiedet: Beispielsweise gibt der französisch-brasilianische Schuhhersteller Veja überhaupt kein Geld mehr für Werbung oder prominente Markenbotschafter aus – was nach Angabe der Firma oft 70 Prozent der Kosten von Turnschuhen ausmacht –, um seinen Arbeitern bessere Löhne bieten und höhere Preise für organisches und nachhaltig produziertes Material bezahlen zu können. Veja-Schuhe gehören zu den mit sehr sichtbaren Markenzeichen versehenen Produkten, die Oppenheim trägt, weil sie öffentlich für die Werte des Unternehmens werben will.

Sie lacht über ihr Verhalten. »Was für eine aussichtslose Anstrengung.« Sie fragt sich, ob das Ei oder das Huhn zuerst da war: Begann sie, der Werbung aus dem Weg zu gehen, weil sie ein weniger konsumfixiertes Leben führen wollte – oder weil sie sich ein solches Leben nicht leisten konnte und daher vermeiden musste, sich Dinge zu wünschen, die sie nicht haben konnte. Es spielt keine Rolle mehr: Mittlerweile hat sie es sich in ihrer Identität als Dekonsumentin, als Antikonsumentin bequem gemacht.

»Mein übergeordnetes Ziel ist es, selbst zu steuern, welche Art von Information mein Gehirn erreicht«, sagt Oppenheim. »Ich will in der Lage sein, sie zu prüfen, und das Gefühl haben, dass ich eine gewisse Kontrolle habe – so naiv das auch sein mag.«

Die Konsumforschung zeigt ein ums andere Mal, dass der

ständige Kontakt mit Werbung – wir können im Lauf eines Tages leicht auf Tausende Werbebotschaften stoßen, die uns mehrheitlich verkünden, dass Geld, Besitz und das richtige Image der Weg zu Glück, Erfolg und Selbstwertgefühl sind – in Wahrheit dazu führt, dass sich unser Selbstbild verschlechtert. Insbesondere in den Städten (wo mittlerweile die meisten Menschen leben) haben wir, umgeben von Scharen anderer Konsumenten und einem Meer von Werbung, ständig Grund für Zweifel an unserem sozialen Status. Um es mit den Worten des britischen Ökonomen Tim Jackson zu sagen: Wir werden dazu gebracht, Geld, das wir nicht haben, für Dinge auszugeben, die wir nicht brauchen, um auf Menschen, an denen uns nichts liegt, einen Eindruck zu machen, der nicht von Dauer ist.

Eine Person, die aufhört, Kaffee zu trinken, wird, wenn sie nach einer Weile der Abstinenz wieder eine Tasse trinkt, deutlich spüren, dass Koffein tatsächlich eine starke Droge ist. Ähnlich ergeht es Oppenheim, wenn sie mit Werbung konfrontiert wird: Sie spürt deutlich, wie die Werbung ihre Unsicherheit anspricht. In einer Welt mit weniger Werbung würden die Menschen ihrer Meinung nach ein größeres mentales Wohlbefinden genießen, unter geringerem Leistungsdruck leiden (»was immer das für den Einzelnen in seiner Peergroup bedeutet«) und wahrscheinlich weniger Depressionen haben, da sie weniger Hinweise auf eine mangelhafte Erscheinung und einen geringeren Selbstwert erhielten.

Zumindest würden wir die ständige Gegenwart von Werbung nicht vermissen. Vor der Pandemie hatte es Oppenheim als verwunderlich empfunden, dass mehr und mehr Leute, mit denen sie sprach, unter dem belastenden Gefühl litten, dass sich die Zeit beschleunigte oder dass sie sogar wie in dem Filmklassiker *Und ewig grüßt das Murmeltier* ein ums andere Mal denselben Tag durchlebten. Viele dieser Menschen empfanden die unheimliche Stille in der Pandemie als desorientierend und sogar beängstigend. Oppenheim war damit vertraut. Indem sie ihre mentale Umgebung kontrollierte, hatte sie schon vor langer Zeit das Gefühl entwickelt, dass sich die Zeit verlangsamte und dass sie in eine Sphäre der Ruhe eintauchte, die nicht kleiner, sondern größer wurde.

»Ich will ruhiger und ruhiger werden«, sagt sie. »Ich will mir selbst mehr und mehr zuhören.«

Oppenheim hat zwei Jahrzehnte in einem sonderbaren Exil verbracht und sich in eine Fremde in der Welt verwandelt, in der die meisten Leute um sie herum leben. Sie lehnt nicht nur die Werbung ab, sondern hat sich letzten Endes von etwas sehr viel Größerem abgewandt: vom Materialismus.

9

Wir gewöhnen uns schneller, als wir glauben, daran, nicht einzukaufen

Um herauszufinden, wie es sich *anfühlt,* mit dem Einkaufen aufzuhören, können wir uns zunächst ein Ergebnis von drei Jahrzehnten Forschung ansehen: Materialistische Werte sind nicht gut für unsere geistige Gesundheit.

»Der Materialismus ist gut für die Dinge, für die er gut ist«, sagt Tim Kasser, ein amerikanischer Psychologe, der sich seit dreißig Jahren mit der Materie beschäftigt. »Wenn uns Status, Besitz und Wirtschaftswachstum am Herzen liegen, ist der Materialismus wunderbar. Wenn uns das persönliche und gesellschaftliche Wohlbefinden und die Gesundheit der Umwelt am Herzen liegen, ist der Materialismus nicht so toll.«

Der Materialismus wurde aus vielen Blickwinkeln untersucht, aber das Ergebnis ist immer dasselbe. Seine negativen Auswirkungen wurden bei Kindern, alten Menschen und allen Personen in den Altersgruppen dazwischen beobachtet. Er schadet Menschen aus verschiedenen Einkommensgruppen mit unterschiedlichem Bildungsniveau unabhängig von Geschlecht, Ethnie und kulturellem Hintergrund. Er schadet sogar den Angehörigen von Gruppen, in denen fast jeder-

mann ausgesprochen materialistisch ist, seien es Rechtsanwälte, Wirtschaftsstudenten oder Unternehmer. Tatsächlich
sind seine Wirkungen umso schlimmer, je materialistischer
ein Mensch ist: Die schädlichen Effekte sind am stärksten
bei denen, für die Geld und Besitz als Zeichen des Erfolgs
besonders großen Wert haben, die glauben, viel Geld und
Besitz seien eine notwendige Voraussetzung für Glück, und
die Geld und Besitz Vorrang vor den zwischenmenschlichen
Beziehungen geben. Das Maß des Materialismus einer Person verrät auch viel darüber, wie selbstsüchtig, narzisstisch,
wenig großzügig und manipulativ sie ist. Materialisten
haben oft eine utilitaristische Einstellung zu anderen Menschen (sie sind »Benutzer«), sie haben eher kürzere und ober-
flächlichere persönliche Beziehungen und sind eher einsam.
Da der Materialismus die Empathie unterdrückt, verringert
er die Wahrscheinlichkeit, dass jemand freiwillig anderen
helfen oder sich um die Umwelt sorgen wird.

Kurzum: Der Materialismus verschafft uns keine dauerhafte Geborgenheit, keine bleibende Zufriedenheit und kein
Glück, weil das nicht seine Funktion in der menschlichen
Psyche ist. Seine Funktion besteht darin, Angst zu schüren,
Unsicherheit zu wecken und uns aus dem Bett zu treiben,
damit wir uns in der Welt behaupten. »Das Wohlbefinden
fördert er nicht«, erklärt Kasser.

Es ist eine Sache, dass die Forschung gezeigt hat, dass uns
der Materialismus unglücklich macht. Eine andere Sache ist
es zu erklären, wie genau er das tut. Die Tatsache, dass seine
Funktionsweise darin besteht, uns an unserem Wohlstand
und Status zweifeln zu lassen, ist nur ein Teil des Problems.
Bedeutsamer ist, dass ein Leben nur eine begrenzte Zahl von
Stunden dauert.

Die Psychologen ordnen die Werte, an denen wir uns orientieren, zwei Kategorien zu. *Extrinsische Werte* verschaffen uns in erster Linie Befriedigung, wenn sie von anderen anerkannt werden. »Modisch zu sein« ist ein Beispiel für einen extrinsischen Wert: Mag sein, dass wir persönliche Befriedigung daraus beziehen, uns geschmackvoll zu kleiden, aber modisch zu sein erfordert letzten Endes zustimmende Blicke, Komplimente und Emojis mit Herzaugen von Leuten, deren Meinung uns wichtig ist. Extrinsische Werte machen den demonstrativen Konsum demonstrativ und sind das Fundament der Werbung und der Shoppingkultur. Wenn wir uns manchmal über die sozialen Medien mit ihrer Währung von Likes, Teilen, Retweets und Abstimmungen ärgern, so ist dies eine Abwehrreaktion gegen den krassen Materialismus dieser Systeme.

Intrinsische Werte verschaffen uns direkte innere Befriedigung, ohne dass wir äußere Bestätigung brauchen würden. »Enge und treue Freunde zu haben« ist ein intrinsischer Wert. Vielleicht beneiden uns andere für die Qualität unserer Freundschaften, aber wir brauchen diese Anerkennung nicht, um die Freundschaften als befriedigend zu empfinden. Sie *sind* es einfach. Auch intrinsische Werte kommen oft im Marketing zum Einsatz. (Liebst du deine angehende Verlobte genug, um ihr diesen Diamantring zu schenken? Liebst du deine Kinder genug, um ein Auto mit diesen Sicherheitsmerkmalen zu kaufen? Hast du genug Selbstachtung, um eine teure Uhr zu tragen?) Aber diese Art von Werbung ist zynisch: Keines dieser Dinge ist wichtig für wirkliche Liebe oder Selbstachtung.

»Sowohl intrinsische als auch extrinsische Motive und Impulse sind grundlegend dafür, was es bedeutet, menschlich zu sein«, führt Kasser aus. »Wir sind widersprüchliche Wesen. Die wirklich interessante Frage ist, wann wir was sind. Welche Umstände in seinem Leben bewegen einen Menschen dazu, häufiger das eine oder das andere zu sein?«

Selbst in besonders materialistischen Gesellschaften, erklärt Kasser, misst die Mehrheit der Menschen immer noch den intrinsischen Werten – Gesundheit, Familie, Freunde, das Bemühen, eine kompetente und offenherzige Person zu sein – die größte Bedeutung zu. Allerdings unterdrückt der Materialismus diese Werte. Wenn wir uns an extrinsischen Werten orientieren, wenden wir Zeit und Energie auf, die wir besser nutzen könnten, um unsere psychischen Bedürfnisse zu erfüllen: Wir könnten eine authentische Identität entwickeln, die nur uns selbst gehört, wir könnten kompetent in dem werden, was wir tun, wir könnten stabile Beziehungen zu den Menschen pflegen, die uns am Herzen liegen. Aber wir sind so damit beschäftigt, der Welt zu zeigen, dass wir erfolgreich sind (oder zumindest nicht scheitern), dass wir kein wirklich erfolgreiches Leben führen können.

Der Materialismus weist jedoch Merkmale auf, denen diese Theorien nicht gerecht werden. Da ist vor allem die Frage, warum wir so viel einkaufen, wenn uns das Einkaufen nicht nur nicht glücklich macht, sondern uns auch nicht glücklich machen *kann*. Warum sollten so viele von uns etwas tun, das offenkundig nicht in unserem Interesse ist?

Der Ausgangspunkt für eine Erklärung dieses Paradoxes ist die Tatsache, dass der Materialismus komplexer wird, wenn man ihn sich genauer ansieht. Es stimmt: Der Materialismus ist im Allgemeinen schlecht für jedermann, und zwar überall. Aber er ist nicht *so* schlecht. Die negative Wirkung ist so gering, dass sie sogar bei uns selbst schwer erkennbar sein kann. Die negative Wirkung des Materialismus ist ein gesellschaftliches Muster, kein Naturgesetz, das garantiert, dass uns der Kauf neuer Spielereien zwangsläufig immer unglücklich machen wird. Es gibt glückliche Materialisten und unglückliche Nichtmaterialisten – obwohl das Ausreißer vom Häufungspunkt der Daten sind. Mit anderen Worten, weniger ist mehr, aber nicht immer sehr viel mehr. Und für einige von uns ist mehr tatsächlich mehr und weniger weniger. Nur gehören wir wahrscheinlich nicht zu diesen Personen, selbst wenn wir das denken.

Der Materialismus ist nur einer von vielen Faktoren, die sich auf unser Wohlbefinden auswirken. Beispielsweise zeigt die Glücksforschung immer wieder, dass wohlhabendere Menschen über ein größeres Wohlbefinden berichten. Ein höheres Einkommen ermöglicht nicht nur den Kauf von mehr Gütern und Dienstleistungen, sondern kann einem auch Status, Sicherheit, Chancen und die Kontrolle über sein Leben geben. Doch sobald unsere grundlegenden Bedürfnisse erfüllt sind, sinkt das Ausmaß des Wohlbefindens, das durch zusätzliches Einkommen erzeugt werden kann, gegen null. Nach Einschätzung des Ökonomen John Maynard Keynes ist dies der Moment, in dem eine Gesellschaft ihr »ökonomisches Problem« löst: Sie hat die Bedürfnisse erfüllt, »die insofern absolut sind, als wir sie unabhängig von der Situation unserer Mitmenschen haben«, und beginnt, jene Bedürfnisse zu befriedigen, »die insofern relativ sind, als wir sie nur empfinden, wenn uns ihre Befriedigung über unsere Mitmenschen erhebt und uns das Gefühl der Überlegenheit gibt«. (Keynes erkannte bereits im Jahr 1930, dass die »Bedürfnisse der zweiten Art« unerfüllbar sein können, weil der Maßstab für die Überlegenheit ewig erhöht werden kann, und dass die absoluten Bedürfnisse nicht auf Nahrung, Kleidung und Unterkunft beschränkt sind, sondern auch Erfordernisse wie ein gewisses Maß an Bequemlichkeit und Genüssen beinhalten können.) Die Herausforderung für die menschliche

Gesellschaft sah Keynes darin, zu erkennen, wann das »ökonomische Problem« gelöst sei – mit Blick auf die langfristigen wirtschaftlichen und demografischen Trends sagte er voraus, in vielen Ländern werde es etwa 2030 so weit sein. Die Menschheit könne dann das »Geldmotiv« aufgeben, das er als »widerwärtige Morbidität« ablehnte.

Ein grundlegendes Merkmal der Konsumkultur ist, dass sie die Bestimmung des Punkts erschwert, an dem der Wohlstand das Wohlbefinden nicht weiter erhöhen kann, sondern es zu beeinträchtigen beginnt. Beispielsweise sind in den letzten Jahrzehnten Millionen Menschen in China in den Genuss steigender Einkommen gekommen und haben sich und ihre Familien aus der Armut befreit. Doch mittlerweile trägt der wachsende Wohlstand aufgrund des unablässigen Statuswettbewerbs, der extremen Ungleichheit und einer wachsenden Kluft zwischen älteren Materialisten und jungen Menschen, denen die Konsequenzen der Habsucht missfallen, immer weniger zum Glück des Landes bei. Einer der auffälligsten Aspekte der chinesischen Konsumkultur ist die Stärke ihres »grünen Materialismus«. Das Land zählt zu den nachdrücklichsten Verfechtern einer »ökologischen Zivilisation«, in der ein stetig wachsendes Konsumniveau durch Planung und Technologie umweltfreundlich gemacht werden soll, was in einem Land mit fast 1,5 Milliarden Einwohnern eine gewaltige Herausforderung ist.

So wenig die Konsumkultur in der Lage ist, für bleibende Zufriedenheit zu sorgen, ist sie doch sehr gut in der Lage, Neuerungen und Erfahrungen anzubieten, die eine Weile amüsant sind. Die neuesten Ohrhörer zu kaufen kann vergnüglich sein: Ihr schickes Design signalisiert anderen, dass wir mit der technologischen Entwicklung Schritt halten – oder einfach, dass sie *uns gehören*. Selbst wenn wir eingestehen – was die meisten von uns zumindest manchmal tun –, dass die kleine Freude am Besitz von etwas Neuem fast nie von Dauer ist, macht es uns die Konsumkultur sehr leicht, uns weitere kleine Freuden zu gönnen. Reihen wir eine ausreichende Zahl von ihnen aneinander, so erhalten wir ein durchaus überzeugendes Simulakrum dauerhafter Zufriedenheit. Es ist eine weitere Ironie des Konsumismus, dass er wie eine Befreiung wirkt, obwohl er wie eine geistige Falle funktioniert. Der Konsum ist »eine kulturell abgesegnete Bewältigungsstrategie«, wie es eine Forschergruppe ausdrückte, eine Strategie, die unter anderem dazu dient, den Druck des Konsumkapitalismus zu bewältigen.

Womit wir erneut beim klarsten Grund für unseren Materialismus sind: Starke Kräfte und Strukturen, die sich weitgehend unserer Kontrolle entziehen, drängen uns dazu, materialistisch zu sein. Wie wir zu Beginn der Pandemie so deutlich sahen, hängen unser Lebensunterhalt so wie der aller anderen und möglicherweise sogar die Stabilität der Fundamente der Zivilisation anscheinend von unserer unablässigen Beteiligung am Zyklus von Geldverdienen und Geldausgeben ab. Die globale Konsumökonomie ist seit 1960 um mehr als 600 Prozent gewachsen – sie ist eine Maschine, die unvorstellbar groß, aber auch zerbrechlich und ständig von einem Zusammenbruch bedroht ist. Und so sind wir nicht nur einer 600 Milliarden Dollar schweren Werbebranche ausgesetzt, sondern bewegen uns auch in immer komplexere physische und digitale Landschaften, die uns zu materialistischem Verhalten ermutigen. Der Konsumismus wird uns in die Wiege gelegt, mit leicht anzunehmenden Identitäten und gut etablierten Erfolgsindikatoren, und dennoch ist es nicht fair, von einem Weg zu sprechen, den wir alle einschlagen. Vielmehr sind es viele Wege, die uns in unterschiedlichste

Richtungen führen, uns dabei jedoch allesamt zu einem höheren Konsum lenken. Wenn wir unsere Kauflust bremsen, können die Leute in der wirtschaftlichen Schaltzentrale rasch mit Preissenkungen, billigeren Krediten, niedrigeren Steuern oder sogar unverfrorenen Geldgeschenken (»finanziellen Stimuli«) reagieren.

All diese Einflüsse erschweren es langfristig, statt extrinsischen, materialistischen Werten intrinsische anzustreben. Kasser veranschaulicht das anhand der Metapher der Radwege: »Vielleicht würde ich gerne jeden Tag mit dem Fahrrad zur Arbeit fahren, aber wenn es keine Radspuren, sondern nur vierspurige Stadtautobahnen gibt, auf denen die Leute 90 Stundenkilometer fahren, dann macht es mir die Gesellschaft nicht leicht, das zu tun, auch wenn ich ein Fahrrad besitze und damit fahren kann. Tatsächlich versucht sie aktiv, mich davon abzubringen. Und es gibt Tausende Arten, wie intrinsische Werte von der Konsumkultur nicht begünstigt werden, während materialistische sehr wohl gefördert werden. Ich bin zu der Überzeugung gelangt, dass es Menschen gibt, die intrinsische Werte anstreben wollen, dabei jedoch auf Hindernisse stoßen.«

Wird sich unser Wertsystem an dem Tag, an dem die Welt aufhört einzukaufen, verschieben? In einem Gespräch am 30. Januar 2020 sagte mir Kasser, dass er das tatsächlich glaube: Sobald wir dem Materialismus und der Konsumkultur den Rücken kehrten, würden die intrinsischen Werte an Relevanz als alternatives Wertsystem für eine andere Lebensart gewinnen.

Wie schnell ginge das?

»Ich weiß es nicht«, antwortete Kasser.

Am selben Tag rief die Weltgesundheitsorganisation einen globalen Gesundheitsnotstand wegen der Ausbreitung eines neuartigen Coronavirus aus. Sechs Wochen später hatte sich die Reaktion der Welt auf die Pandemie zu einem globalen Experiment entwickelt, in dem ebenjene Frage untersucht wurde, die Kasser nicht zu beantworten vermochte. Wie sich herausstellte, lautete die Antwort, dass die Veränderung so schnell stattfinden konnte, wie sich fast niemand hatte vorstellen können.

Der Konsumismus, der einen Höhepunkt erreicht hatte, erlebte zu Beginn der Pandemie eine letzte Blüte. Die Menschen horteten Artikel des täglichen Bedarfs wie Lebensmittel und Toilettenpapier und kauften wie wild Dinge, mit denen sie sich in der Quarantäne die Zeit zu vertreiben hofften: Koch- und Gartenzubehör, Puzzles und Brettspiele, Trampoline, Webcams, Fitnessgeräte. Die Reichen bauten sich Swimmingpools im Garten.

Diese Reaktion entsprach den Erkenntnissen der Materialismusforschung, wie mir Kasser erklärte, als wir fünf Monate nach Beginn der Pandemie ein weiteres Gespräch führten. Das Gefühl der Unsicherheit und der Bedrohung ist ein wichtiger Anreiz für Shopping und Konsumismus. In einer der wenigen Studien zu der Frage, wie sich das in einer umfassenden Krise auswirkt, wurden während der schweren Wirtschaftskrise, die Island im Jahr 2009 nahe an den Staatsbankrott brachte, mehrere Hundert Personen über einen Zeitraum von sechs Monaten hinweg beobachtet. Ein Teil von ihnen reagierte mit der Hinwendung zu intrinsischen Werten auf die Katastrophe. »Früher wollten wir Unternehmer sein. Jetzt wollen wir gute Menschen sein«, sagte ein Studienteilnehmer. Aber die meisten schlugen den anderen Weg ein und wurden materialistischer, obwohl das spürbare schädliche Auswirkungen auf ihr Wohlbefinden hatte. Dies war ein Beispiel dafür, dass der Materialismus die Funktion erfüllt, für die er bestimmt ist: Er soll uns antreiben, damit wir unser Überleben sichern, wenn die Erfüllung von Grundbedürfnissen bedroht ist. Natürlich ist die Unsicherheit ein zentrales Funktionsprinzip des Konsumkapitalismus, das in alles Mögliche eingebaut ist: von der Werbung, die uns daran zweifeln lässt, ob wir mit der Entwicklung Schritt halten können, über Belastungen des Kredit- und Schuldensystems bis zur Besessenheit der Unternehmen vom »Aufbrechen« vertrauter Systeme, in denen wir uns geborgen fühlen.

Sonderbarerweise würde ein Ende des Einkaufens also jene Art von Herausforderungen erzeugen, die ein Gefühl der wirtschaftlichen Unsicherheit wecken, was dazu führen kann, dass wir erneut beginnen einzukaufen. (Wie Sie mittlerweile zweifellos bemerkt haben, ist unsere Art zu konsumieren in vielerlei Hinsicht sonderbar, paradox und widersprüchlich.) Aber für die Zwecke unseres Gedankenexperiments wollen wir annehmen, dass das nicht geschieht. Das Ende des Konsums ist nicht wie eine normale Wirtschaftskrise. Vielmehr hat es Ähnlichkeit mit unserem Rückzug in unsere Häuser auf dem Höhepunkt der Pandemie, als wir uns gegen viele der alltäglichen Aufforderungen zum Konsum abschotteten.

Als das einmal geschehen war, vollzogen Millionen Menschen in aller Welt eine abrupte Kehrtwende und wandten sich genau den Bestrebungen zu, die unser Wohlbefinden erhöhen: der Pflege sozialer Kontakte, der Vertiefung unserer Beziehungen, dem Kontakt mit der Natur, der persönlichen Entwicklung, der Spiritualität und Besinnung und einfach der aktiven Ablehnung des Materialismus. Die Leute taten es, obwohl sie sich nicht freiwillig zum Konsumverzicht entschlossen hatten, sondern dazu gezwungen worden waren.

Anscheinend hat die menschliche Spezies einen Instinkt zur Selbstfürsorge.

Als ich auf dem Höhepunkt der globalen Lockdowns in meinem eigenen Netz von Kontakten nachfragte, stellte ich fest, dass die geschilderten Erfahrungen denen entsprachen, die überall beobachtet wurden. Natürlich waren einige mit leidvollen Erfahrungen wie Tod, Krankheit, Angst, Arbeitslosigkeit oder dem Zusammenbruch eines Geschäfts konfrontiert. Aber viele – darunter sogar etliche von denen, die sich in einer Notlage befanden – gingen rasch zu einer tiefschürfenden Auseinandersetzung mit dem Leben über.

Ein Familienvater, der in einer Stadt mit zwei Millionen Einwohnern lebte, konnte endlich Zeit mit seinen kleinen Töchtern verbringen. »Man hört mehr Gelächter im Haus als je zuvor«, berichtete er. Eine Frau, die in Südengland auf dem Land lebte und deren Familie sich in der Vergangenheit isoliert gefühlt hatte, beschrieb eine »surreale Utopie«, in der sie Kartoffeln gegen Honig und Eier tauschte, selbst gemachte Geschenke von ihren Nachbarn erhielt und gemeinsam mit einem anderen Dorfbewohner – dessen politische Vorstellungen mit ihren eigenen unvereinbar waren – eine Telefonzelle in ein Tauschzentrum für Lebensmittel verwandelte. Eine Professorin der New York University, die erklärte, während ihres gesamten Erwachsenenlebens fast all ihre Mahlzeiten und sogar ihren Kaffee außer Haus zu sich genommen zu haben, empfand es als befriedigend, sich selbst zu versorgen. »Es ist gar nicht so schwer, Kaffee zu kochen«, erklärte sie.

»Ich ersetze meinen Konsumismus durch soziale Kontakte und Essen«, schrieb der Leiter eines Einkaufszentrums in einer mittelgroßen Stadt. Tatsächlich beschrieben fast alle Leute mit Verwunderung, dass sie im Zustand der Isolation geselliger geworden waren als je zuvor und sich für das Wohlergehen von Angehörigen, Freunden und oft vollkommen Fremden interessierten oder per Videoanruf lange vernachlässigte Beziehungen pflegten. Selbstreflexion und persönliches Wachstum traten in den Vordergrund. Die Sensibilisierung für die Natur war eine beinahe universelle Erfahrung: der sonderbare Eindruck, dass es mehr Vögel gab als sonst – was zumindest teilweise daran lag, dass wir plötzlich Zeit hatten, auf ihren Gesang zu lauschen –, war ein globales Phänomen, und dasselbe galt für die »Epidemie der Freundlichkeit«.

Ebenso interessant war die Ablehnung des offenen Materialismus. Ein denkwürdiges frühes Beispiel war die öffentliche Empörung, die den Film- und Musikmagnaten David Geffen von Instagram vertrieb, nachdem der Milliardär Bilder der Riesenjacht gepostet hatte, auf der er die Quarantäne in der Karibik verbrachte – das war genau die Art von fotografischer Protzerei, die jahrelang das tägliche Brot der sozialen Medien gewesen war. Insbesondere Frauen äußerten sich erleichtert über die Befreiung von den auf der äußeren Erscheinung beruhenden Erwartungen der Konsumgesellschaft und der wachsenden Liste von Produkten, die gekauft werden müssen, um diese Erwartungen zu erfüllen: Stöckelschuhe, »figurbetonte Kleidung«, Push-up-BHs, Tangaslips, künstliche Wimpern, aufgeklebte Fingernägel, Haarfärbemittel. Eine übersehene, aber anscheinend große Teilgruppe der Frauen – jene, die nicht gerne einkaufen gehen – meldete sich zu Wort. Die *New York Times* interviewte einen Manager aus der Unterhaltungsindustrie, der zu einem bestimmten Zeitpunkt 210 Hemden besessen hatte und in der Pandemie an 70 Tagen in Folge in den Videokonferenzen immer dasselbe trug. (Er sagte, es sei niemandem aufgefallen.) Ein Freund schrieb mir aus Toronto, das Erfreulichste an der

Krise sei, dass das Gefühl verschwunden sei, er müsse mit den Nachbarn mithalten.

Die Autoren zahlreicher Studien prognostizieren, dass eine radikale Abkehr von der Konsumkultur unserem Wohlbefinden zugutekäme, aber nur sehr wenige sagen etwas darüber, wie schnell das passieren könnte. In einer der präzisesten Studien, die vor fast zehn Jahren von Psychologen an der McGill University in Montreal durchgeführt wurde, hielten sie eine Gruppe Studenten dazu an, sich mit verschiedenen intrinsischen Werten zu beschäftigen, darunter »Zeit für die persönliche Entwicklung aufwenden«, »der Gemeinschaft durch Freiwilligenarbeit dienen« und Ähnliches. Anschließend wurde untersucht, ob sich das Gefühl des Wohlbefindens bei den Studienteilnehmern geändert hatte. Verglichen mit den Mitgliedern einer anderen Gruppe, die aufgefordert worden waren, über tägliche Routinetätigkeiten nachzudenken, fühlten sich jene, die sich mit intrinsischen Werten beschäftigt hatten, *augenblicklich* besser im Leben. Dieses Ergebnis schien unglaublich, doch die Erfahrung der Pandemie hat bestätigt, dass derartige Veränderungen bemerkenswert schnell stattfinden können. Es ist durchaus möglich, dass wir uns an dem Tag, an dem die Welt aufhört einzukaufen, im Leben wohler fühlen werden, bevor das Frühstück auf dem Tisch steht.

»Ein Vorteil der intrinsischen Werte gegenüber den extrinsischen ist, dass sie sich gut anfühlen – oder zumindest fühlen sie sich besser an«, sagt Kasser. »In meinen Augen zeigt der Aufschwung der intrinsischen Werte, dass die Last, die den Menschen normalerweise aufgebürdet wird und sie dazu bewegt, sich extrinsisch zu verhalten, bis zu einem gewissen Grad von ihren Schultern genommen wurde. Die intrinsischen Werte können leichter zum Vorschein kommen.«

Es gab eine Zeit, da trugen spirituelle Menschen mit einem borstigen Fell gefütterte Büßerhemden, die eine kratzende Erinnerung daran waren, dass materielle Annehmlichkeiten nicht das Wichtigste im Leben sind. Heute werden Angriffe auf den Materialismus oft mit dem Argument zurückgewiesen, die Kritiker verlangten von uns, »ins Büßerhemd zu schlüpfen«, das heißt die Freuden des Konsums gegen die Unannehmlichkeit der Selbstverleugnung zu tauschen. In Wahrheit trifft das Gegenteil zu. In der Pandemie schlüpften wir nicht ins Büßerhemd. Wir legten es endlich ab.

Es wurde noch komplizierter.

Als die Pandemie voranschritt, wandelte sich die Erfahrung. Das Brotbacken ist ein einfacher, uralter Akt der Eigenständigkeit, der so inhärent befriedigend ist, dass er zum Symbol des Lebens in der Quarantäne wurde. Doch fast augenblicklich verwandelte er sich auch in einen Ausdruck von Status, Ambition und Erfolg: Die sozialen Medien füllten sich mit Bildern von schönen Brotlaiben, die in schönen Küchen für schöne Familien gebacken worden waren. Die Fitness diente nicht nur der Pflege der Gesundheit, sondern auch eines perfekten Waschbrettbauchs, den man der Welt präsentieren konnte, während die plötzliche Sorge um lange vernachlässigte menschliche Beziehungen, sei es persönlich oder per Videoanruf, mit emotionalen Herausforderungen befrachtet war: Söhne und Töchter wussten nicht, wie sie ihren normalerweise distanzierten Vätern näherkommen sollten, und zwischen alten Freunden kam unterschwelliger Groll zum Vorschein. Viele schworen sich, an dem Guten festzuhalten, das die Krise zutage gefördert hatte: weniger Arbeitsstunden, ein langsamerer Lebensrhythmus, Wertschätzung für die kleinen Freuden des Lebens, mehr Zeit für

Menschen, die ihnen am Herzen lagen, mehr Zeit für sich selbst – kurz gesagt, ein besseres Gleichgewicht zwischen dem extrinsischen und dem intrinsischen Selbst. Doch als die Konsumkultur im Internet zu neuem Leben erwachte und die kommerzielle Aktivität langsam wieder in Gang kam, fielen viele von uns in die vertrauten Muster zurück.

Schon vor der Pandemie hatte mich Kasser gewarnt, der Abschied vom Konsum sei eine Reise, die leicht begonnen, aber nur schwer fortgesetzt werden könne: »Vielleicht nimmt das Wohlbefinden anfangs zu, weil wir uns von der Konsumkultur lösen, aber wir werden feststellen, dass intrinsische Werte nicht ganz so leicht zu verfolgen sind. Wir haben nicht immer die Fähigkeiten, um sie zu entwickeln und erfolgreich umzusetzen.«

Auf dem Weg gibt es zahlreiche Fallen. Zunächst einmal sind viele von uns nicht sehr gut darin, sich in ihrem Verhalten an intrinsischen Werten zu orientieren. In Gesellschaften, die sich auf extrinsische Ziele und Überzeugungen konzentrieren, verstehen sich zum Beispiel viele Menschen darauf, sich zu vermarkten, aber sie sind nicht gut darin, tiefere Beziehungen zu entwickeln. Sie wissen, wie sie auf Amazon Kleidung finden können, die ihrem Image entspricht, aber sie sind nicht in der Lage, ihre Lebensmittel selbst zu erzeugen. Sie können einen mit Aktivitäten vollgepackten Zeitplan bewältigen, aber sie sind außerstande, ruhig dazusitzen und sich mit sich selbst zu beschäftigen, ohne Angst zu bekommen. Der Versuch, von dem, was wir gut können, auf das umzusteigen, was wir nicht können, kann rasch frustrierend werden. Die Folge ist, dass wir dazu neigen, intrinsisch motiviertes Handeln in extrinsisch motiviertes zu verwandeln, obwohl uns möglicherweise nicht bewusst ist, dass wir das tun. »Das vergiftet uns in gewisser Weise«, sagt Kasser.

So wie das Wiederauftauchen der nicht kommerziellen Zeit kann die Spannung zwischen unserem alten extrinsischen und unserem neuen intrinsischen Selbst desorientierend wirken. Es fühlt sich gut an, einen intrinsischeren Ort in uns selbst zu finden, aber wohin sollen wir von dort aus gehen? »Intrinsische Werte sind nur gut für uns, wenn wir auch das Gefühl haben, sie zu verwirklichen«, erklärt Kasser. »Die Erfahrung, die intrinsischen Werte nicht verwirklichen zu können, obwohl sie uns wichtig sind, beeinträchtigt tatsächlich unser persönliches Wohlbefinden.«

Als die ersten Monate der Pandemie vorüber waren, traten die Manifestationen intrinsischer Werte in den Hintergrund, und schließlich setzte sich der Eindruck durch, das große globale Experiment mit einer anderen Lebensführung sei gescheitert. Kasser sieht Gründe für die Einschätzung, dass das nicht vollkommen richtig ist. Schließlich liegt es in der Natur intrinsischer Werte, dass sie innerlich empfunden und in der privaten Sphäre ausgedrückt werden, anstatt ins Rampenlicht gerückt zu werden, damit andere applaudieren. Möglicherweise verlief der Wandel nicht im Sand, sondern vertiefte sich.

Ende Mai 2020, als die erste Corona-Welle um die Welt raste, kniete sich ein Polizist in Minneapolis vor laufenden Handykameras so lange auf den Hals des Schwarzen George Floyd, bis dieser starb. Innerhalb kürzester Zeit erzwang die Bewegung »Black Lives Matter« zuerst in den Vereinigten Staaten und dann weltweit eine Auseinandersetzung mit dem Rassismus. Mit diesem Gang der Ereignisse hatte niemand rechnen können. Der Höhepunkt einer globalen Pandemie war nicht der geeignete Moment für Massenkundgebungen. Auch gab es eigentlich keine Erklärung dafür, dass ausgerechnet dieser Vorfall mehr als einen kurzen Aufschrei der Empörung hätte auslösen sollen: Polizeigewalt gegen Schwarze war leider nichts Neues; schon zuvor hatten Videos über Polizeieinsätze, die für Unschuldige tödlich geendet hatten, Unruhen ausgelöst, und selbst Floyds verzweifelte letzte Worte – »Ich kann nicht atmen« – weckten beklemmende Erinnerungen an frühere Tötungen. Doch Black Lives Matter wurde zur vielleicht größten Protestbewegung in der amerikanischen Geschichte, und in kürzester Zeit kam es zu Veränderungen, die noch wenige Wochen zuvor undenkbar gewirkt hatten: Statuen von Sklavenhändlern wurden gestürzt; der Bundesstaat Mississippi entfernte die aus der Zeit der Sklaverei stammenden Symbole auf seiner Flagge; der Footballclub Washington Redskins willigte ein, seinen rassistischen Namen zu ändern; Großstädte wie Los Angeles und Minneapolis unternahmen Schritte, um die Arbeit der Polizei auf eine vollkommen neue Grundlage zu stellen. Die Unterstützung für die Bewegung wuchs innerhalb von zwei Wochen mehr als in den vorangegangenen zwei Jahren, und zwar in jeder Alters-, Bildungs- und ethnischen Gruppe – und all das in einem Land, in dem die öffentliche Meinung oft unbeweglich wirkt. »Irgendetwas machte die Leute empfänglicher für diese Ideen«, sagt Kasser.

Zwei psychologische Aspekte könnten zu der Entwicklung beigetragen haben. Da war zum einen die Auswirkung der nicht kommerziellen Zeit. Da viele Menschen nicht arbeiteten, zur Schule gingen, pendelten oder konsumierten, fanden Millionen einen ungewohnten Freiraum vor und konnten ihre Aufmerksamkeit auf bedeutsamere Fragen richten. Aber auch die Hinwendung zu intrinsischen Werten könnte eine Rolle gespielt haben. Die Forschung hat gezeigt, dass weniger materialistische Menschen auch weniger ichfixiert sind und eher Empathie für andere empfinden. Sie haben eine geringere Neigung zu rassischen und ethnischen Vorurteilen und ein geringeres Bedürfnis, Leute, die anders sind als sie, sozial zu dominieren.

Mit anderen Worten: Dass der keineswegs ungewöhnliche Fall von rassistischer Polizeigewalt den Anstoß zu mehr Veränderungen als gewöhnlich gab, lag möglicherweise teilweise daran, dass ein größerer Teil der Bevölkerung dieses furchtbare Geschehnis in einer anderen Geisteshaltung als jener betrachtete, in der wir normalerweise die alltägliche Mühle von Geldverdienen und Geldausgeben überstehen. Eine Welt, die aufhört einzukaufen, könnte den Schritt von der persönlichen Wandlung zur gesellschaftlichen Umwälzung tun – und die Veränderung könnte innerhalb von Minuten beginnen.

10

Vielleicht müssen wir die Ruinen sehen, um zu erkennen, dass es an der Zeit ist, etwas Neues aufzubauen

Michael Burawoy hat eine Volkswirtschaft sterben sehen.

Burawoy ist ein drahtiger, durchtrainiert wirkender Mann Anfang siebzig. Wenn er spricht, hört man immer noch Spuren eines britischen Akzents, obwohl er schon seit Jahrzehnten als Professor an der University of California in Berkeley arbeitet. An dem Tag, an dem wir uns treffen, trägt er einen schwarzen Trainingsanzug und passende Laufschuhe und wirkt trotzdem wie ein Intellektueller. Von seiner Wohnung aus hat er einen schönen Blick auf den für die Lichterkette, die nachts seine Umrisse sichtbar macht, berühmten Lake Merritt und die ehemals berüchtigte Innenstadt von Oakland, wo heute überall Wohnhäuser für Millennials aus dem Boden schießen.

Im Frühjahr 1991 arbeitete Burawoy in der abgelegenen Industriestadt Syktywkar in der damaligen Autonomen Sozialistischen Sowjetrepublik der Komi, wo er in einer Möbelfabrik Löcher in Holzplanken bohrte. Es war eine ungewöhnliche Stelle, um es zurückhaltend auszudrücken. Zum einen verstand Burawoy nichts von der Arbeit. »Meine Inkompetenz war unübersehbar«, erzählt er. Zum anderen war der Kalte Krieg zwischen der Sowjetunion und dem Westen noch nicht zu Ende. Einige von Burawoys russischen Kollegen hielten ihn für einen Spion, denn die Wahrheit war zu sonderbar, um sie zu glauben: Er war ein Soziologe, der »teilnehmende Beobachtung« betrieb: Dabei nimmt der Forscher aktiv am Leben derer teil, die er studiert. In diesem Fall ging es darum, die inneren Abläufe in einem Staatsbetrieb zu untersuchen, der Mauersysteme für öffentliche Wohnbauprojekte produzierte. Burawoy hatte keine Ahnung, dass er Zeuge der letzten Tage des sowjetischen Imperiums war.

Bei seiner Ankunft hatte er Russland in den Fängen der »Mangelwirtschaft« vorgefunden, unter der die Sowjetunion im Bemühen litt, mit den Rüstungsausgaben ihrer Rivalen im Westen Schritt zu halten. Die Manager der Möbelfabrik betrieben Tauschhandel, um an Zucker und Alkohol oder Plätze für die Kinder der Mitarbeiter in Ferienlagern heranzukommen.

»Wenn man zu jener Zeit an einem beliebigen Ort in der Sowjetunion außerhalb von Moskau in einen Laden ging, hatte man den Eindruck, dass die Leute hungern mussten«, erinnert sich Burawoy. Gleichzeitig gab es in den Volksküchen Essen im Überfluss. Auf einen Außenstehenden wirkte das sowjetische System katastrophal, aber für jene, die wussten, wie es funktionierte, war das Leben nicht unangenehm. Burawoy erinnert sich an das gute russische Brot mit *smetana,* saurer Sahne. Die staatlichen Wohnsilos waren hässlich und heruntergekommen, aber die meisten Bewohner zahlten keine Miete, und die Russen, die Burawoy kennenlernte, hatten ihre Wohnungen bequem und einladend eingerichtet. Die Möbelfabrik war in einem modernen Gebäude untergebracht und mit fortschrittlicher aus Deutschland importierter

Technologie ausgerüstet; die Löhne und Renten waren gut, und in der Cafeteria wurden billige Speisen angeboten. Die Leute besaßen Toaster, Fernsehgeräte, Autos und Waschmaschinen. »Man konnte sie nicht als wohlhabend bezeichnen, aber sie waren auch nicht arm«, erzählt Burawoy. »Sie hatten ein Zuhause, obwohl es dort manchmal wenig Platz gab. Sie hatten Arbeitsplatzsicherheit, ihre Kinder gingen in ordentliche Schulen. Es gab kaum Obdachlose.«

Im Juli 1991 kehrte Burawoy in die Vereinigten Staaten zurück; einen Monat später stürzte ein Putschversuch die Sowjetunion ins Chaos, und im Dezember löste sich das Riesenreich auf. Die Zentralregierung brach auseinander. Leider war sie auch für die Wirtschaft verantwortlich gewesen.

»Nie zuvor war in Friedenszeiten ein derart rasanter wirtschaftlicher Niedergang beobachtet worden«, sagt Burawoy. Es war, als hätten die Verantwortlichen in einer modernen kapitalistischen Demokratie einen völligen Zusammenbruch der Finanzmärkte und des Bankenwesens zugelassen. Als hätte in einer globalen Konsumökonomie die ganze Welt aufgehört einzukaufen. Innerhalb von fünf Jahren glitt ein Fünftel der Russen in Armut ab, die Sterberate in der Erwerbsbevölkerung stieg beinahe um das Doppelte, und das Bruttoinlandsprodukt Russlands schrumpfte um die Hälfte. Das Land wurde zu einem seltenen Beispiel für einen Rückgang der Haushaltsvermögen, der derart einschneidend war, dass er im Lauf eines Jahrzehnts zu einer Verringerung des materiellen Konsums um ein Viertel führte.

Im folgenden Sommer kehrte Burawoy nach Russland zurück. Zu diesem Zeitpunkt ging der Lebensstil vieler Russen in das über, was er als »primitive Desakkumulation« bezeichnet. Es war das Gegenteil einer Konsumgesellschaft: Anstatt im Lauf der Zeit Besitz anzuhäufen, verkauften die

Einheimischen alles, was sie hatten, oder tauschten es gegen Dinge des täglichen Bedarfs ein. Entlang von Straßen und Märkten standen Leute, die an improvisierten Ständen oder auf Decken ihre Habseligkeiten feilboten. Burawoy erinnert sich an einen russischen Studenten, der sagte: »Das ist kein freier Markt. Das ist ein Flohmarkt.«

Burawoy verfolgte das Leben einiger seiner ehemaligen Kollegen in diesen Jahren. Eine Frau namens Marina führte ein zufriedenes, unbeschwertes Leben, das vielen von uns bekannt vorkommen dürfte: Im Alter von vierzig Jahren hatte sie eine feste Arbeit und war stolz auf die ausgezeichneten Schulnoten ihrer Tochter. Nach dem Zusammenbruch hielt sich die Möbelfabrik noch bis 1998 über Wasser. Zu diesem Zeitpunkt wurden die Löhne oft in Tauschgütern bezahlt. Marina erhielt ihr letztes Gehalt in Form eines Diwans. Ihr Ehemann, der als Tischler für das Innenministerium arbeitete, wusste nie, wie er bezahlt werden würde: vielleicht mit einer Jahreskarte für den Bus oder einem Sack Mehl. Das Schlimmste für Marina war, als er mit Lebensmitteln aus einer humanitären Hilfslieferung bezahlt wurde, die in ihren Augen nur für Hunde geeignet waren. In einer nicht bestätigten Anekdote aus jenen Tagen heißt es, dass Lehrer mit Wodka bezahlt wurden, was sich nicht vorteilhaft auf die Qualität des Unterrichts auswirkte.

Frauen bewältigten den Zusammenbruch zumeist besser als Männer, denn für traditionelle häusliche Tätigkeiten wie Kochen und Nähen gab es weiterhin Nachfrage, und sie arbeiteten häufiger in Systemen wie dem Bildungs- und Gesundheitswesen, die nicht vollkommen zusammenbrachen. Zu Todesfällen aus Verzweiflung – durch Drogenkonsum, Krankheiten, Unfälle und Selbstmord – kam es mehrheitlich bei Männern. Zu den wichtigsten Rettungsankern in der Wirtschaftskrise zählte die Datscha. Eine Datscha kann alles von einem großen Landhaus bis zu einem Gärtchen mit einer kleinen Hütte sein. Vor dem Zusammenbruch der Sowjetunion war die Arbeit auf der Datscha für die Russen ein Zeitvertreib wie die Gärtnerei im Westen gewesen. Im Jahr 1992 hatte etwa ein Viertel der Haushalte eine Datscha. Nur ein Jahr später war dieser Anteil auf die Hälfte gestiegen.

Bei Burawoys letzter Begegnung mit Marina um die Jahrtausendwende bewohnte ihre vierköpfige Familie eines von zwei Zimmern in einer baufälligen Holzhütte; in dem anderen Raum wohnte Marinas Schwester mit ihrer Tochter. Es gab kein fließend Wasser, ihre Notdurft verrichteten die Bewohner in einem Plumpsklo im Garten. »Es ist schwer sich vorzustellen, wie sie zu sechst in dieser winzigen, dunklen und muffigen Hütte leben können«, schrieb Burawoy zu jener Zeit. Marina baute in ihrem Garten Gemüse an, aber ein großer Teil davon wurde gestohlen.

Am Ende kommen die Diebe, um sich deine Kohlköpfe zu holen: So sieht der völlige Zusammenbruch einer Volkswirtschaft aus. In dieser Welt ist eine bezahlte Beschäftigung selten, niemand kann sich viel leisten, und die Menschen sind auf sich gestellt und können lediglich auf die Unterstützung ihrer Familien und ihres sozialen Netzwerks zählen, um auf einem gemessen an modernen Maßstäben rudimentären Niveau zu überleben.

Russland durchlebte eine solche Umwälzung vor nur dreißig Jahren. Westeuropa hat seit dem Zweiten Weltkrieg keine vergleichbare Krise mehr durchgemacht, und die Vereinigten Staaten haben in ihrer Geschichte nie eine derart extreme wirtschaftliche Katastrophe erlebt. Am nächsten kommt dieser Erfahrung in den USA noch die Depression der 1930er-Jahre, als die Produktion um 62 Prozent fiel, mehr als in jedem anderen Land mit Ausnahme von Polen. Jeder vierte Beschäftigte verlor seinen Arbeitsplatz. An die Great Depression erinnern heute nur noch bräunliche Fotos, die beinahe etwas Reizvolles haben: Wanderarbeiter, die auf Züge aufspringen, ehemalige Aktienhändler, die in Anzug mit Krawatte an Straßenecken Äpfel verkaufen, verarmte Farmer, die ihren gesamten Besitz auf ihren alten Lastern festgezurrt haben, um in Kalifornien ein besseres Leben zu suchen. Studs Terkels *Der große Krach* ruft uns die harten persönlichen Schicksale hinter diesen vertrauten Bildern in Erinnerung: Ein Baby hungert, während Männer, Frauen und Kinder, manchmal fünfzig oder sechzig in einem Güterwagen, quer durch das Land an einen Ort reisen, wo sie Arbeit oder staatliche Unterstützung zu finden hoffen. Ein ruinierter Geschäftsmann bringt sich um, damit seine Frau seine Lebensversicherung kassieren und die Kinder durchbringen kann. Häftlingsgruppen aus Schwarzen, deren einziges Verbrechen darin besteht, obdachlos und arbeitslos zu sein, ernten Baumwollfelder ab. Terkel, der Jude war, nannte es »den Holocaust, der als Great Depression bekannt wird«.

Aswath Damodaran, der an der Stern School of Business in New York Finanzwirtschaft unterrichtet, ist überzeugt, dass eine moderne Version dieses »Holocaust« eine unvermeidliche Folge des Endes des Konsums wäre. Die Vorstellung, dass eine weniger konsumfixierte Gesellschaft besser wäre, beruht in seinen Augen auf der Tatsache, dass heute jeder jemanden kennt, der sich aus der Tretmühle von Geldverdienen und Geldausgeben befreit hat und in einem einfacheren Leben glücklicher wurde. Paradoxerweise kann sich nur eine begrenzte Zahl von uns für dieses Glück entscheiden, bevor es zu einer wirtschaftlichen Katastrophe kommt.

»Würde der Konsum morgen weltweit um 25 Prozent einbrechen, so begänne eine Abwärtsspirale, in der Millionen ihren Arbeitsplatz verlieren würden«, sagt Damodaran voraus. »Es begänne eine unglaublich schmerzhafte Anpassungsphase, in der die meisten Menschen mit sehr viel weniger auskommen müssten.«

Das Leben mit weniger wäre ihm zufolge kein nostalgischer Rückzug aus dem Zeitalter von Walmart und Amazon in die gute alte Zeit des Eckladens. Stattdessen würden wir zu jenem Lebensstil zurückkehren, den er selbst in seiner Kindheit in Chennai im Südosten Indiens erlebte. Chennai ist heute für seine bunte Mischung von traditioneller Lebensart und modernen Annehmlichkeiten bekannt, aber Damodaran erinnert sich an eine Zeit, in der seine Heimatstadt noch nicht Teil der globalen Konsumökonomie war. »Spielwarenläden gab es nicht. In dieser Millionenstadt gab es drei Restaurants und eine Buchhandlung, denn wer brauchte schon Bücher? Da gab es keine hübsche, attraktive Einkaufsstraße, sondern nur eine Ansammlung von Läden, in denen grundlegende Dinge zu kaufen waren, denn mehr konnte sich niemand leisten. Nur solche Läden konnten dort überleben.«

Wie sähe die Rückkehr zu einem solchen Leben aus? »Es käme zu einer wirtschaftlichen Depression«, antwortet er, »und zwar zu einer, die nicht enden würde.«

Die Entwicklung in Russland ging nicht gut aus. Am Ende trat an die Stelle der fast zur Gänze von der Zentralregierung gesteuerten sowjetischen Planwirtschaft ein Experiment mit einer fast völlig freien Marktwirtschaft. Burawoy bezeichnet es als Russlands »Abstieg in den Kapitalismus«. Das organisierte Verbrechen, welches das durch den Zusammenbruch des Staates entstandene Machtvakuum füllte, übernahm bald die Tauschwirtschaft.

Wenn Burawoy an den Zerfall des Sowjetreichs zurück-denkt, kommen ihm nicht zuerst die Mühsal oder die Armut in den Sinn. Außergewöhnlich an diesem Zusammenbruch ist seiner Meinung nach, dass die Zivilisation nicht endete. (»Wir sehen weder Hungersnöte noch Streiks oder Lebens-mittelunruhen, weder die Zerstörung der Gesellschaft noch ihre Explosion«, schrieb er rückblickend.) Insbesondere erin-nert er sich an die Datschas, wo die Menschen zusammenka-men, um zu arbeiten: auf dem Höhepunkt der Krise kamen 92 Prozent der russischen Kartoffelernte aus Datschas und Gemüsegärten, obwohl diese Kleinstbetriebe weniger als 2 Prozent des russischen Agrarlands nutzten. Am Abend genossen die Leute die Früchte ihrer Arbeit, spielten Kar-ten, debattierten und tranken. Inmitten einer extremen wirt-schaftlichen Krise wurden sie von einem sonderbaren Hoch-gefühl der Katastrophe erfasst. »In den Datschas wurden endlose Partys gefeiert, denn dort gab es mehr Platz als in den Wohnungen«, erzählt Burawoy. »Ich habe schöne Erin-nerungen an diese Jahre. Wir hatten sehr wenige Ressourcen, aber wir hatten viel Spaß.«

Etwas vom Lebensgefühl dieser Zeit scheint bei Burawoy hängen geblieben zu sein. Er zieht ein einfaches Leben vor. Er hat kein Handy, seine Wohnung ist nur spärlich möbliert (hauptsächlich Bücherregale), und unter den wenigen Sou-venirs, die er aufbewahrt, ist ein Teddybär, der ein T-Shirt mit dem Hammer-und-Sichel-Symbol der Sowjetunion trägt. Burawoy beugt sich auf seinem Stuhl vor und erklärt, eine der wichtigsten Lehren aus dem Zusammenbruch der Sow-jetunion sei, dass umwälzende Veränderungen möglich seien und dass die Menschen sie verkraften könnten. Sie müssten lediglich das Gefühl haben, dass es Hoffnung auf eine bes-sere Zukunft gebe.

Erst als ein neues Russland Gestalt annahm, das zu den Ländern mit extremer Ungleichheit, geringer Freiheit und einer unterentwickelten Demokratie zählt, versanken die Leute nach Einschätzung von Burawoy in Verzweiflung. Die ersten Monate des Zusammenbruchs mochten von Mangel und dem Verlust gewohnter Annehmlichkeiten geprägt gewesen sein, aber es waren auch Monate voller Möglichkeiten. Es herrschte das Gefühl vor, dass auf den Ruinen des alten Systems, das so unveränderlich gewirkt hatte, fast alles errichtet werden konnte, was sich die Russen erträumten. Sie wandten sich dem Konsumismus zu. Heute scheint in weiten Teilen der Welt eine endlos wachsende Konsumökonomie unausweichlich. Wir fühlen uns außerstande, den Kurs zu ändern, weil die einzige andere Option der Zusammenbruch zu sein scheint: *Es gibt keine Alternative.*

»Es gab Entbehrungen, aber es gab auch freudige Erwartung«, so Burawoy. »Es war, als wären die Menschen aus dem Gefängnis entlassen worden.«

Vielleicht wird ein Ende des Shoppens die Welt tatsächlich in Schutt und Asche legen. Zumindest müssen wir die Tatsache akzeptieren, dass all die Stimmen, die uns im Lauf der Geschichte aufgefordert haben, einfacher zu leben und weniger materialistisch zu sein, wissentlich oder unwissentlich Aufstand und Zerstörung vorschlugen.

Doch die Zivilisation bricht nie einfach zusammen. Sie erwacht auch stets rasch wieder zu neuem Leben. Ich erinnere mich daran, dass Paul Dillinger in unserem Gespräch über die hypothetischen Auswirkungen auf Levi's zu dieser Erkenntnis gelangte: »Da ist die erste unmittelbare Reaktion, und nachdem vernünftige Menschen überredet wurden, sich nicht aus dem Fenster zu stürzen, können wir anfangen zu überlegen: Es ist real. Wie lange wird es dauern, wie ist es dazu gekommen, und wie wollen wir leben, wenn dies die neue Realität ist? Dieser Bruch bringt eine sehr beängstigende Realität mit sich. Es gehen viele Arbeitsplätze verloren. Aber es bietet sich auch eine Chance, ein nachhaltiges Konsumniveau zu finden.«

Das war mehr als ein Jahr vor Beginn der Coronapandemie. Die offizielle Position von Levi Strauss & Co. war zu jener Zeit, dass es dem Unternehmen sehr viel lieber sei, wenn wir nicht aufhörten einzukaufen. Das Mantra des Firmenchefs Chip Bergh lautete: »Das rentable Kerngeschäft aufbauen und ausweiten.« In Anbetracht der Tatsache, dass Levi's wachsen und mehr Produkte verkaufen wollte, war es ungewöhnlich mutig vom Unternehmen, Dillinger zu erlauben, seinen Gedanken freien Lauf zu lassen.

Fünf Monate nach Beginn der Pandemie und vier Monate nach der Schließung von Levi's-Filialen in aller Welt erkundigte ich mich erneut nach der Position des Unternehmens. Mittlerweile hatte sich vieles von dem, was Dillinger über die globale Schockwelle infolge eines Konsumstopps vorausgesagt hatte, bewahrheitet. Ich fragte mich, ob er auch mit der Neukalibrierung des Konsums recht gehabt hatte.

Diesmal sprach ich mit Jen Sey, der Marketingleiterin der Firma, die ich in ihrem Haus in San Francisco anrief. Wie viele Manager listete sie zunächst die Dinge auf, die ihr Unternehmen tat, um seine Produkte umweltfreundlicher zu machen. Dann sagte sie Folgendes: »Aber als wir begannen, uns das genauer anzusehen, wurde uns klar, dass man am meisten bewirkt, indem man einfach *weniger* konsumiert. Es ist toll, die Konsumenten zu überzeugen, genauer darüber nachzudenken, was sie kaufen sollten, aber die größte Wirkung können wir erzielen, indem wir sie dazu bewegen, einfach weniger zu kaufen. Und das ist eine einigermaßen radikale Vorstellung, wenn man bedenkt, dass meine Aufgabe als Marketingchefin darin besteht, die Leute dazu zu bringen, mehr zu kaufen.« In diesem Augenblick verwandelte sich Levi's in die größte Marke, die jemals öffentlich eingestanden hatte, dass der Konsum an sich – einschließlich des Konsums der Produkte des eigenen Unternehmens – das größte Umweltproblem der Erde sei. Im Herbst 2020 begann Levi's, in seine Werbung die Botschaft zu verpacken, seine Kunden sollten weniger, aber langlebigere Kleidung kaufen. Die Firma richtete eine Plattform ein, um seine Produkte zurück- und weiterzuverkaufen. »Die Wiederverwendung von Kleidung ist sehr viel besser für die Umwelt als das Recycling«, erklärte das Unternehmen. Von nun an wollte sich Levi's nachdrücklicher für eine Einschränkung des Konsums einsetzen.

Was hatte sich geändert?

»Ich glaube, während der Quarantäne begriffen die Leute, dass unsere Handlungen Konsequenzen haben«, erläuterte Sey. »Wenn wir weniger fahren, wird die Luft sauberer. Wir können die Tatsache nicht länger ignorieren, dass der übermäßige Konsum die größten Auswirkungen hat. Wir können alles tun, was wir wollen, um uns ein grünes Image zu geben, wir können sogar kleine Schritte unternehmen, um unsere Produktion ökologisch verantwortlicher zu machen. Aber all das wird die Auswirkungen des übermäßigen Konsums nicht wettmachen. Das geht einfach nicht. So ist die Lage.«

Schon vor der Pandemie hatte Sey bemerkt, dass die Unzufriedenheit über das Modell der Fast Fashion – manche bezeichnen es als *prêt-à-jeter* oder »Wegwerfmode« – immer größer wurde; sie selbst hatte sich für 2020 vorgenommen, mit Ausnahme von Levi's-Produkten nur gebrauchte Kleidung zu kaufen. Als das Coronavirus im Januar die Grenzen Chinas hinter sich ließ, sprach sie mit Geschäftsführer Bergh über die Möglichkeit, dass Levi's den übermäßigen Konsum in Angriff nahm. Er sicherte ihr seine Unterstützung zu. Einen Monat später, als sich das Virus in den Vereinigten Staaten auszubreiten begann, brachte sie das Thema bei einem Treffen der Konzernführung zur Sprache. »Einige Leute sagten: Aber das können wir doch nicht machen.« Doch als die Lockdowns den Konsum in weiten Teilen der Welt zum Stillstand brachten, wurde rasch klar, dass ein auf weniger Konsum beruhendes Geschäftsmodell etwas für sich hatte. Die Krise »bewegte uns dazu, uns eingehender mit diesem Weg zu beschäftigen, und stärkte unseren Glauben daran, dass er gangbar ist«.

Das Geschäftsmodell, das Levi's vorschwebt, dient dazu, die Konsumenten dazu zu bewegen, weniger Produkte zu kaufen, die von besserer Qualität sind als die, die heute typischerweise angeboten werden – eine Ökonomie von weniger Dingen, die jedoch besser sind. Als Markenbotschaft kommt dies Levi's entgegen, denn das Unternehmen verkauft im Wesentlichen langlebige Produkte und Kleidung, die dafür bestimmt ist, jahrelang getragen zu werden. Sey erzählte mir, dass das Management die Zahlen durchgerechnet hatte und glaubte, eine Botschaft des Weniger verkaufen und trotzdem wachsen zu können. Dazu müssten die Kunden weniger Levi's-Kleidung kaufen und diese länger tragen, während das Unternehmen neue Kundschaft anlockt, die sich von der Fast Fashion abwenden und den Dekonsum praktizieren möchte.

Auf einer Ebene ist das eine durchaus typische Unternehmensstrategie, auf einer anderen eine bahnbrechende Veränderung, die nicht ohne Risiken ist. Aus der tiefsten je beobachteten Rezession mit der Botschaft »Kauft weniger«

herauszukommen, ist gelinde gesagt unkonventionell. Als die wirtschaftliche Aktivität in der Pandemie wieder aufgenommen wurde, stellte die Werbung die Kauflustigen als Helden dar; es wurde zu einer von den Konsumenten getragenen Erholung aufgerufen. »Ich denke, es ist in Ordnung, dass wir das verrückte, maßlose Wachstum auf der Suche nach dem schnellen Geld aufgeben«, meinte Sey. »Unser Ziel sollte ein vernünftiges, langfristiges, nachhaltiges Wachstum sein.«

Der Architekt John Brinckerhoff Jackson sagte einmal, Ruinen seien notwendig: Wir müssten den Untergang der alten Welt sehen, um wirklich in eine neue voranschreiten zu können. Wie wir gesehen haben, sind derartige Verschiebungen der Perspektive in wirtschaftlichen Katastrophen alles andere als selten. Während der Finanzkrise erkannte Patagonia echtes Potenzial für einen Dekonsummarkt; in der finnischen Depression fühlten sich die Leute vom Druck zum Geltungskonsum befreit; und die Wirtschaftskrise infolge der Coronapandemie bewegte Millionen Menschen zu einem atemberaubenden Kurswechsel hin zu neuen Werten. Als ich mit Geschäftsleuten in Phoenix über die Finanzkrise sprach, hörte ich zu meiner Verblüffung, dass viele von ihnen das Gefühl hatten, die Krise habe ihre Stadt zum Besseren verändert. Einige wiesen darauf hin, dass Phoenix vor der Rezession die »Welthauptstadt der Restaurantketten« gewesen war. Als die amerikanischen Familien ihre Restaurantbesuche einschränkten, gesellten sich zu den leeren Hüllen aufgegebener Superstores rasch geschlossene Olive Gardens, Chili's Grills und Filialen anderer Ketten. Im so entstandenen Vakuum blühten unabhängige Nachbarschaftslokale auf, und die Leute entwickelten ein neues Gefühl der Zugehörigkeit zu ihrem Heimatort. »Ich würde sagen, wir gingen mit einer Transaktionsökonomie in die Rezession«, erklärte Mark

Stapp, der an der Arizona State University den Immobilienmarkt studiert. »Als wir aus der Rezession herauskamen, war
eine transformative Ökonomie daraus geworden.« Doch als
sich die Wirtschaft von Phoenix erholte, lockte es erneut dieselben heimatlosen, gesichtslosen Unternehmen an, die gescheitert waren, als die Lage schwierig geworden war.

Was, wenn das nicht geschähe? Was, wenn die Dekonsumkultur Bestand hätte? Um zu verstehen, wie diese Gesellschaft aussehen und funktionieren könnte, müssen wir unser
Gedankenexperiment über die dunkle Phase des Zusammenbruchs hinaus fortsetzen. Beginnen wir mit einer einfachen
Glühbirne.

III

ANPASSUNG

11

Keine schwächere, sondern eine stärkere Bindung an unsere Sachen

Die Glühbirne, die seit 120 Jahren die Garage der Feuerwehrwache 6 im kalifornischen Livermore erhellt, wird nie ausbrennen. Stattdessen wird sie »erlöschen«. Wenn es so weit ist, wird sie mit Sicherheit nicht weggeworfen oder auch recycelt werden. Sie wird »zur Ruhe gebettet« werden.

»Man muss die korrekte Terminologie verwenden«, sagt Tom Bramell, Brandmeister im Ruhestand, mit einem hellen Lachen. Er ist der Inbegriff eines Feuerwehrmanns mit rauchfarbenen Augen und Haaren und einem trockenen Husten, den er dem Einatmen von Rauch verdankt (»Ich esse jeden Tag eine Packung Hustenbonbons«). Heute ist er der leitende Historiker von Livermore. Die Glühbirne brennt seit dem Jahr 1901 fast ohne Unterbrechung und erreichte laut Guinness-Buch der Weltrekorde 2015 ihre millionste Stunde im Dienst, womit sie die am längsten brennende Lampe der Welt ist. Man kann sie sich online ansehen, und sie hat Fans rund um den Erdball. Diese Glühbirne hat schon zahlreiche Webcams überdauert.

Es ist nicht vollkommen geklärt, welchen Teilen und Materialien sie ihre lange Lebensdauer verdankt, und zwar aus dem einfachen Grund, dass man eine Lampe, die unentwegt brennt, nicht zerlegen kann. Folgendes ist über diese Glühbirne bekannt: Sie wurde um 1900 von Shelby Electric in Ohio nach einem Design des französisch-amerikanischen Erfinders Adolphe Chaillet hergestellt. Ihr Kohlenstoffglühdraht ist etwa so dick wie ein menschliches Haar, so wie die normalerweise aus Wolfram gefertigten, die man in modernen Glühbirnen findet. Sie wurde ursprünglich als 60-Watt-Birne hergestellt, aber gegenwärtig beleuchtet sie die Garage der Station 6 etwa mit der Lichtstärke eines Nachtlichts. Andere Shelby-Glühbirnen desselben Alters wurden untersucht, um genauere Erkenntnisse über ihren Aufbau zu gewinnen, aber wie sich herausgestellt hat, experimentierte das Unternehmen seinerzeit mit zahlreichen verschiedenen Bauweisen.

Das überraschendste Merkmal dieser Glühbirne ist, dass sie weißglühend ist, was bedeutet, dass sie Licht erzeugt, indem sie einen Glühdraht elektrisch aufheizt, bis er weiß glüht. Feuer in einer Flasche, wie es so schön heißt. Das ist genau dieselbe Technologie, die immer noch genutzt wird, um Glühbirnen mit frustrierend kurzer Lebensdauer zu produzieren, die man ständig nachkaufen muss. Eine typische Glühfadenbirne hat eine Lebenserwartung von etwa tausend Stunden; lässt man sie rund um die Uhr eingeschaltet, so muss man damit rechnen, dass sie nach etwa 42 Tagen den Geist aufgeben wird.

»Heute werden die Dinge nicht mehr gemacht, um lange zu halten«, sagt Bramell. Ich nehme an, er spricht uns allen aus der Seele.

Die meisten Leute scheinen sich einig zu sein, dass die Produkte, die wir heute kaufen, dem unterliegen, was Robert

Solow in Anlehnung an einen Kommentar eines nicht genannten deutschen Freundes als »Gesetz der Verschlechterung aller Dinge« bezeichnete. Es ist jedoch wichtig sicherzustellen, dass dies keine Nostalgie für eine eingebildete Vergangenheit ist. Stimmt es wirklich, dass die Produkte heute schlechter sind als vor fünf, zehn oder zwanzig Jahren?

»Auf Konsumgüter trifft das sicher zu«, sagt David Enos, ein Materialwissenschaftler aus Albuquerque. Enos arbeitet für die Sandia National Laboratories, die für die nicht nuklearen Bestandteile der amerikanischen Atomwaffen verantwortlich sind, und ist ein Spezialist für Produkthaltbarkeit. Seine Aufgabe ist es, Dinge zu bauen, die unter extremen Belastungen sehr lange Zeit funktionstüchtig bleiben. Beispielsweise hat er erforscht, wie man Behälter bauen kann, die in einem Berg bei extrem feuchter Hitze so lange gelagert werden können, bis darin aufbewahrter Atommüll in eine unschädliche Substanz zerfallen ist. »Hier haben wir es mit Zeiträumen von Hunderten, Tausenden, Millionen Jahren zu tun«, erklärt er.

Aber zu Beginn seiner Laufbahn arbeitete Enos an Leiterplatten für Tintenstrahldrucker. Die aus Kupferfolie gefertigten Signalspuren waren mit einer nur Millionstel Millimeter dicken Goldbeschichtung überzogen, um Korrosion zu verhindern. »Bei 20 Mikrozoll arbeitet man nahe am Abgrund«, sagt er. »Unterschreitet man diese Schwelle, so fällt die Lebensdauer rasant ab.« Wir wissen, was dann passiert: Der Drucker gibt den Geist auf, und wir müssen einen neuen kaufen.

Würde ein Hersteller die Signalleiter mit 25 Mikrozoll Gold beschichten, so wäre der Drucker sehr viel haltbarer. Das Problem ist, dass die meisten Leute einen solchen Drucker nicht kaufen würden, weil er mehr als die Konkurrenzprodukte mit einer dünneren Goldbeschichtung kosten würde. »Unsere Einstellung ist heute, möglichst billige Dinge zu kaufen«, erläutert Enos. »Könnten wir ein Smartphone bauen, das zehn Jahre halten würde? Kein Problem. Die Technologie dafür haben wir zweifellos. Aber die Kosten steigen und steigen. Niemand will fünf- oder zehntausend Dollar für ein Handy ausgeben und sagen: Mein Gerät wird zehn Jahre halten. Die meisten Leute werden sagen: Schön, aber das ist mir egal. Ich will nach zwei oder drei Jahren ein neues.«

All das wird sich am Tag, an dem die Welt aufhört einzukaufen, ändern, denn in diesem Augenblick wird das langlebige Produkt zur vernünftigen Wahl. Wenn man versucht, im Lauf seines Lebens möglichst wenige Handys oder Drucker zu kaufen, ist man bereit, mehr für Geräte zu bezahlen, die lange halten werden. Man will weniger Dinge kaufen, die von besserer Qualität sind.

Leider wissen wir nicht, wie eine auf solchen Produkten beruhende Wirtschaft tatsächlich funktionieren würde.

Die Reise von hochwertigen, langlebigen Glühbirnen wie jener in der Feuerwache von Livermore zu den Wegwerflampen, die wir heute kennen, begann 1924. In jenem Jahr kamen Vertreter der größten Beleuchtungshersteller der Welt – darunter vertraute Namen wie Philips, Osram und General Electric – in der Schweiz zusammen, um Phoebus zu gründen, das vielleicht erste Firmenkartell mit globaler Reichweite. Zu jener Zeit erhöhten die Erfinder laufend die Lebensdauer der Glühbirnen, was die Hersteller nach Aussage eines Phoebus-Mitglieds in eine »Klemme« gebracht hatte: Sobald alle Verbraucher ihre Häuser mit langlebigen Lampen gefüllt hatten, musste kaum noch jemand neue kaufen.

Die in Phoebus zusammengeschlossenen Unternehmen einigten sich darauf, die Lebensdauer der Glühbirnen auf tausend Stunden zu begrenzen. Mehr als drei Jahrzehnte später, im Jahr 1960, machte der Skandalreporter Vance Packard den Begriff »geplante Obsoleszenz« populär, der die gezielten Bemühungen der Hersteller beschreibt, Produkte zu entwickeln, die schnell verbraucht sind, den Betrieb einstellen, auseinanderfallen, nicht repariert werden können oder auf andere Art ihren Nutzen verlieren. Die Entscheidung des Phoebus-Kartells, die Lebensdauer der Glühbirnen zu verkürzen, gilt als eines der frühesten Beispiele für geplante Obsoleszenz in industriellem Maßstab.

Es liegt nahe, Phoebus als Verschwörung heimtückischer Großunternehmen darzustellen. Das Kartell taucht sogar in Thomas Pynchons Roman *Die Enden der Parabel* auf, wo die zwielichtige Organisation einen Agenten, der mit Asbest gefütterte Handschuhe und extrahohe Absatzschuhe trägt, losschickt, um widerspenstige Glühbirnen aus dem Verkehr zu ziehen, die mehr als tausend Stunden leuchten. »Keine Glühbirne soll die durchschnittliche Lebensdauer verlängern«, schreibt Pynchon und macht die Produktnormung zu einer Metapher für Unterdrückung und gesellschaftliche Konformität. »Sie können sich vorstellen, was aus dem Markt würde, wenn *das* geschähe.«

Doch zu der Zeit, als der 1000-Stunden-Standard für Glühbirnen eingeführt wurde, war nichts Verschwörerisches an der geplanten Obsoleszenz. Vielmehr wurde sie als gute Lösung für ein ernstes Problem betrachtet. Die industrielle Revolution hatte es ermöglicht, große Mengen von Gütern schnell und billig herzustellen. Aber wenn eine Fabrik hochwertige Produkte mit langer Lebensdauer erzeugte, gab es über kurz oder lang kaum noch Nachfrage nach ihren Erzeugnissen. Ökonomen und Manager gelangten zu der Überzeugung, wenn man nicht gerade Särge baue, sei es geschäftlich unklug und wirtschaftlich schädlich, einem Kunden ein Produkt nur ein einziges Mal zu verkaufen. Es würde der Gesellschaft mehr dienen, erklärten sie, ein Gleichgewicht zwischen geringerer Qualität und häufigeren Verkäufen zu finden. (Zu jener Zeit machte sich noch kaum jemand Sorgen über begrenzte Ressourcen oder die Zerstörung der natürlichen Umwelt.) Ende der Zwanzigerjahre war das Modell der wiederholten Verkäufe so populär, dass ein führender Finanzier die Obsoleszenz zum »neuen Gott« der amerikanischen Wirtschaftselite erklärte.

Die Befürworter kürzerer Produktlebenszyklen waren in allen politischen Lagern zu finden. Giles Slade spürt in seinem Buch *Made to Break* den Spuren des Begriffs der geplanten Obsoleszenz nach. Erstmals erwähnt wurde sie in einem Pamphlet aus dem Jahr 1932 mit dem Titel »Ending the Depression through Planned Obsolescence« (Beendigung der Wirtschaftskrise durch geplante Obsoleszenz), dessen Autoren erklärten, kurzlebige Produkte seien ein gutes Mittel gegen Arbeitslosigkeit. Im Jahr 1936 wurden in einem Essay in *Printers' Ink,* der in dieselbe Kerbe schlug, langlebige Produkte als »veraltet« bezeichnet, begleitet von der Warnung: »Wenn die Ware nicht schneller verschleißt, werden die Fabriken stillstehen und die Menschen ihre Arbeit verlieren.«

Dieses Argument aus der Zeit der Weltwirtschaftskrise, das ein zeitgenössischer Wirtschaftsautor als eine »vernünftige und authentische Philosophie des freizügigen Geldausgebens und der Verschwendung« bezeichnete, wurde zu einem weiteren zentralen Bestandteil der modernen Konsumökonomie. Von nun an würden wir ein Produkt nicht einmal, sondern im Lauf unseres Lebens wieder und wieder kaufen. Wir würden konsumieren und erneut konsumieren. Der wiederholte Konsum ist mittlerweile in fast alles eingebaut, was wir kaufen, und die Obsoleszenz ist zu einem »Prüfstein des amerikanischen Bewusstseins« geworden.

Vor dreißig Jahren tauchte eine neue Technologie auf, die eine Bedrohung für die geplante Obsoleszenz darstellte. Es war jene Art von Produkt, die wir uns in einer Dekonsumgesellschaft wünschen würden: langlebig, energieeffizient und in jeder Hinsicht besser als das, was es ersetzen sollte. Es kam in Form einer Glühbirne.

Die erste Leuchtdiode wurde 1962 in einem Werk von General Electric in Syracuse im Bundesstaat New York vorgestellt, aber erst in den Neunzigerjahren waren die LEDs so weit ausgereift, dass sie weißes Licht effizienter als Glühbirnen abgeben konnten. Die LED ist eine wirklich revolutionäre Technologie, deren verbreiteter Einsatz als wichtiger Schritt zur Verlangsamung des Klimawandels betrachtet wird.

Die Langlebigkeit der LED ist legendär. Der grundlegende Baustein der Technologie ist der Halbleiter, der problemlos sehr haltbar gebaut werden kann. LED-Lampen, die eine Lebensdauer von 50 000 Stunden versprechen, sind nicht unüblich – würde man sie nie abschalten, so würden sie fast sechs Jahre lang brennen. Die im Handel erhältlichen LED-Lampen versprechen zumeist eine (immer noch beeindruckende) Lebensdauer von 25 000 Stunden. In einem typischen amerikanischen Haushalt brennen die Lampen im Durchschnitt 1,6 Stunden am Tag. Unter normalen Bedingungen würde eine ganz gewöhnliche LED-Lampe also 42 Jahre halten.

Im Jahr 2019 war der Verkauf von LED-Lampen ein boomendes Geschäft, das auch ein Hinweis darauf war, dass die Geschichte des Dekonsums nicht zwangsläufig mit einem Zusammenbruch enden muss. Es könnte auch eine Ära des »guten Wachstums« beginnen, wenn die Unternehmen hochwertige Produkte herstellten, um die Wegwerferzeugnisse der Vergangenheit zu ersetzen. Das Gute fördern, das Schlechte zurückdrängen.

Das Beispiel der LEDs zeigt jedoch auch, dass das gute Wachstum nicht ewig anhalten wird. In der Beleuchtungsindustrie wird der Begriff »Basismarktsättigung« verwendet, um den Punkt zu beschreiben, an dem weltweit die meisten kurzlebigen Glühbirnen durch langlebige LED-Lampen ersetzt sein werden. An diesem Punkt hört die Welt zumindest theoretisch auf, Lampen zu kaufen. Was wird aus der Beleuchtungsindustrie, wenn alle Lampen ein halbes Menschenleben brennen? Fabian Hoelzenbein, ein in London ansässiger Experte für den Beleuchtungsmarkt, sagt: »Das ist die Eine-Milliarde-Dollar-Frage.«

Gegen Ende der Zehnerjahre schien die Marktsättigung unmittelbar bevorzustehen. Sie kam jedoch nie, denn die LEDs wurden Teil der Konsumkultur. Wir haben bereits eine Art gesehen, auf die das geschah: Wir nahmen das Geld, das uns die LEDs gespart hatten, und verwendeten es, um sehr viel mehr Lampen zu kaufen. Und dann wurden die langlebigen LED-Lampen durch kurzlebige LED-Lampen ersetzt, so wie die langlebigen Glühbirnen in den 1920er-Jahren durch kurzlebige Glühbirnen ersetzt worden waren. Vor allem in Asien schoss eine Vielzahl neuer Hersteller aus dem Boden, die rasch die Kosten und die Qualität senkten. Eine dauerhafte Technologie hatte sich in eine Wegwerftechnologie verwandelt.

»Auf eBay kann man LEDs kaufen, die so minderwertig sind, dass man tatsächlich einen Stromschlag bekommen kann, wenn man sie in die Fassung schraubt«, erklärt Hoelzenbein. Er hat von Leuten gehört, die in China LED-Lampen kiloweise in dem Wissen kaufen, dass einige vermutlich eine Weile halten und andere überhaupt nicht funktionieren werden.

Manche Länder haben eine garantierte Mindestlebensdauer für LED-Lampen festgelegt, damit die Vorzüge ihrer Langlebigkeit weiterhin zum Tragen kommen. Doch es fand sich ein weiterer Weg, um mehr Lampen zu verkaufen: Sie wurden in Produkte eingebaut, die weiterhin der geplanten Obsoleszenz unterliegen. Es entwickelte sich eine »intelligente« Beleuchtungsindustrie, die beispielsweise Lampen erzeugt, die unser Schlafzimmer schrittweise beleuchten, wenn es Zeit ist aufzustehen, oder bei Videospielen Lichtexplosionen erzeugen. Leuchtkörper verwandelten sich in einen festen Bestandteil des Internets der Dinge und wurden mit Lautsprechern, Sicherheitssystemen und anderen Geräten verbunden. Mit anderen Worten, die LEDs durchliefen die »Gadgetisierung«, womit sie zum Gegenstand ständiger Upgrades wurden, an die wir bei Smartphones, Tablets und anderen digitalen Produkten gewöhnt sind. »Wir erfinden dieses Konsumverhalten nicht. Das ist, was die Technologieunternehmen tun«, erklärt Betty Noonan, Firmensprecherin von Cree, einem amerikanischen Unternehmen, das sich auf LEDs spezialisiert hat. »Ich will Ihnen gar nicht erzählen, wie viele dieser verdammten Flachbildfernseher ich in meinem Haus ausgetauscht habe, nur weil die neuen Modelle dünner und heller waren.«

Auf der anderen Seite würden wir in einer Welt, die aufhört einzukaufen, von dem Geld, das wir dank erhöhter Energieeffizienz sparen, nicht mehr LED-Lampen kaufen, und wir gäben langlebigen Lampen den Vorzug vor kurzlebigen. Wir wären sehr viel skeptischer gegenüber der Notwendigkeit digitaler Upgrades. Und so würden wir mit der seit Beginn des 20. Jahrhunderts ungeklärten Frage konfrontiert, wie wir eine Gesellschaft managen können, die mit guten, langlebigen Dingen lebt.

»Mein Ausgangspunkt ist, dass die ökonomischen Zusammenhänge geklärt werden müssen«, sagt Tim Cooper, ein Designprofessor, der an der Nottingham Trent University eine Forschungsgruppe für nachhaltigen Konsum leitet und sich seit fast dreißig Jahren mit der Produktlebensdauer beschäftigt. Wir neigen dazu, uns die Konsumökonomie als extrem komplex vorzustellen, und in mancher Hinsicht ist sie es tatsächlich: ein verwirrendes System, in dem auf einem Kontinent geerntete Baumwolle auf einem anderen zu Geweben verarbeitet und auf dem dritten zu einem T-Shirt genäht wird; ein widersprüchlicher Ort, an dem Investoren ihr Geld mit der Geschwindigkeit eines Algorithmus um den Erdball bewegen, während die meisten Menschen auf der Arbeitssuche nicht eine einzige Staatsgrenze ungehindert überqueren können. Aber das grundlegende Funktionsprinzip dieses Wirtschaftssystems ist einfach. Güter und Dienstleistungen werden für den Konsum produziert, der fast zur Gänze von individuellen Verbrauchern getragen wird oder in ihrem Namen stattfindet. (»Wir exportieren keine Produkte für Außerirdische auf dem Mars«, wie mir ein Ökonom erklärte.) Die Wirtschaft wächst mit der Bevölkerung, aber vor allem dank eines unablässig wachsenden Angebots an neuen Produkten und Erfahrungen, die wir mit zunehmender Geschwindigkeit konsumieren. Den größten Beitrag zur Beschleunigung des Konsums leistet die Verkürzung des Lebenszyklus der Dinge, die wir kaufen.

Eine Welt ohne Konsum, erklärt Cooper, wird immer noch eine Konsumökonomie sein, wenn auch eine, die nicht auf der Quantität, sondern auf der Qualität beruht, was bedeutet, dass die Produkte für eine längere Lebensdauer entwickelt und erzeugt werden. Da bessere Güter normalerweise einen größeren Arbeitsaufwand und besseres Material erfordern, werden ihre Preise deutlich höher sein, wodurch zumindest ein Teil der Einnahmeverluste wettgemacht wird, die der Rückgang der Gesamtzahl verkaufter Produkte verursachen wird. Das bedeutet auch, dass beim bewussten Übergang zu einem Markt für eine geringere Zahl besserer Dinge sehr viel mehr Menschen ihren Arbeitsplatz behalten würden als bei einem Einbruch des Konsums in einer schweren Rezession. Gleichzeitig würde ein sehr viel größerer Teil einer Dekonsumökonomie von dem angetrieben, was während der Lebensdauer eines haltbaren Produkts geschieht, wenn es gewartet, repariert oder nachgerüstet werden muss oder vermietet, geteilt oder weiterverkauft wird. Das wäre eine »radikale Veränderung des Systems«, sagt Cooper. Könnte eine Dekonsumökonomie genauso groß sein wie eine Konsumökonomie? Die Antwort auf diese Frage hängt laut Cooper vom menschlichen Einfallsreichtum ab. Aber er hat den Verdacht, dass sie das Wirtschaftswachstum zumindest anfangs bremsen würde.

»Was treibt die Wegwerfkultur an?«, fragt er. »Nun, oft wollen die Leute das Neueste und Modischste. Aber es gibt auch Leute, die das Älteste und Beste wollen.«

Die Vorstellung, die Langlebigkeit werde im Mittelpunkt einer auf geringerem Konsum beruhenden Kultur stehen, geht mindestens auf das Jahr 1982 zurück, als die OECD die Regierungen aufforderte, sich für längere Produktlebenszyklen einzusetzen, um die Mülllawine aufzuhalten, welche die Deponien der Welt unter sich begrub. Offenkundig ist das nicht geschehen. Erst als das Jahr 2020 näher rückte, sah Cooper, dass auf nationaler Ebene Maßnahmen zur Gewährleistung der Langlebigkeit ergriffen wurden. Frankreich verbot 2015 die geplante Obsoleszenz, die als bewusste Verkürzung der Lebensdauer eines Produkts zwecks Erhöhung der Ersetzungsrate definiert wurde; bei Verstößen drohten von nun an hohe Geldstrafen und sogar Gefängnis. Als Schweden 2018 die Mehrwertsteuer für Reparaturen halbierte, unternahm es einen bahnbrechenden Versuch, dem Problem der CO_2-Emissionen zu Leibe zu rücken, indem es den Konsum nicht »ökologisierte« sondern verringerte. Im Jahr 2021 bereitete sich die Europäische Union darauf vor, ein »Recht auf Reparatur« in ihr Konsumentenschutzgesetz aufzunehmen – der Zugang zu Werkzeugen, Ersatzteilen und für die Reparatur benötigter Information sollte erleichtert werden. Ein weiteres Ziel bestand darin, einen Käufer auf dem Etikett darüber aufzuklären, welche Lebensdauer er bei diesem Produkt erwarten darf.

Besonders wichtig ist die Langlebigkeit für die Sharing Economy. Das Teilen von Gütern sollte ursprünglich ein Akt sein, der den Konsum naturgemäß verringerte: Wenn sich mehrere Personen zum Beispiel ein Auto teilen, sagt uns der gesunde Menschenverstand, dass nicht jede von ihnen ein Auto besitzen muss. Aber die Sharing Economy hat sich als sehr viel komplizierter erwiesen. Das berühmteste Beispiel sind die Ridehailing-Dienste, die viele Leute dazu bewegten, mehr Fahrten mit Anbietern wie Uber zu unternehmen und sich weniger zu Fuß, mit dem Fahrrad oder in öffentlichen Verkehrsmitteln zu bewegen. Vielerorts erhöhten solche Dienste das Verkehrsaufkommen, anstatt es zu verringern. Aber die Langlebigkeit wirkt sich noch grundlegender auf das Teilen aus: Wenn die Fahrzeuge nicht spezifisch dafür gebaut sind, dem unablässigen Verschleiß zu widerstehen, gehen sie schneller kaputt.

Selbst die einfachsten Formen des Teilens werden durch die geplante Obsoleszenz untergraben, erklärt Julie Smith, die jahrelang den ältesten amerikanischen Werkzeugverleih in Columbus, Ohio, leitete. »Wir haben nicht das Gefühl, dass *irgendetwas* von dem, was wir heute kaufen, qualitativ besser ist als die älteren Dinge, die wir geerbt haben. Die Produkte sind einfach nicht mehr so gut. Das Metall ist nicht von derselben Art. Man kann eine Schaufel nur schleifen, wenn sie aus einem geeigneten Material besteht.«

Es gibt zwei Arten von Langlebigkeit, und mit der Erzeugung besserer Dinge kann man nur eine davon erreichen. Die andere betrifft uns selbst, das heißt die Langlebigkeit unserer Beziehung zu unseren Sachen.

Die Mülldeponien sind bereits mit langlebigen Konsumgütern gefüllt, die langsam von darüberliegenden Schichten weiterer langlebiger Güter zerdrückt werden. Jede Schicht weggeworfener Lampenschirme, Beistelltische, Fahrräder, Tastaturen, Pullover, Whirlpools, Spielkonsolen, Toiletten, Spielzeug usw., die oft vollkommen funktionstüchtig sind, veranschaulicht, dass das Problem nicht die Haltbarkeit unserer Sachen ist, sondern unser mangelndes Bedürfnis, an ihnen festzuhalten.

Die Konsumkultur wird seit Jahrzehnten von Neuigkeiten und der Neuheit beherrscht. Doch es gibt noch Dinge, die wir genauso oder sogar noch mehr lieben, wenn sie alt werden. Lederjacken, gusseiserne Pfannen, Bluejeans, Perserteppiche, antiquarische Uhren, die Gesichter der Schauspieler Benicio del Toro und Isabelle Huppert – die Zeit formt sie auf eine Art, die wir bewundern. Um eine Welt zu verstehen, die aufhört zu konsumieren, müssten wir diese Wertschätzung vergrößern. Wir müssten sie aus ihrem langen Dornröschenschlaf wecken.

Vor mehr als tausend Jahren entwickelte sich in Japan die Praxis des *wabi-sabi*. Der Begriff ist schwer zu übersetzen, aber er vermittelt sowohl nachdenkliche Melancholie als auch das Verstreichen der Zeit – das Gefühl, das uns bei einem Spaziergang durch Ruinen beschleichen kann. Der vertrauteste Ausdruck von *wabi-sabi* ist die Feier des Verblassten, mit Patina Überzogenen, Einfachen, Bescheidenen. Am klarsten kommt das in *kintsugi* zum Ausdruck, der 500 Jahre alten Kunst, beispielsweise eine zerbrochene Keramikschüssel zu reparieren, indem man die Bruchlinien nicht verbirgt, sondern mit goldenem oder silbernem Lack hervorhebt. Das Resultat ist ein leuchtendes Muster, das den zerbrochenen Gegenstand ebenso verlockend oder sogar noch reizvoller macht, als er im unversehrten Zustand war.

So wie fast alles wurde auch dieses Konzept von der Konsumkultur verschlungen. In Büchern wird das *Wabi-sabi*-Design als »Höchstmaß an Vollendung« gepriesen. Fort ist der windzerzauste Reiz eines Felds im Winter; seinen Platz haben makellos saubere, aufgeräumte Häuser eingenommen, die mit edlen Antiquitäten dekoriert sind, jene Art von Häusern, in denen man sich die Existenz von Kindern kaum vorstellen kann. Aber *wabi-sabi* kann sehr viel anspruchsvoller als das sein und das Fleckige und Angelaufene, das Abgenutzte und Schmutzige, ja sogar das Hässliche, Minderwertige oder Unvollständige beinhalten. Es ist kein Look und kein Stil, sondern eine Einstellung, die Schönheit im Unvollkommenen findet.

In einer Welt, die weniger konsumiert, werden die Dinge, die wir besitzen, älter werden. Eine größere Zahl unserer Sachen wird gebraucht und abgenutzt aussehen, weil wir sie nicht mehr so oft ersetzen. Das könnte leicht deprimierend wirken. Tatsächlich ist eine Erklärung für unsere gegenwärtige Besessenheit vom Neuen, dass sie uns davon abhält, über das Altern und den Tod nachzudenken. *Wabi-sabi* ist die Korrektur, die uns davon befreit, die Vergänglichkeit als bedrückend zu empfinden.

Der Architekt Adolf Loos sprach sich zu Beginn des 20. Jahrhunderts gegen stilistisch makellos eingerichtete Häuser aus und erklärte, ein Produkt gehöre uns erst wirklich, wenn es eine Geschichte habe und mit Geschichten verknüpft sei. Zu den denkwürdigsten Besitztümern in dem Haushalt, in dem Loos aufwuchs, gehörte ein Tisch, den er als verrückten hölzernen Flickenteppich beschrieb, der mit scheußlichen Ornamenten verziert war. »Aber es war unser Tisch, *unserer!*«, betonte er. Wenn Dinge nicht dafür gemacht sind, die Zeit zu überdauern, oder wenn wir sie ersetzen, sobald sie nicht mehr neu oder modisch aussehen, büßen wir die Chance ein, eine solche Verbindung zu ihnen herzustellen.

Wabi-sabi ist die Geisteshaltung, die der Vergangenheit einen Platz in der Gegenwart gibt, aber es kann auch eine Zukunftsvision sein. Während eines Aufenthalts in Amsterdam besuchte ich den Sitz von Fairphone, einem Unternehmen, das Mobiltelefone anbietet, die dafür gemacht sind, lange zu halten. Diese Handys sind modular, das heißt leicht zu zerlegen: Die Leute von Fairphone zeigten mir, wie ein zerbrochener Bildschirm ersetzt oder eine ältere Kamera in weniger als einer Minute aktualisiert werden kann. Das Unternehmen bietet den Software- und Sicherheitssupport auch für einen längeren Zeitraum an als die großen Telefonhersteller. Unter Fairphones Kunden sind viele, die den kurzen Austauschzyklus von Mobiltelefonen für verschwenderisch halten. Aber das Unternehmen hat auch eine andere Art von Dekonsumenten entdeckt. Zahlreiche Leute, die ihr altes Smartphone gegen das neueste Modell eintauschen, tun das mit gemischten Gefühlen. Sie haben eine Beziehung zu dem Gerät entwickelt – zu seinen Kerben, Kratzern und Dellen, dazu, wie es in der Hand liegt – und wollen es nicht aufgeben. Fairphone bietet diesen Kunden an, wonach sie suchen: ihr altes Gerät, das neue Tricks erlernt.

In der Science-Fiction spielt die Ästhetik des Abgenutzten, Verstaubten, Verwitterten und notdürftig Zusammengeflickten eine zentrale Rolle. Die riesigen Hologramme, die in *Blade Runner 2049* über schummrigen Straßen hängen, Neos zerrissenes Sweatshirt mit den Löchern am Kragen in *Matrix* und der bleibende Reiz des Steampunk mit seiner Collage von Fischbeinkrinolinen und Quantencomputern, Zeppelinen und Raumfähren sind allesamt *wabi-sabi*. Dasselbe gilt für das *Star-Wars*-Universum mit seinen Raumschiffen, die Ähnlichkeit mit den Klapperkisten der Siebzigerjahre haben, mit seinen schmuddeligen Bars, seinen in geflickte und ausgefranste Kimonos gehüllten Helden, einem tausend Jahre alten Stil. Der Animationsfilm *Wall-E* spielt in einer Welt, die eine einzige Geisterstadt ist und sich trotzdem eher wie unsere Heimat anfühlt als die schimmernden Kolonien im Weltraum, in denen die Menschen leben. »Es ist die Schönheit des Verfalls«, sagte der Kameramann Jeremy Lasky einmal, »so wie wenn du verlassene alte Gebäude betrittst.«

In einer Welt, die aufgehört hat einzukaufen, könnten wir die Dinge nicht nur so bauen, dass sie lange leben, sondern auch so, dass sie anmutig altern. Doch zuerst müssten wir eine schwierigere Aufgabe bewältigen: Wir müssten die Dinge, die uns bereits umgeben, all diese vollkommen wirkenden Artefakte eines Zeitalters des schönen Abfalls, mit einer Einstellung des *wabi-sabi* betrachten. Lampen, die kaum die Glühbirnen halten, Barhocker, die auf wackeligen Füßen stehen, Betten, die quietschen und knarren. Wie lange haltbar könnten wir sie machen? Könnten wir sie endlich lieb gewinnen? Das erste Symbol einer Zukunft des *wabi-sabi* wird vielleicht kein charmanter Stoffbeutel sein, der unsere Plastiktüten ersetzt hat, sondern eine Plastiktüte, die geflickt wurde, damit sie uns noch ein wenig länger dienen kann.

12

Die Fast Fashion darf nicht herrschen, aber sie muss nicht unbedingt sterben

Fast Fashion ist unvereinbar mit einer Welt, in der wir weniger Dinge kaufen werden, die von besserer Qualität sein werden. Sie ist das beste Beispiel für die Methode, immer mehr und immer schlechtere Produkte zu verkaufen.

Wie die Historiker herausgefunden haben, gab es bereits im 14. Jahrhundert etwas, das als Mode bezeichnet werden könnte, etwas, das sich im Lauf der Zeit wandelte und mit dem man Schritt halten sollte. Doch es vergingen noch einige Jahrhunderte, bevor in Läden verkaufte Konfektionskleidung die selbst gemachte oder maßgeschneiderte Kleidung ersetzte. Noch vor hundert Jahren war es üblich, dass ein Mann im selben Anzug »verheiratet und beerdigt« wurde oder dass eine Frau von ihrer Mutter und ihren Großmüttern geerbte Kleidung trug. Erst Mitte der 1960er-Jahre beobachteten die Forscher eine von der Massenproduktion und den Massenmedien angetriebene Beschleunigung der Modezyklen.

Wir riefen nicht nach der Fast Fashion. Sogar die erste detaillierte Studie über die Modebranche, die der deutsche Wirtschaftshistoriker Werner Sombart im Jahr 1902 veröf fentlichte, räumte mit dem Mythos auf, die Mode folge dem Geschmack der Konsumenten und nicht umgekehrt. »Die treibende Kraft hinter der Erzeugung neuerer Mode ist sehr viel eher der kapitalistische Unternehmer«, schrieb Sombart. »Der Beitrag der Pariser Kokette und des Prinzen von Wales ist auf eine Art von vermittelnder Unterstützung beschränkt.« Das gilt genauso für die heutige Social-Media-Influencerin und den Hip-Hop-Promi, wenn man ihre Bedeutung mit der einer Industrie vergleicht, welche die Farben des Jahres und die Rocklänge so lange im Voraus wählt, dass sie entweder eine außergewöhnliche Fähigkeit besitzt, die Gedanken der Konsumenten zu lesen, oder die Macht hat, darüber zu entscheiden, welcher Stil als Nächstes angesagt sein wird.

Aber obwohl wir nicht um die Fast Fashion baten, nahmen wir sie mit Begeisterung auf. Die Zahl der Kleidungsstücke, die im Lauf eines Jahres verkauft werden, hat sich in nur 15 Jahren verdoppelt. Mittlerweile übersteigt sie 100 Milliarden Artikel, das sind etwa 15 Bekleidungsartikel pro Erdbewohner im Jahr. Natürlich sind die Kleidungskäufe nicht gleichmäßig verteilt. Trotz eines rasant steigenden Absatzes in Ländern wie Brasilien, China, Indien und Mexiko kaufen die Konsumenten in den reicheren Ländern nicht nur sehr viel mehr Kleidung, sondern erhöhen ihren Konsum weiter.

Die Kleidung selbst ist überwiegend Abfall in spe. Journalisten der *New York Times* fiel es nicht schwer, in den USA, Großbritannien und Australien junge Frauen zu finden, die glaubten, man dürfe sich außer Haus eigentlich nicht zweimal in derselben Kleidung zeigen. »Wenn ich etwas nur einoder zweimal anziehen werde, muss ich versuchen, möglichst billige Kleidung zu kaufen«, sagte eine 16-jährige Engländerin aus Wilmslow, die jeden Tag im Internet einkauft. Es ist eine Rückkoppelungsschleife entstanden, in der niedrigere

Preise die Konsumenten ermutigen, ihre Garderobe immer schneller zu erneuern, was wiederum die Unternehmen ermutigt, Kleidung herzustellen, die nur ein paarmal getragen werden kann, bevor sie sich auflöst. Die Lebensdauer von Kleidungsstücken wurde im 21. Jahrhundert schneller als je zuvor verkürzt.

Sollten Sie angesichts der zunehmenden Verbreitung von Kleidung, die als »grün«, »nachhaltig« oder »bio« beworben wird, den Eindruck gewonnen haben, dass sich die Situation bessert, so seien Sie versichert, dass es nicht so ist. Wenn sich der vor der Pandemie beobachtete Trend fortsetzt, wird die Textilindustrie 2050 dreimal so groß sein wie heute. Es gibt keinen Grund zu der Annahme, dass die Mode nicht noch schneller wechseln kann. Vielmehr hat eine neuere Studie der Consultingfirma McKinsey & Company gezeigt, dass die vorrangige Priorität der Manager in der Modebranche darin besteht, den Zyklus weiter zu beschleunigen. Die heutige Geschwindigkeit des Modezyklus und der geringe Preis der Kleidung bewirken, dass sich die gesellschaftlichen Normen rasch wandeln und dass Kleidung, die aussieht, als wäre sie gerade erst aus dem Laden gekommen, zur Norm wird. Wir verlieren die Toleranz gegenüber Hinweisen darauf, dass jemand in seiner Kleidung gelebt hat.

In einem Bericht aus dem Jahr 2017 bezeichnete die britische Ellen MacArthur Foundation »die Erhöhung der durchschnittlichen Gelegenheiten, bei denen Kleidung getragen wird«, als vielleicht beste Methode, um die schädlichen Auswirkungen der Textilindustrie auf die Umwelt zu verringern. Trügen wir beispielsweise jedes Kleidungsstück doppelt so oft wie heute, so würde dies die klimaschädliche Wirkung der Bekleidungsindustrie fast halbieren. Würde die weltweite Textilproduktion für ein Jahr eingestellt, so bewirkte dies genauso viel wie ein Stopp des gesamten internationalen Flugverkehrs und der Güterbeförderung auf dem Seeweg für den gleichen Zeitraum.

Doch wieder einmal stehen wir vor einem Dilemma, denn der Lebensunterhalt von Millionen Menschen hängt von der Herstellung dieser Kleidung ab. Die meisten dieser Arbeitskräfte leben in ärmeren Ländern, die auf die Textilindustrie angewiesen sind. Der größte Bekleidungsproduzent ist China, der zweitgrößte Bangladesch, wo auf einer Fläche, die nicht viel größer ist als die Griechenlands, halb so viele Menschen leben wie in den Vereinigten Staaten. In Bangladesch beschäftigt der Textilsektor mehr als ein Drittel der Arbeitnehmer in der Industrie und hat einen Anteil von 85 Prozent an den Exporten. In einem Land, in dem ein Fünftel der Einwohner unter der nationalen Armutsgrenze leben, gibt die Textilindustrie mehr als vier Millionen Menschen Arbeit. 60 Prozent dieser Arbeitskräfte sind Frauen.

Gerade zu der Zeit, als sich das Coronavirus in aller Welt auszubreiten begann, sprach ich Fabrikbesitzer in Bangladesch an. Abdullah al Maher antwortete mir, als hätte er schon auf meinen Anruf gewartet. Maher leitet Fakir Fashion, einen Strickwarenhersteller, der für große Marken wie H&M, Zara, Pull & Bear, C&A, Esprit, Gina Tricot und Tom Tailor produziert. Maher erklärte mir, dass die mehrstöckige Fabrik von Fakir Fashion, die in Narayanganj, einer Ortschaft am östlichen Rand der Hauptstadt Dhaka, an einer engen Straße steht, mehr als 12 000 Menschen Arbeit gibt. In den Spitzenzeiten des Modezyklus erzeugt das Unternehmen unglaubliche 200 000 Artikel *täglich*. Und es fügt weitere Produktlinien hinzu. Fakir Fashion und seine Arbeiter scheinen vollkommen davon abzuhängen, dass wir weiterhin konsumieren wie bisher.

Ich fragte Maher, was geschähe, wenn der Konsum plötzlich stillstände. Was würde passieren, wenn die Konsumenten in aller Welt plötzlich den Rat jener Kritiker befolgten, die uns mahnen, wir sollten weniger Kleidung kaufen, um die Umweltauswirkungen der Textilindustrie zu verringern?

Maher dachte eine Weile nach. Dann antwortete er im Tonfall von jemandem, der ein Geheimnis verrät: »Wissen Sie, das wäre gar nicht so schlimm.«

Fakir Fashion gehört der Familie Fakir, deren Name von der muslimischen Tradition der Fakire abgeleitet ist, die ein Leben der spirituellen Hingebung führen und sich nicht von Besitztümern ablenken lassen. Der Wandel der Zeiten ließ diese Karriere aus der Mode kommen. »Sie sollten nicht in die Industrie gehen. Sie sollten in den Dschungel gehen und zu den Tieren predigen«, erklärte Maher lachend. »Aber dann wurde ihnen klar, dass man Geld braucht, um das tun zu können.«

Die Textilindustrie in Bangladesch hat eine lange – und schmerzhaft widersprüchliche – Geschichte. Jahrhundertelang war die Region um Dhaka berühmt für die Qualität ihrer handgewobenen Seiden- und Baumwollstoffe. Eine Bahn der besten Gewebe, die Namen wie »Fließendes Wasser« oder »Gewebte Luft« trugen, konnte zwei Weber ein Jahr kosten, wobei sie nur zu arbeiten vermochten, wenn die Luft feucht genug war, sodass die feinen Fäden nicht brachen.

Die Baumwolle war möglicherweise das erste Produkt des globalen Konsumzeitalters. Mitte des 17. Jahrhunderts war die Kleidung im Westen überwiegend farblos, denn Wolle und Leinen waren nicht leicht zu färben, und Seide war teuer. Am Ende jenes Jahrhunderts brachten Millionen importierte Chintzbahnen – in leuchtenden Tönen gefärbte und bedruckte Baumwolle aus der Region, in der heute Indien und Bangladesch liegen – zunächst in England und anschließend in ganz Europa der Oberschicht und später der breiten Öffentlichkeit farbenfrohe Modekleidung. Diese »Kleiderrevolution«, wie es der Historiker Frank Trentmann ausdrückt, brachte die vertrauten Muster des modernen Konsums hervor: erschwingliche Mode, schnellere Änderungen des Looks, kürzere Lebensdauer der Kleidung. Die Konsumkultur beschleunigt sich oft auf diese Art: Ein Funke echten Entzückens löst einen unkontrollierbaren Flächenbrand aus.

Im 18. Jahrhundert änderten sich die Kräfteverhältnisse im Handel mit Europa. Viele europäische Länder verboten die Einfuhr von Baumwolle aus Südasien, um eine eigene Textilindustrie aufzubauen. In der industriellen Revolution, die im Textilsektor begann, eroberte Großbritannien den Markt mit noch billigeren, im Überfluss erzeugten Stoffen und Kleidungsstücken. Die Industrie wuchs mit der Macht des britischen Empire. Bangladesch sollte erst Ende der Siebzigerjahre des 20. Jahrhunderts wieder ein wichtiger Bekleidungsproduzent werden. Seitdem hat sich das Land, das einst die besten Textilien der Welt hervorbrachte, zum Inbegriff der billigsten und schnellsten Mode gewandelt.

Yousuf Ali Fakir, der Großvater des gegenwärtigen Firmenchefs, leitete die Hinwendung der Familie zur Textilproduktion mit seinem Einstieg in den Jutemarkt ein. Dieses grobe Textil wird zu Seilen, Schnüren und Sackleinen verarbeitet. Seine Söhne zählten in den Achtzigerjahren zu den Pionieren der Konfektionsmodeindustrie Bangladeschs. Im Jahr 2009 gründeten drei Brüder aus der gegenwärtigen Generation – Fakir Badruzzaman, Fakir Kamruzzaman Nahid und Fakir Wahiduzzaman Riyead – Fakir Fashion, das sie zu einem der größten Strickwarenhersteller der Welt, aber auch zu einem Modell für soziale und Umweltverantwortung machen wollten. Wenig mehr als ein Jahrzehnt später hat das Unternehmen eine harte Lektion gelernt. »Niemand bezahlt dafür«, sagte Maher. »Man interessiert sich einen Dreck dafür.«

Maher ist ein lebhafter, freundlicher Mann, der jedoch keinen Hehl aus seiner Geringschätzung der Modebranche macht. Er kennt das Thema aus persönlicher Erfahrung, denn er hat in fast allen Bereichen der Bekleidungsbranche gearbeitet – unter anderem leitete er jahrelang die Geschäfte von Sears in Bangladesch. Zu Beginn seiner Karriere lernte er den Bereichsleiter eines amerikanischen Konzerns kennen, der im besten Hotel Dhakas abstieg und sich über die Qualität des Flaschenwassers beschwerte. »Genau hinter dem Hotel lag ein Elendsviertel, das auf Marschland errichtet worden war, mit Häusern auf Bambuspfählen. Die Einwohner tranken das Wasser aus den Seen und Flüssen und arbeiteten in denselben Fabriken, von denen er später an diesem Tag Preissenkungen verlangte«, erzählte Maher. In seinen Studienjahren beschäftigte er sich mit Charles Dickens' Beschreibungen der Ungleichheit und Ungerechtigkeit in viktorianischer Zeit. »Die Geschichten haben sich nicht geändert.«

In den letzten zwanzig Jahren wurde Maher Zeuge, wie sich dieses Muster ein ums andere Mal wiederholt. Die großen Bekleidungsmarken setzen die Hersteller in Bangladesch unter Druck, damit diese die Preise senken, gleichzeitig die Bestellungen schneller liefern und unablässig die Arbeitsbedingungen und die Umweltschutzmaßnahmen verbessern. Fakir Fashion führte Projekte durch, um seine Abwässer zu reinigen, Regenwasser zu sammeln, die Sonnenenergie besser zu nutzen, seiner Belegschaft Kantinenessen und Kinderbetreuung anzubieten, Arbeitskräfte mit Behinderungen einzustellen, in der Umgebung Schulen zu errichten usw. Es ist dem Unternehmen nicht gelungen, die Kosten dieser Verbesserungen an die Modemarken oder Konsumenten weiterzureichen, die weiterhin mehr für weniger Geld verlangen.

Eine alte Redensart besagt: Wenn etwas zu billig ist, bezahlt jemand anderer dafür. Mahers Beschäftigte arbeiten sechs Tage in der Woche und verdienen zwischen 120 und 140 Dollar im Monat – diese Löhne sind nicht nur im weltweiten Vergleich, sondern auch gemessen an den Maßstäben Bangladeschs niedrig. Ihre Arbeit wird durch jede weitere Beschleunigung des Fast-Fashion-Zyklus anstrengender. Jenseits der Fabriktore leiden diese Arbeitskräfte unter den Umweltfolgen der Sparmaßnahmen, die notwendig sind, um die Wettbewerbsfähigkeit der Industrie des Landes aufrechtzuerhalten. Die Luft in Narayanganj, das einst als »Dundee des Ostens« bekannt war, hat normalerweise einen graubraunen Schleier und kann bei ausländischen Besuchern Übelkeit verursachen – die Stadt zählt zu denen, über denen sich während der Lockdowns in der Pandemie wie durch Zauberei ein blauer Himmel auftat. Bangladesch gehört zu den Ländern, die vom Klimawandel besonders schwer getroffen werden, obwohl seine Kohlenstoffemissionen pro Einwohner sehr viel niedriger sind als die reicherer Länder. (Beispielsweise machen sie nur ein Fünfundzwanzigstel der Emissionen Deutschlands und Japans und etwa ein Vierzigstel der Emissionen der USA und Kanadas aus.) Der Großteil des Staatsgebiets wird von riesigen Flussdeltas eingenommen. Das Schwemmland liegt nur wenig über dem Meeresspiegel, womit das Land besonders gefährdet durch ein beschleunigtes Abschmelzen der Gletscher, häufigere und stärkere

Zyklone und den Anstieg des Meeresspiegels ist. Chittagong, die Stadt, in der Maher die Universität besuchte, wird mittlerweile in mehreren Monaten jedes Mal, wenn die Flut steigt, zu 60 Prozent überflutet. »Die Gezeiten steigen und sinken in den Häusern«, erklärte Maher. »Es wird zu einem neuen Venedig, nur dass dieses Venedig keine Besucher anlockt. Niemand will im verseuchten, schmutzigen Wasser dieser Stadt sterben.«

Doch die größte Sorge macht Maher ein weniger sichtbarer Schaden: die kränkende Erfahrung, dass die von seinem Unternehmen erzeugte Kleidung für Preise verkauft wird, die zeigen, welch geringer Wert ihr beigemessen wird. »Die Generation Z und die Millennials verlangen ethische Produkte«, führt er aus. »Aber wenn sie ein Fast-Fashion-T-Shirt für vier oder zwei Dollar kaufen, fragen sie nie: ›Wie konnte dieses T-Shirt für diesen Preis in Berlin, London oder Montreal in den Laden gebracht werden? Wie wird die Baumwolle für vier Dollar angebaut, entkörnt, gesponnen, gewebt, gefärbt, bedruckt, genäht, verpackt, verschickt?‹ Sie machen sich nie bewusst, auf wie viele Menschen sich ihr Leben auswirkt, weil das von ihnen für die Kleidung ausgegebene Geld nicht genügt, um die Löhne dieser Menschen zu bezahlen.«

Ich fragte Maher, um wie viel der Preis steigen müsste, um etwas zu bewirken. Die erste Zahl, die ihm in den Sinn kam, überraschte mich: zwei Cent – ein Betrag, der so gering ist, dass er in vielen Ländern auf die nächste Dezimalstelle auf- oder abgerundet wird. Könnte Maher zwei Cent mehr pro Kleidungsstück an seine Arbeitskräfte weitergeben, könnte er jeder zwei zusätzliche Tageslöhne pro Monat bezahlen (das entspräche einer Lohnerhöhung um 7 bis 8 Prozent). Alternativ dazu würde ihm der Anstieg um zwei Cent die Möglichkeit geben, weniger Artikel herzustellen – er könnte

die Qualität der Kleidung erhöhen oder einfach den Arbeits-
rhythmus verringern –, ohne dass jemand seinen Arbeitsplatz oder sein Einkommen einbüßte. Man stelle sich vor,
was man erreichen könnte, wenn die Konsumenten bereit
wären, pro Kleidungsstück zehn Cent mehr zu bezahlen.

Bemerkenswert ist, dass die selben Fast-Fashion-Kräfte,
die Maher am unteren Ende der Wertschöpfungskette im
Bekleidungsmarkt zur Verzweiflung bringen, auch die Bemühungen jener vereiteln, die Kleidung für eine Dekonsumökonomie herstellen wollen. Auf der anderen Seite der Erde, in
der sauberen Atlantikluft von Providence auf Rhode Island,
verkaufen Amanda Rinderle und ihr Ehemann Jonas Clark
Anzughemden von derart guter Qualität, dass sie zehn Jahre
oder länger getragen werden können. Leider müssen sie mit
dem System konkurrieren, das Maher so gut kennt.

Als Rinderle und Clark im Jahr 2013 das Konzept für ihre
Marke Tuckerman & Co. entwickelten, hofften sie, in den
Vereinigten Staaten angebaute und verarbeitete Ökobaum-
wolle verwenden zu können, um auf amerikanischem Boden
langlebige Hemden zu erzeugen. Doch da sich die meisten
Unternehmen der Bekleidungsindustrie auf die schnelle Produktion billiger Wegwerfprodukte konzentrieren, stellte alles,
was Tuckerman zu tun versuchte, eine Herausforderung dar.

Für ein langlebiges Anzughemd braucht man Baumwolle
mit einer großen Faserlänge, die einen dünneren, stärke-
ren Faden liefert. In den Vereinigten Staaten wird sehr viel
Baumwolle produziert, aber die Nachfrage nach biologisch
angebauter Baumwolle – die einen Marktanteil von etwa
1 Prozent hat – sowie nach Baumwolle mit hoher Faserlänge
ist so gering, dass Tuckerman eine globale Lieferkette nutzen
musste. Es waren allein 500 Telefonate nötig, um eine Fabrik
zu finden, die sowohl ein Gewebe entsprechend Tuckermans

Standards herstellen konnte als auch bereit war, zwischen herkömmlicher und biologischer Baumwolle hin- und herzuspringen, um die Aufträge dieses Unternehmens ausführen zu können. Dieser Hersteller war die norditalienische Albini-Gruppe, ein Familienunternehmen, das seit fünf Generationen Baumwollstoffe erzeugt. »Der einzige Ort, an dem wir den Stoff bekommen, wahrscheinlich der beste Hersteller der Welt«, sagt Amanda Rinderle, die die Geschäftsführung bei Tuckerman übernommen hat.

Der Fixierstoff – das Material, das Krägen und Manschetten ihre Struktur gibt – wird weltweit von nicht einmal einer Handvoll Unternehmen angeboten; Tuckerman entschied sich für einen Hersteller in Deutschland. Langlebige Knöpfe aus Steinnuss, einem erneuerbaren pflanzlichen »Elfenbein«, fand man in Panama. Zumindest das Endprodukt konnte in den Vereinigten Staaten gefertigt werden; das übernahm die Firma Gambert Shirts in Newark. Das Ergebnis waren Hemden, die 195 Dollar das Stück kosten. Walmart bietet Anzughemden für 15 Dollar an. Viele der von ihm verkauften Kleidungsstücke werden in Bangladesch hergestellt.

Ein hochwertiges Hemd ist eine gute Investition: Trägt man ein Tuckerman-Hemd fünf Jahre lang einmal in der Woche, so kostet es rund 75 Cent pro Woche, was ein besseres Geschäft ist, als würde man ein 60-Dollar-Hemd kaufen und nach einem Jahr wegwerfen – und es ist ein sehr viel besseres Geschäft als ein 15-Dollar-Hemd, das man wegwirft, nachdem man es zehnmal getragen hat. Dennoch können oder wollen viele Konsumenten nicht 195 Dollar für ein Hemd aufbringen. Es ist eine Tatsache, dass Konsumenten in aller Welt finanziell von der schnelleren Mode profitiert haben. In Ländern wie Großbritannien und den USA ist der Anteil der Kleidung an den Haushaltsausgaben von etwa 18 Prozent gegen Ende des 20. Jahrhunderts auf 5 Prozent oder weniger in der Gegenwart gesunken. Nach Angabe des amerikanischen Statistikamts wurden die so frei gewordenen Mittel in erster Linie verwendet, um die steigenden Wohnkosten zu bestreiten und »nicht notwendige Güter« zu bezahlen: alles von Wochenendtrips bis zu gewöhnlichen Dingen, die unsere Häuser und Gerümpelkammern füllen.

»Es ist uns bewusst, dass unser Preis hoch ist«, erklärt Rinderle. Sie würde ihn gerne auf 100 Dollar senken, aber das wäre nur möglich, wenn Tuckerman & Co. der Modeindustrie, die es herausfordern wollte, ähnlicher wird: Das Unternehmen könnte seine Hemden im Ausland von billigeren Arbeitskräften nähen lassen und weniger biologisches und erneuerbares Material verwenden. »So leid es mir tut, das sagen zu müssen: Es wäre schwierig, 100 Prozent dessen, was wir hier machen, zu konkurrenzfähigen Preisen anzubieten.«

Als das Coronavirus zuschlug, wurden die Auswirkungen eines Konsumstopps rasch real. Wie Paul Dillinger von Levi's vorhergesagt hatte, begann die Industrie zu zerfallen: Allein in Bangladesch wurden mehr als eine Million Textilarbeiter entlassen. Nach Angaben des Worker's Rights Consortium, das sich für menschenwürdige Arbeitsbedingungen in der Industrie einsetzt, weigerten sich die meisten führenden Marken sogar, die Bestellungen zu bezahlen, die gerade ausgeführt wurden oder schon für den Versand vorbereitet worden waren; erst ein öffentlicher Aufschrei der Empörung bewegte sie dazu, ihren Verpflichtungen nachzukommen.

Als die ersten Lockdowns aufgehoben wurden, sprach ich erneut mit Maher. Ich fragte mich, ob er sich immer noch nach einem Kurswechsel in der Textilindustrie sehnte, nachdem er gesehen hatte, welchen Schaden ein Konsumstopp seinem Land zufügte. In der beginnenden Vormittagshitze wenige Wochen vor Beginn des Monsuns war Maher so unerschütterlich fröhlich wie eh und je. »Indem du die Fast Fashion in dein Land holst, schadest du deinem Land auch«, sagte er.

Die größte Gefahr für die Bekleidungsindustrie sieht Maher nicht in einer Verringerung des Konsums, sondern in der Unfähigkeit, einen Weg zur Drosselung des Konsums zu finden. In einer Welt, in der Milliarden Menschen bereits genug Kleidung besitzen, besteht die einzige Möglichkeit, sie weiter zum Kaufen zu bewegen, darin, unnötige Nachfrage zu wecken. Und unnötige Nachfrage erzeugt man, indem man die Modetrends beschleunigt. Das tut man, indem man Kleidung erzeugt, die so billig ist, dass der Konsument öfter und mehr davon kaufen kann. Und die einzige Möglichkeit, billige Kleidung zu erzeugen, besteht darin, bei Qualität, Arbeitsbedingungen, Löhnen oder Umweltschutz zu sparen – das Desaster des Alltagslebens, das Bangladesch seit Jahren kennt.

Der Übergang zu einer Welt, die weniger Kleidung konsumiert, wäre für Bangladesch schmerzhaft. Selbst für den Fall, dass dessen Industrie weniger, aber bessere Kleidung erzeugte, für die höhere Preise verlangt werden könnten, bezweifelt Maher, ob die 6000 Fabriken des Landes weiterhin genauso vielen Menschen Arbeit geben könnten wie bisher. »Vielleicht sollte es nur 4000 Fabriken geben, oder 3000.« Aber sie würden menschenwürdige Löhne zahlen, die Umwelt weniger verschmutzen und weniger Ressourcen verschwenden, und sie würden sich nicht mit Gier und Geschwindigkeit, sondern mit Qualität und Effizienz im Wettbewerb behaupten. »Es wird kein Wettrennen im Hamsterrad mehr geben. Es wird ein wirkliches Wettrennen sein.«

Dass die Fast Fashion in einer Welt ohne Konsum schrumpfen würde, bedeutet nicht, dass sie vollkommen verschwände. Es gibt bereits Hinweise darauf, in welcher Weise sie sich verwandeln könnte.

Als ich den Firmensitz von Trove besuche, wirkt das Unternehmen zunächst wie ein stereotypes Start-up. Es ist in einem kleinen Gewerbepark untergebracht, der im Umland von San Francisco zwischen eine künstliche Lagune und den Bayshore Freeway gezwängt wurde. Manchmal fliegen tatsächlich Geier über die Anlage. Andy Ruben, der Gründer von Trove, scheint jeden Mitarbeiter im Lager mit Namen zu kennen – obwohl dies im amerikanischen Businessjargon kein Lager ist. Wir sind in einem »Fulfillment Center«.

Zehn Jahre war Ruben ein Managementwunderkind bei Walmart – er bezeichnet dieses Unternehmen als »Herz der Bestie«, wobei die Bestie die Konsumkultur ist. Als Vorkämpfer der Nachhaltigkeit im weltgrößten Einzelhandelskonzern sah er, wie schwierig es ist, unser Konsumverhalten zu ändern. Er setzte sich für energieeffiziente Lampen ein – nur um feststellen zu müssen, dass sich die Zahl der Lampen dank der Einsparungen im typischen amerikanischen Haushalt fast verdoppelte (von 35 auf mehr als 60). Er sah, dass man statt einer Bohrmaschine mit eingebautem Verfallsdatum eine langlebige Bohrmaschine anbieten konnte, aber das änderte nichts daran, dass es inhärent verschwenderisch war, Millionen amerikanischen Haushalten ihre eigenen Bohrmaschinen zu geben, die in vielen Häusern praktisch nie zum Einsatz kamen. »Wir machten immer drei Schritte vorwärts und manchmal zwei, manchmal vier rückwärts«, erinnert er sich.

Ruben verließ Walmart mit einem klaren Ziel: Er wollte den Kauf neuer Produkte um 25 Prozent verringern. Er wollte die Welt dazu bringen, auf ein Viertel ihres Konsums zu verzichten.

Seine gegenwärtige Firma Trove arbeitet hinter den Kulissen. »Wenn ich alles, was ich gelernt habe, auf das Wesentliche reduziere, dann bleibt ein ums andere Mal *Reibung* übrig. Wenn etwas zu schwierig ist, funktioniert es nicht.« Die Klienten des Unternehmens, darunter Nordstrom, Levi's, Patagonia, REI und die Damenmodenfirma Eileen Fisher, entwickeln mit Unterstützung von Trove Systeme, die es den Kunden leicht machen, Produkte zurückzugeben, die sie nicht mehr wollen. Diese Produkte werden zu Trove gebracht, wo man sie prüft, reinigt und repariert, um sie anschließend über die Websites und Filialen der Hersteller mit einem Preisnachlass erneut zu verkaufen.

Trotz großer öffentlicher Aufmerksamkeit ist der Markt für Secondhandmode weiterhin klein: Er macht weniger als 10 Prozent des Gesamtabsatzes aus, und das einschließlich der Kleidervermietung. Dennoch werden auf diesem Markt 30 Milliarden Dollar umgesetzt, Tendenz steigend; er war einer der Sektoren, deren Umsatz in der Pandemie stiegen. Natürlich ist der Wiederverkauf gebrauchter Kleidung kein neues Konzept. Neu ist jedoch, dass die Produkte, die bei Trove durchgeschleust werden, nicht »gebraucht« oder wie Güter »aus zweiter Hand« wirken. Im Warenlager herrscht keine Atmosphäre wie im Gebrauchtwarenladen. Dies ist eine weitere Lehre aus der heutigen Konsumkultur: Die Kleidung fließt so schnell durch unser Leben, dass der Unterschied zwischen Neuem und Gebrauchtem oft kaum noch zu erkennen ist.

Die Marken, mit denen Trove arbeitet, legen hohe Maßstäbe an: Eileen Fisher zum Beispiel will nur Kleidung erneut verkaufen, die in »perfektem Zustand« ist, ohne sichtbare

Flecken, Löcher oder andere Gebrauchsspuren. Das gilt für mehr als die Hälfte der Artikel, die zurückgebracht werden. Bei vielen Produkten, die an Trove geliefert werden, sind noch nicht einmal die Preisschilder entfernt worden – eigentlich dürfte man solche Artikel nicht als »gebraucht« bezeichnen. Die Schränke und Keller der Amerikaner sind so wie die Schränke und Dachböden rund um den Erdball ein riesiges Lagerhaus voller unbenutzter und ungeliebter Dinge – ein weltumspannendes *Un*fulfillment Center.

Trove bewegt mittlerweile jedes Jahr Hunderttausende Kleidungsstücke (»Es ist nicht länger nichts«, sagt Ruben), aber auch dieses Geschäftsmodell wird von der Konsumkultur ausgehöhlt. Da wiederverkaufte Artikel normalerweise billiger sind, versetzen sie manche Konsumenten einfach in die Lage, noch mehr Dinge zu kaufen, und wer Produkte für den Wiederverkauf zurückbringt, erhält oft einen Geschenkgutschein, den er gegen Neues eintauschen kann. Dennoch schätzt Ruben, dass mindestens 70 Prozent des Umsatzes tatsächlich den Kauf eines neuen Produkts durch den Erwerb eines gebrauchten ersetzen. Als Beleg dafür verweist er auf die Tatsache, dass Patagonia erwartet, im Jahr 2023 mindestens 10 Prozent seiner Einnahmen mit dem Verkauf von Secondhandprodukten zu erzielen. Da die Preise für Gebrauchtes niedriger sind, muss das Unternehmen sehr viel mehr davon verkaufen, um einen entsprechend großen Anteil seines Gesamtumsatzes damit zu erzielen. Das bedeutet, dass in wenigen Jahren jedes fünfte Produkt, das Patagonia liefert, zum zweiten – oder dritten oder vierten – Mal verkauft wurde.

Das Ziel ist nach Aussage der Befürworter des Wiederverkaufs, den Konsum zum *Fließen* zu bringen: Die Güter sollen in unser Leben kommen, wenn wir sie brauchen, und es wieder verlassen, wenn wir sie nicht mehr brauchen. Historisch ist das keineswegs ungewöhnlich. In der Renaissance brachten in Italien sogar sehr wohlhabende Personen unentwegt Kleidung zum Pfandleiher und holten sie wieder ab, je nach Bedarf und Einkommen. Besonders modische Kleidung wurde mit Misstrauen betrachtet, da sie ihren langfristigen Wert in dem Moment verlieren würde, in dem sich der Trend änderte. (Diese Tradition verschwand nie vollkommen; während der Pandemie erlebte die Verpfändung von Gütern für kleine Kredite in Italien eine Renaissance.) Karl Marx mietete während seiner Jahre als wirtschaftlich notleidender junger Ökonom seine Anzüge, und im 17. und 18. Jahrhundert verkauften viele Läden sowohl neue als auch gebrauchte Güter. Noch in den 1970er-Jahren war es sogar in wohlhabenden Familien üblich, Kleidung, Spielzeug und Möbel weiterzureichen. Der heutige Güterkreislauf passt zu Konsumenten, deren Leben mit Dingen angefüllt ist, die unentwegt in Bewegung sind und viel reisen und die oft nicht in großen Häusern am Stadtrand oder auf dem Land wohnen, sondern in Stadtwohnungen.

Auch der Güterfluss verursacht Umweltkosten. Der Wiederverkauf fügt dem Leben eines Produkts zusätzlichen Transport, Handhabung und andere Logistikabläufe hinzu. Aber er ersetzt – zumindest in der Theorie – die gesamte Lieferkette für Rohmaterial und Erzeugung, die uns neue Dinge bringt. Er wird oft als Zugangssystem im Gegensatz zu einem Eigentumssystem bezeichnet, obwohl der Käufer im spezifischen Modell von Trove jeden Gegenstand tatsächlich besitzen wird, sei es für einen Tag oder ein Leben. Weitere Modelle sind Miete, ein Abonnement bei einem Pool von Artikeln oder Tauschnetzwerke. Gemeinsam geben sie ein Versprechen, das auf den ersten Blick unrealistisch scheint:

Wir können sehr viel weniger Ressourcen verbrauchen und trotzdem genauso schnell oder sogar schneller als bisher Artikel erwerben und wieder loswerden. »Es gäbe weniger Produkte, aber es kämen die ganze Zeit Produkte in unser Leben oder verließen es wieder.« Ruben lächelt ein wenig verschlagen. »Wenn wir einen Strom von Artikeln erzeugen können, können wir vielleicht sehr viel *mehr* konsumieren.«

Cyndi Rhoades möchte einen anderen Weg beschreiten, um die Mode auch nach dem Tag, an dem die Welt aufhört einzukaufen, am Leben zu erhalten. Mit ihrem leuchtend roten Haarschopf sieht Rhoades noch immer wie die Regisseurin von Musikvideos und Dokumentationen aus, die sie einmal war. Sie ist die Gründerin von Worn Again Technologies, einem britischen Unternehmen, das einen Weg gefunden hat, um die Kleidung, die wir nicht mehr wollen, aufzulösen – Sie haben richtig gelesen: *aufzulösen* – und in Rohmaterial umzuwandeln, das erneut zu Kleidung verarbeitet werden kann. Das Verfahren hat Ähnlichkeit mit einem Perpetuum mobile: Auf der einen Seite geht einen altes T-Shirt hinein, auf der anderen kommt ein neues heraus.

Die Mission von Worn Again begann im Jahr 2011 mit der zufälligen Begegnung zwischen Rhoades und einem Chemiker namens Adam Walker. Wie sich herausstellte, hatte Walker, der heute wissenschaftlicher Leiter des Unternehmens ist, eine Software entwickelt, die es ermöglichte, das Material einzugeben, das isoliert werden sollte, und die Lösungsmittel zu bestimmen, die dazu in der Lage waren. Rhoades fragte ihn nach einer möglichen Anwendung im Textilrecycling. »Er führte in seinem Labor ein kleines Experiment am Laptop durch und kam mit dem Ergebnis zurück: ›Hier haben Sie das Polyester, und hier die Zellulose aus der Baumwolle‹«, erzählt Rhoades. Das ganze Projekt dauerte drei Monate.

»Wir dachten: Es ist geschafft. Wir glaubten, wir hätten den Heiligen Gral gefunden.«

Stattdessen brauchten sie fast ein Jahrzehnt, um herauszufinden, wie das Verfahren in größerem Maßstab funktionieren konnte. Aber das Konzept ist einfach. Die derzeit entstehende Textilumwandlungsindustrie, der Worn Again angehört, braucht als Ausgangsmaterial Stoffe, die aus Baumwolle oder Polyester oder einer Mischung dieser beiden Textilien bestehen (die Stoffe können bis zu 10 Prozent anderer Materiale enthalten, darunter Knöpfe oder Elastan, das Stretchhosen dehnbar macht). Etwa 80 Prozent aller Kleidungsstücke erfüllen diese Bedingungen, was bedeutet, dass weltweit jedes Jahr mehr als 40 Millionen Tonnen an potenziellem Rohmaterial für die Umwandlung produziert werden – ein überreiches Angebot.

Diese Kleidung wird in ein Lösungsmittel geworfen, welches das Polyester abscheidet, und anschließend wird das Lösungsmittel wieder vom Polyester getrennt – dazu bedarf es anspruchsvoller technischer Chemie. Nun hat man das Rohmaterial für reine Polyesterkugeln, die wieder zu Fasern verarbeitet werden, so als wäre es aus Erdöl hergestellt worden. Die Baumwolle durchläuft einen ähnlichen Prozess – nur dass sie am Ende keine Baumwolle mehr ist. Stattdessen wird der chemische Grundbestandteil der Baumwolle gewonnen: Zellulose. Das Endprodukt sieht Baumwolle ähnlich und verhält sich wie sie; es kann verwendet werden, um Textilien wie Viskose oder Lyocell zu erzeugen, die schon heute in Fabriken in aller Welt zu Kleidung verarbeitet werden. Die übrigen Materialien, die in unseren Kleidungsstücken verarbeitet werden – andere Fasern, Farbstoffe, Beschichtungen usw. –, kommen als Abfall heraus, aber im Durchschnitt fallen fast 90 Prozent weniger Abfälle an, als wenn die Kleidung weggeworfen wird.

Wenn Sie schon einmal vom zirkulären Design oder von der Kreislaufwirtschaft gehört haben, so wissen Sie, worüber wir hier sprechen: von einem Kreislauf, in dem Produkte laufend wiederverwendet oder recycelt und in neue Produkte umgewandelt werden, ohne jemals im Abfall zu landen. Gegenwärtig ist nur ein kleiner Teil der Wirtschaft zirkulär, und die Kreislaufwirtschaft wächst auch nicht. (Die gemeinnützige Organisation Circle Economy begann 2018, die Daten zu sammeln. Zu jenem Zeitpunkt waren 9,1 Prozent der Wirtschaft zirkulär. Im Jahr 2020 war der Anteil der Kreislaufwirtschaft auf 8,6 Prozent gesunken, und die Menge der von der Weltwirtschaft verbrauchten Rohstoffe war größer als je zuvor.) Im Textilsektor wird gegenwärtig nur etwa 1 Prozent der ausgemusterten Kleidung recycelt und erneut zu Kleidung verarbeitet; weitere 12 Prozent werden in Produkte wie Matratzenfüllungen und Wischtücher umgewandelt. Aus Sicht von Unternehmen wie Worn Again gehen jedes Jahr Rohstoffe im Wert von 100 Milliarden Dollar verloren.

Im Februar 2020 nahm Worn Again im englischen Recar ein Forschungs- und Entwicklungszentrum in Betrieb, womit eine versuchstaugliche Version einer Wiederverarbeitungsanlage nur noch einen Schritt entfernt war. Das Unternehmen will bis 2040 überwiegend in Westeuropa und den Vereinigten Staaten vierzig Fabriken in Betrieb nehmen; auf diese Regionen konzentriert es sich, weil sie effiziente Abfallsammlungssysteme haben, aber auch, weil die Konsumkultur selbst das Rohmaterial liefert. Eine große Zahl wohlhabender Konsumenten, die ihre Sachen wegwerfen, ist für das Textilrecycling das, was die Baumwollpflanzungen und Erdölraffinerien für die heutige Kleidungsindustrie sind.

Man sollte meinen, dass ein Ende des Konsums der Recyclingindustrie ihr Rohmaterial entziehen würde: Jede Jeans, die nicht gekauft wird, ist ein Kleidungsstück weniger, das wiederverwertet werden kann. Doch Rhoades ist unbesorgt. Selbst wenn sich der Absatz von Kleidung weltweit halbierte, würden immer noch jedes Jahr 20 Millionen Tonnen an neuen Kleidungsstücken erzeugt, die den Erfordernissen der Wiederverarbeitungsindustrie entsprechen. Würde all diese Kleidung zu Rohmaterial für Worn Again, so könnte sie 400 Fabriken des Unternehmens versorgen.

Und das ist noch nicht alles. Eine Firma wie Worn Again könnte theoretisch die mit Kleidung und Textilien gefüllten Schränke und Mülldeponien der Welt als Quelle nutzen. »Gegenwärtig sind bereits genug Textilien am Ende ihres Nutzungszyklus vorhanden, um unseren jährlichen Bedarf zu erfüllen, weshalb wir nicht erneut nach Öl bohren oder Baumwolle anbauen müssten«, erklärt Rhoades. Es gibt genug Rohstoffe, damit die Dekonsumkultur immer noch ein wenig Fast Fashion anbieten könnte – etwas Intelligentes, etwas, das sich ständig wandelt und dann recycelt wird, um unseren langlebigen Hosen und klassischen Jacken ein gewisses Flair zu geben.

»Es würde das für jene ermöglichen, die diesen Weg nicht einschlagen möchten«, sagt Rhoades. »Wir werden nicht alle dasselbe kaufen.«

Die eigentliche Bedrohung für die Verwirklichung der Kreislaufwirtschaft ist wieder einmal das Ausmaß des Konsums. Könnte die Kreislaufwirtschaft genug Kleidung für alle 7,7 Milliarden Menschen liefern? Rhoades hält das für möglich. Könnte die Kreislaufwirtschaft allen Menschen den von der Fast Fashion ermöglichten Lebensstil der reichsten Konsumenten der Welt ermöglichen? Nein. Wenn wir mehr und mehr Kleidung brauchen – wenn die Nachfrage nach Kleidung ewig steigt –, dann muss auch der Kreislauf selbst wachsen, wie ein schwarzes Loch, das Energie und Ressourcen verschlingt. Ein Kreislauf, der nie zu wachsen aufhört, oder ein Güterstrom, der immer breiter wird und immer schneller fließt, stößt am Ende auf dieselben Probleme wie eine endlos wachsende Konsumökonomie.

Das konfrontiert uns mit einer moralphilosophischen Frage: Wird die Kreislaufwirtschaft ein Ende des Konsums in seiner gegenwärtigen Form erzwingen? Sie verändert die Dinge, die wir erwerben, und die Art und Weise, wie wir sie erwerben. Aber sie verlangt nicht von uns, unsere Einstellung, alles haben zu wollen und mehr von allem haben zu wollen, wesentlich zu ändern oder uns mit der Frage zu beschäftigen, ob der Konsum überhaupt einen so zentralen Platz in unserem Leben einnehmen sollte. Aber es gibt Unternehmen, die genau diese Frage stellen, Unternehmen, in denen man sich noch an eine Zeit erinnern kann, als niemand von der Konsumkultur sprach.

13

Ein Unternehmen, das sehr,
sehr langfristig denkt

Das Geschäftskonzept der vier Konsumbausteine, das auch als »vier Mehrs« bezeichnet wird, könnte das Motto des modernen Konsumkapitalismus sein. Doch da es gierig und hinterlistig klingt, wird es außerhalb der Wirtschaftsuniversitäten nur selten erwähnt. Die »vier Mehrs« sind: Verkaufe mehr Leuten mehr Dinge bei mehr Gelegenheiten und für mehr Geld. Wer das schafft, der sichert sich auf Dauer Umsätze, Wachstum und Profit.

Mitsuharu Kurokawa fand Konzepte wie dieses verwirrend, als er aus Japan in die Vereinigten Staaten kam, um sein Wirtschaftsstudium abzuschließen. Er erinnert sich an ein Szenario, das einer seiner Professoren den Studierenden vorlegte: Angenommen, ein Kunde möchte 700 Einheiten des Produkts deines Unternehmens, aber deine Fabrik ist für die Produktion von Chargen von jeweils 500 Einheiten ausgelegt. Was solltest du tun? Die richtige Antwort, erklärte der Professor, bestehe darin, 1000 Einheiten zu erzeugen, sofern ein Gewinn erzielt werden könnte, wenn nur 700 davon an den Kunden geliefert und die verbleibenden 300 als Abfall entsorgt würden.

»Ich dachte, das hat einfach keinen Sinn«, erinnert sich

Kurokawa, der an einer Tasse Grüntee nippt. »Wir sollten versuchen, nie zu viel zu produzieren. Und wir sollten versuchen, nicht zu wenig zu produzieren. Wir sollten versuchen, effizient zu sein.«

Kurokawa nimmt eine ungewöhnlich langfristige Perspektive bezüglich der Geschäftstätigkeit ein. Er ist Mitte dreißig und wird als einziger Sohn als 18. Mitglied seiner Familie die Leitung des Konfektherstellers Toraya übernehmen. Die Firma existiert mindestens seit 1600, womit sie etwa 420 Jahre alt ist. Toraya ist eine Schildkröte in einer Welt von Fruchtfliegen, ein Methusalem unter Zehnjährigen. Die durchschnittliche Lebensdauer der größten börsennotierten Unternehmen ist von 62 Jahren in den Zwanzigerjahren des vergangenen Jahrhunderts auf 15 Jahre in der Gegenwart gesunken. Die durchschnittliche Lebenserwartung aller Unternehmen beträgt mittlerweile nur noch zehn Jahre.

Fast jede Firma möchte glauben, dass ihre Marke so beliebt und stark ist, dass sie das Ende des Konsums überleben wird – dass ihr spezifisches Geschäft von Dauer sein wird. Torayas Haltung ist glaubwürdiger. Als 2020 das Coronavirus zuschlug, war dies nur einer von vielen Stürmen, die das Unternehmen im Lauf seiner Existenz überstehen musste. Im Jahr 1788 brannte der Firmensitz nieder, als ein Großbrand in Kyoto, der damaligen Hauptstadt Japans, fast 1500 Häuserblocks auslöschte. Später kam eine Zeit, in der die kaiserliche Familie, die Torayas beste Kundin und zeitweilig für die Hälfte seines Umsatzes verantwortlich war, in wirtschaftliche Schwierigkeiten geriet und zwei Jahre lang ihre Rechnungen nicht bezahlen konnte. Als die japanische Hauptstadt 1869 nach Tokio verlegt wurde, zog Torayas Firmensitz ebenfalls um (in einer Zeit vor dem motorisierten Transport), und während Tokio zur größten Stadt der Welt wuchs, wechselte das Unternehmen weitere sechs Male seinen Standort. Im Jahr 1923 überstand Toraya das Große Kantô-Erdbeben, das einen Tsunami, der fast die Hälfte der Stadt verschlang, sowie einen Feuersturm mit zwanzig Stockwerke hohen Flammen auslöste. 140 000 Menschen starben, aber die Katastrophe hinderte Toraya nicht daran, im Jahr darauf einen Lieferdienst einzuführen. Bei den amerikanischen Bombenangriffen auf Tokio im Zweiten Weltkrieg, die ein Gebiet von der zehnfachen Ausdehnung der in Hiroshima und Nagasaki durch die Atombomben verwüsteten Flächen in Schutt und Asche legten, wurde die Fabrik des Unternehmens zerstört. »Wenn deine Fabrik in die Luft gesprengt wird, wird es sehr schwierig«, meint Kurokawa. Toraya hat Erfahrung mit Katastrophen, und durch all das Auf und Ab ist es ein Familienunternehmen geblieben, das sich der Aufgabe verschrieben hat, schöne kleine Köstlichkeiten herzustellen.

»Ich war von Geburt an von Süßigkeiten umgeben«, sagt Kurokawa. Wir sitzen in einem Toraya-Teezimmer im schicken Tokioter Bezirk Roppongi. Rund um uns drängen sich gut gekleidete Tokioter, die sich ein Gebäck schmecken lassen, das für westliche Augen wie ein Cocktailwürstchen in einer blassrosa Biskuittorte aussieht, die in ein feuchtes Blatt gehüllt ist. In Wahrheit ist es ein extrem weicher Zylinder aus gezuckerter roter Adzukibohnenpaste in einem gedämpften und zerstoßenen Reismehlkuchen; das Blatt ist tatsächlich ein Blatt – von einem Kirschbaum –, das ein Jahr lang in Salzlake eingelegt war. Das Konfekt, eine perfekt ausgewogene Mischung von süßen, salzigen und pikanten Geschmacksnoten, trägt die Bezeichnung *sakura mochi* und wird anlässlich der Kirschblüte angeboten, die in diesem Jahr verstörend früh begonnen hat. »Das Blatt müssen Sie nicht essen«, sagt Kurokawa. Es ist köstlich.

Die Süßigkeiten, die Toraya herstellt, werden als *wagashi* bezeichnet. Sie sollen alle Sinne ansprechen, sogar das Gehör, denn die Bezeichnungen des Konfekts sind so gewählt, dass sie klare Bilder heraufbeschwören: »Reise durch die Wolken«, »Brise aus Awa«, »Herbstmond über Sarashina«. Zu den beliebtesten Köstlichkeiten zählt ein kleiner Laib aus einem festen, dunklen Gelee namens »Nachtpflaume«. Schneidet man den Laib auf, so kommen runde Querschnitte weißer Adzukibohnen zum Vorschein; sie lassen an »in der Dunkelheit schimmernde weiße Pflaumenblüten und ihren zarten Duft« denken.

Ausländische Hotelgäste verwechseln die Produkte von Toraya leider oft mit Seife. Die beliebtesten *wagashi,* die *yokan,* sind durchscheinende rechteckige Balken, und viele andere Leckereien haben das fröhliche, blumenartige Aussehen, das wir im Westen mit einem Bad verbinden. Im Jahr 1980 gelangte Kurokawas Großvater zu der Überzeugung, Frankreich sei der richtige Ort, um Toraya der übrigen Welt vorzustellen. Er hatte das Gefühl, die Franzosen mit ihrem hoch entwickelten kulinarischen Gespür würden die *wagashi* verstehen. Also eröffnete er in Paris unweit der Place de la Concorde eine Toraya-Filiale. Sein Instinkt hatte ihn nicht getäuscht. Die Franzosen verstanden *wagashi* ... es dauerte nur eine Weile.

»In den ersten zehn bis fünfzehn Jahren hatten wir nicht viele Kunden«, erzählt Kurokawa. »Wenn man nicht langfristig denkt, wird man einen solchen Laden vielleicht nach einem Jahr wieder schließen. Aber unser Ziel war es, Menschen in anderen Ländern unsere Kultur nahezubringen, und wir wollten französische Einflüsse aufgreifen, um noch bessere Süßigkeiten zu machen. Also entschlossen wir uns, bei der Stange zu bleiben, und nach dreißig Jahren gelang es uns, die dortige Niederlassung in einen rentablen Betrieb zu verwandeln.«

Dreißig Jahre bis zur Gewinnschwelle. Das ist das Dreifache der durchschnittlichen Lebensdauer heutiger Unternehmen.

Die wirtschaftliche Vielfalt ist wie die biologische oder kulturelle Vielfalt: ein Reservoir verschiedener Arten, die Dinge zu machen. Eine plötzliche Verschiebung der Umstände kann dazu führen, dass die dominanten Akteure rasch verschwinden, da Konkurrenten, die sich den neuen Bedingungen besser anpassen können, in den Vordergrund treten. In einem natürlichen System könnte eine Kraft wie der Klimawandel eine Verschiebung auslösen. In einem Wirtschaftssystem könnte ein Ende des Konsums dasselbe tun.

In der Gegenwart wird unser Verständnis der Wirtschaft von einer bestimmten Art der unternehmerischen Tätigkeit beherrscht: vom Bemühen großer Unternehmen um Wachstum im Streben nach Profit. Toraya auf der anderen Seite ist ein Beispiel für einen alten Familienbetrieb von der Art, die manchmal als »enochsches Unternehmen« bezeichnet wird. Der Begriff wurde 1981 von Gérard Glotin geprägt, dem damaligen Leiter von Marie Brizard, einem französischen Familienunternehmen, das 1755 als Hersteller von Anisette, einem Anislikör, gegründet worden war. Glotin leitete das Wort, das er für Familienbetriebe mit einem Alter von mehr als zwei Jahrhunderten verwendete, von der biblischen Figur Enoch ab, dem einige christliche Traditionen eine Lebensdauer von 365 Jahren auf Erden zusprechen. Und dann stieg Enoch in den Himmel auf, ohne jemals *wirklich gestorben zu sein*, ein Schicksal, das nicht einmal Jesus vergönnt war.

Die Geschichte von Familienunternehmen wurde lange kaum beachtet. Erst in jüngster Zeit wurden diese Betriebe gründlicher untersucht. Dabei stellten die Forscher fest, dass Familienbetriebe überall, wo man hinkommt, wahrscheinlich rund 70 Prozent aller Unternehmen stellen und 60 Prozent der Arbeitskräfte beschäftigen. Deshalb werden sie auch als »versteckte Champions« der Wirtschaft bezeichnet. Dies sind die Krämerläden, die unabhängigen Restaurants, Schönheitssalons, Schlosser, Bauunternehmer, Freiberufler, niedergelassenen Ärzte, Rechtsanwälte und Buchhalter. Sie behandeln unsere Zähne, reparieren unsere Schuhe, reinigen unsere Anzüge, kümmern sich um unsere Kinder, pflegen unsere Gärten, backen unsere Lieblingspizza und betreiben unser Stammlokal. Die Coronakrise traf sie schwer, aber sie gehörten auch eher zu den geliebten örtlichen Geschäften, die von der Nachbarschaft gerettet wurden.

Nicht alle Familienunternehmen sind klein. In den großen amerikanischen und europäischen Aktienindizes stellen solche Unternehmen ein Drittel der notierten Firmen. Über die Frage, ob sich ein Großunternehmen, das Aktionäre zufriedenstellen muss, anders verhält, wenn eine Familie es kontrolliert, wird seit Langem gestritten. Aber Familienunternehmen, die nicht an der Börse notieren, verhalten sich nachweislich anders. Das gilt insbesondere für jene, die seit Jahrhunderten existieren.

Nehmen wir beispielsweise die Frage des Gewinns. »Ich kann nicht behaupten, dass wir uns nicht dafür interessieren, Gewinn zu machen – natürlich wollen wir Geld verdienen«, sagt Kurokawa. »Aber wenn es uns in erster Linie um den Gewinn oder den Umsatz ginge, könnten wir sehr viel mehr verdienen. Wir könnten so viele Dinge tun, um die Kosten zu senken – zum Beispiel könnten wir die Süßigkeiten nicht von Hand anfertigen oder nicht rentable Filialen schließen.«

Toraya setzt in seinen Fabriken sehr wohl Maschinen ein und wendet automatisierte Verfahren an, aber es hält auch an einem Bereich fest, in dem weiterhin von Hand produziert wird. Das Unternehmen steht auf dem Standpunkt, dass kein einziges seiner 3000 *Wagashi*-Rezepte von einer Maschine erfunden wurde. Solange es keine künstliche Intelligenz gibt, die ähnliche Raffinesse und Kreativität besitzt wie ein *Wagashi*-Meisterbäcker, werden die Maschinen lediglich die repetitiven Arbeitsschritte ausführen, auf die sie programmiert wurden. Die Automation ist nichts anderes als verfestigte Innovation.

Mittlerweile betreibt Toraya 80 Läden und Cafés, in denen fast tausend Angestellte arbeiten, und erzielt einen Jahresumsatz von etwa 200 Millionen Dollar – genauso viel wie vor zehn Jahren. Im Jahr 2001 formulierte Kurokawas Vater die Vision des Unternehmens für das gesamte 21. Jahrhundert – die Gewinnmaximierung zählte nicht zu seinen Prioritäten. Stattdessen schrieb er Folgendes fest: ein Höchstmaß an Kundenzufriedenheit, Stärkung des japanischen Lebensstils und der Landeskultur, soziale Verantwortung und ein erfülltes Leben für die Mitarbeiter. Das Unternehmen ist ein Beispiel für das, was der Autor Bill McKippen als »Deep Economy« bezeichnet, ein System, in dem die Unternehmen in Gesellschaft und Kultur integriert sind. Mittlerweile bezeichnen viele imagebewusste Unternehmen ihre Kunden wieder als ihre »Gemeinschaft«, aber bei Toraya klingt dieses Bekenntnis ein wenig glaubwürdiger.

Die Familie Kurokawa entscheidet nicht alleine über die Denkweise von Toraya. Auch die Position des kaiserlichen Hofs muss berücksichtigt werden, denn seine Beziehung zu Toraya zieht sich durch Jahrhunderte der japanischen Geschichte. Und dann sind da die drei Familien, die anerkanntermaßen die traditionelle Teezeremonie besser beherrschen als alle anderen und die alle drei bei Toraya bestellen. In den Bergen von Gunma bauen 270 Bauern die weißen Adzukibohnen für Toraya an, und diese Bohnen wurden schon geerntet, lange bevor sie als genetisch andersartig anerkannt wurden. In den Fabriken von Toraya arbeiten Väter und Söhne Seite an Seite; ein über achtzigjähriger Kalligraf leistet weiterhin Beiträge zum Design der Verpackungen, so wie vor ihm sein Vater und nach ihm möglicherweise seine Tochter. »Bei uns gibt es viele solche Verbindungen zwischen den Generationen«, sagt Kurokawa. Die höchste Priorität für Toraya ist Kontinuität. Vergangenheit und Zukunft sind von großer Bedeutung für die enochschen Traditionsunternehmen und fördern eine langfristige Ausrichtung, die wiederum ein ganz eigenes Geschäftsmodell hervorbringt. Niemand will derjenige sein, der das Unternehmen nach Jahrhunderten in den Ruin führt.

Zum einen bieten langlebige Familienunternehmen zumeist Güter und Dienstleistungen an, die einen »intrinsischen« Wert haben, wie es die Ökonomen in Anlehnung an die Psychologen nennen: Sie sind funktional oder schön, traditionell oder zauberhaft – aber vor allem sind sie zeitlos. Auf der Liste der anerkannten Traditionsunternehmen findet man Weinbauern, Juweliere, Glockengießer, Sojasoßenbrauer, Forstwirte, Verleger, Hersteller von Reinigungsprodukten. Der Pistolenbauer Beretta (der täglich 1500 neue Waffen produziert) ist ebenfalls ein Mitglied des Clubs.

Eine langfristige Perspektive scheint auch bessere soziale und Umweltpraktiken zu fördern: Für die Eigentümer von Familienunternehmen ist es keine abstrakte Vorstellung, dass sich ihre Handlungen in der Gegenwart auf die Welt auswirken, in der ihre Kinder und Enkel leben werden. Und auch der Stolz spielt eine Rolle. »Viele Familienbetriebe tragen den Namen der Familie, sodass stets auch deren Ansehen auf dem Spiel steht«, sagt Lise Møller, eine auf Familienbetriebe spezialisierte strategische Beraterin beim Institut Européen d'Administration des Affaires (INSEAD), einer weltweit führenden Business School mit Sitz im französischen Fontainebleau. Im Allgemeinen sind Familienunternehmen konservativ. Zumeist überstehen sie Wirtschaftskrisen gut, was teilweise an ihrer historischen Erfahrung, aber auch daran liegt, dass sie sich nicht auf die kurzfristige Gewinnmaximierung konzentrieren müssen, um Aktionäre bei Laune zu halten.

Ein enochscher Zugang ist in einer Welt, die aufhört einzukaufen, insbesondere deshalb sinnvoll, weil die Expansion für viele dieser Unternehmen keinen Vorrang hat. Kurokawa reagiert verwirrt auf die Frage, welchen Platz er dem Wachstum in seiner Prioritätenliste zugestehen würde. So wie ein apolitischer Mensch in politischen Fragen weder der einen noch der anderen Seite zuneigt, ist Toraya ein Unternehmen, das »Un-Wachstum« betreibt. Wenn die Firma im Bemühen um die Verwirklichung ihrer Werte Gewinne erzielt, ist das in Ordnung. Wenn sie keine erzielt, ist das ebenfalls in Ordnung. Das Wachstum kann sogar als Warnhinweis betrachtet werden, als Zeichen dafür, dass ein Unternehmen seine Werte aufs Spiel setzt. Beispielsweise besteht unter den traditionellen japanischen Herstellern von Süßigkeiten eine inoffizielle Übereinkunft darüber, dass es sich nicht gehört, einem anderen Konfekthersteller Marktanteile abspenstig zu machen; den Markt eines anderen Unternehmens darf man nur übernehmen, wenn es seine Geschäftstätigkeit einstellt.

Westliche Kapitalisten betrachten Gleichgültigkeit gegenüber dem Wachstum als Häresie. Doch Unternehmen, die nicht wachsen, machen bereits einen großen Teil der Volkswirtschaft aus. Niemand erwartet vom Familienrestaurant um die Ecke, dass es die Tischzahl immer weiter erhöht. Dasselbe Modell ist bei den langlebigsten Unternehmen üblich, erklärt Tetsuya O'Hara, ein Berater für Produktinnovation, der für Gap und Patagonia gearbeitet hat. O'Hara machte seinen MBA in Kalifornien und eignete sich Unternehmenswerte »der alten Schule« an, wie er es ausdrückt: »Wie man sich Marktanteile sichert, wie man so schnell wie möglich wächst, wie man die Kosten senkt, wie man die Einzelhandelspreise erhöht.« Aber seine Familie stellt seit fast hundert Jahren in Kyoto ein Ausrüstungsmittel für Textilien her, und in seiner Jugend lernte er andere alte Unternehmen kennen. Nirgendwo auf der Welt ist die Position dieser Firmen so stark wie in Japan, wo es fast 35 000 Unternehmen gibt, die älter als ein Jahrhundert sind; Dutzende existieren seit mehr als 500 Jahren.

O'Hara hält regelmäßig Vorträge an Universitäten und Business Schools, und eine Weile versuchte er, für das Modell der langlebigen Unternehmen zu werben. Die amerikanischen Studenten zeigten besonders geringes Interesse daran. »Sie interessieren sich für die kurzfristigen Erträge. Sie lieben das Wachstum und wollen wissen, wie man schnell Geld machen kann. Das ist die Kultur. Die Vereinigten Staaten haben keine so lange Geschichte, und das gilt insbesondere für Kalifornien, wo noch heute eine Kultur des Goldrauschs herrscht. Die Leute suchen noch immer Gold.«

Es gibt verschiedene Gründe dafür, dass Japan so viele Unternehmen mit einem langen Zeithorizont hervorgebracht hat. Zum einen wurde das Land im Lauf seiner Geschichte immer wieder von verheerenden Erdbeben, Bränden, Tsunamis, Rezessionen und Kriegen heimgesucht. Statt eines endlosen Wachstums kennen die Japaner ein unablässiges Wechselspiel von Aufstieg und Fall, was dazu beigetragen hat, dass sie heute für ihre »unerschütterliche Geduld« *(gaman-zuyoi)* bekannt sind.

Sodann ist da die Tatsache, dass Japan bis zum Ende des 19. Jahrhunderts 250 Jahre in Isolation verbrachte, weil seine Regierungen an der Politik des »geschlossenen Landes« *(sakoku)* festhielten. In dieser Zeit wuchs die Wirtschaft sehr langsam, wobei der neu erworbene Wohlstand überwiegend in praktische Verbesserungen wie qualitätsvollere Häuser und die Trinkwasserversorgung investiert wurde. Überall schossen Läden und Restaurants aus dem Boden, und Konsumgüter wie Ventilatoren und Kämme gewannen an Beliebtheit, aber die Häuser blieben weitgehend schmucklos, und die Haushalte häuften wenige Besitztümer an. Der Konsumhistoriker Frank Trentmann bezeichnet es als »Kultur des schlichten Komforts«, der die Japaner zu jener Zeit möglicherweise eine höhere Lebensqualität verdankten als die Europäer.

Der schlichte Komfort kam auch der Umwelt zugute. Ein Land, das seine Grenzen fast vollkommen schließt, muss lernen, von seinen eigenen Ressourcen zu leben: Es wird zu einer Erde in Miniatur. Unter der Politik von *sakoku* war den Japanern die Begrenztheit der natürlichen Ressourcen sehr viel deutlicher bewusst als modernen Konsumenten, die ihre Bananen aus Ecuador, ihr Smartphone aus China und ihr T-Shirt aus Bangladesch beziehen. Die japanische Hauptinsel Honshu kann man in wenigen Tagen zu Fuß von Osten nach Westen durchqueren. Wenn die Welt derart begrenzt ist, kann es kaum überraschen, dass ihre Einwohner eine

Ethik entwickeln, in der es als verrückt gilt, 300 von 1000 Einheiten eines Produkts wegzuwerfen, um eine Bestellung von 700 Einheiten zu erfüllen.

Ist Kurokawa der Meinung, dass in wirtschaftlichen Fragen das langfristige Denken *besser* ist als das kurzfristige? Er ist eine maßvolle Person, und ich gebe zu, dass ich die Antwort erwartet habe, beides habe seine Vorteile. Stattdessen sagt er: »Natürlich.«

Er hat eine weitere historische Lehre parat: Im Jahr 1915 beschloss die Stadt Tokio, den verstorbenen Kaiser mit einem Shinto-Schrein und einem heiligen Wald zu ehren. Das für die Anlage ausgewählte Gebiet am Stadtrand war von Marschen und Ackerland bedeckt. Die Forstwirte planten das Projekt in Phasen. Zuerst wollten sie rund um die wenigen auf dem Gelände stehenden Fichten 100 000 junge Bäume pflanzen. Über einen Zeitraum von hundert Jahren hinweg würde ein Wald von Eichen, Scheinkastanien und Kampferbäumen wachsen. Keine der an der Planung beteiligten Personen würde das Endergebnis ihrer Arbeit zu Gesicht bekommen.

Heute bedeckt der Wald einen sanften Hügel bei der U-Bahn-Station Harajuku. Er ist ein grüner Zufluchtsort, an dem ein Gefühl der Ruhe herrscht und saubere Luft die Lungen füllt – und er ist von der Riesenstadt Tokio umschlossen. Kurokawa ist die Ehrfurcht angesichts der Brillanz der langfristigen Vision anzusehen.

»Wenn du nicht so denkst«, sagt er schließlich, »was für eine Leidenschaft hegst du dann für das menschliche Leben?«

Viele Leute glauben, alte Traditionsunternehmen seien langweilige, nicht zum Wandel fähige Organisationen, gefangen in einem immer gleichen Trott. Eine Maxime der Unternehmenskultur lautet, dass derjenige, der nicht wächst, stirbt. Da wir in einer globalisierten Wirtschaft leben, die sehr viel Wachstum und Innovation hervorbringt, nehmen wir an, dass wir das eine nicht ohne das andere haben können.

Die Funktion der enochschen Unternehmen widerspricht diesem verbreiteten Trugschluss. Dass sie so selten sind, liegt vor allem daran, dass unablässige Innovation erforderlich ist, um die seismischen Verschiebungen im Lauf der Geschichte zu überleben. Manchmal bedeutet das eine Neuerfindung nach der anderen, so wie im Fall des niederländischen Unternehmens Van Eeghen, das im Jahr 1662 ins Leben gerufen wurde, um mit Wolle, Wein, Salz und anderen grundlegenden Gütern zu handeln. Im Lauf der Zeit gründete Van Eeghen eine Bank, kaufte und verkaufte Immobilien in den Vereinigten Staaten, baute Kanäle und Schleusen, pflanzte Tabak und Baumwolle an, kehrte zum Seehandel zurück und ging nach dem Zweiten Weltkrieg dazu über, mit Gewürzen, Trockenfrüchten und neuerdings mit Nahrungsergänzungsmitteln zu handeln.

Lise Møller erwartet, dass sich die alten Familienunternehmen ungeachtet all des Geredes über Beweglichkeit und Diskontinuität in der heutigen Wirtschaftswelt *schneller* als die herkömmlichen, wachstumsfixierten Firmen an eine Welt ohne Konsum anpassen werden. Selbst Traditionsunternehmen, die sich wie Toraya darauf beschränken, »eine Sache richtig zu machen«, sind an die stetige Weiterentwicklung der Geschäftsmodelle und an Verschiebungen des Geschmacks der Konsumenten gewöhnt. Kurokawa erklärt, dass alle Süßigkeiten, die Toraya erzeugt, heute anders schmecken als noch vor wenigen Jahren. Das Unternehmen züchtet unablässig neue Adzukibohnen, um sich dem Klimawandel anzupassen, und hat vor Kurzem einen neuen Markt für seine *yokan* gefunden, die sich auch als Nothilfelieferungen für diese Zeit der Katastrophen (Atomunfälle, Taifune, Tsunamis, Pandemien) eignen. Torayas Motto lautet »Tradition ist kontinuierliche Innovation«. Die französische Übersetzung ist noch eindringlicher: »Tradition ist eine Abfolge von Revolutionen.«

Wir glauben, in einer Ära beispielloser Innovation zu leben, aber der Technologiejournalist Kris De Decker hält es für zutreffender, von einer Ära der *leichten* Innovation zu sprechen. Billige Energie, die überwiegend aus fossilen Brennstoffen gewonnen wird, hat es ermöglicht, mit außergewöhnlicher Geschwindigkeit Ressourcen auszubeuten und Produkte zu erzeugen. »Wir tun so, als wäre die Energie unerschöpflich und hätte keine Nachteile. Von dem Moment an, in dem man sich innerhalb von Grenzen bewegt, sind Innovationen erforderlich, um das Leben zu verbessern«, erklärt De Decker. »Und an diesem Punkt wird es wirklich interessant.«

Im Jahr 2007 schrieb er für große europäische Zeitungen über Technologie und verlor gleichzeitig den Glauben an deren Fähigkeit, die großen Probleme der Menschheit zu lösen, darunter insbesondere der Klimawandel. Er rief das *Low-Tech Magazine* ins Leben, das eine Plattform für Kritiker des Glaubens ist, die Hochtechnologie könne alle Probleme aus der Welt schaffen. »Und eines Abends las meine Freundin ein Buch und sagte: Hast du schon einmal vom optischen Telegrafen gehört?«

Hatte er nicht. Er begann zu recherchieren und tat den ersten Schritt in »eine Welt, die wir vergessen haben«. Er war auf die Geschichte der Innovation ohne Hochtechnologie gestoßen.

Wie sich herausstellte, war ein optischer Telegraf ein System von Türmen, die in Sichtweite voneinander standen

(wenn man ein Teleskop verwendete) und die visuelle Über-
mittlung von Nachrichten ermöglichten. Die Türme hatten
Ähnlichkeit mit klassischen Windmühlen, deren Flügel von
einem Sturm beschädigt wurden: An einem langen hori-
zontalen Arm hingen zwei Signalarme. Anhand von Hebeln
konnte der Telegrafist die Arme bewegen und Signale senden – denen jeweils ein Buchstabe, eine Zahl, ein Wort oder
eine Phrase zugeordnet war –, die dann entlang der Telegrafenlinie weitergeschickt wurden. Es war eine schnellere, bessere Version von Rauchzeichen. Eine aus 15 Zeichen bestehende Nachricht konnte die erste optische Telegrafenlinie,
die Paris mit dem 230 Kilometer entfernten Lille verband,
in einer halben Stunde zurücklegen. Jedes einzelne Signal
reiste mit einer Geschwindigkeit von 1380 Stundenkilome-
tern, das heißt schneller als ein Passagierflugzeug.

Das war im Jahr 1791. Es dauerte nicht lange, bis sich
die Geschwindigkeit der Technologie verdoppelt hatte. In
dem Telegrafennetz, das von Lyon bis nach Venedig reichte,
konnte eine typische Nachricht innerhalb von einer Stunde
650 Kilometer zurücklegen. Der optische Telegraf wurde ein
halbes Jahrhundert vor dem elektrischen Telegrafen und fast
200 Jahre vor der elektronischen Post erfunden.

Doch was De Decker verblüffte, war nicht die Tatsache,
dass der optische Telegraf besser war als moderne Kommuni-
kationstechnologie – das war er offenkundig nicht –, sondern
dass es ein Wunder der Innovation war, das innerhalb von
Grenzen funktionierte, die heute von großer Bedeutung sind.
In diesem Fall ermöglichte die Technologie eine schnelle,
zuverlässige Kommunikation über große Entfernungen hinweg (zumindest bei Tageslicht und wenn es keinen Nebel
gab), und das mit einem ökologischen Fußabdruck, der auf
geringe Mengen von Holz und Stein begrenzt war – und

ohne dass Elektrizität oder fossile Brennstoffe benötigt worden wären. »Wie die Geschichte zeigt, waren die Menschen durchaus in der Lage, die Lebensbedingungen und die Gesellschaft weiter zu verbessern«, sagt De Decker. »Wir hätten im 20. Jahrhundert einen ganz anderen Weg einschlagen können.«

Die herkömmliche Wirtschaftstheorie besagt, die Innovation werde vom Gewinnmotiv angetrieben, aber auch das scheint nicht den Tatsachen zu entsprechen. Eric von Hippel, ein Wirtschaftswissenschaftler am Massachusetts Institute of Technology (MIT), stellte bei seinen Untersuchungen in mehreren Ländern fest, dass viele Innovationen gar nicht in Unternehmen stattfinden, sondern im Austausch zwischen Menschen, die ihre Ideen oft bereitwillig mit ihrer Umgebung teilen. Von Hippel nennt das Beispiel eines Hobbyfahrradbauers, der ein neues Design für ein Mountainbike entwickelt, mit diesem Rad durch die Stadt fährt, Bilder davon im Internet postet und sogar andere Hobbyingenieure ermutigt, sein Design zu kopieren oder zu verbessern. Der Erfinder bezieht seine Befriedigung nicht daraus, Geld zu verdienen, sondern daraus, etwas Nützliches zu schaffen und Anerkennung in der Gemeinschaft zu finden. Wissenschaftler schaffen Instrumente, die entscheidend zum Fortschritt der Forschung beitragen, und profitieren oft kaum oder überhaupt nicht von ihren Erfindungen.

Tausende Beispiele widerlegen die Vorstellung, die Innovation hänge vom Streben nach Geld und Wachstum ab. Der vielleicht berühmteste Fall ist jener der amerikanischen Mondlandung im Jahr 1969, die sehr viel eher das Ergebnis der Rivalität im Kalten Krieg und des Entdeckergeistes als eines Wettlaufs um Gewinne im Weltall war. Ein weiteres ist die E-Mail, die der Programmierer Ray Tomlinson als Nebenprojekt entwickelte, während er am ARPANET arbeitete, einem vom amerikanischen Staat finanzierten Vorläufer des Internets. »Unser Geldgeber, das Verteidigungsministerium, äußerte nie den Wunsch nach E-Mail. Mein Chef äußerte nie den Wunsch nach einer elektronischen Post«, erinnerte sich Tomlinson später. »Es schien mir einfach interessant, das mit einem Computer und einem Netzwerk zu machen.« Es war das genaue Gegenteil der Arbeitsweise des modernen Start-ups, das versucht, die nächste kurzlebige App zu entwickeln, um eine Milliarde Dollar an Wagniskapital anzulocken.

Wenn die Konsumdesaster der jüngeren Vergangenheit mit einem Mangel an Innovation einhergingen, so lag das daran, dass wir als Gesellschaft dazu neigen, diese Katastrophen auszusitzen und auf eine vom Konsum gespeiste Erholung zu warten. Auf der anderen Seite wird eine dauerhafte Verringerung des Konsums eher zu einer Explosion des Erfindungsgeists als zu seinem plötzlichen Verschwinden führen. »Wir müssen *alles* überdenken«, sagt De Decker. »Wir brauchen sehr viel Innovation, aber Innovation mit einem anderen Sinn.«

Seit Jahren betreibt De Decker ein persönliches Experiment mit dem Low-Tech-Leben: Er pflegt einen Lebensstil mit geringerem Konsum, der auch einen weitgehenden Verzicht auf das Einkaufen beinhaltet. Er weiß, dass ihn das in den Augen der meisten Leute zu einem »unbelehrbaren Idioten« macht. De Decker, der aus Belgien stammt, wohnt jetzt in der Nähe von Barcelona in einem Haus ohne Heizung (»ich habe jetzt diese Fixierung auf Thermounterwäsche«). Er besitzt kein Auto, verwendet ein altes Tastenhandy von Nokia und einen Laptop aus dem Jahr 2006, reist viel beruflich, aber nie im Flugzeug, und betreibt eine Version seiner Website mit Sonnenenergie. Diese Entscheidungen helfen ihm in Kombination mit seiner Kenntnis vergangener Lösungen für Probleme, mit denen wir noch heute konfrontiert sind, Klarheit darüber zu gewinnen, was wir ändern müssen, um als Gesellschaft weniger zu konsumieren. Ein Beispiel: »Ich sehe sehr deutlich, dass sich das europäische Eisenbahnnetz auflöst.« Heute kostet es oft mehr Geld und Energie als das Zugreisen vor einem Jahrhundert, um Bestimmungsorte im europäischen Netz von Hochgeschwindigkeitsstrecken zu erreichen. Und überraschenderweise kann die Reise heute auch mehr Zeit kosten: Da viele Nachtzüge gestrichen wurden, muss man große Entfernungen, die man früher im Schlaf überbrückte, heute während des Tages zurücklegen. Gemessen an der »wahrgenommenen Zeit« nimmt es manchmal tatsächlich mehr nutzbare wache Stunden in Anspruch, zum Flughafen zu fahren, auf das Boarding zu warten, zu fliegen und schließlich den Bestimmungsort zu erreichen, als man früher bei einer Reise im Nachtzug aufwenden musste. (Eine weitere vergessene Innovation ist die Zugfähre, die Eisenbahnwaggons über das Meer beförderte. »Diese Fähren waren sehr verbreitet«, erklärt De Decker. »Es gibt sogar ein Buch über Zugfähren. Ich habe es.«) Der Philosoph Ivan Illich schlug in dieselbe Kerbe, als er darauf hinwies, dass das Radfahren verglichen mit dem Autofahren Zeit spart, denn ein Radfahrer muss sehr viel weniger Zeit als ein Autofahrer aufwenden, um das für den Kauf und den Betrieb seines Fortbewegungsmittels benötigte Geld zu verdienen.

Eine Welt ohne Shopping – wir können sie uns als eine schlankere, effizientere Konsumkultur vorstellen – könnte auch zu einer Art von Innovation übergehen, die häufiger einen wirklichen Nutzen hat. Von den Medien beeinflusst, haben wir uns daran gewöhnt, die Innovation als etwas zu betrachten, das an sich gut ist. Aber wir müssen uns nur kurz in der uns umgebenden Welt umsehen, um auf Innovationen zu stoßen, die zweifellos gut (zum Beispiel Brillen) oder zweifellos schlecht (digitaler Identitätsdiebstahl) sind – oder, was am häufigsten der Fall ist, sowohl Vor- als auch Nachteile haben (das Smartphone). Auf dem Höhepunkt der durch die Finanzkrise ausgelösten Rezession nahm Paul Volcker, der ehemalige Chef der amerikanischen Zentralbank FED, die neuen Finanzprodukte unter die Lupe, darunter die hypothekarisch besicherten Wertpapiere, die schließlich die Weltwirtschaft in die Knie gezwungen hatten. »Waren das wunderbare Innovationen, von denen es mehr geben sollte?«, fragte er. Seine Antwort: »Die wichtigste Finanzinnovation, die ich in den letzten zwanzig Jahren gesehen habe, ist der Geldautomat. Der nützt den Leuten wirklich.« Es heißt, dass Volcker für seine Rede donnernden Applaus erhielt.

Könnten wir 25 Prozent der Innovationen einbüßen – weniger neue Schokoriegel, weniger Erfindungen für das Nachtprogramm im Fernsehen, weniger fragwürdige Investmentinstrumente, weniger neue Modeschnitte und -farben, weniger virale Weihnachtsgeschenke, weniger Moden und Trends –, ohne zu leiden?

»Ich denke, wir könnten auf 90 Prozent verzichten«, antwortet De Decker.

Das Hôshi, ein traditionelles japanisches Gasthaus *(ryokoan),* ist das älteste ohne Unterbrechung funktionierende Familienunternehmen der Welt – es ist das enochschste aller enochschen Unternehmen. Es wurde vor mehr als 1300 Jahren, im Kalenderjahr 718, bei einer Thermalquelle *(onsen)* erbaut. Das war fast acht Jahrhunderte, bevor Christoph Kolumbus nach Amerika aufbrach. Es sollte noch Jahrzehnte dauern,

bis die Wikinger begannen, die britischen Inseln heimzu-
suchen. In Mexiko hatte die Maya-Zivilisation gerade ihren
Zenit überschritten. Der Koran war noch kein Jahrhundert
alt, und das für den englischen Sprachraum hochbedeutsame
mittelalterliche Epos *Beowulf* lag noch ein Jahrhundert in
der Zukunft. Wir können uns leicht ausmalen, wie wir im
Hôshi in uralte Gewässer eintauchen und unter Balken schlafen werden, die aus Bäumen geschnitten wurden, die größer
waren als alle, die noch stehen, das Holz schwarz und vom
Alter geweiht. Fünfzig Generationen werden uns in unseren
Träumen besuchen.

Aber so ist es nicht. Das Hôshi ist ein Ort, an dem ein zeit-
loser Zugang zur Geschäftstätigkeit mit einem vergängliche-
ren kollidierte. Der Zusammenstoß hat Spuren hinterlassen,
so wie eine Narbe neu gewachsene Haut auf der alten ist.

Das Hôshi steht in Awazu, einer Ortschaft, die 200 Kilometer Luftlinie von Tokio entfernt ist, aber so weit abseits von
den ausgetretenen Pfaden liegt, dass man, aus der Hauptstadt kommend, fast vier Stunden braucht, um dorthin zu
gelangen. Lange bevor die Coronapandemie weltweit zur
Verbreitung der Vorstellungen vom Ende der Welt beitrug,
hatte in Awazu eine Apokalypse in Zeitlupe begonnen.

Verlassene Häuser – einige vom Alter erdrückt, andere erst
vor so kurzer Zeit aufgegeben, dass sie noch mit Besitztümern
gefüllt sind – säumen die engen Gassen des Orts. Der erste
Eindruck ist bedrückend, aber verglichen mit den verfallen-
den Hotels wirken diese Häuser geradezu heiter. Aufgereiht
entlang des grünen Saums am Fuß des Bergs Haku, erheben
sich die riesigen Gebäude mit bröckelndem Putz, verroste-
ten Balkonen, herabgefallenen Dachschindeln. In Ranken
gehüllte Türme haben eher Ähnlichkeit mit aus dem Wald
ragenden Felsen als mit menschlichen Wohnstätten. Ich bin

umgeben vom unheimlichen Anblick von Dingen, die eigentlich zu neu sind, um so alt auszusehen.

Das Hôshi hingegen ist ein willkommener Anblick. Vor dem Haus steht eine vier Jahrhunderte alte Zeder Wache, und die in frischem Weiß getünchten Mauern heben sich von den dunklen Brauntönen des Holzes und der Dachschindeln ab. Freundliche Mitarbeiter in farbenfrohen Kimonos (die Bezeichnung dieser klassischen japanische Robe bedeutet übersetzt »Anziehsache«) begrüßen die Gäste und erklären verblüfften Ausländern die Etikette für Fußbekleidung sowie das Verhalten beim Essen und im Gemeinschaftsbad. (Man darf sein Handtuch nicht aufhängen oder auf den Boden legen; man muss es zu einem sauberen Rechteck zusammenlegen, um es sich wie den Kopfputz einer Herzogin aufs Haupt zu legen.) In fast allen Räumen blickt man durch hohe Fenster in einen Hofgarten mit Steinen, Bäumen und Wasser.

Der gegenwärtige Leiter des Hotels ist der über achtzigjährige Zengoro Hôshi. Er geht in die Knie, um Tee und *wagashi* zu servieren, und erzählt von der uralten Thermalquelle, welche die Bäder des Hotels mit jener Art von liebevollen Klängen füllt, die normalerweise Lebewesen vorbehalten sind. Aber aus seiner Stimme klingt Bedauern. »Der Name Zengoro wird mittlerweile seit 46 Generationen fortgeführt. Meine Generation hat wahrscheinlich am wenigsten geleistet.«

In der Legende heißt es, ein großer buddhistischer Lehrer sei vor Jahrhunderten, dem Ruf des Bergs Haku folgend, in diese Gegend gekommen. Eine Stimme sagte ihm, wo er eine Thermalquelle mit Heilkräften finden konnte. Als immer mehr Pilger in der Hoffnung auf Heilung von ihren Gebrechen nach Awazu kamen, übergab der Weise die Aufsicht über die Quelle dem ursprünglichen Zengoro, dem Adoptivsohn eines seiner Schüler. Von da an wurde die Aufsicht über die Heilquelle und die Unterkunft stets vom Vater auf den erstgeborenen Sohn übertragen, von Zengoro auf Zengoro auf Zengoro. Es kamen die üblichen Erdbeben, Überschwemmungen und Taifune, aber die Einwohner von Awazu behoben einfach die Schäden und machten weiter. Das Dorf blieb ein stiller Winkel der Welt, in dem sich wenig änderte.

Dann kam das »japanische Wunder«. Ende der Achtzigerjahre des vergangenen Jahrhunderts geriet die ohnehin boomende japanische Wirtschaft, angetrieben von einer Deregulierung der Finanzmärkte und niedrigen Zinsen, außer Kontrolle. Die Zeit der hysterischen Spekulation ist als »die Blase« in Erinnerung geblieben, so wie sich die Menschen anderswo noch heute an »die Weltwirtschaftskrise« erinnern. Auf dem Höhepunkt der Spekulationsblase war der Gesamtwert der Immobilien in einem Land, das nur 5 Prozent der Fläche der Vereinigten Staaten hat, doppelt so hoch wie in den USA.

Awazu verwandelte sich in einen beliebten Erholungsort und wurde überrannt von über Nacht reich gewordenen Japanern, die Stress abbauen mussten. Neue Hotels schossen aus dem Boden und füllten sich mit Gästen. Zengoro erinnert sich an tägliche Partys von Geschäftsmännern mit ihren Geishas und »Hostessen« – viele von ihnen waren Ausländerinnen, die dafür bezahlt wurden, hübsche und angenehme Gefährtinnen zu sein. Man sagte ihm, niemand wolle mehr altes schwarzes Holz sehen. Die Gäste wollten Stahl, Farben und Glas.

Die Ökonomen haben unanfechtbare Erklärungen für das, was dann geschah. Zum Beispiel »So etwas wie eine Einbahnwette gibt es nicht« oder »Die Dinge können nicht ewig weitergehen wie bisher«. Am 29. Dezember 1989 implodierte

Japans überhitzte Wirtschaft. Es begann ein langer Abstieg, der in mancher Hinsicht noch immer nicht beendet ist.

»Zum Glück ließ ich diesen Eingang und ein hölzernes Gebäude stehen«, sagt Zengoro. »Aber es gab ältere, wertvolle Gebäude, die ich abriss. Das hätte ich nicht tun sollen. Ich fällte die Entscheidung allein, und jetzt bedaure ich sie jeden Tag. Von jetzt an sollten wir Entscheidungen nicht mehr von den Veränderungen in der Gesellschaft abhängig machen, sondern von unseren eigenen Werten.«

Da das historische Haus durch ein moderneres Gebäude ersetzt wurde, erinnert heute nicht mehr viel im Hôshi an das Gasthaus, das hundert Jahre vor der Erfindung des Schießpulvers errichtet wurde. Der klarste Hinweis auf sein Alter ist ein Gästehaus, das ohne einen einzigen Nagel aus japanischem Zypressenholz gebaut wurde; es steht im Garten – wobei es wirkt, als wäre es aus dem Boden geschossen – und hat im Lauf seiner Geschichte Mitglieder der japanischen Kaiserfamilie beherbergt. Ansonsten wirkt das Hôshi, als wäre es nicht Jahrhunderte, sondern Jahrzehnte alt: modern und zugleich ein wenig welk. In einem Raum, der früher für die Zen-Meditation reserviert war, stehen heute fünf Imbiss- und Getränkeautomaten.

Die Familie wurde auch von persönlichen Tragödien heimgesucht. Der älteste Sohn, der den Betrieb hätte übernehmen sollen – der erste Vertreter der 47. Zengoro-Generation – starb jung. Vor einigen Jahren kehrte die einzige Tochter Hisae nach Awazu zurück und begann, das Metier zu erlernen.

Zengoro geht hart mit sich ins Gericht, sehr hart. Wenn er durch die Korridore des Gasthauses geht, wirkt er wie ein Mann, der tatsächlich eine schwere Bürde auf den Schultern trägt, eine Bürde, die er nicht einen Augenblick ablegen möchte. Was er nicht sehen kann, ist sein Erfolg. Als globale

Gesellschaft wetteten wir vor langer Zeit darauf, dass die Zukunft stets auf wachsendem Wohlstand und unendlichem Wachstum errichtet würde, stets auf dem Neuen und nie auf dem Alten. Dieser Glaube an eine Zukunft, die nie errichtet wird, um Bestand zu haben, ist ein Widerspruch in sich, der überall in Awazu zutage tritt. Das Hôshi steht immer noch.

14

Wenn wir keine Konsumenten
mehr sind, was sind wir dann?

Vor wenigen Jahren erfuhr eine junge Frau namens Zoe Hallel, dass in der Nähe ihres Hauses im Londoner Vorort Dagenham ein Laden eröffnen würde. Sie war neugierig, was das für ein Laden sein würde, so wie sie alle neuen Entwicklungen in ihrer Nachbarschaft neugierig verfolgte – denn sie wollte unbedingt ihr Leben ändern.

»Ich war vollkommen isoliert, ich knüpfte nie Kontakte«, erzählt Hallel. »Man begegnet denselben Leuten jahrelang auf der Straße, und man kann hier leben und die Leute seit Ewigkeiten kennen, aber solange man keinen Grund zum Plaudern hat, geht man einfach an ihnen vorbei, ohne sie jemals zu grüßen.«

Es war Hallel bewusst, dass ihre Hoffnung vermutlich unbegründet war. Es gab keinen Grund für die Annahme, dass ein Laden irgendetwas an ihrem Leben ändern würde. Obwohl Geschäfte den öffentlichen urbanen Raum beherrschen, sind sie normalerweise keine Orte der Begegnung, und wenn man kein Geld zum Ausgeben hat, könnten sogar Cafés und Kneipen ebenso gut kahle Mauern sein. Trotz all ihrer hektischen Aktivität ist die Konsumkultur oft atomisiert und privat – Scharen von Menschen, die gemeinsam allein sind.

Hallel, die zu jener Zeit 25 Jahre alt war und eine kleine Tochter hatte, war nicht nur mit dem Mangel an Nachbarschaftsgeist konfrontiert, der uns allen in der modernen Welt vertraut ist. Sie litt seit fast einem Jahrzehnt unter Agoraphobie, einer Angststörung, die sie lähmte, sobald sie versuchte, sich mehr als einen Block von dem Haus zu entfernen, in dem sie mit ihrer Tochter und ihren Eltern lebte. Sogar dieses Zusammenleben war bereits eine Verbesserung gegenüber ihrer vorherigen Situation, denn fünf Jahre lang hatte sie fast ausschließlich in ihrem Schlafzimmer gelebt.

Es dauerte nicht lange, bis im Schaufenster des Ladens ein roter Vinylschriftzug auftauchte: »Every One Every Day«. Hallel hatte versucht, es bis zu einem Zebrastreifen zu schaffen, der sie über die Kreuzung und zu der neuen Attraktion bringen würde, aber es war ihr noch nicht gelungen. Ihr Herz begann zu rasen, und über kurz oder lang geriet sie in Panik. Dann wurde der Laden eines Tages eröffnet. Vor der Tür standen Liegestühle von der Art, wie man sie am Strand findet.

Am folgenden Wochenende brachte Hallels Mutter einen Flyer von Every One Every Day nach Hause. Wie sich herausstellte, verkaufte dieser Laden nichts. Stattdessen enthielt das Faltblatt zahlreiche Angebote für Aktivitäten: ein Kochkurs, in dem man lernen konnte, Kürbissuppe zuzubereiten, ein Workshop zum Bemalen von Vogelhäuschen, ein Tanzkurs. Alles war kostenlos. »Ich hatte das Gefühl, so viel überschüssige Energie zu haben«, erzählt Hallel, »und dann waren da plötzlich all diese Dinge, die ich lernen konnte. Ich wollte nicht einen Tag davon verpassen.«

Sie schaffte es, die Nachbarschaftswerkstatt zu betreten. Der Ort veränderte ihr Leben.

Da unsere vorrangige gesellschaftliche Rolle heute die von Konsumenten ist, liegt die Vermutung nahe, dass wir uns in etwas anderes verwandeln werden, wenn wir aufhören zu konsumieren. Die Kritiker der Konsumkultur gehen noch weiter und erklären, diese neue Rolle werde unvermeidlich edler sein: Wir würden bessere Nachbarn, verantwortungs- bewusster, philosophischer, spiritueller sein.

Jon Alexander hält das für eine gefährliche Annahme.

Alexander, der früher als Werbekreativer in London arbei- tete, ist der Gründer des New Citizenship Project, einer Orga- nisation, die es sich zur Aufgabe gemacht hat, eine neue Rolle zu definieren, die wir spielen können, wenn wir aufhören, Konsumenten zu sein. Zu seinen Lieblingszitaten zählt eines aus den Erinnerungen von Lawrence von Arabien, das er bei unserem Treffen am Themseufer aus dem Stegreif auf- sagt:

> Die Morgenfrische einer zukünftigen Welt berauschte uns. Wir waren aufgewühlt von Ideen, die nicht aus- zudrücken und die nebulös waren, aber für die gekämpft werden sollte ... Doch als wir siegten und die neue Welt dämmerte, da kamen wieder die alten Männer und nahmen unseren Sieg, um ihn der früheren Welt anzu- passen, die sie kannten.

Vor dem Ersten Weltkrieg, meint Alexander, waren die meis- ten Menschen auf der Erde in erster Linie *Untertanen,* die einem Gott, einem Herrscher oder einem Land Gefolgschaft schuldeten. Als der Krieg endete, hing über den schwelen- den Ruinen eine Frage: Sollte man die frühere Gesellschaft wiederaufbauen, oder sollte man eine andere errichten? Die- selbe Frage wurde vielerorts gestellt, als die Coronapandemie die Welt stilllegte – und die Antwort war dieselbe. »Es war ein faszinierender Augenblick der Unfähigkeit, den Schritt in eine neue Welt zu tun«, sagt Alexander.

Es bedurfte eines weiteren Weltkriegs, um die Weltordnung zu ändern. Der Zweite Weltkrieg brachte wirklich neue Ideen und Institutionen wie die Allgemeine Menschenrechtserklärung und die Weltbank hervor und gab Anstoß zu einer umfassenden Ausweitung der öffentlichen Dienste. Die neue Gesellschaft sollte eine Konsumgesellschaft werden, deren wichtigster Erfolgsmaßstab das Wachstum des Bruttoinlandsprodukts sein würde. Und das Individuum erhielt eine neue Rolle. »Wir gingen vom Konsumieren dazu über, Konsumenten zu sein. Bis dahin war die Identität des Konsumenten eine von vielen gewesen, aber nun wurde es *die* Identität«, erläutert Alexander.

Every One Every Day schlägt eine andere Möglichkeit vor: Wir können in erster Linie *Teilnehmer* sein. Vor mehr als einem Jahrzehnt begann eine soziale Aktivistin namens Tessy Britton, aus aller Welt Beispiele für ein neuartiges Gemeindeprojekt zusammenzutragen: Menschen kommen zusammen, um zu lernen, zu teilen und gemeinsam etwas zu unternehmen, wobei normalerweise wenig Geld oder Bürokratie im Spiel ist. Auf einem ungenutzten Grundstück werden Schrebergärten angelegt, oder es wird ein kostenloser Raum für Fahrradreparaturen angeboten. Britton sah in diesen Projekten mehr als eine neue Blüte der in der Mittelschicht verbreiteten Tendenz zur Positivität. Zum einen stellte sie fest, dass diese Projekte oft Angehörige verschiedener religiöser, ethnischer und sozialer Gruppen zusammenbrachten, was mit anderen Ansätzen schwer zu erreichen gewesen war. Zum anderen wurde ihr klar, dass ein einzelnes Projekt dieser Art nur wenige Menschen anlocken würde – aber wenn man eine ausreichend große Zahl von Angeboten an einem Ort bündeln könnte, würde man eine sehr viel partizipativere Lebensart erhalten. »In dieser Vision würde es fast keine Zeit für ›richtige Arbeit‹ mehr geben«, schrieb sie 2010. »Wir wären zu beschäftigt damit, Dinge anzubauen und anzufertigen, zu kochen, zu plaudern, zu lernen, zu unterrichten.«

Sieben Jahre später beaufsichtigte Britton als Geschäftsführerin der Participatory City Foundation die Eröffnung von zwei »Every One Every Day«-Werkstätten im Londoner Bezirk Barking and Dagenham – Brückenköpfe der Partizipation. Bis 2022 soll es in diesem Bezirk mit 200 000 Einwohnern fünf solche Werkstätten, ein mit Werkzeug und Maschinen für die kreative Produktion gefülltes Lager, fünfzig von Personen aus der Nachbarschaft geleitete »Minidrehscheiben« und Hunderte kostenlose oder preisgünstige Aktivitäten geben.

Barking and Dagenham ist nicht unbedingt ein naheliegender Standort für das weltweit größte Experiment mit der »partizipativen Kultur«. In dem Bezirk, der eine einstündige U-Bahn-Fahrt vom Stadtzentrum entfernt ist, beteiligen sich halb so viele Menschen an Freiwilligenaktivitäten wie im landesweiten Durchschnitt. Die Arbeitslosigkeit ist mit 11 Prozent mehr als doppelt so hoch wie im Landesdurchschnitt. Welchen Indikator man auch immer heranzieht – Mutterschaft Minderjähriger, Lebenserwartung, Kinderarmut, Kriminalität, Jahreseinkommen, Fettleibigkeit bei Kindern –, in Barking and Dagenham ist die Lage schlechter als anderswo in Großbritannien.

Dagenham, der weiter vom Zentrum entfernte Stadtteil, ist der ärmste Londons. Die Zugehörigkeit zur Erwerbsbevölkerung ist hier zumeist gleichbedeutend mit gering bezahlten Tätigkeiten im Dienstleistungssektor. In den Ohren eines Ausländers klingt der britische Begriff »High Street«, der die wichtigste Einkaufsstraße in einer Ortschaft oder einem Viertel bezeichnet, reizvoll. In der High Street von Dagenham ist das anders: Es gibt dort keine Filialen von Modeketten und keine verlockenden Schaufenster, sondern nur Läden, die grundlegende Dienste anbieten, Lokale, die Speisen zum Mitnehmen verkaufen, und eine Handvoll Familienbetriebe wie Stardust Linen und Harrolds Discount Jewellers. Es ist einer jener Orte, an denen man einen Mann sehen kann, der seine Lebensmittel mit Münzen bezahlt, die er aus einer Geldbörse holt, in der keine Geldscheine oder Kreditkarten stecken. Flüchtet man sich unter eine Markise, um sich vor einem Londoner Wolkenbruch in Sicherheit zu bringen, so ziehen die Leute angesichts der plötzlichen bedrohlichen Bewegung ihre Taschen an sich und drehen sich weg.

Doch in den ersten acht Monaten des Bestehens von Every One Every Day nahmen mehr als 2000 Menschen an fast 40 Standorten an 70 Projekten teil, und seit damals steigen die Teilnehmerzahlen unablässig. Plötzlich kamen die Leute in Dagenham zusammen, um gemeinsam Essen zu kochen, das sie nach Hause mitnehmen konnten, um öffentliche Plätze zu verschönern, in einem spontan eröffneten Laden ihre Handwerkserzeugnisse zu verkaufen, Straßen vorübergehend in Spielplätze umzuwandeln oder zu lernen, Filme zu drehen oder Gedichte zu schreiben. Anwohner boten kostenlose Anleitungen zum Cocktailmixen und Haarflechten, zu Yoga und Seifenherstellung an. Ein »zuhörender Friseur« bot für Kinder, die lautes Vorlesen übten, während sie auf seinem Stuhl saßen, Haarschnitte zum halben Preis an. Die Stiftung hatte einen tausend Quadratmeter großen »Erzeugerraum« geplant, ein Lager voller Ausrüstung vom 3-D-Drucker über

eine Standbohrmaschine bis zu einer industriellen Küche –
am Ende wurde ein mehr als dreimal so großes Zentrum
daraus, das sich in der Nachbarschaft einer evangelikalen
Megakirche befindet.

Aber die Wirkung von Every One Every Day ist in Statistiken nicht zu fassen. Um zu verstehen, wie sich die Einrichtung auf das Leben der Gemeinde auswirkt, muss man mit
Menschen wie Zoe Hallel sprechen, die bei unserer Begegnung so selbstsicher wirkt, dass es ein Schock für mich ist
zu erfahren, dass sie noch vor wenigen Monaten in beinahe
vollkommener Isolation lebte. Hallel nimmt das Konzept
von Every One Every Day sehr ernst: Sie ist jeden Tag in der
Werkstatt. Eine ihrer neuen Freundinnen ist Yetunde Dabiri,
deren Tochter Danielle etwa so alt ist wie Hallels Tochter Mia.
Die beiden Mütter und ihre Kinder leben nur zwei Gehmi-
nuten voneinander entfernt, lernten sich jedoch erst kennen,
als Dabiri eines Tages in der Werkstatt vorbeischaute. »Ich
wurde willkommen geheißen, wir tranken eine Tasse Tee,
plauderten – und seit diesem Augenblick hänge ich an diesem Ort«, erzählt sie mir. In anderen Gegenden mag es nichts
Ungewöhnliches sein, eine schwarze Frau und ihre weiße
Freundin, ein weißes Mädchen und seine schwarze Freundin gemeinsam durch die Straßen schlendern zu sehen, aber
Dagenham ist ein Bezirk, in dem weiße Nationalisten noch
vor einem Jahrzehnt ein Dutzend Sitze in der Bezirksverord-
netenversammlung hielten. Ihre an nationalsozialistische
Symbole erinnernden Embleme sind immer noch im Viertel
zu sehen, oft auf T-Shirts von Passanten.

Ich frage Teilnehmer, wie sie ihre Freizeit vor der Ankunft
von Every One Every Day verbrachten. Ich habe erwartet
zu hören, dass sie einkaufen gingen, sich die Fingernägel
machen ließen, sich in Pubs und Cafés die Zeit vertrieben,

mit den Kindern in den Vergnügungspark fuhren, Ausflüge machten oder ins Kino gingen. Stattdessen höre ich ein ums andere Mal dieselbe Antwort: »Ich tat nichts.«

»Ich lebe seit vierzehn Jahren in diesem Viertel«, sagt Dabiri, »und in all dieser Zeit kam ich nach der Arbeit heim und blieb zu Hause. Selbst am Wochenende, wenn ich nicht arbeitete, kam ich am Freitagabend heim und verließ das Haus erst wieder am Sonntagmorgen, um in die Kirche zu gehen. Und Danielle und ich waren allein. Sie fragte immerzu: ›Mommy, wo gehen wir hin?‹ Und ich antwortete: ›Nirgendwohin.‹«

Wie sich herausstellte, waren die Bedingungen für die Entstehung einer partizipativen Kultur in Barking and Dagenham zumindest in einer Hinsicht ideal. Wenn unsere vorrangige Rolle in der Konsumgesellschaft darin besteht, Geld zu verdienen und auszugeben, dann sind viele Einwohner Dagenhams vom Spiel ausgeschlossen. Viele von ihnen haben keine feste Arbeit, beziehen eine Mindestrente oder sind arbeitslos; viele andere verdienen mit ihrer Arbeit nicht genug, um Geld fürs Shopping übrig zu haben, nachdem die Rechnungen bezahlt sind. Das Leben in Dagenham ruft uns in Erinnerung, dass denen, die keine finanziellen Mittel zur Beteiligung an der Konsumkultur haben, wenig zu tun bleibt.

Es ist nicht leicht, eine soziale Rolle abzulegen und in eine neue zu schlüpfen. Bevor sie Every One Every Day ins Leben riefen, setzten sich die Verantwortlichen der Participatory City Foundation zusammen, um sich anzusehen, was sie in den Jahren der Grundlagenarbeit gelernt hatten. Sie stellten fest, dass das größte Hindernis für Versuche, die Menschen zur Beteiligung zu bewegen, die »Neuartigkeit der Partizipationskultur« war. Die Leute wussten nicht, was Partizipation

war, wie sie funktionierte und wie sie sich beteiligen konnten. Die Beteiligung war nicht »kulturell normal«.

Wir können aufhören einzukaufen, aber die Denkweise des
Konsumenten verschwindet nicht einfach. »Sie ist ziemlich
tief in uns verwurzelt«, befindet Nat Defriend, der stellvertre-
tende Geschäftsführer von Every One Every Day. »Ich glaube
nicht, dass sie Teil unserer Natur ist, aber sie ist zweifellos
Teil unserer Kultur. Sie hat großen Einfluss darauf, wie unsere
Gesellschaften und Gemeinden organisiert werden, und natürlich wirkt sie sich auf die wirtschaftlichen Beziehungen aus.«

Defriend ist ein ehemaliger Bewährungshelfer – er sieht
wie eine freundlichere Version des Schauspielers Jason
Statham aus –, der sich nicht länger mit der hierarchischen,
nachträglichen Problemlösung in den Strafverfolgungs- und
Sozialsystemen abfinden wollte und zu der Überzeugung
gelangte, eine partizipative Kultur werde mehr Menschen
die Möglichkeit geben, ein Gemeinschaftsgefühl und eine
Zweckorientierung zu entwickeln, und ihnen von Kindheit
auf Chancen eröffnen, wodurch soziale Probleme von vorn-
herein verhindert werden könnten. Aber eine solche Kultur
würde nicht einfach *entstehen*. Man musste sie aufbauen.

Die Arbeit von Every One Every Day ruht auf zwei Säulen. Die erste ist eine Infrastruktur für die Beteiligung, das
heißt alles von den Werkstätten und dem Werkzeuglager bis
zu Sicherheitsplänen und Kommunikationssystemen. Die
zweite ist ein Team, das dafür ausgebildet wurde, den Menschen dabei zu helfen, in ihre neue Rolle als Beteiligte zu
schlüpfen. Die Organisation sieht ihr Ziel in der Entwicklung
einer »umfassenden Partizipationsökologie«, in der jeder
Einwohner von Barking and Dagenham *an jedem Tag* zwanzig Gelegenheiten vorfinden wird, sich mit seinen Nachbarn
an einer kostenlosen Aktivität zu beteiligen, ohne sich jemals

mehr als 15 Minuten zu Fuß von seiner Wohnung entfernen zu müssen.

»Wie lautet noch der hochtrabende Terminus? Eine ›Paradigmenverschiebung‹«, sagt Defriend. Every One Every Day ist in einer konsumorientierten Welt tätig – eines ihrer Ziele lautet, in Barking and Dagenham innerhalb von fünf Jahren hundert neue Betriebe hervorzubringen –, aber die Organisation arbeitet auch außerhalb dieser Welt. Es wird viel geteilt, doch Defriend betrachtet es nicht als »Sharing Economy«, denn dieser Begriff wurde von Unternehmen mit Gewinnzweck wie Ridehailing- und Ferienwohnungsvermittlern gekapert. In Barking and Dagenham ist das Teilen oft einfach und unmittelbar: Zum Beispiel markieren einige Frauen in einem Arbeitsbereich mit Kreide eine Zone, in der sie sich abwechselnd um ihre Kinder kümmern. Es ist ein klares Beispiel dafür, wie man an einem Ort, an dem die Konsumkultur teilweise abwesend und teilweise dysfunktional ist, die Lebensqualität der Beteiligten deutlich heben könnte, ohne das Geld den Besitzer wechseln oder die Wirtschaft wachsen muss.

Jon Alexander glaubt, dass dieselben Werkzeuge, die das Funktionieren einer partizipativen Kultur erleichtern – soziale Medien, Echtzeitkommunikation, benutzerfreundliche digitale Plattformen –, auch eingesetzt werden könnten, um die Menschen in die übergeordneten gesellschaftspolitischen Entscheidungen einzubinden. »Warum lassen wir zu, dass die bürgerliche Beteiligung so extrem langweilig, so mühsam und so ›wertvoll‹ ist?«, fragt er. Ein Beispiel dafür, wie diese bürgerliche Beteiligung funktionieren könnte, ist die verpflichtende Teilnahme an Geschworenenjurys. In einem Geschworenenprozess versammeln sich Menschen mit sehr unterschiedlichem Hintergrund, machen sich ein Bild von einer oft komplexen Situation und entscheiden schließlich gemeinsam, wie das Gesetz am besten angewendet werden kann. Dasselbe Verfahren könnte man bei Fragen wie dem Klimawandel, der Schulbildung, der Qualität der Medien und der Verwendung von Steuergeldern anwenden.

»Heute sind wir Konsumenten, die wählen gehen. Aber wir könnten Bürger werden, die konsumieren«, erläutert Alexander. »Ich denke, das wirkt sich darauf aus, welche Dinge wir tun – einigen widmen wir uns mehr, andere treten in den Hintergrund.«

Zu den wichtigsten Dingen, die in den Vordergrund rücken, zählt das, was Zoe Hallel für sich entdeckt hat: die sozialen Bindungen. Wer Zeit in der Werkstatt in Dagenham verbringt, begreift, wie isoliert viele von uns sind, und erkennt diese Einsamkeit bis zu einem gewissen Grad wahrscheinlich auch in seinem eigenen Leben. Kleine alltägliche Vorkommnisse, die gewöhnlich scheinen, erweisen sich als zutiefst bewegend, wenn man erkennt, wie ungewöhnlich sie tatsächlich sind. Eine Immigrantin in mittleren Jahren beschreibt, wie eine Gruppe von »Kapuzenjacken« auf sie zukam; sie bekam Angst und wollte auf die andere Straßenseite wechseln, als sie zwei der jungen Männer von einem Gemeinschaftsbuffet wiederkannte – sie lächelten ihr im Vorbeigehen zu und grüßten sie. Eine ältere Frau kommt in die Werkstatt, um sich zu erkundigen, ob ihr Mann beim wöchentlichen »Tea and Tech«-Treffen lernen könne, sein Smartphone richtig zu verwenden. Ja, lautet die Antwort, ihm kann geholfen werden. Die Frau ist entzückt – ihr Mann besitzt das Smartphone mittlerweile seit *zwei Jahren* und kann immer noch nicht damit umgehen. Ein Mädchen, das noch keine zehn Jahre alt ist, kommt zum ersten Mal in die Werkstatt und erfährt, dass es im Hinterhof einen Hühnerstall gibt. »Ihr habt *Hühner?*«, fragt sie, als hätte sie gerade erfahren, dass

Prinz Harry im Garten Polostunden gibt. Eine Minute später streichelt sie mit ungläubigem Gesichtsausdruck zum ersten Mal in ihrem Leben ein Huhn.

»Es ist eine sehr harte Arbeit, aber sie ist auch sehr befriedigend – *unglaublich* befriedigend«, sagt Carley Stubbins, die durch eine persönliche Notlage gezwungen wurde, kurzfristig nach Barking and Dagenham umzuziehen. Ein Freund, der eine Zeit lang in der Gegend gewohnt hatte, warnte sie, dass er mit einem Messer unter dem Kopfkissen geschlafen habe. »Ich hatte Angst vor diesem Ort«, bekennt Stubbins.

Doch bald nach ihrer Ankunft in Dagenham entdeckte sie Every One Every Day. Sie nahm an zahlreichen Treffen teil und begann schließlich, in der Werkstatt zu arbeiten. Sie führt ein Tagebuch über die »zauberhafte Momente«, die sie dort erlebte – sie sah, wie Fremde zu Freunden wurden und wie Menschen ihr Potenzial entdeckten. In jenem Jahr reiste sie zu Weihnachten nach Spanien, wo sie eine Offenbarung hatte. »Ich liebe dieses Viertel«, sagt sie. »Auf dem Heimflug konnte ich es nicht erwarten, in meine schäbige kleine Wohnung in Dagenham zurückzukehren.«

Dagenham wirkt nicht wie der geeignete Ort für ein Utopia, aber es ist leicht, genau das darin zu sehen. Aber wie es so schön über das Londoner Wetter heißt: Hab ein bisschen Geduld. An einem Spätnachmittag im Frühling, als der heftige Regen endlich so viele Wolken entleert hat, dass die Sonne hervorkommen kann, macht sich AJ Haastrup, ein Projektentwickler von Every One Every Day, in Begleitung einer Schülerin aus der Nachbarschaft auf, um auf einer Brachfläche am Straßenrand einige Bäume zu pflanzen. Ich schließe mich den beiden an.

Kaum sind wir mit den Schösslingen – Apfel- und Birnbäume – sowie Schaufeln und Schubkarre an der Stelle angekommen, wo die Bäumchen gepflanzt werden sollen, da taucht hinter der Mauer einer Reihenhaussiedlung ein muskulöser Mann auf. »Sie haben hoffentlich nicht vor, die *hier* einzupflanzen«, sagt er. Haastrup antwortet, genau das sei der Plan und er habe eine Genehmigung der Bezirksverwaltung. »Sie werden die nicht neben Häusern pflanzen!«.

Der zornige Mann sieht nur Probleme: Die Wurzeln der Bäume würden die Fundamente beschädigen. Im Frühjahr würden die Blüten abfallen und auf der Erde verrotten, und im Herbst würde dasselbe mit den Blättern geschehen. Er habe in seinem Leben genug erlebt, um zu wissen, dass ein Obstpflanzungsprojekt von ein paar Weltverbesserern keine Zukunft habe, und in ein oder zwei Jahren werde er auf ungepflegte Bäume schauen, deren am Boden verrottende Früchte mit ihrem Gestank den ganzen Block verpesten würden.

»Das ist die übliche Argumentation«, seufzt Haastrup, als wir den Rückzug antreten. In der Nachbarschaft müsse noch Überzeugungsarbeit geleistet werden, bevor die Leute die Bäume akzeptieren würden. »Ich bin daran gewöhnt.« Aus seinem Tonfall hört man die jahrelange Erfahrung in Barking and Dagenham heraus – vielleicht sollte an dieser Stelle erwähnt werden, dass Haastrup jung und schwarz ist und der zornige Anwohner weiß und mittleren Alters.

Every One Every Day war von Anfang an als *nicht* utopisches Vorhaben gedacht. Die Einrichtung wurde ausgehend von der Erkenntnis gegründet, dass jede neue Rolle, die wir als Menschen ausfüllen, ihre eigenen Enttäuschungen und täglichen Mühen, ihre Unfairness und ihre Konflikte mit sich bringen wird – und dass wir vor allem lernen müssen, diese Rolle zu spielen. So wie die Konsumkultur ist auch die partizipative Kultur ein Projekt, das nie abgeschlossen ist.

An einem Nachmittag in der Werkstatt in Dagenham geht der Austausch von Neckereien in einer Gruppe plötzlich in einen heftigen Streit über die Frage über, ob einer der Scherze die Grenze zum Rassismus überschritten hat. Eine Frau namens Zenab stürmt wütend hinaus. Wenige Minuten später kehrt sie ruhig und gefasst zurück.

Zenab (sie verwendet keinen Nachnamen) wanderte als Kind aus Kenia ein und wuchs in einer Sozialbausiedlung in Barking auf. Sie ist erst vor Kurzem nach Dagenham umgezogen. Es fiel ihr schwer, hier neue Freunde zu finden, bis sie eines Tages erfuhr, dass in der Nachbarschaft eine Werkstatt von Every One Every Day eröffnen würde. Sie hatte keine Ahnung, worum es ging. Als die Werkstatt öffnete, ließ sich ihre Tochter auf einem der Liegestühle vor der Tür nieder. »So fing es an«, erinnert sich Zenab.

Sie hat eine unerschrockene Konsumidentität: Sie trägt schwarze Stiefel, weiße Jeans und einen weißen Wollmantel mit dazu passendem Hut. Aber ihre neue Rolle als Beteiligte hat ihr Leben sehr bereichert. Sie und ihre Kinder nehmen an allem teil.

»Ich denke, das sollte dauerhaft sein«, sagt sie. »Es ist etwas, das in ganz London gebraucht wird, vielleicht sogar außerhalb. Die Erfahrung in den Werkstätten ist so gut, dass es mir schwerfällt, nach Hause zu gehen. Wenn ich nicht in der Werkstatt in Barking bin, bin ich in der in Dagenham. Wenn ich nicht in Dagenham bin, bin ich in Barking.«

Manchmal gebe es Konflikte, aber das gehöre ebenfalls zum Leben in einer Gemeinschaft. Abgesehen davon hat sie an diesem Nachmittag zu arbeiten. Wenige Minuten später bringt sie einer kleinen Gruppe – die Mitglieder gehören verschiedenen ethnischen und Altersgruppen, Gesellschaftsschichten und Geschlechtern an – bei, wie man *urojo* zubereitet, eine kenianische Suppe, die sie zu einem Bestandteil ihrer Ernährung machte, nachdem ihre Mutter, die in Glasgow lebt, ihr am Telefon das Rezept gegeben hatte. Zenam will, dass sich alle beteiligen.

ZENABS UROJO-SUPPE

3 Cassava-Wurzeln (oder Süßkartoffeln),
   in etwa 1 cm dicke Scheiben geschnitten;
3 kleine rote Zwiebeln, gehackt;
3 süße Paprikaschoten, gehackt;
4 Tomaten, gehackt;
1 Esslöffel Pflanzenöl;
1 Esslöffel Mangopulver (oder 3 bis 4 unreife Mangos);
1 Teelöffel Kurkuma;
Salz

Die Cassava-Wurzeln etwa 30 Minuten oder so lange kochen, bis sie weich sind. Zwiebeln und Paprika etwa 5 Minuten in einer großen Pfanne auf mittlerer Hitze sautieren. Tomaten (sowie Mangos, sofern verwendet) hinzufügen, salzen und so lange kochen, bis die Tomaten zerfallen und die Mischung beginnt, an der Pfanne zu kleben. So viel Wasser dazugeben, bis die Mischung nicht mehr klebt, und so lange köcheln lassen, bis sie wieder zu kleben beginnt. Cassava abtropfen lassen und mit der Masse verrühren. So viel Wasser hinzufügen, bis die Mischung gerade bedeckt ist. Mit Salz abschmecken. Mangopulver und Kurkuma unterrühren. Kochen, bis die Suppe eindickt, anschließend weitere 10 Minuten auf ganz kleiner Flamme weiterköcheln lassen. Die Suppe sollte dick wie ein Eintopf sein. Guten Appetit!

15

Wir konsumieren immer noch viel zu viel
(Teil 1: Unauffälliger Konsum)

Konsumieren wir, wenn wir die Klimaanlage einschalten?

Als ich mich weiter in den Tag vertiefte, an dem die Welt aufhört einzukaufen, war es diese Frage, die mich zu der Erkenntnis führte, dass ich mein Gedankenexperiment möglicherweise erweitern musste. Die unscharfe Grenze zwischen dem aktiven Konsum, für den wir uns im Augenblick entscheiden, und dem Konsum, der unentwegt im Hintergrund unseres Alltagslebens stattfindet – beim Essen, Wäschewaschen, Heizen und Kühlen, bei der Fahrt zur Arbeit und zurück –, konnte nicht länger ignoriert werden.

Es gibt sogar Leute, die der Meinung sind, dass wir das Problem nicht richtig verstehen, wenn wir glauben, mit einem Ende des Einkaufens könnten wir den Klimawandel und andere Umweltkrisen bekämpfen. Weniger Dinge zu kaufen steht fast nie auf der Liste der besten Wege, um unser Leben umweltverträglich zu machen. Ganz oben auf dieser Liste stehen die Energieeffizienz, unser Fleischkonsum, die Größe unserer Häuser sowie Straßenverkehr und Flugreisen. Das Problem besteht teilweise darin, wie die Dinge quantifiziert werden. Die Auswirkungen des Einkaufens werden oft unterschätzt, weil sie auf verschiedene Kategorien verteilt werden: Kleidung, Elektronik, Haushaltsgeräte usw., manchmal sogar »Vermischtes«. Laut einer neueren Studie über die mit dem Konsum verbundenen Treibhausgasemissionen in fast hundert Großstädten in aller Welt haben diese Kategorien in ihrer Gesamtheit dasselbe Gewicht wie Lebensmittel und Privatverkehr. Und während der Großteil der in den aufstrebenden Volkswirtschaften der Welt verbrauchten natürlichen Ressourcen in Infrastrukturen wie Straßen und Wohnungsbau gehen, hat in den reichsten, technologisch fortschrittlichsten Ländern tatsächlich das Gesamtaufkommen von Konsumgütern die größten Auswirkungen – und dies ist der Lebensstil, dem die übrige Welt nacheifert.

Gleichzeitig übersehen wir einen großen Teil des Konsums, wenn wir uns ausschließlich auf das konzentrieren, was wir als Konsumismus bezeichnen. Und wie wir am eigentümlichen Beispiel der Klimaanlage sehen werden, ist die Frage, wo eine Art von Konsum endet und eine andere beginnt, oft nur eine Frage des Zeitpunkts und der Geschichten, die wir uns selbst darüber erzählen, wie ein normales Leben aussehen sollte.

Am 27. August 1936 war das Wetter in New York schön – was für Willis Carrier bedeutete, dass es schlecht war. Er hätte einen jener Sommertage vorgezogen, an denen die New Yorker, denen in der schwülen Hitze das Hemd am Rücken klebte, nicht mehr klar denken konnten. Doch an diesem Tag war die Temperatur mit 22 Grad Celsius sehr angenehm. Es war der ideale Tag, um ein wenig Zeit an der frischen Luft zu verbringen. Aber Carrier war beim Radiosender WABC zu Gast und versuchte, den Zuhörern zu erklären, dass nur das »Innenraumwetter« einen Menschen in die Lage versetze, sein Potenzial vollkommen auszuschöpfen.

»Das klimatisierte Leben der Zukunft wird etwa so ausse-hen«, sagte er. »Der durchschnittliche Geschäftsmann wird morgens angenehm erfrischt aufstehen, weil er in einem kli-matisierten Raum geschlafen hat. Er wird in einem klimati-sierten Zug reisen und in einem klimatisierten Büro, einem klimatisierten Laden oder einer klimatisierten Fabrik arbei-ten – und am Ende des Arbeitstags in einem Restaurant mit Klimaanlage zu Abend essen. Tatsächlich wird er nur mit Hit-zewellen oder arktischer Kälte in Berührung kommen, wenn er sich den natürlichen Unannehmlichkeiten des Lebens unter freiem Himmel aussetzt.«

Es ist unwahrscheinlich, dass Carrier, der als Vater der mo-dernen Klimaanlage gilt, wirklich an die von ihm beschrie-bene Science-Fiction-Zukunft glaubte. Zu jener Zeit hatte nur ein Bruchteil der amerikanischen Haushalte und praktisch niemand in der übrigen Welt eine Klimaanlage. Noch mehr als ein Jahrzehnt später, 1948, ging die Forschungsabteilung von Carriers eigenem Unternehmen davon aus, dass der ame-rikanische Markt für Klimaanlagen in Wohngebäuden auf 312 000 wohlhabende Haushalte beschränkt war, die mehr-heitlich in den Staaten mit schwülem Klima an der Golfküste und im Glutofen des »Weizengürtels« im Mittleren Westen lebten. (An dem Tag, an dem Carrier sein Interview bei WABC gab, wurde in Kansas City, dessen Umgebung zu jener Zeit unter einer schweren Dürre litt, eine Temperatur von 41 Grad gemessen.) Das Unternehmen stufte Washington – das auf dem Gebiet eines mit Malaria verseuchten Sumpfs errichtet und von den ersten britischen Diplomaten als tropischer Au-ßenposten betrachtet worden war – als Zone ein, die nur gele-gentlich unter einem unangenehmen Klima litt. Die Kühlung von Häusern in nördlichen Städten wie New York oder Chi-cago hielten Carriers Experten für einen »extremen Luxus«.

Es war keine technische Herausforderung, Klimaanlagen in die amerikanischen Haushalte zu bringen. Zu jener Zeit, als Carrier von einer vollkommen klimatisierten Zukunft träumte, bliesen Maschinen kalte Luft in zahlreiche Fabriken, Kaufhäuser, Kinos und Behördengebäude. Das eigentliche Hindernis war, dass die meisten Leute die Klimaanlage als kostspielige Lösung für ein Problem betrachteten, das eigentlich keines war.

Die Menschen waren daran gewöhnt, Hitze und Kälte auszuhalten, und sie gaben ihre Gewohnheiten nicht leicht auf. An heißeren Orten lebten sie in Häusern, deren Fenster zu öffnen und die so gebaut waren, dass ein kühler Durchzug erzeugt werden konnte – die detaillierten Anleitungen zur natürlichen Belüftung gehen bis auf Vitruv zurück, dessen *Zehn Bücher über Architektur* im 1. Jahrhundert in Rom veröffentlicht wurden. Überdachte Veranden, Dachvorsprünge und Baumkronen spendeten Schatten, und dicke Mauern aus Stein, Ziegeln oder Lehm schirmten kühle Innenräume ab. In Japan hatten viele Häuser bewegliche Wände, in den Tropen hatten sie manchmal überhaupt keine Wände. In der arabischen Welt gab es den Innenhofgarten mit Schatten, Pflanzen und Brunnen, die dem heißen Klima entsprechende Antwort auf die Feuerstelle in kälteren Regionen.

In den Vereinigten Staaten, wo es heute mit Abstand die meisten Klimaanlagen auf der Welt gibt, ruhten sich die Leute auf Verandaschaukeln und in Gartenlauben aus. Louisiana war berühmt für überdimensionierte Deckenventilatoren, und im Wüstenklima des amerikanischen Südwestens kühlten sogenannte Sumpfkühler die Luft durch Verdampfung um 20 Grad oder mehr ab. Die New Yorker schliefen auf dem Balkon unter der Feuerleiter oder stellten Tabletts mit Eiswürfeln vor Tischventilatoren.

Aber es gibt Grenzen. Bei etwa 35 Grad erreicht die Luft die Temperatur des menschlichen Bluts, und sogar eine Brise beginnt sich wie heißer Atem anzufühlen. Bei höheren Temperaturen liefert die Kultur Lösungen. In der spanischsprachigen Welt hielten die Leute ihre Siesta – vielerorts tun sie es noch heute – und verbrachten die heißesten Stunden des Tages mit Essen, Trinken und Ausruhen. Anderswo begaben sich die Menschen auf Wanderschaft – was sie ebenfalls immer noch tun – und verbrachten die heißen Sommermonate in den Bergen oder am Meer; amerikanische Ehemänner wurden zu »Sommerjunggesellen«, wenn ihre Frauen und Kinder in ein angenehmeres Klima abreisten, während sie zurückblieben und in der unter der Hitze stöhnenden Stadt ihrer Arbeit nachgingen. Japan meisterte sein feuchtheißes Klima mit Bedächtigkeit. Man hängte Windspiele vor die Tür und Bilder von Bergflüssen an die Wände im Haus, um draußen die Aufmerksamkeit auf die geringste Brise zu lenken und drinnen Gedanken an angenehme Kühle zu wecken.

Aber vor allem *genossen* die Leute das Wetter, trotz seiner Extreme. Im Jahr 1971 veröffentlichte der französisch-kanadische Wissenschaftler Michel Cabanac die Ergebnisse einer Studie, in der er der Frage nachgegangen war, wie die Menschen das machen. Er setzte seine Versuchspersonen in eine Badewanne und wies sie an, eine Hand in einen separaten Wasserbehälter zu tauchen. Wenn das Badewasser unangenehm kalt war und die Probanden die Hand in heißes Wasser tauchten (das sogar so heiß sein konnte, dass es wehtat), beschrieben sie das Gefühl als angenehm. Die gleiche Reaktion zeigten die Versuchspersonen, wenn das Badewasser zu heiß, das Wasser in dem anderen Behälter jedoch kalt war. Waren sowohl das Badewasser als auch das Wasser in dem Behälter zu heiß oder zu kalt, so beschrieben die Teilnehmer ihre Empfindung hingegen als unangenehm. Hatten sowohl das Wasser in der Wanne als auch das im separaten Behälter eine angenehme Temperatur, so bezeichneten die Probanden die Erfahrung als weder angenehm noch unangenehm: Sie war neutral.

Wie so oft bei guter Wissenschaft entsprachen die Ergebnisse dem gesunden Menschenverstand: Ein heißes Bad oder eine kalte Dusche können so wie ein Schokoladenriegel oder ein Glas Wasser abhängig von den Umständen entweder sehr angenehm oder ausgesprochen unangenehm sein. Aber woran genau liegt das? Cabanac gelangte zu dem Schluss, dass die Wurzel des Genusses nicht im Wohlgefühl, sondern im Unwohlsein zu finden sei, da der Genuss die Befreiung von Unwohlsein sei. Er bezeichnete diesen Effekt als »Alliästhesie«, was etwa so viel bedeutet wie »Empfindung der Veränderung«. Zündet man in einem kalten Haus am Morgen ein Kaminfeuer an, so fühlt sich die Erleichterung beim Verschwinden der Kälte besonders angenehm an. Bier schmeckt nie köstlicher als an einem heißen und schwülen Tag.

Als die ersten Klimaanlagen auf den Markt kamen, stellte der Übergang zum klimatisierten Wohnen die Menschen vor die Wahl zwischen der Verringerung des Unwohlseins durch zahlreiche kleine Genüsse einerseits und einem immer gleichen Wohlbefinden andererseits. Erwartungsgemäß stieß das Angebot auf verbreitete Gleichgültigkeit und Ablehnung. Da die Klimatisierung nicht als Notwendigkeit verkauft werden konnte, musste sie zunächst als Luxus beworben werden. Als im Jahr 1902 das vermutlich erste mechanische Klimatisierungssystem in Betrieb genommen wurde, diente es nicht dazu, die Arbeitsbedingungen von Frauen und Einwanderern zu verbessern, die in stickigen Kellern und Speichern schufteten und schwitzten (das Wort *sweatshop,* mit dem ein Ausbeuterbetrieb bezeichnet wird, ist amerikanischen Ursprungs), sondern es kühlte die Börse. Doch sogar unter den Reichen fanden sich wenige Käufer.

In den Fünfzigerjahren kam der Verkauf von Klimaanlagen langsam in Gang, aber der Markt erfüllte weniger eine Nachfrage der Konsumenten; vielmehr hatte er eine Nachfrage nach Konsumenten. Seit den Dreißigerjahren warben die Stromversorger für die neuesten elektrischen Geräte von Bügeleisen über Toaster bis zu Kühlschränken. Die Klimaanlage wurde in die Liste aufgenommen. Mehrere Hitzewellen halfen ebenso wie die Tatsache, dass der Fortschritt der Menschheit mit neuen Technologien gleichgesetzt wurde; die Marktforscher fanden heraus, dass immer dann, wenn in einem Fenster der Kasten einer Klimaanlage auftauchte, innerhalb kürzester Zeit überall in der Nachbarschaft weitere installiert wurden. Die Klimatisierung wurde demonstrativ konsumiert – sie war ein Veblen-Gut geworden.

Im Jahr 1957 wurden Klimaanlagen erstmals in die Hauspreise einbezogen, womit dieses Produkt den Sprung von einer technischen Spielerei zu einem Teil des Hintergrunds des Alltagslebens geschafft hatte. Im selben Jahr verfasste Logan Lewis, einer der Mitgründer der Carrier Corporation, eine Broschüre, in der er die Mitarbeiter des Unternehmens daran erinnerte, dass der Erfolg der Klimaanlage hart erkämpft und nie unvermeidlich gewesen sei – in europäischen Haushalten existiere sie praktisch nicht. Er warnte, der Vormarsch der Klimatisierung dürfe nicht als unumkehrbar betrachtet werden.

Die Klimaanlage, die wir heute kennen, geht mit einem hohen Konsum einher – sie verbraucht mehr Strom als jede andere Anwendung in den amerikanischen Haushalten, sogar mehr als die Heizung. Aber die Klimatisierung hat nichts mit dem Einkaufen zu tun. Sie gehört zu dem, was manchmal als unsichtbarer oder unauffälliger Konsum bezeichnet wird – jene Art von Konsum, den wir praktizieren, einfach weil die Dinge so sind, weil das System so funktioniert. Wir können keine Gesellschaft errichten, die weniger konsumiert, ohne uns mit dieser Form des Konsums auseinanderzusetzen.

»Ich interessiere mich nicht für die Aktivität des Shoppens«, sagt Elizabeth Shove, eine Soziologin an der Lancaster University in Nordwestengland. »Ich interessiere mich sehr viel mehr für Infrastrukturen, Institutionen und Technologien. Sie definieren die Bedeutung von Normalität, der wir uns dann alle anpassen.«

Shove beschäftigt sich seit Jahrzehnten mit dem Konsum, den wir praktizieren, ohne das Gefühl zu haben zu konsumieren. Wir waschen unsere Kleidung, füllen den Kühlschrank und fahren mit dem Auto zum Supermarkt, wenn wir in einem Vorort leben. Das »normale« Leben ist mit sich wandelnden Erwartungen, Mustern und Konstrukten gefüllt, die unseren persönlichen Konsum deutlich erhöhen können. Oft haben diese Erwartungen, Muster und Konstrukte mit drei Faktoren zu tun: Wohlbefinden, Sauberkeit und Annehmlichkeit. Die Beheizung und Kühlung unseres Hauses ist ein Beispiel für die Verschiebung der Maßstäbe im Hinblick auf das Wohlbefinden. Waschmaschinen, Trockner und diejenigen, die für sie warben, veränderten die Bedeutung der Sauberkeit. Diese Haushaltsgeräte hatten das Potenzial, Hausfrauen dabei zu helfen, den Zeitaufwand für die Wäsche deutlich zu verringern, und ihnen dadurch mehr Freizeit zu verschaffen. Stattdessen gewöhnten sich die Hausfrauen an, die Kleidung häufiger zu waschen. (Die Briten waschen ihre Kleidung heute fünfmal öfter als vor hundert Jahren, und die

Amerikaner waschen noch häufiger – und füllen obendrein größere Waschmaschinen mit größeren Wäscheladungen.) Eine Verschiebung unserer Vorstellung von der Annehmlichkeit hat dank der digitalen Vernetzung in jüngster Zeit dazu geführt, dass unsere Fahrten zum Supermarkt oder zum Restaurant durch Fahrten von Lieferdiensten ergänzt wurden.

Wenn wir darüber nachdenken, welche Veränderungen wir im Lauf unseres Lebens gesehen haben, kommen uns wahrscheinlich Dutzende Beispiele in den Sinn, von denen viele durch die Einführung eines neuen Konsumprodukts oder einer Dienstleistung angestoßen wurden. In den Bereich der Sauberkeit gehört die fast völlige Verdrängung des Seifenstücks durch Flüssigseife, die aus Wegwerfflaschen gedrückt wird. Als der erste Winter in der Coronapandemie begann, schien sich ein neuer Standard für das Wohlbefinden durchzusetzen: Überall tauchten Heizpilze auf, die überwiegend mit fossilen Brennstoffen betrieben werden. Immer öfter heizen und kühlen wir nicht nur die Innenräume, sondern auch die Außenwelt.

Diese neuen Normen werden im Lauf der Zeit oft konsumtiver. Nehmen wir beispielsweise das Konzept der »Raumtemperatur«. Vor hundert Jahren gab es nichts Derartiges. Die Klimatisierungsstandards einschließlich einer idealen Raumtemperatur wurden um 1920 entwickelt, als sich die Ingenieure mit einer Rebellion der Öffentlichkeit konfrontiert sahen, die Fenster forderte, die man öffnen konnte, um Frischluft in die Räume zu lassen – eine Bewegung, die so viele Anhänger fand, dass manche Schulen begannen, die Fenster so lange offen zu halten, bis die Temperatur in den Klassenzimmern fast auf den Gefrierpunkt sank; die Kinder wurden notfalls in gefütterte Säcke gesteckt, um sie warm zu halten. Den Befürwortern der Klimatisierung eröffnete die

Definition einer Lufttemperatur, welche die meisten Leute als »neutral« oder »akzeptabel« empfanden, eine Chance, die überraschend enge Bindung der Menschen an die natürliche Witterung und all ihre heftigen Schwankungen mit wissenschaftlichen Argumenten zu bekämpfen. »Da kein Ort das ideale Klima bot«, schreibt die Historikerin Gail Cooper in ihrem Buch *Air-Conditioning America,* »verwandelten sich alle Orte in potenzielle Märkte für Klimaanlagen.«

In europäischen Ländern wie Großbritannien und den Niederlanden galten Raumtemperaturen zwischen 13 und 15 Grad einst als normal. In den Vereinigten Staaten wurde der Maßstab für das Wohlbefinden in Innenräumen zwischen 1923 und 1986 von 18 auf 24,6 Grad angehoben. Der Trend geht seit Jahrzehnten aufwärts. Die Raumtemperatur in Büros liegt heute normalerweise bei etwa 22 Grad. Übersteigt sie diesen Wert, schaltet sich die Klimaanlage ein; sinkt sie unter diese Temperatur, so geht die Heizung an.

»Die Leute davon zu überzeugen, dass es eine für das Wohlbefinden erforderliche Temperatur gibt, war eine Meisterleistung, und es müssen gewaltige Ressourcen aufgewandt werden, um diese Temperatur aufrechtzuerhalten«, erklärt Shove. Zum ersten partiellen Stromausfall infolge einer übermäßigen Nutzung von Klimaanlagen kam es im August 1948 während einer Hitzewelle in New York. Mit dem Strom, den der typische amerikanische Haushalt heute für die Klimaanlage aufwendet, könnte der typische europäische Haushalt gut die Hälfte seines gesamten Strombedarfs decken. Aber auch in China steigt die Nutzung von Klimaanlagen, und in Indien und anderen Weltregionen breiten sie sich rasant aus.

Das ist eine weitere bittere Ironie unserer Zeit: Die Klimatisierung von Innenräumen heizt das Klima auf, und ein wärmeres Klima bewegt uns zur verstärkten Nutzung von

Klimaanlagen. René Dubos, der die Phrase »Global denken, lokal handeln« geprägt hat, schrieb einmal: »Die Anpassung an die heutige Welt ist möglicherweise unvereinbar mit dem Überleben in der Welt von morgen.«

Wenn unsere Anpassungen zu Normen werden, wird es schwierig, sie auch nur infrage zu stellen. Während der Ölkrise von 1973 sagte Richard Nixon, der, wie wir uns erneut in Erinnerung rufen sollten, ein republikanischer Präsident war, Folgendes über das klimatisierte Amerika:

> Wie viele von Ihnen können sich noch an eine Zeit erinnern, in der es sehr ungewöhnlich war, eine Klimaanlage im Haus zu haben? Und doch ist sie heute in fast allen Landesteilen sehr verbreitet. Das hat zur Folge, dass der Durchschnittsamerikaner in den nächsten sieben Tagen so viel Energie verbrauchen wird wie die meisten Menschen in der Welt in einem ganzen Jahr. In Amerika leben nur 6 Prozent der Weltbevölkerung, aber wir verbrauchen mehr als 30 Prozent der gesamten weltweit erzeugten Energie. Jetzt kollidiert unser wachsender Bedarf mit einem begrenzten Angebot.

Nixon schlug einen Plan zur Verringerung des Energieverbrauchs vor, der heutzutage nur einem radikalen Umweltschützer in den Sinn käme: Er wollte über Nacht die Konsumnormen ändern. Es ist unvorstellbar, dass es ein US-Präsident heute wagen könnte, so etwas zu sagen. Nixon wollte die Zahl der kommerziellen Flüge um mehr als 10 Prozent verringern, eine Maßnahme, die seither nur in Krisen wie der von 9/11 und der Coronapandemie akzeptiert wurde. Er schlug eine Senkung der Tempolimits, den Verzicht auf »unnötige« Beleuchtung, eine verstärkte Nutzung der Massenverkehrs-

mittel und von Fahrgemeinschaften vor. Aber sein Haupt-
augenmerk galt der Temperaturregelung. Der Winter stand
bevor, und Nixon forderte die Amerikaner auf, ihre Thermostaten herunterzudrehen, um eine landesweite Durchschnitts-
temperatur von 20 Grad in Innenräumen zu erreichen. Auf
diese Art sollte der Heizölverbrauch um 15 Prozent verringert werden. »Mein Arzt hat mir übrigens gesagt«, fügte der
Präsident onkelhaft hinzu, »dass man bei einer Temperatur
von 21 oder 22 Grad gesünder lebt als bei einer Temperatur
von 24 oder 25 Grad – wenn Ihnen das ein Trost ist.«

Wenn wir unsere Konsumgewohnheiten ändern, ändern wir
uns selbst, und diese Veränderung kann überraschend einschneidend sein. Vor einigen Jahren wurde Wouter van Marken Lichtenbelt zu einer Konferenz der Art von Experten –
Architekten, Ingenieuren, Stadtplanern usw. – eingeladen,
die für die Gestaltung jener künstlichen »Umwelt« zuständig
sind, in der die meisten von uns leben. Bei dieser Veranstaltung in Eindhoven stellte van Marken Lichtenbelt, der sich
an der Universität Maastricht mit Ernährungs- und Bewe-
gungswissenschaft beschäftigte, zu seiner Überraschung
fest, dass es besagte Experten als wichtigen Bestandteil ihrer
Tätigkeit betrachteten, ein Innenraumklima zu erzeugen, das
die Durchschnittsperson als angenehm empfinden würde.
»Ich dachte: Was für eine sonderbare Vorstellung«, erinnert
er sich.

Van Marken Lichtenbelt bewegt sich normalerweise in
einem spezialisierten beruflichen Umfeld: Er hat mit Forschern zu tun, die untersuchen, wie sich der menschliche
Körper erwärmt und abkühlt und wie sich diese Temperaturregelung auf Stoffwechsel und Gesundheit auswirkt. Diese
Wissenschaftler wissen seit geraumer Zeit, dass so etwas

wie eine durchschnittliche angenehme Temperatur nicht existiert. Wie es so schön heißt: Die Brise des einen ist der Durchzug des anderen. Frauen ziehen normalerweise höhere Temperaturen vor als Männer, und wenn Menschen älter werden, haben sie es zumeist lieber warm als Personen im Erwerbsalter. In tropischen Regionen gelten oft 30 Grad als angenehme »Raumtemperatur«, was sehr viel mehr ist als in gemäßigten Klimazonen. (Sogar über den Begriff »gemäßigt« kann man streiten: gemäßigt für wen?) Ein Angestellter, der an einem Schreibtisch sitzt, möchte wahrscheinlich eine höhere Raumtemperatur haben als eine Putzfrau, die im selben Büro ständig in Bewegung ist. Massige Menschen haben eher eine Vorliebe für kühle Luft als schlanke und kleine Personen. Und dann sind da die Temperaturvorlieben von Leuten, die krank, schwanger oder in der Menopause sind oder einfach dünnere oder dickere Kleidung tragen.

Van Marken Lichtenbelt entschloss sich, sich zu Wort zu melden. Warum ließ man nicht zu, dass sich das Innenraumklima abhängig von der Tages- und Jahreszeit änderte, anstatt eine bestimmte Idealvorstellung vom durchschnittlichen Wohlbefinden anzustreben? Das wäre gesünder für uns, erklärte er. »Und dann dachte ich: Und die Gesundheit? Wir haben uns nie mit der Gesundheit beschäftigt.« Er beschloss, sich dieser Frage zuzuwenden. Gemeinsam mit seinen Kollegen begann er, die gesundheitlichen Auswirkungen einer mäßigen Kälteexposition zu erforschen. Es dauerte nicht lange, bis er eine Entdeckung über den menschlichen Körper machte.

Seine Experimente hatten Ähnlichkeit mit denen, die Cabanac bei seiner Auseinandersetzung mit der Frage des Genusses durchgeführt hatte. In einem Versuch legten sich die Teilnehmer in einem klimatisierten Zelt auf eine temperaturregulierte Wassermatratze. Ausgehend von einer Raumtemperatur von 22,3 Grad wurde die Luft so lange abgekühlt, bis die jeweilige Versuchsperson zu zittern begann. An diesem Punkt wurde die Temperatur gerade so weit erhöht, bis das Zittern aufhörte; sodann verharrte die Person zwei mäßig unangenehme Stunden lang in einem Zustand, in dem ihr kalt war, ohne dass sie zu zittern begann.

Die Untersuchungen lieferten klare Belege dafür, dass ausgewachsene Menschen so wie viele andere Säugetiere nicht nur weißes, sondern auch braunes Körperfett haben – ein Gewebe, das Nährstoffe und weißes Fett als Brennstoff nutzt, um den Körper zu wärmen. (Wir haben nie viel braunes Fett.) Als van Marken Lichtenbelt und seine Kollegen ihre Versuchspersonen einer mäßigen Kälte aussetzten, stellten sie fest, dass ein Zustand eintrat, der als »zitterfreie Thermogenese« bezeichnet wird: Der Körper der Versuchspersonen begann zu arbeiten, um sich warm zu halten.

Es ist keine brutale Kälte erforderlich, um die zitterfreie Thermogenese in Gang zu setzen: Bei einer schlanken, leicht bekleideten Person funktioniert sie gut bei 14 bis 16 Grad, und sie setzt sogar schon bei 19 Grad ein. Darüber hinaus haben van Marken Lichtenbelt und andere beobachtet, dass sich die meisten Menschen problemlos Temperaturen anpassen, die deutlich niedriger oder höher sind als die, an die wir in klimatisierten und geheizten Räumen gewöhnt sind. Trotzdem verbringen wir immer mehr Zeit unter Bedingungen, die Wissenschaftler als »thermoneutral« bezeichnen: Wir leben bei Temperaturen, die sich angenehm anfühlen.

»Wohlbefinden und Gesundheit können zusammenhängen, aber sie sind nicht gleichbedeutend«, sagt van Marken Lichtenbelt. Er und andere Forscher sind zu dem Schluss gelangt, dass die Epidemie des »metabolischen Syndroms«

in den reichen Ländern – eine Drosselung des Stoffwechsels, die zu Gewichtszunahme, Typ-2-Diabetes, Immunschwäche und anderen gesundheitlichen Problemen führen kann – nicht nur mit schlechter Ernährung und mangelnder körperlicher Aktivität zusammenhängt, sondern auch mit der Temperaturexposition. Als dritte Säule eines gesunden Stoffwechsels sollten wir uns häufiger Hitze und Kälte aussetzen, zumindest so viel, dass unser Körper arbeiten muss, um uns warm oder kühl zu halten.

Das ist leichter gesagt als getan. Shove hat gezeigt, dass Verschiebungen unserer Vorstellung von einem normalen Lebensstil mühsam sind und einen wachsenden Aufwand an Energie und Ressourcen erfordern; haben sich solche Verschiebungen erst einmal in unseren Erwartungen und Regeln und in der von uns gestalteten Umwelt festgesetzt, so sind sie nur schwer rückgängig zu machen. Besonders schwierig ist es, sie durch unsere individuellen Handlungen zu ändern. »Es ist keine persönliche Frage«, stellt Shove klar. »Diese Normen gelten weltweit, und wir sind darin gefangen, ob es uns gefällt oder nicht. Es geht eigentlich nicht darum, wie viele Pullover wir individuell tragen. Wenn Sie ins Büro kommen, wird die Temperatur anderswo festgelegt, weshalb Ihnen zu heiß wird, wenn Sie warm angezogen sind. Ich glaube im Grunde nicht, dass wir selbst über unsere Haltung und unser Verhalten entscheiden.«

Selbst in unserem Privatleben ist es schwierig, uns nach anderen Normen zu richten. Vielleicht entschließen wir uns zuzulassen, dass sich die Temperatur in unserem Haus abhängig von der in der Außenwelt ändert. Wir passen uns an. Aber unser Wohnraum wird kein angenehmer Ort für nicht angepasste Besucher sein, die daran gewöhnt sind, in jeder Jahreszeit im T-Shirt vor dem Fernseher zu sitzen. Im Sommer wird unser Haus diesen Besuchern quälend heiß vorkommen, und im Winter werden sie es unerträglich kalt finden, und vielleicht werden sie erwägen, unser Angebot anzunehmen, ihnen einen fremden und unhygienischen Pullover – oder noch schlimmer, eine lange Unterhose – zu borgen.

Viele Energiespar- und Umweltschutzmaßnahmen dienen dazu, genau definierte Erfordernisse des Wohlbefindens effizienter zu erfüllen, doch in Shoves Augen geht das am Ziel vorbei. »Das größte Umweltproblem ist die übertrieben enge Definition des Wohlbefindens, nicht die Effizienz, mit der es erreicht wird.« In den letzten Jahrzehnten haben die Bemühungen um einen umweltverträglicheren Konsum die Energieeffizienz von Heiz- und Kühltechnologien sowie der beheizten und gekühlten Gebäude deutlich erhöht. Aber wir hätten ähnlich große Fortschritte im Handumdrehen erzielen können, einfach indem wir unsere Thermostaten um ein paar Grade hinauf- oder hinuntergedreht und uns angepasst hätten.

»Die Technologie ist Teil der Diskussion, aber es könnte die Bekleidungstechnologie und nicht die Heiztechnologie sein.« Shove verweist auf das japanische Programm *kuuru bizu* (»coole Unternehmen«), das Firmen dazu bewegen soll, die Klimaanlage erst einzuschalten, wenn die Innentemperatur auf 28 Grad steigt. Gleichzeitig wurde eine Kampagne gestartet, um die sozialen Erwartungen bezüglich der angemessenen Kleidung am Arbeitsplatz zu ändern, damit die Leute im Sommer von Anzug und Krawatte auf Sommerhose und kurzärmeliges Hemd umsteigen. Mit diesem Programm ist es gelungen, die Kohlenstoffemissionen um Millionen Tonnen zu verringern. (Die Krawattenhersteller büßten anfangs Millionenumsätze ein, aber mittlerweile bieten sie leichtere Krawatten an.)

»Die Vorstellung davon, was normal ist, ist sehr leicht formbar«, hat Shove einmal geschrieben. »Da es keine festen Maßstäbe für Wohlbefinden, Sauberkeit oder Annehmlichkeit gibt, ist es durchaus möglich, dass die diesbezüglichen Normen in Zukunft *weniger* umweltschädlich sein werden als heute.«

Eine Welt, die aufhört einzukaufen, ist anscheinend nur ein Anfang. Die Güter und Dienstleistungen, die wir unbewusst konsumieren, kaufen wir nicht ein: Wir werden Teilhaber davon. Aber nehmen wir an, wir würden aufhören, die Kühlung unserer Räume zu »kaufen«, und schränkten die Nutzung von Klimaanlagen in den reicheren Ländern um mindestens 50 Prozent ein. Wir würden gewaltige Mengen an Energie sparen. Was sonst würde geschehen?

»Wir untersuchen noch, wie groß der Einfluss ist, aber wir sollten ihn sehr ernst nehmen«, sagt van Marken Lichtenbelt. Gestützt auf das, was wir jetzt über die Auswirkungen der Temperatur auf unsere Gesundheit wissen, werden bald nach dem Ende des Konsums weniger Fälle von Typ-2-Diabetes auftreten; weniger Menschen werden an Erkältungen oder Grippe erkranken, und wahrscheinlich wird die Fettleibigkeit ebenfalls zurückgehen. Ebenso wichtig ist, dass möglicherweise auch die »thermale Langeweile« ein Ende haben wird, jene ermüdende Eintönigkeit der Innenraumumgebung. »Wir messen alles am Wohlbefinden. Aber warum messen wir es nicht am Genuss?«, fragt van Marken Lichtenbelt.

Er lebt in einem alten Bauernhaus bei Maastricht, wo er den Thermostaten auf eine niedrige Temperatur eingestellt hat und ohne Klimaanlage auskommt. Im Winter verbringen er und seine Familie einen Großteil der Zeit gemeinsam in der Küche, in der es neben einem traditionellen Ofen, um den man sich versammeln kann, auch eine moderne Fußbodenheizung gibt. Doch über weite Strecken des Jahres bevorzugt van Marken Lichtenbelt die kühle Morgenluft, die durch das offene Fenster seines Büros strömt: In der frischen Luft fühlt er sich wach und lebendig. Er genießt die zunehmende Wärme des Tages. »Manchmal ist es ein bisschen kalt«, gibt er zu, »aber dann denke ich: Was soll's, es ist gut für mich.«

16

Wir konsumieren immer noch viel zu viel
(Teil 2: Geld)

E s gibt ein weiteres, noch größeres Hindernis auf dem Weg zu einer Dekonsumkultur, und das ist der alte Unruhestifter: das Geld. Was sollen wir davon halten und was damit tun? Wozu wird es gut sein und wozu nicht? Wer wird am meisten davon haben?

Beginnen wir mit dem letzten Punkt: Was bedeutet es, in einer Welt reich zu sein, die aufhört einzukaufen? Die Verlangsamung des Konsums wirkt sich auf vermögende Haushalte, die mit Abstand am meisten auf der Welt konsumieren und ihren Lebensstil sehr viel mehr einschränken müssen als alle anderen, offenkundig am stärksten aus. Aber wie sie rasch feststellen werden, ist der Reichtum überraschend anpassungsfähig.

Edith Wharton war an der Wende vom 19. zum 20. Jahrhundert die große Chronistin des Lebens der Reichen New Yorks. Ihr Geburtsname war Edith Newbold Jones, und einige Gelehrte glauben, ihre Familie habe die Redensart *keeping up with the Joneses* (mit den Nachbarn mithalten) inspiriert. Zu jener Zeit war der Lebensstil der Eliten oft verschwenderisch: Im Jahr 1897 ließ eine Familie, die versuchte, die Extravaganz der französischen Adligen nachzuahmen, denen die Revolutionäre ein Jahrhundert früher die Köpfe abgeschnitten hatten, für eine Gala die Festsäle mit so vielen Orchideen, Lilien und anderen Blumen schmücken, dass die New Yorker Gewächshäuser nicht genug liefern konnten und zusätzliche Blütenpracht von anderswo herbeigeschafft werden musste. In heutiger Währung wären solche Feste Millionen wert.

Gleichzeitig führten diese Reichen jedoch gemessen an heutigen Standards in mancher Hinsicht ein bescheidenes Leben. In einer Szene aus Whartons Roman *Zeit der Unschuld* erinnert sich Miss Sophy Jackson, eine der Grandes Dames der New Yorker High Society, an die Kleider, welche die Frauen aus der Oberschicht bei der Saisoneröffnung der Oper getragen haben. »Die extravagante Kleidung –«, stößt sie hervor, bevor es ihr die Sprache verschlägt. Als sie die Kraft aufbringt fortzufahren, beschreibt sie, wie schockiert sie war, als sie nur ein einziges Kleid von der Premiere des Vorjahres wiedererkannte. Alle anderen Frauen trugen etwas Neues. »In meiner Jugend«, sagt Miss Jackson, »galt es als vulgär, sich nach der neuesten Mode zu kleiden.«

Wharton erzählt von einer weiteren Frau, die für ihre Liebe zum Luxus bekannt war und jedes Jahr zwölf Kleider in Auftrag gab; als die *New York Times* vor Kurzem »Ultra-Fast-Shopperinnen« aus der Generation Z interviewte, stieß die Zeitung sogar in der Mittelschicht auf junge Frauen – von der Art, die nach der Schule Jobs nachgingen oder weniger renommierte Universitäten besuchten –, die jedes Jahr zwischen 80 und 200 Modeartikel kauften. Und dann ist da natürlich die Tatsache, dass die sehr Reichen im Goldenen Zeitalter des 19. Jahrhunderts weitgehend ohne Elektrizität und moderne Sanitäranlagen lebten, in Pferdekutschen statt in Autos fuhren und vielleicht einmal im Jahr per Schiff ins

Ausland reisten. Ihre Häuser waren oft nicht größer als die gewöhnlicher Vorstadtbewohner in der Gegenwart.

Mit anderen Worten: Das Reichsein ist ein sonderbarer Zustand. Der Kampf der Armen mit materiellen Entbehrungen unterscheidet sich heute nicht allzu sehr von ihrem Leben vor einem Jahrhundert. Der Reichtum hingegen hat nichts mit einer unveränderlichen Bedingung von Luxus oder Komfort zu tun. Beim Reichsein geht es um Luxus und Komfort *im Vergleich zur materiellen Lage anderer.* Gibt es in einer Welt, die nicht mehr einkauft, einen Platz für die Reichen? Die Geschichte des Reichseins zeigt, dass es ihn durchaus gibt.

Die Archetypen des Konsumismus unter den Reichen lassen sich mindestens bis ins Italien der Renaissance zurückverfolgen. In jener Epoche wuchs der Handel in Europa und weltweit, und Menschen aus allen Gesellschaftsschichten begannen, einkaufen zu gehen. Isabella d'Este, eine junge Adlige, die im 16. Jahrhundert in Mantua lebte, verlangte stets »die neuesten Neuheiten«, beschrieb ihre Lust auf Dinge als »unstillbar« und erklärte, die Güter, nach denen sie sich sehne, lägen ihr »umso mehr am Herzen, je schneller wir sie haben können«. Einmal bat sie einen Freund der Familie, der zu einer Reise nach Frankreich aufbrach, ihr das edelste schwarze Tuch mitzubringen, das die Menschheit kenne. »Wenn es lediglich so gut ist wie jenes, das andere Leute tragen, möchte ich lieber darauf verzichten«, murrte die junge Dame.

Doch im Allgemeinen galt der persönliche Genuss in der Renaissance als verdächtig. Der Reichtum sollte in aller Stille hinter verschlossenen Türen genossen werden und musste sowohl vor Gott als auch vor den rastlosen Volksmassen gerechtfertigt werden, indem man mit einem Teil seines

Geldes öffentliche Bauwerke errichtete, Armeen ausrüstete, Feste finanzierte und – vor allem – Kirchen baute. »Eine reich geschmückte Kapelle«, schreibt der Historiker Frank Trentmann, »war etwas völlig anderes als heute, sagen wir, der Besitz eines Ferraris.« In der frühen Konsumkultur bewies man nicht einfach durch Reichtum, dass man kultiviert war, sondern durch den Erwerb von Antiquitäten, durch Talent zum Gedichteschreiben oder gekonntes Zitherspiel. Die Vermögenden eigneten sich in der Vergangenheit bereitwillig antimaterialistische, antikonsumistische und sogar antikapitalistische Werte an, erklärt Clifton Hood, ein Historiker an den Hobart and William Smith Colleges am Seneca Lake im Bundesstaat New York, der zu den wenigen Forschern gehört, die sich auf die Reichen Amerikas spezialisiert haben. (»Etwas zu studieren, bedeutet nicht zwangsläufig, es zu verherrlichen«, sagt er in nachdrücklichem Ton.) Beispielsweise waren die Vermögenden in den Vereinigten Staaten im 18. und 19. Jahrhundert unterschiedlicher Meinung, was den zentralen Wert anbelangt, den wir heute mit den Reichen verbinden: das offene Bekenntnis zu dem Ziel, viel Geld zu verdienen. »Die amerikanische Oberschicht war stets bemüht, sich von der Mittelschicht abzuheben«, erläutert Hood. »Sie betrachtete sich gerne als vornehm und besonders, als verfeinerter, kunstliebender und im Allgemeinen gebildeter und niveauvoller.«

In jener Ära erforderte die Zugehörigkeit zur Oberschicht nicht nur Reichtum, sondern auch die Erfüllung hoher Ansprüche in Bezug auf Wortwahl, Bildung, Hygiene, Etikette, Kleidung und Benehmen. Von den Mitgliedern der High Society wurde erwartet, dass sie zur Förderung des Wissens, der allgemeinen Wohlfahrt und der Forschung beitrugen oder zumindest scheinbar beitrugen. Viele von ihnen malten, schrieben oder gingen einem Kunsthandwerk nach, und sie beherrschten Fremdsprachen. Sie definierten sich in so hohem Maß über diese Fähigkeiten, dass einige von ihnen in den Volkszählungen als Beruf lediglich »Gentleman« angaben.

»Der Oberschicht anzugehören bedeutete, sich seinen Lebensunterhalt nicht zu verdienen oder zumindest *nicht darauf versessen zu sein,* sich seinen Lebensunterhalt zu verdienen«, erklärt Hood. »Das ist das genaue Gegenteil der heutigen Situation, in der die Angehörigen der oberen Mittelschicht nicht nur länger und härter arbeiten, sondern sich auch damit brüsten.«

Die frühen amerikanischen Blaublütigen orientierten sich an der europäischen Aristokratie. Sie waren bereits vermögend und schauten auf jene herab, die Geld verdienen mussten, selbst wenn Selfmade-Geschäftsleute reicher wurden als sie. Ihr Antimaterialismus entsprang keineswegs einer Verantwortung gegenüber der Umwelt oder dem Ideal des einfachen Lebens, sondern war eine Form von Snobismus, die sie einsetzten, um ihren Status und ihre Privilegien zu unterstreichen. Aber ihre Lebensart zeigt, dass das Reichsein verschiedene Formen annehmen kann.

Als Thorstein Veblen Ende des 19. Jahrhunderts die Reichen kritisierte, richtete sich seine Wut vor allem gegen ihr Privileg, Freizeit zu genießen und die unangenehme Arbeit den unteren Klassen zu überlassen. Er erklärte, das demonstrativ verschwenderische Geldausgeben diene den Reichen dazu, der Welt ihren Status zu zeigen, aber das bedeute nicht, dass sie endlos mehr konsumieren müssten – denselben Zweck erfülle auch der Kauf teurer Güter, die nicht nützlicher als billigere seien. Den Widerhall von Veblens Hohn hören wir heute in den Kommentaren der Gegner einer auf dem

Grundsatz »Kaufe weniger, aber besser« beruhenden Wirtschaft, die diese Vorstellung als »Bezahle mehr für weniger« verspotten.

»Die Reichen wählen nur das Kostbarste und Angenehmste aus dem Haufen aus«, schrieb der Ökonom Adam Smith ein Jahrhundert früher. »Sie konsumieren wenig mehr als die Armen.« Das war zweifellos übertrieben, aber es stimmt, dass Nahrung, Kleidung, Unterhaltung, Sanitäranlagen und Reisen, welche die britische Oberschicht damals genoss, heute sogar dem durchschnittlichen Einwohner eines reichen Landes mangelhaft vorkommen würden. Auch Smith hatte Vorbehalte gegenüber dem Materialismus. Er war der Meinung, das Streben nach Reichtum um des Reichtums willen führe zu »Erschöpfung des Körpers« und »geistigem Unwohlsein«, und offenbar bewunderte er den griechischen Philosophen Diogenes, der, so wird erzählt, einmal auf der Straße von Alexander dem Großen angesprochen wurde, der ihm anbot, ihm alles zu geben, was er sich wünsche. Diogenes erwiderte, er wünsche sich, dass Alexander zur Seite trete, denn er verdecke die Sonne.

In der amerikanischen Kultur setzte sich schließlich die Verehrung der unverfrorensten Geldgier und des angeberischsten Geltungskonsums durch; Geschäftsleute und Unternehmer erlangten Heldenstatus. Trotzdem wurde der demonstrative Konsum der Reichen über weite Strecken des 20. Jahrhunderts unterdrückt. Angesichts von Rezessionen, Kriegen und gesellschaftlicher Unruhe zuerst in den Dreißiger- und Vierzigerjahren und erneut in den Sechzigern und Siebzigern führten die Reichen ein bescheideneres und zurückgezogeneres Leben und verkauften teilweise sogar ihre Herrenhäuser in den Hamptons und in Newport, um nicht aufzufallen.

Ein altgedienter New Yorker Immobilienmakler sagte einmal über den ostentativen Reichtum: »Er galt als unamerikanisch.« Die Reichen waren auch einfach weniger reich, so wie sie es wahrscheinlich in einer Gesellschaft sein würden, die weniger konsumiert. Nach Angabe des Urban-Brookings Tax Policy Center mussten die Spitzenverdiener in dem halben Jahrhundert nach der Weltwirtschaftskrise durchschnittlich 80 Prozent ihres Einkommens als Steuern abführen, wodurch ein Großteil der Vermögen der reichsten Amerikaner umverteilt wurde. Als in den Achtzigern Politiker wie Ronald Reagan in den Vereinigten Staaten und Margaret Thatcher in Großbritannien an die Macht kamen und sich die Vorstellung durchsetzte, das Wachstum sei das A und O des wirtschaftlichen Lebens, wurde von den Reichen sehr viel weniger verlangt. Im Jahr 2020 lag der Höchststeuersatz bei 37 Prozent.

»Ging man vor dreißig, vierzig, fünfzig Jahren in einen prestigeträchtigen Country Club, so sah man dort nicht die neuesten Golfklamotten, sondern man sah Leute, die alte Khakihosen von Brooks Brothers oder Paul Stuart trugen, weil sie nichts beweisen mussten«, führt Hood aus. »Sie zeigten auf andere Art, wer sie waren.« Es ist anzunehmen, dass das Reichsein in einer Welt, die aufgehört hat, einkaufen zu gehen, rasch neu erfunden würde. Vielleicht würde es durch eine Rückkehr zu versnobten Normen des Geschmacks und der Etikette, den Einsatz von Hausangestellten, die Freiheit vom Zwang zur Arbeit, demonstrative Philanthropie oder einfach politische Macht zum Ausdruck gebracht. Die Reichen könnten weiterhin reicher an Annehmlichkeiten und Besitztümern sein als der Rest von uns. Es ist nicht so, dass sich die Räume in ihren riesigen Häusern leeren würden. Sie sind ja bereits zum Bersten gefüllt.

Doch in dem Augenblick, in dem wir aufhören zu shoppen, taucht ein neues Problem mit dem Geld auf: Wenn es
nicht ausgegeben wird, häuft es sich an. Was mit all dem
nicht ausgegebenen Geld geschehen soll, wird nicht nur für
die Reichen, sondern auch für den Rest von uns zu einer
Vexierfrage.

Im Jahr 1998 rief die japanische Regierung ein Programm
mit dem Titel »Top Runner« ins Leben. Das nicht unbedingt
mitreißende Vorhaben bestand darin, die Energieeffizienz
von Haushaltsgeräten zu erhöhen. Die Kampagne war ein
Erfolg: Weniger als ein Jahrzehnt später verbrauchten die
neuesten Kühlschränke, Klimaanlagen und Fernsehgeräte
bis zu 70 Prozent weniger Strom. Es schien ein Triumph für
den grünen Konsum zu sein. Da die Geräte energieeffizienter
waren, hätte man meinen sollen, dass der Stromverbrauch
der japanischen Haushalte gesunken sei.
    Weit gefehlt. Er stieg und stieg.
    Nozomu Inoue und Shigeru Matsumoto, zwei Forscher
an der Aoyama-Gakuin-Universität in Tokio, entschlossen
sich, der Sache auf den Grund zu gehen. Aber als sie begannen, die Daten auszuwerten, wurde die Angelegenheit nur
noch mysteriöser. Neben der erhöhten Energieeffizienz der
Haushaltsgeräte gab es noch zwei weitere Gründe dafür, dass
der Stromverbrauch eigentlich hätte sinken müssen: Erstens war die Bevölkerung Japans in den letzten fünf Jahren
geschrumpft, und zweitens hatte der typische Haushalt aufgrund der schlechten Wirtschaftslage Einkommen eingebüßt.
Inoue und Matsumoto gelangten zu dem Schluss, dass die
japanischen Konsumenten mehr Strom verbrauchten, weil
sie in dem Moment, als klar wurde, dass die dank des Top-
Runner-Programms entwickelten Geräte Geld sparten, began-

nen, das zusätzliche Geld für mehr und größere Geräte auszugeben. Sie kauften ein zweites oder drittes Fernsehgerät oder zusätzliche Klimaanlagen und leisteten sich den neuesten Kühlschrank, der auf den Markt kam. »Der grüne Konsum hat seine Wirkung verloren«, schrieben Inoue und Matsumoto.

Die beiden Forscher verglichen das, was sie beobachtet hatten, mit dem »Jevons-Paradox«, das nach William Stanley Jevons benannt ist, einem Ökonomen, der erforschte, warum der Kohleverbrauch in Großbritannien im 19. Jahrhundert so schnell stieg, dass eine Erschöpfung der Vorkommen und ein Rückfall des Landes in eine vorindustrielle Zeit drohte. Im Jahr 1865 gelangte Jevons zu einem Ergebnis, das der Intuition widersprach: Da die Leute neue Wege fanden, um die Kohle effizienter zu verbrennen, verbrauchten sie mehr Kohle. Anstatt dass weniger Kohle eingesetzt wurde, um dieselben Resultate zu erzielen, führte ein komplexes Wechselspiel von Produktpreisen, Konsumnachfrage und Gewinnsteigerungen dazu, dass immer neue Nutzungsmöglichkeiten für die Kohle gefunden wurden.

Jevons war ein Befürworter des Wachstums und des technologischen Fortschritts, aber als Ökonom nannte er die Dinge beim Namen. Er sah auch keine andere Lösung für das Problem als die Annahme, dass unser Appetit auf Konsum entweder nicht unersättlich oder immer schwerer zu befriedigen sein würde. »Wir können die Länge unserer Eisenbahnstrecken, die Größe unserer Schiffe und Brücken und Fabriken nicht ewig verdoppeln«, schrieb er. »Zweifellos werden wir in jeder Unternehmung an eine natürliche Grenze der Zweckmäßigkeit stoßen.« Anderthalb Jahrhunderte später wächst der weltweite Konsum von fast allem weiterhin – darunter auch von Kohle, obwohl es Anzeichen dafür gibt, dass sich der Anstieg der Nachfrage in diesem Fall endlich verlangsamt.

Ein Ende des Einkaufens scheint uns einen Ausweg aus dem Jevons-Paradox zu eröffnen. Wenn in der Dekonsumgesellschaft ein Fernsehgerät erfunden wird, das dreimal so energieeffizient ist wie die bisherigen, dann werden wir das eingesparte Geld nicht verwenden, um zusätzliche Fernsehgeräte zu kaufen, die jeweils größer sind als das weniger effiziente alte Modell. Stattdessen wird sich der Effizienzzugewinn tatsächlich bezahlt machen: Wir werden dieselbe Zahl von Fernsehgeräten haben, aber weniger Energie verbrauchen.

Das Problem ist, dass das Geld weiterhin ein Trickbetrüger ist, wie der in Barcelona ansässige Umweltwissenschaftler David Font Vivanco erklärt. Er studiert die »Rebound-Effekte«, die oft unvorhersehbaren Konsequenzen des technologischen Wandels und des sozialen Verhaltens. Beim Jevons-Paradox und beim japanischen Top-Runner-Programm haben wir es mit Rebound-Effekten zu tun, die mit Fortschritten in der Energieeffizienz zusammenhingen. Aber auch eine Drosselung des Konsums löst solche Effekte aus.

»Man kann es ganz einfach beschreiben«, erklärt Font Vivanco. »Wenn wir an einem Ort Geld sparen, werden wir es an einem anderen Ort ausgeben. Wir haben eine bestimmte Menge Geldes, das irgendwohin fließen und etwas bewirken wird.« Die Forscher bezeichnen dies als Problem des »Re-Spending«, des Wiederausgebens. Wenn wir aufhören einzukaufen, sparen wir Geld. Wenn wir dieses Geld für Dinge ausgeben, die wir nicht als Konsum betrachten – zum Beispiel für Video-Streamingdienste, Outdoorabenteuer, eine Physiotherapie oder eine Klimaanlage –, kann unser Lebensstil leicht ebenso große oder schlimmere Auswirkungen auf die Umwelt haben als zuvor.

Hier ist eine Faustregel: Wenn wir mehr Geld ausgeben, erhöhen wir wahrscheinlich die Umweltauswirkungen unseres Lebensstils; wenn wir weniger Geld ausgeben, verringern wir sie wahrscheinlich. Egal, wo das Geld hinfließt, es wird etwas bewirken. In den Vereinigten Staaten verursacht jeder ausgegebene Dollar im Durchschnitt 0,25 Kilo Treibhausgasemissionen; wer 100 Dollar ausgibt, wird mit seinem Beitrag zur Volkswirtschaft etwa 25 Kilo an Emissionen erzeugen. Aber das Geld hat noch eine weitere scheinbar widersinnige Wirkung: Obwohl die Amerikaner den höchsten Pro-Kopf-Konsum der Welt haben, wird ein in einem ärmeren Land ausgegebener Dollar im Durchschnitt *schlimmere* Auswirkungen auf das Klima haben. Global betrachtet erzeugen 100 Dollar 40 Kilo an klimaschädlichen Emissionen, das heißt 60 Prozent mehr, als wenn derselbe Betrag in den Vereinigten Staaten ausgegeben wird. Der Grund dafür ist, dass die Menschen ihr Geld vielerorts für grundlegende, energieaufwendige Güter wie Nahrungsmittel, Benzin und Strom ausgeben, während es in den Vereinigten Staaten möglicherweise in einen Sparplan, eine App oder einen Markenpullover fließt. Wohlhabendere Länder produzieren auch eher Güter unter Einsatz sauberer Technologien. Sonderbarerweise wäre es umweltverträglicher, wenn eine arme Person in Indien ein iPhone kaufte, anstatt den gleichen Betrag für Nahrungsmittel und Energie auszugeben, die sie tatsächlich braucht.

Und wenn wir unser gespartes Geld investieren? Leider erzeugen die Unternehmen, in die wir investieren, Güter und Dienstleistungen für die Konsumökonomie. Wenn wir unser Geld auf die Bank bringen, passiert im Grunde dasselbe; der einzige Unterschied ist, dass jetzt die Bank unser Geld investiert. (Ersparnisse und Investitionen tragen ebenfalls wesentlich dazu bei, dass der ökologische Fußabdruck der Vermögenden eher steigen wird.) In jedem Fall wird der Konsum auf diese Art einfach auf einen späteren Zeitpunkt verschoben. Beispielsweise planen Sparer oft eine große Ausgabe, zum Beispiel für eine Auslandsreise. »Wenn du vorhast, mit dem Flugzeug ins Ausland zu reisen, wird es nicht funktionieren«, sagt Font Vivanco. »Wenn du dich in einen Kunstkurs einschreibst, vielleicht schon.« Andererseits fährt man vielleicht im Auto zum Kurs, oder man mietet ein Atelier, oder man ist versucht, nach Arles zu fliegen, um sich die Landschaft anzusehen und dieselben Szenen zu malen, die van Gogh malte. »Die Vorstellung, Dienstleistungen seien weniger schädlich als Produkte, ist widersinnig. Dienstleistungen haben einen Fußabdruck«, betont Font Vivanco. Die Dienstleistungen, die wir in Anspruch nehmen, die Erfahrungen, die wir genießen, tragen zu den Auswirkungen unseres Konsums bei.

Rebound-Effekte nehmen drei Formen an. Da sind zunächst die direkten Wirkungen: Beispielsweise führt die Entwicklung energieeffizienter Fernsehgeräte zum Verkauf zusätzlicher Fernsehgeräte. Sodann gibt es indirekte Effekte, die zum Beispiel eintreten, wenn Konsumenten das dank energieeffizienterer Fernsehgeräte gesparte Geld für andere Güter und Dienstleistungen ausgeben. Schließlich gibt es die mysteriösen und kaum verstandenen »wirtschaftsumspannenden« oder »transformativen« Effekte. Ein Beispiel dafür ist, dass die Verbesserung der Energieeffizienz Fernsehgeräte billiger macht, was die Konsumenten dazu bewegt, mehr dieser Geräte zu kaufen. Das ersetzt die gesellschaftliche Norm, dass Familien gemeinsam vor einem Fernseher sitzen, durch die Norm, dass jedes Familienmitglied seine eigenen Sendungen auf seinem eigenen Gerät anschaut, was wiederum die Entwicklung von Programmen und Werbung fördert, die auf kleinere Zielgruppen zugeschnitten werden, und das Wachstum der Konsumökonomie in etwa einem Dutzend verschiedener Bereiche anregt. Das war auf globaler Ebene das übergeordnete Muster in der jüngeren Vergangenheit: Diese Umweltauswirkung ist sehr viel größer als die Summe ihrer saubereren, grüneren Teile. Wenn uns Rebound-Effekte in eine Situation bringen, die schlechter ist als die Ausgangslage, haben wir es mit dem zu tun, was als »Backfire-Effekt« bezeichnet wird. Wir haben eine Backfire-Ökonomie aufgebaut, eine Backfire-Kultur.

Die Rebound-Effekte sind schwer zu verstehen. Nach Aussage von Elisabeth Dütschke, die untersucht, wie die Allgemeinheit auf technologische Veränderungen in Energiesystemen reagiert, können einige dieser Effekte durch die »moralische Lizenzierung« verstärkt werden, das heißt durch unsere Neigung, gutes Verhalten heranzuziehen, um schlechtes Verhalten zu rechtfertigen. Stellen wir uns eine Person vor, die sich vegan ernährt (weil die Fleischproduktion mit hohen Treibhausgasemissionen einhergeht) und glaubt, daher das Recht zu haben, mehr Flugreisen zu unternehmen. Eine Studie in Deutschland zeigte, dass die Einführung spritsparender Autos dazu führte, dass die Leute ihr Auto intensiver nutzten; angesichts einer erhöhten Treibstoffeffizienz fühlen sich Autofahrer möglicherweise auch berechtigt, größere, leistungsstärkere oder luxuriösere Wagen zu kaufen. In Norwegen zeigte sich, dass Personen, die Elektroautos gekauft hatten, anschließend eher als Besitzer von Benzinern dazu neigten, das Auto für kleine Erledigungen zu benutzen. Mit der zunehmenden Verbreitung von Elektroautos nehmen auch die Berichte über eine Vielzahl verschwenderischer Verwendungen zu – Autofahrer heizen ihren Wagen im Winter vor und lassen im Sommer die Klimaanlage laufen, um beim Einkauf den Hund im Auto lassen zu können. Diese Rebound-Effekte, erklärt Dütschke, führen dazu, dass sogar Personen, die sich gezielt bemühen, umweltverträglich zu leben, normalerweise weniger als angenommen bewirken, keinerlei Wirkung erzielen oder die Umwelt sogar mehr schädigen.

Die Erforschung des menschlichen Verhaltens, das Rebound-Effekte verursacht, steckt noch in den Kinderschuhen, aber anscheinend erzielt ein Teil der Bevölkerung – vermutlich nur ein Bruchteil – den gesamten Nutzen des Übergangs zu weniger umweltschädlichen Lebensstilen und Technologien. Wenn Mitglieder dieser Gruppe zum Beispiel ein benzinsparendes Auto kaufen, passen sie auch ihr Verhalten an und fahren den neuen Wagen weniger oft. Das wird als »suffizientes Konsumverhalten« bezeichnet – diese Personen entwickeln das Gefühl, *genug zu haben.* Manchmal hat das Suffizienzverhalten »Spillover-Effekte«, die das Gegenteil von Backfire-Effekten sind. Zu einem Spillover-Effekt kommt es, wenn Personen, die sich in einem Lebensbereich für ein umweltverträgliches Verhalten entscheiden, in der Folge zu weiteren umweltfreundlichen Verhaltensweisen übergehen: Sie fahren weniger Auto und fangen nach einer Weile an, sich auch vegetarisch zu ernähren. Sie hören auf, Einkaufsbummel zu unternehmen, und beginnen dann auch, im Winter die Heizung hinunterzudrehen und ihre Kleidung weniger oft zu waschen. Obendrein haben sie im Allgemeinen nicht das Gefühl, dass dieses Verhalten ihre Lebensqualität beeinträchtigt. »Voraussetzung für ein suffizientes Konsumverhalten ist, dass man sich freiwillig einschränkt und damit glücklich ist«, sagt Dütschke. Bisher ist unklar, warum manche Menschen bereitwillig zum Suffizienzverhalten übergehen, während andere nicht dazu imstande sind.

In einer von der Suffizienzforscherin Maren Ingrid Kropfeld geleiteten Studie wurde das Verhalten von vier Personengruppen untersucht, die sich den herkömmlichen Konsumgewohnheiten widersetzten, um festzustellen, wie gut es ihnen gelang, ihren ökologischen Fußabdruck zu verkleinern. Diese Gruppen waren: umweltbewusste Konsumenten, die einen grünen Lebensstil anstrebten; sparsame Personen, denen es gefiel, Geld zu sparen; Geizhälse, die es hassten, Geld auszugeben; und freiwillige Vereinfacher, die sich aktiv bemühten, weniger zu konsumieren. Den Vereinfachern gelang es mit Abstand am besten, ihre Umweltwirkung zu verringern. Tatsächlich waren sie in diesem Bemühen fast doppelt so effektiv wie die zweitplatzierte Gruppe, die Geizhälse. Die Sparsamen verringerten ihren ökologischen Fußabdruck überhaupt nicht, und dasselbe galt für die grünen Konsumenten – was sich mit der Erkenntnis deckt, dass der grüne Konsum in den vergangenen Jahrzehnten wirkungslos geblieben ist. Die Autoren der Studie gelangten zu dem Schluss, dass Menschen, die mit weniger auskommen, vielleicht eher als Rollenvorbilder für ein umweltverträgliches Leben dienen sollten als jene, die ein grünes Leben anstreben.

Doch selbst die scheinbar einfachsten Lösungen für den Konsumismus – etwa die Entscheidung, weniger Dinge von besserer Qualität zu kaufen – lösen Rebound-Effekte aus. Wenn man einen höheren Preis für ein besseres Paar Schuhe bezahlt, sollte man meinen, dass dies dem Rebound-Effekt entgegenwirken wird: Wenn man für ein Konsumgut mehr Geld aufwendet, hat man weniger Geld für andere Güter übrig. Aber so einfach ist es nicht. Das Geld, das man für die hochwertigen neuen Schuhe ausgibt, wird umverteilt: Es fließt in die Löhne der Arbeiter und die Gehälter der Manager der Schuhfabrik, in die Bezahlung der Lieferanten usw. Es

wird wieder ausgegeben. Stattdessen sollte man das Beklei-
dungsbudget für dieses Jahr nehmen und verwenden, um
einen Sprachlehrer zu bezahlen und dadurch den eigenen
ökologischen Fußabdruck zu verkleinern. Aber dann kommt
es darauf an, wie der Sprachlehrer dieses Einkommen ausgibt.

Die Liste der nicht mit Rebound-Effekten verbundenen
Möglichkeiten zum Geldausgeben ist kurz. Wir könnten
damit beginnen, Produkte zu kaufen, die schädlichere Formen des Konsums verringern werden, zum Beispiel Cam-
pingausrüstung, um die Flüge zu ersetzen, auf die wir in den
Ferien von nun an verzichten. Wir könnten unsere Schulden abzahlen, um das Gefühl der finanziellen Sicherheit zu
bekommen, das den Materialismus der Menschen verringert,
wie Psychologen herausgefunden haben. Wir könnten Geld
für Einrichtungen spenden, die den Konsum direkt verringern – zum Beispiel für Bibliotheken – oder Land und Wasser vor der Ressourcenausbeutung schützen. Wir könnten
als Akt der Fairness Einrichtungen Geld spenden, die Menschen helfen, ihre Grundbedürfnisse zu erfüllen, womit wir
die erforderliche Erhöhung ihres Konsums direkt durch
eine Verringerung unseres eigenen ausgleichen werden. Wir
könnten von unserer Regierung Steuererhöhungen verlangen, damit sie ähnliche Ziele verfolgen kann.

Oder wir könnten einfach vermeiden, Geld anzuhäufen,
in erster Linie, indem wir weniger arbeiten. »Indem man
sein Einkommen verringert, kann man seinen Konsum verringern«, sagt Dütschke. Genau das tat sie einst selbst und
verringerte ihre Arbeitszeit als Forscherin auf dem Gebiet
der Rebound-Effekte. Sie stellte fest, dass ihre Arbeitszeit
unverändert blieb (»ich finde immer alles so interessant«),
aber sie hatte weniger Geld zum Ausgeben. Dann wurde ihr

klar, dass ihr Arbeitgeber das Geld, das er bei ihrem Gehalt sparte, vermutlich verwendete, um einen weiteren Mitarbeiter einzustellen.

Gegen Ende des 18. Jahrhunderts erkannte Thomas Malthus, dass das unablässige Bevölkerungswachstum das begrenzte Nahrungsangebot zu übersteigen drohte. Die Lösung für dieses Problem sah er im unendlichen Anstieg der menschlichen Produktivität. Seit damals lautet das zentrale Postulat der Ökonomie, dass wir in einer Welt mit knappen Ressourcen leben. Doch in jüngerer Zeit haben einige Theoretiker die These aufgestellt, unser größtes Problem sei nicht der Mangel an Ressourcen, sondern ihr Überfluss – und so sei es immer gewesen.

Der französische Philosoph Georges Bataille war im Jahr 1949 einer der Ersten, der das Problem des Überflusses an Reichtum beschrieb. »Nicht die Not, sondern ihr Gegenteil, der ›Luxus‹, stellt die lebende Materie und die Menschheit vor ihre grundlegenden Probleme«, schrieb er. Bis zu einem bestimmten Punkt kann eine Gesellschaft den Reichtum absorbieren, indem sie ihren Lebensstandard erhöht. Doch irgendwann beginnt er sich an problematischen Orten anzusammeln. Zu der entsetzlichen Gewalt der beiden Weltkriege war es nach Batailles Einschätzung gekommen, weil Länder reich genug geworden waren, um einen gefährlichen Rüstungswettlauf zu beginnen. Den überschüssigen Reichtum, der das ermöglicht hatte, bezeichnete er als den »verfluchten Anteil«.

»Er muss ausgegeben werden, bereitwillig oder nicht, glorreich oder katastrophal«, schrieb er. Viele ältere Kulturen hätten das verstanden – und sei es auch nur »in der dunkelsten Region des Bewusstseins« – und hätten den Reichtum von

Zeit zu Zeit zerstört. Sie verschwendeten ihn für Festspiele und opferten ihn den Göttern. Vermögen wurden mit ihren toten Besitzern begraben wie im alten Ägypten oder in prachtvolle öffentliche Bauwerke investiert wie im Italien der Renaissance; noch heute gibt es in einigen Dörfern der Nachfahren der Maya in Zentralamerika einen »Nivellierungsmechanismus«: Die Gemeinschaft ehrt ein Mitglied, das beginnt, besonders viel Land oder Geld anzusammeln, mit der Gelegenheit, die alljährlichen großen Festmahle zu finanzieren, an deren Ende diese Person hoch geschätzt ... und nicht mehr reich ist. Solche Praktiken waren an verschiedenen Orten und zu verschiedenen Zeiten so verbreitet, dass Anthropologen erklären, die absichtliche Zerstörung von Reichtum sei eines der wichtigsten Merkmale, die das »menschliche Ökosystem« vom natürlichen unterscheide.

Unsere Zeit ist keine Ausnahme. Anfang des 20. Jahrhunderts wurde im Westen über die Frage debattiert, wie man mit der neuen Fähigkeit der Industrie zur Erzeugung außergewöhnlichen Reichtums umgehen solle – sie brachte mehr Güter hervor, als wir nutzen konnten. Die Antwort bestand darin, Produkte zu erzeugen, die sich selbst zerstörten: dies war die geplante Obsoleszenz. Der Konsumismus selbst kann mit endlosen Festspielen verglichen werden, die unentwegt mit großer Geschwindigkeit Überfluss in Abfall verwandeln. Tatsächlich haben wir die Zerstörung des Überflusses in den Motor unserer Wirtschaft verwandelt. Das problematische Resultat ist, dass wir dadurch immer neuen Überfluss erzeugen. Wir sehen, wie sich gewaltige Mengen überschüssigen Reichtums in den Händen einiger weniger sammeln; wir sehen, wie dieses Ungleichgewicht die Lebenshaltungskosten weltweit in die Höhe treibt; wir sehen es an der von der Spekulation angetriebenen Überhitzung der Wertpapier- und

Immobilienmärkte. Wenn es uns nicht gelingt, Reichtum planmäßig und geordnet zu zerstören, tun wir es unfreiwillig. Das Wort, das wir dafür verwenden, ist aufschlussreich: Wir bezeichnen es als »Korrektur« an den Märkten. Allein die Millionäre und Milliardäre der Welt verloren in der Finanzkrise 2,6 Billionen Dollar – um das Ausmaß zu begreifen, können wir diese Zahl ausschreiben: 2 600 000 000 000 Dollar –, was sich auf Menschen in allen Gesellschaftsschichten auswirkte. Dann konnte das Wachstum erneut beginnen. Wie Bataille erklärte: »Es ist notwendig, einen beträchtlichen Teil der erzeugten Energie aufzulösen, in Rauch aufgehen zu lassen.«

Die Wortwahl ist interessant. Wenn David Font Vivanco die Auseinandersetzung mit den Rebound-Effekten bis zur letzten Konsequenz treibt, findet er nur noch eine sichere Methode, um mit all dem Reichtum umzugehen, der sich anhäuft, wenn wir aufhören einzukaufen.

»Wir sollten das Geld einfach verbrennen«, sagt er. »Das ist die einfachste Lösung – wir sollten nur die grundlegenden Dinge haben und allen Luxus vergessen. Verbrennen wir das Geld.«

IV

TRANS-FORMATION

17

Wir retten tatsächlich die Wale, endlich

Die Wale warten seit Langem darauf, gerettet zu werden. Erstmals hätte es im Jahr 1859 so weit sein sollen, als ein Prospektor namens Edwin Drake in Titusville, Pennsylvania, 21 Meter tief durch Erdreich und Gestein bohrte und die Ära der Erdölförderung einleitete, die auch als modernes Industriezeitalter bekannt ist. Zwei Jahre später erschien in der Zeitschrift *Vanity Fair* eine Karikatur, die farbenfrohe Pottwale zeigte, die die Champagnerkorken knallen lassen und unter einem Spruchband tanzen, auf dem »Oils Well That Ends Well« steht. Die Botschaft lautete, dass Erdölprodukte nun den Tran ersetzen würden, der bis dahin für Seife, Schmiermittel für Industriemaschinen und die Beleuchtung der Welt mit Lampen und Kerzen benötigt worden war. Das blutige Geschäft des Walfangs gehörte offenbar der Vergangenheit an.

Es kam anders. Bald wurde das Erdöl genutzt, um mehr Wale als je zuvor zu töten. Der fossile Brennstoff lieferte die Energie für den Bau von Walfangflotten, machte es möglich, mit den Schiffen schneller und weiter in die Ozeane vorzudringen, auf riesigen Fabrikschiffen das Walöl zu verarbeiten und das Fleisch der Tiere zu kühlen, ohne in einen Hafen zurückkehren zu müssen. Erdöl und Erdgas wurden sogar für den Betrieb von Kompressoren genutzt, um jene Wale, die ansonsten nach dem Tod auf den Meeresgrund gesunken wären, wie Ballons aufzublasen, damit sie an der Wasseroberfläche trieben, wodurch die Zahl der Arten, die bejagt werden konnten, weiter erhöht wurde. Obwohl laufend neue Produkte entwickelt wurden, für die kein Tran mehr nötig war, wurden mehrere Jahrzehnte lang durchschnittlich hundert Wale am Tag getötet. Haben wir einmal begonnen, etwas zu konsumieren, so hören wir selten wieder damit auf.

Dann wurden die Wale erneut gerettet. Im Jahr 1986 einigten sich die meisten Länder, die Walfang betrieben, auf ein Ende des industriellen Walfangs. Mittlerweile galten die meisten Spezies als »kommerziell ausgestorben« oder waren auf so kleine Populationen dezimiert, dass es mehr kostete, sie zu finden und zu töten, als man mit ihrer Vermarktung verdienen konnte. Einige Arten, darunter der Blauwal, das größte Tier der Welt, waren fast vollkommen ausgelöscht worden. Aber endlich begann die Zahl der Wale wieder zu steigen, anstatt zu sinken.

Doch es dauerte nicht lange, bis besorgniserregende Hinweise darauf auftauchten, dass wir die friedlichen Riesen auf eine vollkommen neue Weise ausrotteten. Wie es ein Walforscher ausdrückte: »Wir fahren nicht mehr hinaus und bohren eine Stahlstange in sie hinein. Wir ruinieren einfach ihr Leben.«

Deutliche Belege dafür, wie sich dieser neue Angriff auf die Tiere auswirkte, tauchten auf, als der Terrorangriff am 11. September 2001 den Startschuss zu einem kurzen, unerwarteten Experiment gab, das zeigte, was mit der Fauna geschieht, wenn die Konsumökonomie plötzlich zum Stillstand kommt – ein Vorgeschmack auf das, was wir während der Pandemie monatelang sehen würden. Über Nacht verschwanden die Flugzeuge vom Himmel, und der Seeverkehr kam ebenfalls fast zum Stillstand. Unter den Schiffen, die auf See blieben, war eines, das eine Gruppe von Meeresbiologen an Bord hatte. Es kreuzte in der Bay of Fundy vor der Ostküste Kanadas, ganz in der Nähe der Grenze zu den Vereinigten Staaten. Die Forscher sammelten Exkremente von Atlantischen Nordkapern, um sie auf die Präsenz von Stresshormonen zu testen.

Es gibt nur noch etwa 450 Atlantische Nordkaper. Manche Leute neigen zu der Vorstellung, vom Aussterben bedrohte Spezies seien die »Schneeflocken« der Evolution: ein einzigartiger Ausdruck der Vielfalt des Lebens, aber nicht in der Lage zur Anpassung an eine sich wandelnde Welt. Aber auf den Atlantischen Nordkaper ist dieses Argument kaum anwendbar. Er entwickelte sich vor mindestens vier Millionen Jahren, womit seine Ursprünge doppelt so weit in die Zeit zurückreichen wie die unserer frühesten Vorfahren. Erwachsene Nordkaper können mehr als 70 Tonnen wiegen und haben etwa die Ausmaße eines mit zwei Bädern und einer richtigen Toilette ausgestatteten Wohnmobils. Diese Wale werden hundert Jahre alt, möglicherweise sogar sehr viel älter – kaum jemand hatte Gelegenheit, es herauszufinden.

Der Atlantische Nordkaper war lange Zeit ein bevorzugtes Ziel der Walfänger, weil Speck und Barten sehr geschätzt wurden. Die Art war bereits zur Zeit des Amerikanischen Unabhängigkeitskriegs sehr selten geworden. Aber sie ließ sich nicht leicht ausrotten. Die vorsätzliche Tötung von Nordkapern wurde im Jahr 1935 verboten, aber noch im März desselben Jahres brauchte eine Gruppe von Fischern, die anscheinend nicht über die neuesten Entwicklungen im internationalen Recht auf dem Laufenden waren, sechs Stunden, sieben von Hand geworfene Harpunen und 150 Gewehr-kugeln, um vor der Küste von Fort Lauderdale in Florida ein zehn Meter großes Kalb zu töten. Dass der Atlantische Nord-kaper von der Ausrottung bedroht ist, liegt also offensichtlich nicht an einem Mangel an Stehvermögen. Es liegt vielmehr daran, dass seine Heimat, eine 3000 Kilometer lange Küs-tenregion, die sich von Südkanada bis zum Norden Floridas erstreckt, an das Territorium einer der reichsten und geschäf-tigsten Konsumgesellschaften auf der Erde grenzt. Schon vor mehr als einem Jahrhundert trug der Nordkaper deshalb den Spitznamen »Urbaner Wal«.

Die Forscher, die diese Spezies in den Tagen nach 9/11 stu-dierten, kamen vom New England Aquarium in Boston. Dort gibt es eine digitale Karte der nordamerikanischen Ostküste, die den Schiffsverkehr, die Aktivitäten der Fischfangflotten, am Meeresboden verlaufende Pipelines und Kabel usw. zeigt und von einem ähnlich dichten Gewirr von Linien durch-zogen ist wie eine Karte von Manhattan. Es gibt Hinweise darauf, dass die Wale mindestens so sehr unter all dieser Geschäftigkeit leiden wie wir: Beispielsweise halten sie sich vor Island anscheinend lieber in Gewässern auf, in denen gelegentlich Walfangschiffe auftauchen, um sie zu jagen und zu töten, anstatt in der Schutzzone in Küstennähe zu bleiben, wo sie unentwegt von Booten belästigt werden, die Touristen zur Walbeobachtung bringen. Der Atlantische Nordkaper ist sämtlichen Ausdünstungen der Zivilisation ausgesetzt – sein Blut ist mit einer Buchstabensuppe von Chemikalien (DDT, PCBs, PAHs usw.), mit Erdöl- und Erdgasrückständen, Flamm-schutzmitteln, Pharmazeutika und Pestiziden angereichert. Seine Nahrungsversorgung – er ernährt sich vor allem von Ruderfußkrebsen – ist instabil, da sich das Klima infolge der menschlichen Aktivität wandelt. Wale schlafen anders als wir (sie versetzen jeweils eine Hälfte ihres Gehirns in einen Ruhezustand), doch wir können wetten, dass es in einem lärmenden, geschäftigen, verschmutzten Ozean schwieriger ist zu schlafen als in dem stillen Ozean vergangener Zeiten, an den sich einige sehr alte Wale noch erinnern können.

Wissenschaftler beschreiben diese Einflüsse als »subletal«, was bedeutet, dass keiner von ihnen für sich genommen tödlich wirken kann. Doch Rosalind Rolland, eine leitende Forscherin im New England Aquarium, weist auf einen deutlichen Unterschied zwischen dem Nordkaper und dem Südkaper hin, einer eng verwandten Spezies (beide Arten sind Glattwale), die am äußersten Rand der globalen Konsumkultur lebt. Rolland besuchte einmal die Aucklandinseln, die 500 Kilometer südlich von Neuseeland liegen, um sich die dortigen Vettern des Nordkapers anzusehen. »Sie waren fett, sie waren glücklich, sie hatten keine Hautverletzungen, sie waren neugierig«, erinnert sie sich. »Der Südkaper war ein vollkommen anderes Tier.«

Der schlimmste subletale Einfluss ist der Lärm. Im Jahr 1992 wurde Chris Clark, ein mittlerweile emeritierter Professor der Cornell University, der auf dem Gebiet der Hydroakustik forschte, von der US-Kriegsmarine engagiert, um Meeressäugetiere zu erforschen. Er nutzte die Lauschposten der Navy, um den Gesang von Finnwalen – dies ist die zweitgrößte Walart nach dem Blauwal – über ein Gebiet hinweg zu belauschen, das größer als Oregon ist. In einer Datenvisualisierung, die er später erzeugte, blitzen die singenden Wale als Brennpunkte auf, das akustische Leuchten breitet sich aus und verglüht. Doch plötzlich breiten sich massive Signale über die gesamte dargestellte Fläche aus. Das ist der akustische Abdruck eines seismischen Luftpulsers, der verwendet wird, um unter dem Meeresgrund nach Erdöl- und Erdgasvorkommen zu suchen. »Es war eine Offenbarung«, so Clark. Er hatte gesehen, dass vom Menschen erzeugte Geräusche die Fähigkeit der Wale, im Ozean zu hören und sich Gehör zu verschaffen, vollkommen unterdrücken konnten.

Clark bezeichnet das Alltagsleben des Nordkapers als »akustische Hölle«. In Gewässern mit unablässiger menschlicher Aktivität ist die Chance, dass zwei Wale einander hören – um einen Partner zu finden, um ein Kalb zu lokalisieren, um anderen Mitgliedern der Gemeinschaft die Entdeckung von Nahrung mitzuteilen oder einfach um die Gesellschaft eines Artgenossen zu genießen –, nur noch etwa ein Zehntel so groß wie vor einem Jahrhundert. Der Lärm der Schiffe ist manchmal so groß und anhaltend, dass die Wale aufgeben und verstummen, etwas, was sie ansonsten nur während besonders heftiger Stürme tun. »Wir Menschen verstehen das Ausmaß der Belästigung nicht, die wir in den Ozeanen verursachen«, sagt Clark. Die Hauptquelle des Lärms sind die Schiffsschrauben und die Motoren der Handelsschiffe, die uns unsere Produkte bringen. Aufgrund der Überflutung mit subletalen Einflüssen hat sich der Gesundheitszustand der Nordkaper deutlich verschlechtert. Die Tiere sind dünner als noch vor drei Jahrzehnten, sie sind stärker von Walläusen befallen und mit zahlreichen Wunden und Narben übersät; die Weibchen bringen weniger Kälber zur Welt. Die Tiere sind mittlerweile in einem so schlechten Gesundheitszustand und leiden so sehr unter den zahlreichen subletalen Einflüssen, dass diese letal werden.

Schiffe können diese Wale auch direkt umbringen: Eine der häufigsten Todesursachen bei diesen Tieren sind Zusammenstöße mit Schiffen. Jedes Mal, wenn wir den »Jetzt kaufen«-Schalter bei einem Produkt anklicken, das aus dem Ausland geliefert wird, steigt das Risiko für die Wale. In kaum einer anderen Weltregion ist der Schiffsverkehr so intensiv wie vor der nordamerikanischen Ostküste, wo die Güter für die kauflustigsten Konsumenten der Welt angeliefert werden. Aber der Schiffsverkehr ist heute im Allgemeinen so dicht, dass die Schifffahrtsrouten oft als »Meeresstraßen« bezeichnet werden. Und auf diesen Straßen entsteht eine eigene Luftverschmutzung. Das Schiff zählt zu den energieeffizientesten Transportmitteln, aber da 80 Prozent der Güter auf dem Seeweg befördert werden, sind heute derart viele Frachtschiffe, die immer größer werden, auf den Weltmeeren unterwegs, dass sie bereits für 2,5 Prozent der globalen Treibhausgasemissionen verantwortlich sind. Gegenwärtig werden jedes Jahr mehr als zehn Milliarden Tonnen an Gütern auf dem Seeweg transportiert – das heißt mehr als eine Tonne pro Erdenbürger, obwohl wie immer einige sehr viel mehr davon abbekommen als andere.

Der Nordkaper und die Schwertwalpopulation, die im Nordpazifik auf der Höhe der Grenze zwischen Kanada und den Vereinigten Staaten beheimatet ist, sind einfach deshalb von der Ausrottung bedroht, weil die Konsumökonomie wächst. Wenn wir unseren Konsum nicht zurückschrauben, werden zweifellos bald weitere Tierarten auf diese Liste kommen. Vielleicht werden wir an dem Tag, an dem die Welt aufhört einzukaufen, endlich wirklich die Wale retten.

Das bringt uns zurück zu den Forschern vom New England Aquarium, die in den Tagen nach 9/11 in der Bay of Fundy unterwegs waren. Als sie die Daten zu den in den Walexkrementen gefundenen Stresshormonen auswerteten, stellten sie fest, dass die Tiere in diesen unheimlich stillen Tagen unter deutlich weniger Angst litten als unter »normalen« Umständen. In Abwesenheit des üblichen Schiffsverkehrs, der Fischerboote, der Sportboote und Jachten, all des

modernen Trubels auf und in den Meeren, genossen die Wale
offenbar den Frieden. Sogar die Wissenschaftler waren ver-
blüfft davon, wie klar sie die Rufe der Wale mit ihren Geräten
hören konnten. Es war, als stünden sie an einer gesperrten
Autobahn und könnten plötzlich die Vögel im Gebüsch zwit-
schern hören. So klangen die Wale in einer Welt des *Weniger*.

Mit dem Ende des Einkaufens beginnt ein neues Leben für
die Tierwelt. Rezessionen sind unabhängig davon, ob sie
durch Spekulation oder Pandemien ausgelöst werden, stets
gut für das nicht menschliche Leben auf der Erde. Sie bremsen den Vormarsch der Bulldozer, die Verschmutzung der
Flüsse, die Bergwerke, die sich in Berge fressen. Nachtigallen und Mistkäfer genießen eine tiefere Dunkelheit, Wale
hören einander im stillen Meer singen, und die Gefahr, dass
eine weitere Edelsteinmine die Zahl seltener Spezies wie des
Regenbogenfroschs, der farbenfroher als jedes Juwel ist und
nur in wenigen Schluchten auf Madagaskar lebt, weiter verringern wird, sinkt deutlich.

Alan Friedlander gehört ebenfalls zu denen, die nicht auf
die Pandemie warten mussten, um zu erleben, wie sich die
Natur verändert, wenn die Menschenmassen verschwinden.
Er konnte es einmal in der Woche an der Hanauma Bay
verfolgen, einem kleinen Naturschutzgebiet am Stadtrand
von Honolulu. Die »gekrümmte Bucht«, die eigentlich ein
überfluteter Vulkankrater ist, zählt zu den meistbesuchten
Korallenriffen auf der Erde. Jedes Jahr kommen eine Million
Menschen – etwa 3000 pro Tag – an diesen Ort, um in der
Bucht zu schnorcheln und zu schwimmen, aber jeden Diens-
tag wird sie für die Öffentlichkeit geschlossen. An diesem
Tag betreiben Wissenschaftler wie Friedlander, ein Meeres-
biologe an der University of Hawaii, dort Forschung.

»Sie verwandelt sich in einen anderen Ort«, sagt Friedlander. Meeresschildkröten, die sich normalerweise in tie-
feres Wasser zurückziehen, fressen unweit des Strandes
Algen. Hawaiianische Mönchsmöwen mit ihrem schüchtern
lächelnden Gesichtsausdruck, eine bedrohte Spezies, fliegen
vorbei oder lassen sich vielleicht sogar am Strand nieder.
»Ein großer Schwarm von Grätenfischen taucht oft im knie-
tiefen Wasser auf. Das wäre ihr bevorzugtes Habitat, wären
da nicht die Menschen.« Knochenfische sind lange, schlanke
Geister im Flachwasser, die mit ihren Rückenfinnen die Wasseroberfläche durchschneiden. »Ich frage mich immer: Wo
sind sie an den anderen sechs Tagen der Woche?«, wundert
sich Friedlander.

Als die Coronakrise begann, versiegte der Touristenstrom
in Hawaii rasch. Plötzlich waren alle Tage überall entlang
der Küste sehr viel mehr wie die Dienstage in der Hanauma
Bay. Zu jener Zeit führte Friedlander auch in zwei weiteren
geschützten Meeresgebieten Studien durch: in Molokini,
einem fast vollkommen überschwemmten Vulkankrater im
windigen Kanal zwischen den Inseln Maui und Hawaii (Big
Island), und in Pupukea, einem zerklüfteten Gebiet an der
Nordküste von Oahu, wo die hohe Brandung oft große Fels-
brocken vom Strand in die Tiefe reißt. Beide sind zu normalen Zeiten sehr menschenbetonte Orte.

Molokini ist ein kleines Meeresschutzgebiet von nur
etwas mehr als 13 Hektar Größe. An einem typischen Morgen springen von zwei Dutzend Ausflugsbooten rund tausend Besucher in Taucheranzügen ins Wasser, um das Riff
zu erkunden, das vom sichelförmigen Kraterrand geschützt
wird, der aus dem Wasser ragt. »An einem geschäftigen Tag
könnte man von Boot zu Boot springen, ohne sich die Füße
nass zu machen«, sagt Friedlander. »Im Grunde ist es ein gro-

ßes, zur Hälfte geschlossenes Schwimmbecken.« Pupukea liegt gegenüber von einem Einkaufszentrum auf der anderen Seite des Kamehameha Highway und umfasst zwei große Bade- und Tauchgebiete. Es ist mittlerweile derart überfischt, dass viele Einheimische es als »leer gefischt« bezeichnen. Man findet dort kaum einen Parkplatz.

Als die Reiseveranstalter in der Pandemie den Betrieb einstellten und sogar die Bootsstege geschlossen wurden, beobachtete Friedlander in Molokini eine dramatische Veränderung. Etwa tausend Blaurücken-Stachelmakrelen ließen sich beim Riff nieder. Der Anblick dieses riesigen Schwarms – die silberblauen Fische haben die Größe eines Serviertabletts – würde jeden Taucher glücklich machen, aber Friedlander hatte diese Tiere in geschäftigeren Zeiten nie im Schutzgebiet gesehen. Er stellte rasch fest, dass in Pupukea etwas Ähnliches geschah: Ein großer Fischschwarm – in diesem Fall barschartige Hawaiianische Flaggenschwänze, silbrig und mit Schwänzen, die aussehen, als wären sie in Asche getaucht worden. »Eine große Kugel von ihnen bewegte sich direkt am Strand«, erzählt Friedlander, »was eigenartig war – denn sie sind köstlich.«

Wir selbst glauben vielleicht nicht, einen Krieg gegen die Natur zu führen, aber die Tatsache, dass die Natur vorrückt, wenn sich die Menschheit zurückzieht, deutet darauf hin, dass wir es doch tun. Am schnellsten finden Veränderungen in den Weltmeeren statt, weil sich dort so viele Lebewesen ungehindert bewegen: Sie spüren, wenn wir fort sind, und rücken rasch in die von uns aufgegebenen Räume vor. In der Pandemie waren die ersten Hinweise auf eine Rückkehr der Wildtiere oft in plötzlich menschenleeren Gewässern zu sehen: Fische und Quallen in den ruhigen Kanälen von Venedig, Süßwasserdelfine, die zum ersten Mal seit drei Jahrzehnten bei Kalkutta im Ganges auftauchten, Krokodile in den Wellen an einem beliebten Strand in Mexiko. Aber dasselbe Prinzip gilt auch an Land. Lässt der ständige Druck der menschlichen Aktivität nach, so kehren die Wildtiere zurück, werden zahlreicher und zeigen ihr natürliches Verhalten – einschließlich des Drangs zur Erkundung. Als in Chicago eine Ausgangssperre verhängt wurde, unternahm ein Kojote einen morgendlichen Ausflug in die leere Innenstadt, wo er an den Schaufenstern von Cartier, Gucci und Louis Vuitton vorbeitrottete. In Nordindien eroberten Elefanten einen alten Wanderkorridor zurück, den sie vor Jahren angesichts der vorrückenden Zivilisation aufgegeben hatten, und eines der Tiere stieg die Treppe zu einem kleinen Tempel hinauf.

Wir müssen nicht vollkommen verschwinden, um unserer natürlichen Umwelt eine Atempause zu gewähren. Beispielsweise stellten Friedlander und seine Kollegen in Molokini fest, dass es eine »magische Zahl« von Ausflugsbooten gab, die für die Fische erträglich war. Erst wenn diese Schwelle überschritten wurde, vertrieben die schnorchelnden Touristen die großen Fischschwärme. Die Tiere tolerierten zwölf Boote, was etwa der Hälfte des üblichen Besucherandrangs entsprach.

»Wir glauben, die Ökosysteme zu verstehen und zu wissen, wie man sie richtig managen kann«, sagt Friedlander. »In Wahrheit verstehen wir sie nicht. Die Natur managt sich selbst sehr viel besser, als wir jemals könnten. Wir müssen sie nur lassen. Wir müssen ihr genug Raum zum Atmen geben.«

Vieles von dem, was wir anderen Spezies durch unseren Konsum antun, ist unbeabsichtigt. Zum Beispiel wurde in einer Studie über Rodungen in Australien untersucht, was geschieht, wenn wir einen natürlichen Lebensraum durch einen weiteren Gewerbepark oder eine Ferienwohnanlage (die Zunahme des Zweitwohnungsbesitzes ist einer der stärksten Konsumtrends des 21. Jahrhunderts) oder durch eines jener weitläufigen, namenlosen Daten- und Logistikzentren ersetzen, die im Zeitalter des Onlineshoppings überall aus dem Boden schießen. Vielleicht haben Sie angenommen, dass die Wildtiere einfach ihre Sachen packen und anderswo neu anfangen. Leider ist das nicht der Fall. »Der wissenschaftliche Konsens ist, dass der Großteil und in manchen Fällen sämtliche an einem Standort lebenden Individuen sterben werden, wenn die Vegetation verschwindet – entweder sofort oder nach einigen Tagen oder Monaten«, schreiben die Forscher.

Die Autoren der Studie beschreiben das Leiden im Detail. Es tut mir leid, es Ihnen zumuten zu müssen: Die Tiere werden erdrückt, aufgespießt oder zerfleischt. Einige werden lebend begraben. Sie erleiden innere Blutungen, Knochenbrüche, Wirbelsäulen- und Augenverletzungen, Schädeltraumata. Sie verlieren Glieder und werden teilweise bei lebendigem Leib gehäutet. Jene, die aus ihrer Heimat fliehen (viele sträuben sich überraschend hartnäckig dagegen, ihren Lebensraum aufzugeben), werden auf Straßen in der Umgebung überfahren, bleiben in Zäunen hängen, sterben, weil sie der Witterung ausgesetzt sind, oder werden zu leichter Beute für Raubtiere. Niemand hört das gerne, aber Tierarten, die in Bäumen leben, bleiben manchmal bis zu dem Augenblick in ihrem Versteck, in dem sie durch die Säge oder den Hackschnitzler geschickt werden. Niemand hört gerne, dass Koalas oft verhungern, wenn Flächen gerodet werden – »ein Problem, das überraschenderweise kaum Diskussionen ausgelöst hat«, kommentieren die Autoren der Studie. Sie schätzen, dass allein in zwei australischen Bundesstaaten jedes Jahr 50 Millionen Säugetiere, Vögel und Reptilien durch Rodungen sterben.

Wir konsumieren Wildtiere. Selbst der Verzehr solcher Tiere hat oft mehr mit Identität und Status als mit dem Bedürfnis nach Nahrung zu tun. Ein Beispiel ist die Zahntaube, ein ungewöhnlicher Vogel, der auf zwei Samoainseln im Südpazifik lebt.

Im Dschungel von Samoa erheben sich Dutzende pyramidenartige Strukturen, die von Ranken und Bäumen überwuchert sind. Diese geheimnisvollen Bauwerke sind nicht klein: Sie können größer als ein Basketballplatz sein und haben mindestens die Höhe eines einstöckigen Gebäudes. Von einer zentralen Plattform öffnen sich rundherum abgerundete Ausbuchtungen. Die als »Sternhügel« bezeichneten Formationen wurden zumindest zeitweise für die Taubenjagd verwendet. Einer dieser Vögel war die von den Einheimischen als »Manumea« bezeichnete Zahntaube, ein großer Vogel mit dunkelblau-grünem oder kastanienbraunem Gefieder, der durch sonderbare, an Zähne erinnernde Zacken an seinem goldgelben Schnabel auffällt. Da er einer der engsten Verwandten des ausgestorbenen Dodo ist, wird der Manumea manchmal auch als »Kleiner Dodo« bezeichnet.

Als die Vorfahren der heutigen Samoaner vor 3000 Jahren per Boot auf den Inseln eintrafen, lebten dort nur Tiere, die diese Orte schwimmend, fliegend oder auf Treibgut erreichen konnten. Tauben, darunter die Zahntauben, zählten zu den größten und schmackhaftesten Wildtieren. Im streng hierarchischen Sozialsystem der Samoaner war die Jagd auf die Vögel in erster Linie ein Sport, so wie die Rotwildjagd in England einst ein Vorrecht des Adels war. Wenn ein Dorf eine Taubenjagd veranstaltete, wurde den eingeladenen

Häuptlingen *(matai)* offenbar eine Ausbuchtung des Stern-
hügels zugewiesen, und es begann ein Wettkampf darum,
wer mit an langen Stangen angebrachten Netzen die meisten
Tauben fangen konnte. Es war ein Ritual, ein Zuschauersport,
ein Anlass für soziale Begegnungen und Feste. Anfang des
19. Jahrhunderts verschwand diese Art der Taubenjagd unter
dem Einfluss europäischer Missionare, aber die Praxis wurde
nicht beendet, sondern lediglich neu erfunden.

Im Jahr 2014 veröffentlichte das Statistikamt Samoas eine
Erhebung der Ess- und Trinkgewohnheiten der Bevölkerung.
Rebecca Stirnemann, eine neuseeländische Biologin, sah eine
Gelegenheit herauszufinden, wer genau Tauben aß. Viele
Leute glaubten, da die Vögel nicht länger den Häuptlingen
vorbehalten seien, hätten sie sich in eine Nahrungsquelle für
ärmere Menschen verwandelt, die Subsistenzjagd betrieben –
sie jagten, um Essen auf den Tisch zu bringen. Stirnemann
wollte es genau wissen, denn die Zahntaube zählte mittlerweile zu den seltensten Vogelarten auf der Erde. Nur noch
etwa 200 und möglicherweise deutlich weniger Exemplare
waren übrig geblieben.

Wie sich herausstellte, aßen die Samoaner kollektiv mehr
Tauben als erwartet. Aber es waren nicht die Armen, die die
meisten dieser Vögel verzehrten: Fast 45 Prozent kamen in
den Häusern der reichsten 10 Prozent der Bevölkerung auf
den Tisch. Berücksichtigte man die wohlhabendsten 40 Prozent der Haushalte, so kletterte der Anteil der oberen Gesellschaftsschichten am Taubenverzehr sogar auf verblüffende
80 Prozent. »Die Resultate überraschten uns alle«, sagt Stirnemann. »Die Leute wussten nicht, dass sich ihr Verhalten so
verheerend auf die Taubenpopulation, geschweige denn auf
die Zahntauben auswirkte. Und es war ihnen nicht bewusst,
wer diese Vögel in erster Linie verzehrte.«

Der mit dem Taubenkonsum verbundene Status und die kulturelle Bedeutung dieser Praxis waren nie verschwunden. Niemand jagte mehr gezielt Zahntauben, aber sie wurden immer noch unabsichtlich von Jägern getötet, die es auf andere Tauben abgesehen hatten, die oft verkauft oder an Würdenträger wie Häuptlinge, Politiker oder Kirchenführer verschenkt wurden. Wie oft ein Samoaner Taube aß, schien mit seinem Wohlstand, seiner Macht und seinem Status zusammenzuhängen – selbst wenn die gut situierten Samoaner wenig mit der globalen Millionärs- und Milliardärselite gemein hatten. »Das sind keine Reichen mit Swimmingpool. Sie sind einfach reicher als der Bevölkerungsdurchschnitt«, erklärt Stirnemann.

Es war nicht vorgesehen, dass sich die Konsumkultur so entwickeln würde. Jahrzehntelang hatten die Experten vorhergesagt, aus der Armut befreite Menschen würden aufhören, auf der Suche nach Nahrung und Heilmitteln Wildtiere zu jagen, und stattdessen wie die Einwohner wohlhabenderer Länder im Supermarkt und in der Apotheke einkaufen gehen. Die wirtschaftliche Entwicklung, so die Theorie, werde die Wildtiere der Welt retten. Stattdessen zeigt eine wachsende Zahl wissenschaftlicher Studien, dass Wildtiere dort, wo sie ihre Bedeutung als Nahrungsquelle verlieren, in Konsumgüter umgewandelt werden.

Forschungsergebnisse aus der brasilianischen Amazonasregion haben gezeigt, dass der Konsum von Wildfleisch dort nicht sank, sondern *stieg*, als die Menschen das Landleben aufgaben, um in die Städte zu ziehen. Ärmere Haushalte jagten weiterhin Wildtiere, um sich zu ernähren – und verkauften deren Fleisch zudem an wohlhabendere Konsumenten. Die Reichen waren die Hauptkonsumenten von bedrohten und »prestigeträchtigen« Spezies, darunter eine Affenart, ein großes Nagetier namens Paka und ein Fisch, der so viel Gewicht wie ein deutscher Schäferhund auf die Waage bringen kann. In Städten im peruanischen Regenwald zählten Militärangehörige, Industriemanager und Touristen zu den wichtigsten Konsumenten von Wildfleisch. In Vietnam wird das Horn des Nashorns immer noch in der traditionellen Medizin eingesetzt, aber die Krankheit, die hier behandelt wird, könnte man eher als »Affluenza« bezeichnen: Fast 80 Prozent der Benutzer verwenden das Horn, um einen Kater oder andere Symptome moderner Exzesse zu behandeln, wobei sie das zermahlene Horn teilweise direkt mit Wein verrühren, um einen Cocktail zu mischen, der in Zeitungsartikeln als »alkoholisches Getränk der Millionäre« bezeichnet wird. Als sich in China die ersten Menschen mit dem Coronavirus ansteckten, das höchstwahrscheinlich von einem unbekannten Wildtier übertragen worden war, galt Wildfleisch im Wesentlichen als Delikatesse, und andere tierische Produkte wie Pelze und traditionelle Medikamente waren Luxusgüter; der Handel mit solchen Produkten ist mit dem steigenden Wohlstand Chinas deutlich gewachsen, anstatt zu schrumpfen.

CITES, die Organisation, die mit der Überwachung der internationalen Artenschutzkonvention betraut ist, beobachtet den Trend. »Wir sehen eine beunruhigende Verlagerung der Nachfrage nach einigen Spezies von der Gesundheit zum Reichtum«, erklärte CITES im Jahr 2014. Der Verzehr bedrohter Spezies gehört zum Geltungskonsum von Geschäftsleuten, die bei Trinkgelagen Kontakte knüpfen, von reichen Familien, die ihren Gästen imponieren wollen, und von Städtern, die zu ihren ländlichen Wurzeln zurückkehren möchten.

Dass die Menschen im Westen annehmen, der Wildfleischkonsum werde zurückgehen, wenn sich ärmere Länder wirtschaftlich entwickelten, liegt nicht zuletzt daran, dass sie glauben, genau das sei auch in ihren Ländern geschehen. Aber in den Vereinigten Staaten wurde noch Ende des 19. und zu Beginn des 20. Jahrhunderts vor allem die Oberschicht von kommerziellen »Marktjägern« mit Wildfleischdelikatessen wie Diamantschildkröte und Riesentafelente versorgt, obwohl – oder gerade weil – die Bestände dieser Spezies dezimiert waren. Überall im Westen verlor dieses Geschäft erst mit der Einführung und strikten Anwendung von Artenschutzgesetzen an Bedeutung. Doch selbst dann verschwand der Konsum von Wildtieren nicht. Die Vereinigten Staaten und Großbritannien sind wichtige Importeure von Wildprodukten; eine Auswertung von eBay-Daten zeigte, dass die USA der Bestimmungsort von zwei Dritteln der gehandelten geschützten Tierarten sind.

Selbst bei legalen aus Wildtieren erzeugten Nahrungsmitteln ist eine Verschiebung hin zum »Elitekonsum« zu beobachten. Im Jahr 2018 sah sich ein internationales Forschungsteam von Fischereiexperten an, wo der in internationalen Gewässern – außerhalb der Hoheitsgewässer irgendeines Landes – gefangene Fisch vermarktet wurde. Den Umweltschützern macht die Überfischung der Meere Sorge, während die Fürsprecher der Fischerei argumentieren, die Fänge trügen dazu bei, die Weltbevölkerung zu ernähren. Die Forscher fanden heraus, dass der Großteil der auf hoher See gefangenen Fische von wohlhabenden Konsumenten in den Vereinigten Staaten, der Europäischen Union und Japan verzehrt wird. Eine Reihe von Spezies wird fast ausschließlich als Futter für Fischfarmen oder Haustiere (wiederum hauptsächlich in reichen Ländern) genutzt, während andere zu »Nutrazeutika« verarbeitet werden, die nicht dazu dienen, Hunger oder Krankheiten zu bekämpfen, sondern die Leistungsfähigkeit von ohnehin gesunden Menschen zu erhöhen – sie sollen dafür sorgen, dass es uns »besser als gut« geht, wie es heute so schön heißt. Auch die Coronapandemie zeigte deutlich, dass die meisten wilden Tiere, die in den reichen Ländern weiterhin verzehrt werden, sehr viel eher Konsumgüter als Nahrungsmittel sind. Als Restaurants, Hotels und Ferienorte geschlossen wurden, stürzte die Nachfrage nach Meeresfrüchten ab – sie haben sich im Wesentlichen in Luxusgüter verwandelt, die wir nur noch selten daheim konsumieren. Es wurde erwartet, dass sich die Bestände jener Thunfischarten, die besonders begehrt für Sushi sind, in der Pandemie kurzfristig erholen würden, da ihr größter Fressfeind – der Mensch – über Nacht verschwunden war.

»Wir alle konsumieren auf die eine oder andere Art Wildtiere«, erklärt Rosaleen Duffy, eine politische Ökologin an der Universität Sheffield. »Wir essen Wildtiere, wir tragen aus Wildtieren gemachte Kleidung und Accessoires, wir konsumieren sie als Medizin, und wir kaufen Schmuck, der aus ihnen gemacht wird.«

Eine Welt, die aufhört einzukaufen, konsumiert sehr viel weniger von fast all diesen Dingen, und als Gegenleistung erhalten wir etwas von dem zurück, was wir sehr viel mehr vermissen, als wir gedacht hatten – die Pandemie hat es uns vor Augen geführt. Wir alle hatten Freude am blauen Himmel und genossen die frischere Luft in unseren Lungen; wir alle waren begeistert über jeden Hinweis auf die Wiedergeburt der natürlichen Umwelt. Und wir wurden daran erinnert, dass wir uns gegenseitig oft genauso bedrängen wie die Wildtiere. Angesichts der Bilder von Venedig, Rom, dem Louvre, der Sphinx, dem Taj Mahal und den Ruinen von Machu Picchu, auf denen die gewohnten Besuchermassen fehlten, wurde uns wieder bewusst, warum es Weltwunder sind – und wir sahen, was wiederhergestellt würde, wenn wir uns auf weniger, aber bessere Erfahrungen konzentrierten. Die Fische in Molokini auf Hawaii sind nicht die Einzigen, die ein Riff mit halb so vielen Booten vorziehen; Umfragen zeigen, dass die Touristen genauso empfinden.

Gingen die Menschen seltener auf Reisen, so würde unsere natürliche Umwelt zusehends spektakulär werden, meint Friedlander. Die Menschen, die nach Molokini kämen, würden etwas sehen, was die Reise wirklich wert wäre: mehr und größere Fische und einen größeren Artenreichtum. Das Verhalten der Geschöpfe des Riffs würde sich ebenfalls ändern, und das möglicherweise sehr schnell. Bei einem Besuch wenige Wochen nach Beginn der Pandemie wurde Friedlander von Teufelsrochen umringt, und zwei neugierige Tümmler näherten sich, um ihn sich genauer anzusehen. »Ich glaube nicht, dass sie das getan hätten, wenn Scharen von Menschen im Wasser gewesen wären«, sagt er.

Es ist ein Kontinuum. An einem Riff, an dem ihnen Menschen nachstellen, sind die Fische naturgemäß vorsichtig und ängstlich. An einem Riff, wo sie nicht gejagt, aber ständig mit Menschen konfrontiert sind, verschwinden viele von ihnen, und die übrigen werden gleichgültig. An einem Riff, an dem ein Mensch weder eine Bedrohung noch ständig präsent ist, herrschen die besten Bedingungen, denn dort ist das nicht menschliche Leben weder ängstlich noch gleichgültig, aber *neugierig.* In einer Welt, die weniger konsumiert, haben wir bei Vorstößen in die Natur bessere Chancen, ein wenig von ihrem Zauber zu erleben. Die Kluft zwischen Spezies kann überbrückt werden, zwei Lebewesen können einander direkt begegnen und Interesse aneinander zeigen.

18

Wir brauchen ein besseres Wort als »Glück« für das, was da entsteht

I ch freue mich jedes Mal, wenn ich losgehe, um meine Lebensmittel einzukaufen«, sagt Janet Luhrs.

Ihre Wortwahl scheint unpassend. Natürlich kann man den Gang zum Supermarkt genießen – aber sich darauf *freuen?* Das klingt ein wenig übertrieben. Aber Luhrs, die im farbenfroh dekorierten Wohnzimmer ihres Hauses in Seattle sitzt, scheint es ernst zu meinen. Sie ist Journalistin und Buchautorin und wählt ihre Worte mit Bedacht.

Ich bin nach Seattle gekommen, um mit Personen zu sprechen, die seit Jahrzehnten die freiwillige Einfachheit praktizieren, die sich bewusst entschlossen haben, mit weniger zu leben. Ich will von ihnen hören, wie sich ein vom Dekonsum geprägter Lebensstil langfristig anfühlt – in was für Menschen wir uns in einer Welt verwandeln können, die aufhört einzukaufen. Luhrs Geschichte ist archetypisch. Sie studierte ursprünglich Recht, begann, als Anwältin zu arbeiten – und kündigte nach etwa zwei Wochen, als ihr klar wurde, dass sie nicht wollte, dass ihre kleine Tochter von Kindermädchen aufgezogen wurde. Nicht lange darauf hatte sie eine Hypothek, eine Familie und »mehr Zeug, als wir gebrauchen konnten«. Als sie eine Anzeige einer Gruppe von Anhängern der freiwilligen Einfachheit sah, verstand sie das als Wink des Schicksals. Sie ging zu der in der Anzeige angekündigten Veranstaltung und stellte zu ihrer Überraschung fest, dass mehrere Hundert Menschen gekommen waren. Luhrs wusste auf Anhieb, dass sie ein einfacheres Leben führen wollte.

Das war vor fast dreißig Jahren.

»Es war wie eine Romanze«, sagt sie. »Es war eine Sehnsucht.«

Der Begriff »freiwillige Einfachheit« wurde im Jahr 1936 von dem amerikanischen Sozialphilosophen Richard Gregg geprägt. Interessant ist, dass Gregg nicht für ein einfaches Leben warb. Stattdessen schwebte ihm ein *einfacheres* Leben vor, eine mildere Version der reinen Askese, die von spirituellen Führern wie Buddha, Laotse, Moses und dem Propheten Mohammed praktiziert wurde, ganz zu schweigen von zahlreichen legendären Heeren und, wie es Gregg ausdrückte, »gelegentlichen Genies« wie Thoreau und Gandhi. Diese Lebensart hatte für viele Menschen, die Zweifel am Versprechen eines spirituellen Lebens nach dem Tod hegten und die Not der Weltwirtschaftskrise noch in frischer Erinnerung hatten, ihren Sinn eingebüßt. Gregg räumte ein, dass zumindest ein Teil des Konsums wertvoll sei. »Die finanzielle und soziale Stabilität jedes industrialisierten Landes scheint auf der Erwartung eines ewig wachsenden Markts für die Massenproduktion zu beruhen«, schrieb Gregg, der das Konsumdilemma schon vor 85 Jahren erkannte. Dennoch sah er inmitten der »gewaltigen Menge« an Werbung, der »endlosen Produktion von Spielereien« und der Explosion der Ramschläden, Drogerieketten, Kaufhäuser und Versandhäuser ein so großes Bedürfnis nach Einfachheit wie eh und je.

Der Begriff erreichte den kulturellen Mainstream erst in

den Achtzigerjahren, als der Konsumkapitalismus seine heute bekannte Form annahm, samt offener Zurschaustellung des Materialismus, Überarbeitung und Geschäftigkeit als Ehrenzeichen, Reichtum als wichtigstem Maßstab des Verdienstes, der Kommodifizierung von allem, der Besessenheit von Profit und Wachstum auf Kosten anderer Werte und dem Vordringen von Werbung und Markenpolitik in sämtliche Lebensbereiche. Das Jahrzehnt ist als eines des Wohlstands in Erinnerung geblieben, der jedoch sehr ungleich verteilt war. Im Jahr 1986, als der Dow Jones immer neue Höhen erklomm und das »Boom-Jahr« die Schlagzeilen beherrschte, begutachtete Studs Terkel, der in seiner klassischen Oral-History-Studie *Der große Krach* die Krise der Dreißigerjahre nachgezeichnet hatte, die heruntergekommenen Fabriken und die langen Schlangen von Arbeitssuchenden vor den Arbeitsämtern und erklärte, er habe seit der Weltwirtschaftskrise kein vergleichbares Maß an Verzweiflung mehr gesehen.

Gegen Ende der Achtziger begann ein Trend zum »Downshifting« (Herunterschalten), einer Form von freiwilliger Einfachheit, die neben einem Leben mit weniger materiellem Überfluss auch die Bereitschaft beinhaltete, weniger Geld zu verdienen. In den Medien wurde der typische Vertreter dieser Lebensart als wohlhabende weiße Person Mitte dreißig dargestellt – ein Kommentator sprach vom »Yuppie-Verweigerer«. In Wahrheit war das Phänomen vielschichtiger. Einige dieser Vereinfacher hielten an den in der Hippie-Ära entwickelten Werten der Sechziger- und Siebzigerjahre fest – oder kehrten dazu zurück; andere waren junge Angehörige der Generation X, die gegen den Zirkus der Konsumkultur rebellierten, in der sie aufgewachsen waren. Es stimmt, dass die meisten von ihnen weiß waren, aber das galt zu jener

Zeit für acht von zehn Amerikanern. Nach Erkenntnissen der Soziologin Juliet Schor neigten Hispano- und Afroamerikaner gemessen am Bevölkerungsanteil eher als ihre weißen Altersgenossen zum Downshifting.

Wohlhabendere Personen konnten das einfachere Leben ohne großes Risiko ausprobieren. Viele andere taten die ersten Schritte in die Einfachheit *unfreiwillig:* Sie wurden arbeitslos oder waren unterbeschäftigt, als die Weltwirtschaft Anfang der Neunzigerjahre in eine Rezession schlitterte. Die Angehörigen dieser Gruppe entschieden sich erst für die Einfachheit, als sie Gefallen an der anfangs erzwungenen Veränderung fanden. Fast vier von zehn »Herunterschaltern« hatten ein Jahreseinkommen von weniger als 25 000 Dollar (das entspricht etwa 40 000 Dollar zum heutigen Geldwert) und befanden sich daher in einer Situation, in der sie ohnehin wenig konsumieren konnten. Herunterschalter mit geringerem Einkommen wussten oft nicht, dass sie Teil einer kulturellen Welle waren: Sie versuchten einfach, in einer zunehmend herzlosen Volkswirtschaft für sich neu zu definieren, was es bedeutete, ein gutes Leben zu führen. Auf dem Höhepunkt des Downshiftings Mitte der Neunzigerjahre kam jeder fünfte Amerikaner mit weniger aus und gab in Umfragen zu Protokoll, dass er glücklich damit war.

Die häufigste Motivation dieser Personen war der Wunsch, den Stress zu verringern und das zurückzugewinnen, was wir heute als Gleichgewicht zwischen Berufs- und Privatleben bezeichnen – aber sie hörten auch auf einzukaufen. Die meisten verringerten ihre Konsumausgaben um etwa 20 Prozent, und wie Schor beobachtet hat, bedauerten sie die Veränderungen in ihrem Leben kaum – schon vor dreißig Jahren gelang es vielen Menschen in den reicheren Ländern, ihren Konsum deutlich einzuschränken, ohne erhebliche Auswirkungen auf ihre Lebensqualität zu spüren. Fast ein Drittel der Vereinfacher senkten ihre Ausgaben noch deutlicher, nämlich um 25 Prozent, und ein Fünftel reduzierte sie um die Hälfte oder mehr. Für diese Personen war die Transformation eine Herausforderung. Sie mussten bereit sein, sich in abgetragener Kleidung zu zeigen, ihre Kinder statt in einem der modischen neuen SUVs mit dem Fahrrad oder im Bus zur Schule zu bringen und ohne technische Spielereien wie Mobiltelefone und PCs auszukommen, die sich wachsender Beliebtheit erfreuten.

Es war eine stille Revolution. Die meisten Vereinfacher kleideten sich durchaus wie alle anderen und lebten nicht in Kommunen oder Hütten im Wald, sondern in normalen Wohngegenden. Seattle entwickelte sich zum Brennpunkt der freiwilligen Einfachheit. Die wachsende Tech-Branche – Microsoft hatte seine Zentrale in einem Vorort – machte den Einwohner der Stadt zum Synonym des überarbeiteten, demonstrativ konsumierenden Yuppies, während viele andere Bürger immer noch in einer hartnäckigen Rezession gefangen waren. Das Ergebnis war das vielleicht methodischste moderne Experiment zum Ende des Einkaufens: Eine ganze Stadt eignete sich die Ablehnung des Konsumismus an.

Fast ein Jahrzehnt lang ließ diese Schattenkultur kaum einen Aspekt des Alltagslebens von Seattle unberührt. Die wichtigsten Modetrends waren gebrauchte »Vintage«-Kleidung und Grunge, ein Look, der auf einfacher, widerstandsfähiger Arbeitskleidung – Flanellhemden, Jeans, Lederstiefel – beruhte, die getragen wurde, bis sie verschlissen war. Unter jungen Leuten gehörte eine spärliche Einrichtung der Wohnung zum guten Ton, und die Zurschaustellung von Reichtum war verpönt. In vielen Städten gab es zu jener Zeit Lebensmittelkooperativen ohne Gewinnzweck, in Seattle außerdem von Kooperativen betriebene Restaurants und Cafés, eine Autowerkstatt, ein Ärztezentrum, eine Tischlerwerkstatt und einen Hebammendienst. Dazu kamen alternative Wochenzeitungen, die mit der Tagespresse konkurrierten, und eine Vielzahl von billigen Veranstaltungsorten, wo Musik präsentiert werden konnte, die von den kommerziellen Radiosendern abgelehnt worden war. Ein paar Jahre lang war ein auf dem Konsum beruhender Lebensstil uncool. »In den Neunzigerjahren waren wir überzeugt, wir hätten den Lebensstil der Zukunft entwickelt«, erinnert sich Vicki Robin, Mitautorin des Downshifting-Klassikers *Mehr Geld für mehr Leben*. Im Jahr 1995 berichtete die *New York Times,* dass acht von zehn Amerikanern folgender Aussage zustimmten: »Wir kaufen und konsumieren viel mehr, als wir brauchen.« Im selben Jahr kürte das Trends Research Institute in Rhinebeck, New York, die freiwillige Einfachheit zu einem der zehn wichtigsten Phänomene des Jahrzehnts.

Dann erwachte die Weltwirtschaft zu neuem Leben. Seattle wurde eher für Milliardäre als für das einfache Leben bekannt, und das Downshifting verschwand in der Versenkung. Aber einige Leute, darunter Janet Luhrs, hielten daran fest. Sie haben vor einem halben Menschenleben aufgehört einzukaufen. Wie hat sie das verändert? Sind sie glücklicher als der Rest von uns? Freuen sie sich wirklich auf einen Spaziergang um den Block? Und wenn ja, *warum?*

Michael S. W. Lee, heute Professor für Marketing an der Universität Auckland in Neuseeland, hatte eine »geborgene Mittelschichtkindheit«, wie er es ausdrückt. Als er im Jahr 2002 ein Doktoratsstudium in Marketing in Angriff nahm, las er Naomi Kleins Buch *No Logo* über den Einfluss von Unternehmen und Marketing auf die Gesellschaft. Die Argumente der in dem Buch beschriebenen Rebellen gegen Marken und Konsumkultur schienen ihm sonderbar und extrem. Er entschloss sich, diese Leute zu studieren.

Drei Jahre später gründete Lee das International Centre for Anti-consumption Research. Er hatte festgestellt, dass kaum jemand etwas über die Personen wusste, die sich dem Konsumismus widersetzten oder ihn ablehnten. Er wollte herausfinden, ob diese Antikonsumenten andere Kernwerte hatten als Konsumenten, und stellte fest, dass es tatsächlich so war.

Ein Unterschied ist, dass Antikonsumenten sehr viel größeren Wert als die normalen Konsumenten darauf legen, ihr Konsumverhalten selbst zu bestimmen. Luhrs, die ein Handbuch für Dekonsum mit dem Titel *Lebe einfacher! (The Simple Living Guide)* geschrieben hat, sieht einen Schlüssel zur freiwilligen Einfachheit darin, sich selbst und die Gründe für das eigene Verhalten zu verstehen. »Ich glaube, die meisten Leute leben nicht bedacht; ich glaube, die meisten Leute leben nicht bewusst. Ich tue es zweifellos.« Beispielsweise hat sie gelernt, dass sie nicht immerzu Konsumentscheidungen fällen möchte. Mit dieser Selbstkenntnis wird das Nichtkaufen nicht zu einem Opfer, sondern zu einem Geschenk.

Die klassische Wirtschaftstheorie besagt, dass Konsumenten wissen, was am besten für sie ist, und rational in ihrem Eigeninteresse handeln. Diese Einschätzung ist nach wie vor einflussreich. Paradoxerweise sind es nicht die Konsumenten, sondern die Antikonsumenten, die diesem Ideal am nächsten kommen: Sie entscheiden eher aktiv und bewusst, was sie konsumieren wollen und was nicht, sie lassen sich weniger von Werbung und Moden beeinflussen, und sie neigen weniger dazu, sich als Gefangene des Konsums zu fühlen oder ihn zur Flucht aus dem Alltag zu nutzen. »Es ist nicht so, dass ich jemals die Knappheit zu meinem Lebensstil gemacht hätte«, sagt Luhrs, »aber ich habe immer gewusst, was ich brauche.«

Der offenkundigere Unterschied zwischen Antikonsumenten und Konsumenten ist, dass Antikonsumenten den materiellen Bedürfnissen geringere Bedeutung beimessen. Doch diese Ausrichtung kann zu überraschenden Resultaten führen. Deborah Caplow, eine weitere altgediente Vereinfacherin in Seattle, folgte Ende der Siebzigerjahre ihrem damaligen Freund in die Stadt und brachte in einem Koffer und ein paar Schachteln ihren gesamten weltlichen Besitz mit. Caplow war so jung, als sie den Weg des einfacheren Lebens einschlug, dass sie sich nicht erinnern kann, wie sich die Transition anfühlte. Sie war neun Jahre alt gewesen, als sich ihre Eltern hatten scheiden lassen. »Mein Vater baute ein Vermögen auf, und meine Mutter entschloss sich, das Beste aus ihren knappen finanziellen Mitteln zu machen.« Caplow lebte mit ihrer Mutter und ihrer Schwester. Nach einem Umzug in eine andere Stadt lebten sie einmal ein Jahr lang ohne Möbel und schliefen in Schlafsäcken auf dem Boden. Caplows Vater lebte in einer Villa, und sie gelangte zu der Überzeugung, dass er selbstsüchtig und vom Status besessen war.

»Ich verinnerlichte die Wertvorstellung, dass ich kein reicher Mensch sein wollte«, sagt sie. »Es ist eine Entscheidung, in deinem Leben nicht viel Geld zu verdienen.«

Vereinfacher haben oft das Gefühl, sie hätten Keynes' »ökonomisches Problem« gelöst und herausgefunden, wie sie ihre absoluten Bedürfnisse erfüllen können: Sie tun es, indem sie weniger solche Bedürfnisse entwickeln. Caplow lebt heute in einem Viertel, das sich über einen steilen, dicht mit Koniferen bewachsenen Hügel erstreckt – hier erinnert Seattle eher an eine Stadt von Baumhäusern als an eine moderne

Metropole. Das Haus, das sie und ihr Ehemann bewohnen (früher lebte sie mit ihrer Tochter dort), ist 70 Quadratmeter groß, womit seine Wohnfläche nur einem Drittel des typischen Hauses entspricht, das heute in den Vereinigten Staaten gebaut wird, und sogar kleiner ist als die der durchschnittlichen amerikanischen Wohnung. Caplow, eine ehemalige Kunsthistorikerin an der Universität Washington, hat seit mehr als zwei Jahrzehnten kein neues Möbelstück mehr gekauft. Von ihrem Auto, einem alten Subaru, mit dem sie jedes Jahr weniger als ein Viertel der Strecke fuhr, die der Durchschnittsamerikaner in seinem Auto zurücklegt, musste sie sich vor Kurzem nach 25 Jahren trennen, weil er nach einem Unfall nicht mehr repariert werden konnte. Caplow hat nie eine Spülmaschine besessen (dies scheint ein Kennzeichen von Vereinfachern zu sein). Mehr als zwei Jahrzehnte lang fuhr sie im Bus zur Arbeit. Die meisten ihrer Bücher leiht sie sich in der Bibliothek aus, und mit Ausnahme von Socken, Unterwäsche und Schuhen kauft sie nur selten neue Kleidung. »Ich liebe schöne Kleider«, sagt sie, »aber ich bin nicht die Art von Person, die viele schöne Kleider trägt.«

Es ist Caplow bewusst, dass sie privilegiert ist. Sie ist weiß und hatte stets das Gefühl, dass sie kaum auf Hindernisse stoßen würde, wenn sie mehr Geld verdienen wollte. Wäre sie jemals in eine kritische finanzielle Situation geraten, so hätte sie sich an ihre Familie um Hilfe wenden können. Aber gemessen an den Zahlen hat sie große Teile ihres Lebens auf der Seite der Ärmeren verbracht; sie lebte jahrelang von einem Jahreseinkommen von 15 000 Dollar oder weniger. Trotzdem entwickelte sie Schritt für Schritt ein Gefühl, einen »schlichten Wohlstand« zu genießen. Sie besitzt alles, was sie braucht, hat Ersparnisse statt Schulden und kann reisen. Sie wird einen angenehmen Ruhestand verbringen und kann ihre Tochter beim Studium finanziell unterstützen. Sie genießt eine Art von finanzieller Sicherheit, die Menschen, denen Geld sehr wichtig ist, oft fehlt. Als die Coronakrise die amerikanische Wirtschaft auf Talfahrt schickte, stellte Caplow zu ihrer Überraschung fest, dass ihr der wirtschaftliche Zusammenbruch keine Sorgen machte. »Wir sind in der Vergangenheit mit so viel weniger ausgekommen, dass wir es einfach wieder tun werden.«

Syd Fredrickson verknüpft dieses auf den ersten Blick verwunderliche Gefühl des Wohlstands mit einem noch höheren Ideal: mit dem der persönlichen Freiheit. Fredrickson kam im Jahr 1991, als der Höhepunkt der Rezession nahte, aus Minnesota nach Seattle. »Ich schaltete eigentlich nicht herunter«, erzählt sie mir. »Es war eher so, dass ich nie hinaufschaltete.«

Viele Menschen empfinden ein einfaches Leben als einschränkend. Fredrickson erklärt, es habe ihr immer ein Gefühl der Freiheit gegeben, ungewöhnliche Entscheidungen zu fällen, die Konformität infrage zu stellen, spontan zu handeln und ihre Identität mit Worten und durch ihre Erscheinung auszudrücken. Ihr ganzes Erwachsenenleben hat sie rund um sich Menschen gesehen, die eine Karriere verfolgten, die ihnen nicht gefiel, oder an Arbeitsplätzen festhielten, die sie hassten, nur weil sie keine Einkommenseinbußen riskieren wollten. »Sie bezeichneten ihr Leben als leer und verrückt. Aber sie fürchteten sich davor, etwas anderes zu versuchen.«

Ein weiterer Unterschied zwischen Antikonsument und Konsument ist, dass sie das Glück an unterschiedlichen Orten suchen. Wie der Psychologe Tim Kasser vorhergesagt hat, gehen die meisten Vereinfacher im Lauf der Zeit zu intrinsischen Werten wie der persönlichen Entwicklung und dem Gefühl der Gemeinschaft über. So wie sich die Konsumkultur in einem Teufelskreis selbst nährt und uns dazu antreibt, unablässig neue Dinge zu tun oder zu erwerben, kann uns auch das Streben nach intrinsischen Werten weiter in diese Richtung drängen, sodass ein positiver Kreislauf entsteht. Caplow erklärt, die Lösung von der Messung des Status am materiellen Wohlstand habe sie schließlich dazu bewegt, dem sozialen Status weniger Bedeutung beizumessen: »Übrig bleiben nur du und die andere Person als menschliche Wesen. Meine Interaktionen mit anderen Menschen machen mich wirklich glücklich. Ich kann mich verschiedenen Menschen mit unterschiedlichen Lebensstilen anpassen, und ich kann ihre Standpunkte verstehen. Ich habe das Gefühl, Teil einer menschlichen Gemeinschaft zu sein. Ich denke, das liegt daran, dass ich ein einfaches Leben führe.«

Einfachheit scheint Einfachheit hervorzubringen. Es ist ein Stereotyp, dass Vereinfacher von ruhigen Beschäftigungen wie Gartenarbeit, Lesen, Spaziergängen und Unterhaltungen angezogen werden. Woran genau das liegt, muss erklärt werden: Zieht das einfache Leben nur sanfte Menschen an, oder macht uns das einfache Leben sanfter? Würde eine Welt ohne Shopping uns alle verwandeln – auch jene unter uns, die solche Aktivitäten heute langweilig finden –, sodass auch wir größeren Gefallen an der Vogelbeobachtung oder am Tagebuchschreiben fänden?

Kasser glaubt, dass es tatsächlich so wäre. »Zu den interessanten Eigenschaften der freiwilligen Einfachheit zählt die Tatsache, dass zahlreiche Wege dorthin führen. Manche Menschen werden Vereinfacher, weil sie von ihrer Arbeit enttäuscht sind, andere wollen mehr Zeit für ihre Familie haben, manchen geht es um die Spiritualität, für andere ist es ein politischer Akt. Aber wenn sie einmal einen dieser Wege beschreiten, werden sie einander alle immer ähnlicher, obwohl sie aus unterschiedlichen Gründen dorthin gelangt sind.«

Eine Anmerkung zu den Vereinfachern: Im Allgemeinen haben sie *Zeit*. Bei den Recherchen für dieses Buch begegnete ich in aller Welt Menschen, die ein einfacheres Leben führten. Sie wirkten fast alle auf mich, als gehörten sie in eine andere Zeit – ich konnte nicht sagen, ob es die Vergangenheit oder die Zukunft war, aber zweifellos passten sie nicht in unsere übermäßig verplante Gegenwart. Sie hatten Zeit für andere. Sie ließen das Gespräch fließen (in einem denkwürdigen Fall in Barcelona über sieben Stunden hinweg bei Essen, Trinken und Spaziergängen). Mit anderen Worten, diese Leute machten nicht den Eindruck, als würden sie dir fünf Wochen im Voraus 15 Minuten in ihrer Agenda reservieren – und es war ihnen bewusst, dass sie deshalb als sonderbar auffielen. »Wenn meine Freundinnen zu beschäftigt waren, um sich mit mir zu treffen, sagte ich zu ihnen: ›Frühstückst du denn nicht? Trinkst du keinen Kaffee? *Ich* bin nicht zu beschäftigt‹«, sagt Caplow. »Dann wurde mir klar, dass ich damit aufhören musste. Die Leute halten dich für bedürftig, wenn du sprechen möchtest.«

Das Stereotyp vom Vereinfacher, der ein freies und einfaches Leben führt, ist bis zu einem gewissen Grad eine Illusion: Natürlich tun diese Menschen nicht *nur* geruhsame Dinge. Aber in ihrem Leben ist Platz für diese Dinge. Es geht jedoch darüber hinaus, eine Stunde am Arbeitsplatz gegen eine Stunde Meditation, eine Stunde Shopping gegen eine Stunde Brotbacken zu tauschen. Da intrinsische Aktivitäten unsere psychologischen Bedürfnisse besser erfüllen als der Materialismus, erhöhen Vereinfacher oft den Zeitaufwand für solche Aktivitäten, indem sie den Konsum von sozialen Medien, Fernsehen oder Musik verringern. Es scheint tatsächlich so zu sein, dass eine Welt ohne Einkaufen eine ruhigere Welt wäre. Die gedrosselte Geschwindigkeit könnte sogar notwendig wirken, so wie das rasante Leben heute notwendig scheint: Wenn es beim einfacheren Leben darum geht, sich selbst klarer zu hören, könnte das einen Überfluss an tatsächlicher Ruhe erforderlich machen. Luhr drückt es so aus: »Sobald du dich selbst kennst, wirst du vielleicht feststellen, dass du eigentlich nur den Fröschen im Teich zuhören möchtest.«

Doch nichts von alledem erklärt, warum sich ein Mensch auf den Weg zum Lebensmittelkauf freut. Um das herauszufinden, müssen wir uns das ansehen, was wir für den Augenblick als »Kongruenz« bezeichnen können.

Bei fast allen Menschen klafft eine psychologische Lücke zwischen dem in ihren Augen richtigen Verhalten im Alltag und ihrem tatsächlichen Verhalten. Je materialistischer jemand ist, desto größer dürfte diese Lücke sein. Ob es ihnen nun wirklich bewusst ist oder nicht, Materialisten leiden oft unter ihrer Unfähigkeit, sich in bessere Menschen zu verwanden: Sie spüren eine Inkongruenz zwischen ihrem idealen und ihrem tatsächlichen Selbst. Bei Vereinfachern ist die Lücke oft kleiner, womit die Kongruenz größer ist.

Das Konzept der Kongruenz begegnet uns in der Geschichte der Auseinandersetzung mit einem einfacheren Leben immer wieder. Normalerweise taucht es unter Bezeichnungen wie »Selbsterkenntnis« und »Selbstbeherrschung« auf. In Adam Maslows berühmter Bedürfnishierarchie wird die Kongruenz als »Selbstverwirklichung« bezeichnet (und steht an der Spitze seiner Pyramide). Jeder dieser Begriffe führt

uns zu folgender Frage: Welches ist das Endergebnis all dieser Selbsterkenntnis, Selbstbeherrschung und Selbstverwirklichung? In materialistischen Gesellschaften wird das Ziel oft
darin gesehen, dass ein Mensch sein gesamtes Potenzial aus-
schöpft, und der Erfolg in diesem Bemühen wird an Vermögen, Ruhm, Leistungen oder sogar körperlicher Attraktivität
gemessen. Unter dem Gesichtspunkt intrinsischer Werte ist
die Antwort nuancierter: Das Ziel ist eine Version des Selbst,
die sich nach gründlicher Erforschung von Herz und Seele
als jene herausstellt, die wir uns wünschen. Vollkommene
Übereinstimmung zwischen dem idealen und dem tatsächlichen Selbst.

Die Idee ist uralt. Eine andere Bezeichnung für Kongruenz ist »Authentizität«, ein Begriff, den wir zur Beschreibung
von Menschen und Dingen verwenden, die sich inhärent treu
zu sein scheinen. Die Wurzel des Worts lässt sich auf das
altgriechische *authentes* zurückverfolgen, das den Urheber
einer Handlung bezeichnet – authentisch zu sein bedeutet,
wirklich der Urheber seiner eigenen Taten zu sein. Die alten
Griechen glaubten, diese Authentizität erfordere ein ausrei-
chendes Maß an Selbsterkenntnis und Selbstbeherrschung,
um den Unterschied zwischen Begehren und Verantwortung, flüchtigem Genuss und tiefer Befriedigung zu kennen
und ihnen ihrem Wert entsprechend Zeit zu widmen. Adam
Smith erklärte, der Zweck des wirtschaftlichen Fortschritts
sei es, uns so weit von den alltäglichen Sorgen zu befreien,
dass wir »vollkommene Ruhe« anstreben könnten, was er
nicht als Frieden und Beschaulichkeit definierte, sondern als
ein Leben, das frei von der geistigen und seelischen Unruhe
war, die mit Habgier, Ehrgeiz und Angeberei einherging.
Auch ihm ging es also um innere Übereinstimmung. »In den
glänzendsten und erhabensten Lagen, die unsere eitle Phan-

tasie uns vorzuspiegeln vermag, sind die Freuden, aus welchen wir unsere wahre Glückseligkeit zu schöpfen gedenken, beinahe immer die gleichen wie diejenigen, die uns schon in unserer gegenwärtigen niedrigen Stellung allzeit zur Verfügung stehen und zur Hand sind.«

Zu den ersten Wissenschaftlern, die sich mit den Antikonsumenten beschäftigten, zählte der Soziologe Stephen Zavestoski, der um die Jahrtausendwende Versammlungen von Downshiftern beobachtete. Viele dieser Vereinfacher hatten das Gefühl gehabt, »belogen und getäuscht« worden zu sein, weil ihnen der wirtschaftliche Erfolg das von der Konsumkultur versprochene Glück nicht gebracht hatte. Zavestoski hielt eine Aussage fest, die dieses unter den Teilnehmern verbreitete Gefühl in seinen Augen gut zum Ausdruck brachte: »Ich hatte alle Dinge, die mich erfolgreich machen sollten – das Auto und die Kleidung, das Haus in der richtigen Nachbarschaft und die Mitgliedschaft im richtigen Fitnessclub. Der äußere Rahmen war perfekt, aber in meinem Inneren klaffte dieses Loch.«

Um zu beschreiben, was im Leben dieser Menschen fehlte, griff Zavestoski auf drei »wesentliche Bestandteile des Selbst« zurück: Selbstwert, Wirksamkeit (die Macht, das zu erreichen, was wir wollen oder uns vornehmen) und Authentizität. Da viele der Vereinfacher, denen er begegnete, einen hohen Status in ihren Gemeinden genossen und jene Art von Häusern, Autos, Juwelen usw. besaßen, die sie als erfolgreiche Individuen auswiesen, gelangte er zu dem Schluss, dass die Konsumgesellschaft das Bedürfnis nach Selbstwert und Wirksamkeit erfüllen konnte. Was fehlte, war die Authentizität. Die Entwicklung der Konsumgesellschaft vergrößerte stetig die Kluft zwischen dem idealen und dem tatsächlichen Selbst. Zavestoski sagte voraus, in Marketing und Werbung würden bald Botschaften auftauchen, deren Zweck es sei, die Konsumenten davon zu überzeugen, dass sie sich Authentizität kaufen könnten. Damit bewies er verblüffenden Weitblick: Im Jahr 2016 meldete die Fachzeitschrift *AdAge,* die Authentizität sei mittlerweile »das vielleicht am meisten überbeanspruchte Wort in der Werbung«.

Die meisten von uns kennen das bedrückende Gefühl, nicht mit sich im Einklang zu sein. Doch nur wenige empfinden sehr oft, wie gut es sich anfühlt, kongruent und authentisch zu sein. Das kann es zu einem freudigen Erlebnis machen, in den Laden zu gehen, um Lebensmittel einzukaufen: Es ist eine kleine Verwirklichung der Person, die wir sein wollen. Genau so wollen wir diese spezifische Aufgabe erledigen, und wir wissen es, und wir wissen, warum. »Die stille Freude«, nennt es Kasser. »Sie wird nicht viele Likes auf Instagram bekommen.«

Es gibt immer noch überraschend wenige Studien über langjährige Vereinfacher und Antikonsumenten. Die bisher gesammelten Forschungsergebnisse zeigen, dass sie tatsächlich ein überdurchschnittliches Wohlbefinden genießen, aber wenn das Glück ist, ist es ein kompliziertes Glück. Ein einfaches Leben schützt nicht vor den Wechselfällen des Schicksals, vor Krankheit, Arbeitslosigkeit, dem Verlust geliebter Menschen oder schlechter Behandlung durch andere. Viele Vereinfacher ringen nicht nur mit der Frage, ob ihr Leben einfach genug ist, sondern auch mit ihrer Neigung, über die Konsumenten zu urteilen, die nicht so bedacht leben wie sie selbst. Das Streben nach intrinsischen Werten ist nicht darauf beschränkt, die einfachen Dinge im Leben schätzen zu lernen. Ein weiterer wesentlicher Unterschied zwischen Antikonsumenten und Konsumenten, den Michael S. W. Lee beobachtet hat, ist eine größere »Bandbreite der Anliegen«, das heißt der Auseinandersetzung mit Fragen, die nicht nur sie selbst und ihre persönlichen Bedürfnisse betreffen. Antikonsumenten sind eher bereit, sich mit Problemen wie Klimawandel, Artensterben, rassischer Ungerechtigkeit und Armut auseinanderzusetzen – Fragen, die verstörend, bedrückend oder sogar beängstigend sein können. Doch da die Auseinandersetzung mit solchen Fragen ihren Werten entspricht, gibt es ihrem Leben einen Sinn – ohne sie unbedingt mit Freude zu erfüllen.

Vereinfacher leiden vor allem darunter, dass sie ihr Leben als Außenseiter verbringen. Sie sind im Einklang mit sich selbst, aber sie sind nicht im Einklang mit der Konsumkultur und kämpfen daher mit Isolation, Ostrazismus und Andersartigkeit. »Ich habe wegen der Bescheidenheit meines Lebensstils das Gefühl der Unzulänglichkeit gehabt«, bekennt Caplow. »Jahrelang war ich paranoid bezüglich meiner Kleidung. Lange Zeit hatte ich das Gefühl, mein Haus sei nicht schön genug, um niveauvollere Leute einzuladen. Ich habe nicht viele Beziehungen zu Menschen wie mir. Ich glaube, es gibt nicht viele Menschen wie mich.«

Viele, die es mit der Einfachheit ausprobieren, haben das Gefühl, dass es ein beschwerlicher und einsamer Weg ist, und geben den Versuch rasch wieder auf. Jene, die es schaffen, sind oft von Haus aus Rebellen, Freigeister oder Bilderstürmer – jene Art von Personen, die sich nicht für etwas Bestimmtes einsetzen, sondern ihre Identität im Widerspruch zum Mainstream definieren. »Ich glaube, Antikonsum und Konsum können nur miteinander existieren«, sagt Lee. »Die Frage ist, welches Gleichgewicht zwischen ihnen hergestellt wird.« In jedem von uns wird immer etwas von einem Konsumenten und auch ein wenig Materialismus stecken. Das erinnert uns daran, dass wir nie zulassen sollten –

nie hätten zulassen sollen –, dass eine bestimmte Art des Menschseins so viel Platz in unserem Leben einnimmt wie der Konsumismus.

Aber jede Gesellschaft braucht Außenseiter. Gäbe es die Konsumkultur nicht, so würden einige der Menschen, die sich heute dem Konsum widersetzen, ein neues Ziel für ihren Widerspruchsgeist brauchen. Es liegt auf der Hand, in welche Richtung sie gingen: Sie würden in einer Zukunft mit geringem Konsum rebellische maßlose Konsumenten werden.

19

Und jetzt shoppen wir alle virtuell?

Es gibt noch eine Überlebenschance für den Konsumismus in einer Welt, die aufgehört hat einzukaufen: Die Konsumkultur könnte im virtuellen Raum erhalten bleiben. Sie hassen es, sich zweimal im selben Outfit in der Öffentlichkeit zu zeigen? In einem Videospiel können Sie Ihr Erscheinungsbild – Ihre »Haut«, um es im Gaming-Jargon zu sagen – beliebig oft wechseln, ganz zu schweigen davon, dass Sie sich in ein Kriegerkaninchen oder einen flammenden Zombie verwandeln können, der wie Michael Jackson tanzt. In einer virtuellen Welt können Sie hundert Autos besitzen und fahren, Sie können tausend Paar Schuhe tragen oder ein Dutzend Schlösser bauen. Und für all das brauchen Sie nur einen winzigen Bruchteil der Ressourcen, die erforderlich wären, um all diese Dinge in der Realität zu tun.

Würden wir das tun? Würden wir Einkaufszentren, Läden, Theatern, Restaurants, Stadien, Wellness-Einrichtungen und Ferienorten den Rücken kehren und uns in virtuelle Konsumenten verwandeln? Das Leben in Quarantäne während der Pandemie hat anscheinend eine Antwort geliefert, und zwar ein klares *Ja*.

Die explosionsartige Zunahme der Onlineaktivität während der Pandemie wird mittlerweile als »digitale Welle«

bezeichnet. Ein Teil davon war beinahe unvermeidlich, zum Beispiel Homeoffice Videoversammlungen mit Freunden oder Onlineunterricht. Aber plötzlich begannen Menschen, die so etwas nie zuvor getan hatten, in virtuellen Casinos Poker zu spielen, an Radrennen teilzunehmen, bei denen ihre Avatare auf dem Bildschirm mit ihren Standrädern im Zimmer verbunden waren, oder mit VR-Brillen der *Mona Lisa* gegenüberzutreten – normalerweise von Menschenmengen umringt und in einen Glaskasten im Louvre eingeschlossen. Sie gingen zu Konzerten von überlebensgroßen animierten Rappern in der *Fortnite*-Spielwelt, besuchten per Livestream übertragene DJ-Sets, nahmen an Malkursen teil und sahen in »Shopstreams« anderen Leuten beim Einkaufen zu, um zu entscheiden, was sie sich selbst kaufen sollten. Private-Zoom-Teilnehmer trieben die Juwelenverkäufe von Auktionshäusern auf Rekordhöhen; ein Tutti-Frutti-Armband von Cartier (das ein wenig aussieht wie mit Diamanten verschmolzene Skittels, nur dass die Kaudragees in diesem Fall Saphire, Rubine und Smaragde sind) wurde auf dem Höhepunkt der Pandemie für 1,34 Millionen Dollar verkauft, das heißt für knapp das Doppelte des Schätzpreises.

Wir schlenderten in Google Earth durch die Straßen ferner Städte. Wir gewöhnten uns daran, Obst und Gemüse online zu bestellen, ohne es vorher sehen, riechen oder anfassen zu können. *Animal Crossing* verkaufte sich schneller als jedes andere Videospiel in der Geschichte und verwandelte sich innerhalb kürzester Zeit in eine virtuelle Modeplattform: Im Spiel standen die Besucher stundenlang Schlange, um an exklusiven Sales bekannter Designer teilnehmen zu dürfen – bezahlt wurde in der Spielwährung. Als CryptoKitties, ein Onlineanbieter von Sammlerstücken, eine limitierte Edition virtueller Katzen des chinesischen Designers Momo Wang herausgab, war sie innerhalb von drei Minuten ausverkauft. Die Güter, die wir als notwendig betrachteten, änderten sich rasch: Wir kauften weniger neue Handys und mehr Spielkonsolen, leistungsstarke Fernseher und Augmented-Reality-Hintergründe, die uns bei unseren Videogesprächen mit Engelsflügeln und einem Heiligenschein ausstatteten. Wir verlegten so viel von unserem Alltagsleben ins Internet, dass die Beschäftigtenquote in einigen Bereichen der digitalen Arbeit über das vor der Pandemie registrierte Niveau stieg.

Aber vor allem *schauten* wir. Fernsehmarathone, Autoplay-Rabbitholes, Nachrichten rund um die Uhr. Ende April 2020 hatten drei Viertel der US-Haushalte Streamingdienste abonniert, nachdem dieser Sektor den stärksten Anstieg seiner Geschichte verzeichnet hatte. Eine Umfrage unter britischen und amerikanischen Konsumenten während des Lockdown-Frühlings zeigte, dass 80 Prozent von ihnen mehr Medien als üblich konsumierten, wobei Fernsehen und Video mit Abstand den größten Anteil hatten. Diese Dienste wurden derart intensiv genutzt, dass die Europäische Union Netflix und YouTube aufforderte, die Bildqualität zu verringern, um das Datenaufkommen zu senken und einen Zusammenbruch des Netzes zu vermeiden. Der Durchschnittsamerikaner saß ein Viertel mehr Zeit vor dem Fernseher als vor der Pandemie, insgesamt 41 Stunden in der Woche – und dazu kam die Zeit, die er auf die Bildschirme seiner anderen Geräte starrte.

Schon vor der Pandemie hatten sich die Hinweise darauf gehäuft, dass der digitale Konsum den Verbrauch materieller Güter ersetzen kann. Kenneth Pike, ein Philosophieprofessor am Florida Institute of Technology, der über dieses Thema geschrieben hat, ließ sich von den Zimmern seiner vier Kinder inspirieren. »Es fällt mir auf, dass sie nicht so vollgeräumt sind wie mein Kinderzimmer in den Achtzigerjahren«, sagt er. »Manchmal gehe ich hinein und denke, wie kahl diese Zimmer sind, so als sollten meine Kinder mehr *Sachen* haben. Aber dann denke ich, dass es natürlich nicht so sein sollte.«

In Pikes eigenem Kinderzimmer gab es mit Plastikspielzeug gefüllte Kisten (er erinnert sich noch an Action-Figuren wie He-Man und die Super Friends); die Wände waren mit Postern dekoriert, die Regale mit Büchern und Pokalen gefüllt. Spielzeug und Spiele seiner Kinder sind überwiegend digital, sie lesen vorwiegend auf dem Kindle, und viele ihre Pokale und Preise existieren nur in Onlinespielwelten. Ihr aktuelles Lieblingsspielzeug ist *Roblox;* im Internet findet man Videos von *Roblox*-Spielern, die Hunderte reale Dollar ausgeben, um in einer einzigen Sitzung zum Beispiel einen virtuellen Monstertruck, einen Mustang und einen Ferrari zu kaufen. »Sie sind zweifellos digitale Konsumenten«, sagt Pike.

Das sind heute die meisten von uns. Zum Beispiel hört fast niemand mehr Musik am liebsten live; die Musik-Streamingdienste sind sogar in den ärmeren Weltregionen beliebt, darunter im ländlichen Indien und überall in Afrika. Dank der digitalen Revolution sind Privatwohnungen heute weniger vollgeräumt mit Uhren, Taschenlampen, Weckern, Stereoanlagen, Taschenrechnern, Faxgeräten, Druckern und Scannern, ganz zu schweigen von Büchersammlungen, Alben, Enzyklopädien und Karten. Stattdessen begannen sich die Haushalte in aller Welt schon lange vor der digitalen Welle mit Apps, E-Books, Videospielen und in der Cloud aufbewahrten Fotoalben zu füllen – besser gesagt: *nicht zu füllen.*

Im Juli 2020 machte der finnisch-britische Wirtschaftssoziologe Vili Lehdonvirta, der sich mit den Auswirkungen der digitalen Technologie auf die Volkswirtschaften beschäftigt, eine Erfahrung, die er als Hinweis auf eine umfassendere virtuelle Zukunft deutete. Lehdonvirta lebte in Tokio, wo bei den Menschen eine unterschwellige Furcht vor der Pandemie herrschte, obwohl es zu jener Zeit in Japan kaum Coronabeschränkungen gab. Eines Nachts begann einer seiner Lieblingskünstler, auf Instagram in Echtzeit eine Ausstellung zu streamen.

Der Künstler, Taro Yamamoto, macht in der japanischen Tradition verwurzelte moderne Kunst – sein bekanntestes Werk ahmt einen 400 Jahre alten Wandschirm nach, auf dem die Götter des Windes und des Donners abgebildet sind, nur dass Yamamoto sie durch die *Super-Mario*-Brüder von Nintendo ersetzt hat. Die komplexe Textur mit Material wie Blattgold, welches das Licht abhängig vom Blickpunkt unterschiedlich reflektiert, kann man auf Fotos im Internet kaum richtig vermitteln, und Yamamoto beklagte sich darüber, dass die Galerie leer blieb.

Lehdonvirta, der normalerweise am Oxford Internet Institute arbeitet, erkannte, dass er Yamamoto Gesellschaft leisten konnte; schließlich hielt er sich in derselben Stadt auf, in der die Ausstellung stattfand. Er fuhr mit der U-Bahn quer durch die stille Riesenstadt, stellte sich in der Galerie vor und verbrachte zwei Stunden mit dem Künstler. Sie sprachen jedoch nicht darüber, ob das Livepublikum bald in die Galerien zurückkehren würde oder wie man die Besucher wieder in die physische Welt locken konnte. Stattdessen beschäftigten sie sich mit der Frage, ob Yamamoto seine Kunst in den dreidimensionalen Raum der virtuellen Realität bringen konnte, in einen Raum wie den von *Animal Crossing*, wo sich an diesem Abend so viele Einwohner Tokios – und der übrigen Welt – die Zeit vertrieben. Es war eine surreale Szene: Zwei

Menschen in einer lebhaften Unterhaltung von Angesicht zu Angesicht akzeptieren das Ende einer Ära.

Lehdonvirta glaubt, dass all das potenziell gute Nachrichten sind. Er lernte Mitte der Achtzigerjahre im Alter von fünf oder sechs Jahren, einfache Programmcodes zu schreiben. Zu Beginn des 21. Jahrhunderts entwickelte er in einem finnischen Laboratorium virtuelle Kleidung und Accessoires, die mit Augmented-Reality-Geräten wie Fotohandys betrachtet werden konnten; er erinnert sich, dass ein anderes lokales Unternehmen untersuchte, wie dasselbe mit virtuellen Möbeln gemacht werden konnte. Heute sind Apps verbreitet, die genau das tun: Sie erlauben uns, einen Lippenstift in Augmented Reality zu testen oder uns vor dem Kauf eines neuen Regals anzusehen, wie es in der Ecke unseres Wohnzimmers aussehen würde.

In der virtuellen Realität ist Keynes' »ökonomisches Problem« zweifellos gelöst. Dies ist eine Welt des absoluten Überflusses, in der endlose Neuerungen, rasch vorübergehende Modeerscheinungen und geplante Obsoleszenz beinahe unschädlich sind. »Man kann den Konsum beschleunigen. Man kann Sachen wegwerfen. Der Modezyklus kann immer weiter beschleunigt werden, ohne den Materialbedarf zu erhöhen oder der Umwelt großen Schaden zuzufügen«, erläutert Lehdonvirta. Wenn wir ein virtuelles Kleidungsstück gegen ein anderes eintauschen, tun wir nichts weiter, als »Bits auszutauschen« – wir ersetzen eine Art von digitaler Information durch eine andere.

Lehdonvirta hat keineswegs vor, die physische Realität gegen die Matrix zu tauschen. Wie viele Finnen verbringt er normalerweise einen Teil des Jahres in einer rustikalen Hütte im Wald (»nur die Handyverbindung ist immer viel besser als in Oxford«). Er kann einen essbaren Pilz von einem giftigen unterscheiden und bringt von seinen Besuchen in Finnland Heidelbeeren und Wildfleisch nach England mit, damit er keine industriell produzierten Nahrungsmittel essen muss. Er malt sich eine Welt aus, in der vieles von dem, was wir heute in der materiellen Wirtschaft tun – wir sagen der Welt, wer wir sind, wir erkunden unsere Identität, wir stellen unseren Geschmack und unsere Fähigkeiten zur Schau usw. –, durch virtuellen Konsum geschieht, während der Konsum in der realen Welt im Wesentlichen auf die materiellen Bedürfnisse beschränkt wird.

»Es kann dieser stabile Zustand geschaffen werden, in dem jedermann Konnektivität, einen Bildschirm und eine Inputmethode bekommt – mehr braucht man nicht für den virtuellen Konsum«, sagt er. »Diese Geräte müssen mit Strom versorgt werden, und sie müssen ersetzt werden, wenn sie kaputtgehen. Aber das eigentliche Wirtschaftswachstum kann auf dem Bildschirm stattfinden.«

Als in den Neunzigerjahren ein kleiner Teil der Bevölkerung begann, virtuelle Güter zu kaufen, sahen sich diese Konsumenten dem allgemeinen Spott ausgesetzt. »Geld für nichts«, schimpften dieselben Leute, die bereitwillig einen Aufpreis für T-Shirts bezahlten, die sich lediglich dadurch von allen anderen T-Shirts unterschieden, dass sie einen ausschließlich symbolischen Markennamen trugen. »Vollkommen nutzlos«, sagten Kritiker, die bereits einen großen Teil ihres Einkommens in Wirtschaftssektoren ausgaben, die wenig mehr als Genuss, Angst oder Status verkauften, mit anderen Worten: nichts Greifbares. Ein Jahrzehnt später, als die Besucher virtueller Welten wie der von *Second Life* kollektiv digitale Besitztümer (Kleidung, Autos, Häuser, Spielzeug) im Wert von schätzungsweise 1,8 Milliarden Dollar angehäuft hatten, schien die Möglichkeit, den umweltschädlichen materiellen Konsum durch einen unschädlichen virtuellen zu ersetzen, in greifbare Nähe zu rücken. »Ich spare im realen Leben so viel Geld, weil ich die befriedigende Erfahrung mache, in *Second Life* Geld auszugeben, und das kostet fast nichts«, sagte ein virtueller Konsument im Jahr 2006 im Gespräch mit *Sacramento Bee.*

Second Life ist mittlerweile weitgehend vergessen, und bisher haben die meisten von uns virtuelle Objekte nicht als Ersatz für wirkliche Dinge akzeptiert. Mag sein, dass wir Möbel im digitalen Raum ausprobieren, aber am Ende kaufen wir Stühle, auf denen wir sitzen können, und Regale, in die wir gedruckte und gebundene Bücher stellen können. Aber der Sprung in den tatsächlich virtuellen Konsum ist möglicherweise nur eine Frage des technologischen Fortschritts. Während der Pandemie, als die Zahl der Leute, die Videospiele spielten, in allen Generationen wuchs, war vielen dieser Menschen nicht bewusst, dass sie sich in regelmäßige Käufer virtueller Güter verwandelt hatten. »Das Ertragsmodell mindestens der Hälfte dieser Spiele beruht in erster Linie darauf, im Spiel Dinge zu verkaufen«, erklärt Lehdonvirta. Fast alles andere, für das ein Konsument Geld ausgeben wird – Lebensmittel, Kleidung, Sport, Reisen – würde in der »körperhaften Welt«, wie einige Gamer das sonderbare Land nennen, in dem ihre physischen Körper leben, größeren Schaden anrichten.

Wir können bereits virtuelle Objekte im materiellen Raum sehen; die Augmented Reality kann uns eine digitale Skulptur, eine nie sterbende Hauspflanze oder Wände liefern, die von einem Moment zum anderen den Farbton wechseln. Bisher können wir solche Dinge jedoch lediglich durch sperrige VR-Brillen sehen. Könnten wir stattdessen ultraleichte Brillen – oder besser noch: Kontaktlinsen – verwenden, so würden wir virtuelle Besitztümer möglicherweise genauso bereitwillig annehmen wie seinerzeit aufgezeichnete körperlose Stimmen, die uns vor mehr als einem Jahrhundert von Technologien wie dem Radio, dem Phonographen und dem Telefon ins Haus gebracht wurden.

Wenn wir das tun, wird die Konsumkultur auf uns warten. »So funktioniert der Kapitalismus: Du gehst dorthin, wo die Menschen sind, und verkaufst ihnen etwas in diesem Raum. Wenn dieser Raum so aussieht,« – Lehdonvirtas Finger zeichnen den rechteckigen Rahmen nach, in dem er während unseres Videotelefonats erscheint – »dann können die Unternehmen viel tun, um diesen Raum kommerzieller zu machen. Nicht zwangsläufig besser, aber kommerzieller.«

Bisher deutet alles darauf hin, dass sich der digitale Konsum genauso verhält wie der vertraute Konsum in der realen Welt: Er wächst unablässig. Er verschlingt Jahr für Jahr mehr Ressourcen. Und die Versuche, ihn ökologisch verträglich zu machen, können nicht mit seinem Wachstum Schritt halten. Bisher ist es zutreffender zu sagen, dass der digitale Konsum ein sehr realer Konsum ist.

Die Verbesserungen der Energieeffizienz der digitalen Technologie sind legendär. Der erste Computer, der auf denselben Prinzipien beruhte wie jene, die wir heute verwenden, war der ENIAC (Electronic Numerical Integrator and Computer), der in den Vierzigerjahren von den amerikanischen Streitkräften entwickelt wurde. Natürlich konnte man einen solchen Computer nicht kaufen. Die Maschine war so lang wie ein Blauwal und so schwer wie ein Panzer aus dem Zweiten Weltkrieg. Der Umweltforscher Ray Galvin hat ausgerechnet, dass ein anhand der ENIAC-Technologie betriebener Computer mit der Leistungsfähigkeit eines heutigen PCs

5 Millionen Tonnen wiegen und sich von London aus über den Atlantik bis tief in die kanadische Wildnis erstrecken würde. In dem Augenblick, in dem man ihn einschaltete, würde er 70 Prozent des in Großbritannien konsumierten Stroms verschlingen.

Heutige Computer verbrauchen Energie offenkundig sehr viel effizienter, und ihre Herstellung verschlingt sehr viel weniger Ressourcen. Aber so wie die Energieeffizienz ist auch der Energieverbrauch in den vergangenen zwei Jahrhunderten stetig gestiegen: Da Erwerb und Betrieb von Computern und all den anderen Dingen, die wir als »Tech« bezeichnen, immer weniger kosten, dringen sie in jede Nische der globalen Gesellschaft vor. Es ist ein transformativer Rebound-Effekt.

»Energieeffizienz in der Infrastruktur ist wichtig«, erklärt Kelly Widdicks, eine Informatikerin an der Universität Lancaster, »aber das Wachstum der Nachfrage nimmt ihr jede Wirkung.«

Im Jahr 1992 konnte das Internet ein tägliches Datenaufkommen von 100 Gigabyte bewältigen. Als im Jahr 2007 das iPhone auf den Markt kam, beförderte das Netz 2000 Gigabyte *pro Sekunde*. Mittlerweile sind wir bei mehr als 150 000 Gigabyte pro Sekunde. Im Lauf eines Jahres sind das fast 5 Zettabyte, eine Menge, die so unbegreiflich ist, wie sie klingt. (Schreiben wir diese Zahl aus: 5 000 000 000 000 000 000 000 Bytes.)

In den letzten Jahren ist der Datenkonsum um insgesamt ein Viertel gestiegen, und die Intensität unseres Konsums nimmt nicht ab, sondern zu – eine weitere Gemeinsamkeit mit dem Konsum materieller Güter. In naher Zukunft rollt eine anschwellende Welle datenintensiver Technologie auf uns zu, darunter künstliche Intelligenz, Augmented Rea-

lity, Virtual Reality, Kryptowährungen, Smart Home, selbstfahrende Autos und das »Internet der Dinge«, das unsere
ans Netz angeschlossenen Sachen miteinander verbinden
wird.

Wir wissen noch nicht wirklich, wie schädlich – oder
unschädlich – all das für den Planeten sein wird, sagt Widdicks. Sonderbarerweise ist die Datenlage zu den Umweltkosten des Datenverkehrs nicht gut. Doch es gibt aufschluss-
reiche Muster. Da ist zunächst eine Rückkoppelungsschleife:
Neue digitale Geräte und Dienste erhöhen die Nachfrage
nach Daten, was größere und schnellere Netzwerke erforderlich macht, was wiederum das Wachstum der Internetinfra-
struktur (Glasfaserkabel, Datenzentren, Übertragungstürme
und persönliche Geräte) antreibt. Steht die erweiterte Infrastruktur zur Verfügung, so wiederholt sich das Muster. Das
Resultat ist, dass sowohl der materielle als auch der energeti-
sche Bedarf der digitalen Welt unablässig steigen.

Wir stellen uns das Internet immer noch als unerschöpf-
liches Füllhorn vor. »Vielen Leuten ist nicht wirklich bewusst,
dass das Internet Energie verbraucht«, sagt Widdicks. »Die
Leute sehen eher, dass das Laden des Handys Strom verbraucht.« Der Stromverbrauch der digitalen Infrastruktur
und unserer Geräte steigt jedes Jahr weltweit um etwa 7 Prozent, womit er doppelt so schnell wächst wie die Weltwirtschaft. Konservativen Schätzungen zufolge wird die Infor-
mations- und Kommunikationsenergie bis zum Ende dieses
Jahrzehnts etwa ein Fünftel des weltweit erzeugten Stroms
verbrauchen, was bedeutet, dass wir, wenn wir dem Klimawandel entgegenwirken wollen, nicht nur genug erneuerbare
Energie produzieren müssen, um die gesamte gegenwärtig in
unser digitales Leben gepumpte Energie zu ersetzen, sondern
in Zukunft auch mehr und mehr davon produzieren müssen.

Widdicks schlägt einen anderen Zugang vor: »Wir müssen die Nachfrage nach Internetkonnektivität verringern.« Eine Möglichkeit, das zu erreichen, besteht komischerweise darin aufzuhören, so viele materielle Güter zu kaufen: Über Nacht wird der Markt für die neuesten Handys und Geräte, für neue mit dem Internet verbundene Lampen, Duschen, Toaster und Autos schrumpfen, und der Datenverbrauch für das Onlineshopping selbst wird ebenfalls sinken. Ein anderer Teil der Lösung besteht darin, die Zahl der Onlineerfahrungen zu verringern und ihre Qualität zu verbessern.

Eine Quantifizierung steht noch aus, aber fest steht, dass vieles von dem, was wir im Internet tun, »digitaler Abfall« ist, darunter Aktivitäten, die wir selbst als sinnlos oder sogar schädlich für unsere Gesundheit und unser Eigeninteresse betrachten. Während wir im Restaurant auf einen Freund warten, vertreiben wir uns die Zeit nicht mit tagträumerischer Langeweile, sondern mit der zerstreuten Langeweile des Internets. Unsere Wortwahl bringt es klar zum Ausdruck: Wir lassen uns in ein »schwarzes Loch« des »Doomscrolling« ziehen oder spenden dem »Zeitvampir« der Autoplay-Videos ein wenig von unserem Lebensblut. Wir konnten uns nicht damit begnügen, das Klima zu schädigen, indem wir uns Katzenvideos anschauten: Jetzt streamen wir auch Videos, die sich unsere Katzen anschauen können.

Noch vor wenigen Jahren gab es in den meisten Haushalten nur ein Fernsehgerät; mittlerweile geht der Trend zum Multiwatching, wobei verschiedene Personen – oder sogar ein und dieselbe Person – auf verschiedenen Geräten gleichzeitig verschiedene Programme verfolgen. Eine weitere neue Praxis ist das Medien-Multitasking: Wir streamen Videos, während wir im Internet shoppen, wir shoppen im Internet, während wir uns über das Neueste in den sozialen

Medien auf dem Laufenden halten, wir schauen in die sozialen Medien, während wir Onlinespiele spielen. Und dann ist da das »Trivial Watching«, das Anschauen von Dingen, die wenig oder überhaupt nichts zu unserem Leben beitragen, nicht einmal schuldbewusstes Vergnügen oder Eskapismus. Widdicks und neun ihrer Kollegen unterzogen sich einmal einem Experiment, in dem sie digital »mit weniger lebten«. Zwei Wochen lang bemühten sie sich, nur ins Internet zu gehen, wenn es wirklich notwendig war, und verwandelten den digitalen Konsum in etwas, das eher einem Bedürfnis als einem Wunsch ähnelte. Sie stellten alle fest, dass sie auf einen Teil ihres digitalen Konsums – das Musikstreaming daheim, das Videostreaming bei der Hausarbeit, Podcasts beim Training, die Kontrolle des Geschehens in den sozialen Medien oder die Suche nach vermischten Neuigkeiten im Internet – ohne Bedauern oder Stress verzichten konnten. Oft füllten sie die zusätzliche Freizeit mit Lesen, Kochen, Plaudern, kreativen Projekten oder auch Schlafen und Baden. »Die Menschen passen sich der Abkoppelung vom Internet an«, sagt Widdicks.

Aber sie zeigt Verständnis für jene, die sich nicht zur Enthaltsamkeit durchringen können. Einmal streamte sie ausgerechnet zu der Zeit, als sie an einem Artikel über umweltschädliche Streaming-Muster arbeitete, in ihrer Freizeit alle 62 Episoden der Serie *Breaking Bad.* »Sie war einfach so *gut*«, sagt sie. »Und einer der Faktoren, der den Konsum des Videostreamings antreibt, ist offenkundig seine Gestaltung – das Autoplay-Video –, denn wenn eine Folge beendet ist, lädt automatisch die nächste, und du denkst: Na gut, eine kann ich mir noch anschauen.«

Wir können unsere Geräte und digitalen Dienste »zurückbauen«, um unsere Internetnutzung einzuschränken, sagt

Widdicks. Beispielsweise könnten Apps statt der Autoplay-Funktion mit einer Autoclose-Funktion ausgestattet werden, oder es könnte die Möglichkeit vorgeschrieben werden, dass der Benutzer während der Einrichtung die maximale Nutzungszeit einstellt. Ein Teil des Streamings könnte ins Rundfunknetz verlegt werden, das sehr viel weniger energieaufwendig ist, und wir könnten jegliche Werbung für Digital Binging oder »digitale Marathons« verbieten. (»Wie kommt es, dass *Exzesse* in diesem Kontext als neutral oder sogar positiv betrachtet werden?«, fragt Widdicks.) Wir könnten uns sogar entschließen, das Datenaufkommen zu begrenzen, um die menschliche Gesundheit oder das Klima zu schützen. All diese und viele andere Ideen für eine Einschränkung des digitalen Konsums erfordern dieselbe radikale gesellschaftliche Neuausrichtung wie das Ende des Einkaufens: die Abkehr vom endlosen Mehr und die Hinwendung zur Genügsamkeit.

Vielleicht ist das Internet der erste Ort, an dem wir lernen werden, genügsam zu sein. Lehdonvirta glaubt, die durch einen vollkommen virtuellen Konsum ermöglichte Geschwindigkeit von Wachstum und Veränderung – die Art von Wachstum, die ausschließlich im virtuellen Raum stattfindet – könne uns dazu bewegen, den Wunsch nach immer mehr Konsum aufzugeben.

Die Entwickler von Videospielen und die Designer in anderen virtuellen Bereichen haben bereits festgestellt, dass die Benutzer nicht mit zu vielen Gütern oder Optionen überwältigt werden wollen. Anders als die Ökonomen in der realen Welt, die sich auf das Wachstum des BIP konzentrieren, interessieren sich die Schöpfer digitaler Welten in erster Linie für die Zufriedenheit und den Genuss der Benutzer. Daher neigen sie dazu, das BVP – das Bruttovirtualprodukt – stabil zu halten, anstatt sein endloses Wachstum voranzutreiben.

Zu viel von einer Sache nimmt ihr jede Besonderheit, zu viel Neuheit macht jedes neue Ding sinnlos, und zu viel von allem macht uns schließlich nicht mehr glücklich. Und dann wollen wir das Spiel nicht mehr spielen.

»Das Problem wird nicht unsere Fähigkeit sein, virtuelle Güter zu erzeugen oder sie zu zerstören, wenn wir sie nicht mehr brauchen«, sagt Lehdonvirta, »sondern unsere Fähigkeit, virtuelle Güter zu entwickeln, die einen neuen Konsumzyklus in Gang bringen. Die Fähigkeit der Konsumenten, neue Moden und Trends zu übernehmen und sich dafür zu begeistern, muss irgendwie begrenzt werden – es muss ein Gleichgewicht geben. Wir können uns vielleicht den ökologischen Beschränkungen entziehen, aber ich glaube, dass es nicht einmal in einer vollkommen virtuellen, immateriellen Wirtschaft einen Appetit auf endloses Wachstum gibt.«

Am Tag, an dem die Welt aufhört einzukaufen, werden wir die Konsumkultur vielleicht wirklich in den digitalen Raum verlegen, wo sie wachsen und sich beschleunigen kann, bis wir endlich so weit sind, uns von ihr zu trennen. Doch eine Warnung: Es kann noch eine Weile dauern, bis es so weit ist. Schließlich ist die Vorstellung, der Konsumappetit werde eines Tages an eine natürliche Grenze stoßen, nicht neu. William Stanley Jevons sagte dasselbe über die materielle Wirtschaft vor mehr als 150 Jahren.

20

Wie eine Welt mit weniger Menschen, nur dass die Menschen nicht verloren gehen

Rumiko Obata erzählt gerne, dass sie in einer Brauerei geboren wurde. Ihre Familie braute seit vier Generationen am Ufer des Japanischen Meers Sake in einem *kura*, einem Lagerhaus, das ein wenig wie eine Scheune aussieht. Im Inneren erstreckt sich ein Gewirr von Räumen, ein unterirdisches Königreich, in dem modrige Gerüche hängen wie Nebel über dem Meer und in dunklen Winkeln Shintoschreine schimmern, die dem Geist des Sake gewidmet sind. Als Kind spielte Obata in diesem Labyrinth, aber später träumte sie davon, all dieser Tradition und Altehrwürdigkeit zu entfliehen. Sie wollte in die moderne Welt hinausziehen. Sie wollte von der Insel Sado weg.

Auf einer Karte sieht Sado wie ein versteinerter Blitz aus, der dreißig Kilometer vor Honshu ins stürmische Japanische Meer gefallen ist. Sado wirkt wie ein abgelegener Ort, obwohl man die Insel von Tokio aus mit dem Hochgeschwindigkeitszug und der Fähre innerhalb von drei Stunden erreicht. Obata zog in die Riesenstadt, sobald sie Gelegenheit dazu hatte, studierte Recht an einer angesehenen Universität und nahm eine Arbeit als Rechtsexpertin auf, die Hollywoodfilme betreute, die in Japan in die Kinos gebracht wurden.

Sie lebte ihren Tokioter Traum auf dem Höhepunkt der Wirtschaftsblase. Es waren die Tage, in denen eine junge Frau ohne Geld in eine Bar gehen konnte, weil sich mit Sicherheit männliche Gehaltsempfänger finden würden, die ihre Getränke bezahlten. Es waren die Tage, in denen Nachtschwärmer am Straßenrand Zettel in die Höhe hielten, auf die sie maßlos übertriebene Geldbeträge gekritzelt hatten, um Taxifahrer anzulocken. Es waren die Tage, in denen Desserts und Cocktails mit Blattgold dekoriert wurden. Aber vor allem waren es die Tage, in denen sich der Shibuya-Platz in Tokio in die Zukunftsvision der Welt verwandelte: Riesige Werbetafeln und von Scheinwerfern angestrahlte Plakatwände tauchten den Konsumkarneval auf dem Platz in ein irreales Licht. Teenager-Subkulturen kämpften miteinander um die Avantgarde der Straßenmode – Riesige Socken! Reifröcke! Total süßes Irgendwas! –, während Jung und Alt bei Versace, Dior und Louis Vuitton shoppten und einen Trend zum Alltagsluxus begründeten, der sich rasch über den ganzen Erdball ausbreitete.

Nach den Zahlen zu urteilen, platzte die Blase Ende des Jahres 1990, aber in Tokio ging die Party noch eine Weile weiter. Dann erschütterte im Januar 1995 ein schweres Erdbeben die nahe gelegene Stadt Kobe und tötete mehr als 6000 Menschen. Zwei Monate später verübten Mitglieder einer Weltuntergangssekte einen Terroranschlag auf die Tokioter U-Bahn: Sie trugen im morgendlichen Stoßverkehr mit flüssigem Sarin gefüllte Pakete in mehrere Züge und stachen mit angespitzten Regenschirmen Löcher hinein. Das Nervengift verdunstete rasch und verwandelte sich in ein tödliches Gas. 13 Menschen starben, Tausende trugen bleibende Gesundheitsschäden davon.

Japan ist berühmt für seine Fähigkeit, Widrigkeiten zu

überstehen, aber die Japaner kommen nicht einfach »darüber hinweg«. Stattdessen neigen sie dazu, in sich zu gehen, um ihren Traumata einen Sinn abzugewinnen. Als das Erdbeben in Kobe moderne Wolkenkratzer zum Einsturz brachte, begannen viele Japaner, an Modernität und Fortschritt zu zweifeln. Der Giftgasangriff veranlasste sie zu der Frage, ob die kulturelle Harmonie in der Wirtschaftsblase auf dem Altar des Materialismus geopfert worden war. Der Literaturnobelpreisträger Kenzaburō Ōe sprach Millionen aus der Seele, als er erklärte, die Doppelkrise habe gezeigt, die japanische Gesellschaft sei in »eine Sackgasse in unserer Seele« geraten.

Ein Jahr früher hatte Rumiko Obata begonnen, sich ähnliche Gedanken zu machen. Der Tokioter Lebensstil, von dem sie als Heranwachsende auf Sado geträumt hatte, reizte sie nicht mehr. Als das Jahr 1995 unter apokalyptischen Wolken verstrich, hatte sie eine Offenbarung: »Ich dachte: Wenn morgen der letzte Tag der Welt wäre, würde ich ihn bei einer Schale Sake in meiner kleinen dunklen Brauerei verbringen wollen.«

Mittlerweile ist es ein Vierteljahrhundert her, dass Obata auf ihre Heimatinsel zurückgekehrt ist. Gemeinsam mit ihrem Ehemann, der früher Lektor bei einem großen Verlag in Tokio war, führt sie in fünfter Generation den Familienbetrieb und produziert den Sake Obata Shuzo. Bei ihrer Heimkehr war sie von Unternehmergeist beseelt und schlug den herkömmlichen Weg ein: Sie wollte den Markt für ihr Produkt daheim und im Ausland vergrößern. Doch nach einer Weile stellte sie fest, dass sie den Antrieb verlor. Das Problem war, dass sie »um des Verkaufens willen verkaufte«.

Da erst fielen ihr die unbewohnten Häuser und sterbenden Dörfer auf der Insel auf. Die *shoten-gai,* die Einkaufspassagen, die früher die Hauptstraßen gesäumt hatten, waren sarkastisch in *shatta-gai* umbenannt worden, für *shutters*, die Rollbalken, die bei so vielen Läden heruntergelassen worden waren.

»Sado ist Tokio dreißig Jahre voraus«, sagt Obata. In ihrem Nadelstreifenanzug wirkt sie wie ein Singvogel, und wie ein Singvogel besitzt sie eine für so zierliche Person überraschende Vitalität. Obata ist eine zuversichtliche Person, aber die Behauptung, das abgelegene ländliche Sado sei Tokio auf dem Weg in die Zukunft voraus, klingt sehr gewagt – und beunruhigend. So wie uns langjährige freiwillige Vereinfacher vor Augen führen, wer wir nach ein paar Jahrzehnten ohne Einkaufen individuell werden könnten, erlaubt Sado einen Blick in die Zukunft in größerem Maßstab. Und was auch immer wir von der Konsumkultur halten: Nur ein eingefleischter Misanthrop könnte auf Sado eintreffen, ohne einen Anflug von Bedrücktheit oder sogar Panik zu spüren.

Die Bevölkerungszahl der Insel ist von 120 000 auf etwa 55 000 Einwohner gefallen und schrumpft weiter. Gemessen an der Demografie wurde die Wirtschaft Sados halbiert. Setzt man sich mit einem Einheimischen und einer Karte der Insel hin, so wird er auf eine Ortschaft nach der anderen deuten und sagen: »Akiya.« Leere Häuser. »Haikyo.« Ruinen.

Einer dieser Orte, Aikawa, ist ein gutes Anschauungsbeispiel für die Geschichte. Anfang des 18. Jahrhunderts gab es dort eine der größten Goldminen der Welt, wo so viel von dem Edelmetall aus der Erde geholt wurde, dass ein Berg in zwei Teile gespalten wurde. Gleichzeitig war Niigata, die Region, zu der Sado gehört, mit mehr als einer Million Einwohner die bevölkerungsreichste Japans, und Sado selbst hatte mehr Einwohner pro Quadratkilometer als das heutige Hawaii. Im 20. Jahrhundert erlebte die Goldmine einen Niedergang, aber die Wirtschaftsblase machte Sado zu einem beliebten Zufluchtsort, denn die Insel gilt als typisches Beispiel für *furusato,* das nostalgische Ideal von der ländlichen Heimat. Dann platzte die Blase, und Sado begann rasch unter dem zu leiden, was die Demografen als »doppelt negatives Bevölkerungsungleichgewicht« bezeichnen. Viele Menschen wanderten auf der Suche nach neuen Erfahrungen und Möglichkeiten nach Tokio und in andere große Städte ab, und jene, die zurückblieben, hatten zu wenig Nachwuchs, um die wegsterbenden Alten zu ersetzen. Überall auf der Insel sieht man verlassene Landhäuser aus dem charakteristischen rotbraunen Holz und mit schwarzen Schindeldächern. Ihre Fenster starren wie leere Augen in den Sonnenuntergang. In Aikawa ist die Trostlosigkeit besonders beklemmend, denn es sieht eher aus wie ein Ort aus unserer eigenen Zeit. Leer stehende moderne Wohnblöcke erheben sich über stille Straßen, so als hätte ein Atomunfall die Bewohner vertrieben. An einer Mauer hängt ein hellblaues Poster mit einer absurden Botschaft: »Macht der Jugend!«

Sado wird oft als Miniaturjapan bezeichnet, und tatsächlich schrumpft die Bevölkerung landesweit seit mehr als einem Jahrzehnt. Die japanische Gesellschaft ist »überaltert«, wie die Demografen sagen. Fast ein Drittel der Einwohner ist über 65 Jahre alt, und die Bevölkerung schrumpft täglich um Hunderte Menschen. Wenn sich das Land nicht für die Einwanderung öffnet, wird es nach Einschätzung der Vereinten Nationen in den nächsten dreißig Jahren fast 20 Millionen Einwohner verlieren. Während große Teile der Welt mit der Überbevölkerung kämpfen, macht sich Japan Sorgen über die Entvölkerung. Wildschweine und Affen erobern vergessene Dörfer zurück.

Die japanische Wirtschaft schrumpft nicht, aber sie voll-

zieht einen Drahtseilakt. Das erste Jahrzehnt nach dem Platzen der Blase erhielt die Bezeichnung »verlorenes Jahrzehnt«,
und die erste Generation, die nach der Vertreibung aus dem
Paradies auf den Arbeitsmarkt kam, ist die »verlorene Generation« oder »Generation der Eiszeit«. Drei Jahrzehnte nach
dem Platzen der Blase sprechen viele Japaner einfach nur
von den »verlorenen Jahren«.

Japan stürzte nie so tief wie Finnland, und vom Elend des
postsowjetischen Russland war es stets weit entfernt. Doch
in keinem anderen reichen Land kam die Wirtschaft so lange
Zeit nicht von der Stelle. Seit dem Ende der Wirtschaftsblüte
stagniert der Konsum der japanischen Haushalte. Eine Regierung nach der anderen hat versucht, die Bevölkerung wieder
zum Geldausgeben zu bewegen. Der amerikanische Ökonom
Milton Friedman schrieb einmal, die Regierungen könnten
geschenktes Geld »aus dem Hubschrauber abwerfen«, um
die Volkswirtschaft anzukurbeln; in Japan war man zweimal
nahe dran, dieses Sprachbild in die Tat umzusetzen, und ver-
teilte Millionen Einkaufsgutscheine im Wert von je 200 Dollar unter den Leuten. Nichts hat funktioniert.

Rumiko Obata sitzt umgeben vom Verfall in ihrer kleinen dunklen Brauerei und hat sich mit der Tatsache abge-
funden, dass die Insel Sado in absehbarer Zukunft nicht auf
den Wachstumspfad zurückkehren wird. Sie will nicht, dass
Obata Shuzo auf Kosten anderer einheimischer Brauereien
Erfolg hat; die Zahl der Sakebrauer auf der Insel ist bereits
von mehr als hundert auf eine Handvoll gesunken. Obata hat
begriffen, dass die aggressive Expansion, die das Ziel so vieler
herkömmlicher Unternehmen ist, auf Sado keinen Sinn hat.
Die Insel hat bereits erlebt, dass die deutliche Erhöhung der
Reisproduktion – Sake wird aus Reis gewonnen – Umweltschäden verursacht: Der intensive Einsatz von Pestiziden

und chemischen Düngemitteln trug in der Vergangenheit zur Ausrottung des Japanischen Schopfibis *(toki)* bei, eines weißen kranichartigen Vogels mit einem auffälligen rosa-orangenen Gefieder an der Unterseite der Flügel, ein Ton, der im Japanischen als *tokikala* bezeichnet wird, als »toki-farben«. Sado war das letzte Refugium des ehemals in Japan weitverbreiteten Schopfibis, und die Spezies musste aus China wiedereingeführt werden. Die Einheimischen sagen, an der Zahl der Besuche des *toki* könne man erkennen, wie viele Chemikalien auf einem Feld ausgebracht worden seien.

»Ich fühle mich nicht wohl, wenn die Leute behaupten, Wachstum sei unverzichtbar«, sagt Obata. »Es gibt zwei Arten von Wachstum: Das eine ist Expansion, das andere Reife. Dasselbe kann man im menschlichen Körper beobachten. Wenn wir heranwachsen, expandiert unser Körper. Wenn dieses Wachstum abgeschlossen ist, kommt es darauf an, auf gesunde Art mehr Lebensjahre hinzuzufügen.«

Interessant ist, dass Obatas neuer Zugang zur Geschäftstätigkeit durchaus zu Wachstum geführt hat. Der Betrieb wurde vor Kurzem vergrößert und um ein dem Sonnenuntergang zugewandtes Gebäude am Meeresufer erweitert. Es war früher die Schule, die schließen musste (es ist ein besonderes Merkmal der japanischen Kultur, dass in diesem Land seit jeher Schulen an malerischen Orten errichtet werden). Die Firma hat dort ein Ausbildungszentrum eingerichtet, das nicht nur der Sakeerzeugung gewidmet ist, sondern auch Ideen aus aller Welt nach Sado holen soll. Die Sakeproduktion ist den natürlichen Beschränkungen der Umwelt angepasst; das schließt die Stromversorgung durch Sonnenpaneele und den mit Rücksicht auf die Schopfibisse unter Verzicht auf Pestizide angebauten Reis ein. Etwas weniger als die Hälfte des Sake von Obata Shuzo wird auf der Insel und die gleiche

Menge im übrigen Japan verkauft, aber mittlerweile exportiert das Unternehmen auch weltweit. Obata betrachtet die Einwohner Sados nicht länger als Verstoßene der Geschichte. In ihren Augen sind die Inselbewohner Pioniere. »Ich glaube, Japans Zukunft wird vom Land kommen«, sagt sie. »Damit meine ich nicht die technologische oder finanzielle Zukunft, sondern die Denkweise.«

Selbst das, was an der Kulturlandschaft schön oder heilig ist – und der Mensch hat in Japan viel Schönheit und Heiligkeit zur Landschaft beigetragen –, schwindet auf Sado. Ich spreche mit einem Mann, der seit Kurzem für die Beaufsichtigung eines Tempels verantwortlich ist, und erfahre, dass das Dach des Gebäudes eingebrochen ist. Ich frage ihn, was dagegen getan werde. Nichts werde getan, antwortet er. Das Dach werde einstürzen. Es gebe kein Geld für eine Instandsetzung des Tempels und keine Gemeinde, die sich der Aufgabe annehmen könne. »Shikata ganai«, sagen die Leute auf Sado: Da ist nichts zu machen.

Solche Geschichten stimmen traurig und sind in der Lage, die tief verwurzelte Angst zu wecken, die Auslöschung der menschlichen Spuren auf dem Planeten könnte begonnen haben. Aber die Geschichte der Insel Sado lehrt uns, dass eine Drosselung des Konsums in einem reichen, technologisch hoch entwickelten Land nicht zu einem freien Fall in die Armut führen muss, geschweige denn zu einem Rückfall in die Steinzeit. Auf Sado verfällt die Hinterlassenschaft einer früheren Phase der menschlichen Anstrengung, aber es herrscht kein Gefühl des Mangels. Die Menschen, die auf der Insel leben, haben Autos, Smartphones und Fernsehgeräte. An diesem Ort wäre es schwer, reich zu werden, aber das Geld zirkuliert weiter – es *fließt*. Viele der großen Restaurants und Hotels aus der Spekulationszeit mussten schließen und wurden durch Nachbarschaftsrestaurants und kleine Gasthäuser ersetzt. Auf der anderen Seite ist die permanente Schließung so vieler Läden eine direkte Folge der Ankunft großer Handelsketten und des Onlinehandels. Die Wirtschaft funktioniert weiter. Sie ist einfach nur kleiner.

Die Einwohner von Sado können zwei großen Gruppen zugeordnet werden. Da sind zum einen die langjährigen Einwohner, überwiegend ältere Leute, die sich an die Zeiten des Spekulationsfiebers und des Goldrauschs erinnern können; die meisten von ihnen leiden unter dem Niedergang des lebhaften Ortes, den sie einst kannten. Die andere Gruppe wird von Angehörigen jüngerer Generationen gebildet, die noch nicht lange auf der Insel leben und sich für diesen Ort entschieden haben, weil ihnen gefällt, wie er sich entwickelt. Sado hat die Generationsstereotypen auf den Kopf gestellt: Hier denken viele alte Menschen nostalgisch an den Fortschritt zurück, während die Jungen das Alte zu schätzen wissen.

In Japan werden Leute, die nach einer Weile aus der Stadt aufs Land zurückkehren, als »Kehrtwender« bezeichnet; jene, die in einer Stadt aufgewachsen sind und das Landleben zum ersten Mal ausprobieren, werden »Geradlinige« genannt, weil sie aus der Stadt kommend direkt aufs Land ziehen. Beide Trends sind von apokalyptischen Untertönen begleitet. Am 11. März 2011 wurde Japan von einem schweren Erdbeben erschüttert, dem ein Tsunami folgte, der fast 20 000 Menschen tötete und eine Katastrophe im Kernkraftwerk Fukushima auslöste. Einige der Neuankömmlinge ließen zerstörte oder verstrahlte Häuser zurück, während andere von der Katastrophe dazu bewegt wurden, ihre Werte und Lebensstile zu hinterfragen. Dieser furchtbare Tag wird in Japan nur als »3/11« bezeichnet.

Motoe Oikawa kam vor mehr als einem Jahrzehnt als »Geradlinige« auf die Insel. Die ausgebildete Zahnpflegerin hatte das Leben in Tokio satt, machte sich jedoch keine Illusionen über die Zukunftsaussichten auf Sado. Seit ihrer Ankunft ist die Bevölkerung der Insel um weitere 10 000 Menschen gesunken.

Oikawa steht vor ihrem Bauernhaus, und »Schneeblumen« – riesige gezackte Schneeflocken – trudeln aus den wenigen Wolken an einem ansonsten blauen Himmel. Es ist ein vertrautes Phänomen im Spätwinter. Oikawa trägt eine grobe Arbeitshose und eine Wollmütze, aber ihr Äußeres erinnert auch noch an die Pendlerin aus Tokio: Ihre blauen Socken passen perfekt zu ihrer gefütterten Jacke, und ein gelber Schal hellt das Ensemble auf. Bei ihrer Ankunft wusste Oikawa wenig über das Landleben, aber mittlerweile ist sie eine Bäuerin, und zwar teilweise einfach, weil sie Essen auf den Tisch bringen will. (Ihre hausgemachte Sojasauce ist die erdige, würzige Essenz von Schmackhaftigkeit.) Aber sie hat sich auch auf den Anbau von erstklassigem, »mehr als biologischem« Reis und Adzukibohnen spezialisiert; den Großteil ihrer Produktion verkauft sie online an Kunden außerhalb von Sado. »Ich wollte unbedingt etwas Gutes machen, und ich wollte es richtig machen, und deshalb ließ ich mit nicht abschrecken«, erklärt sie. »Jeder hier hat ein besonderes Projekt oder eine eigene Technik.«

Der japanische Begriff dafür ist *kodawari*, ein Wort, das eine Art von positiver Besessenheit oder tief empfundener Neigung beschreibt. Im Westen würden wir es als die Leidenschaft eines Menschen bezeichnen. In Japan hörte ich die unbestätigte Geschichte von einem Mann, dessen *kodawari* es war, die exklusivsten Aktentaschen anzufertigen; er verbrachte ein Jahr damit, einen Verschluss zu entwerfen, der mit einem genauso reibungslosen, aber zuverlässigen Klick einrasten würde wie der Verschluss einer Leica-Kamera.

Ein Konsument kann ebenfalls *kodawari* haben, und diese Person kann auch eine *aiyosha* sein. Die Übersetzung des Wortes lautet »eine Person, die ein Produkt liebevoll verwendet«. Eine *aiyosha* könnte zum Beispiel die beste Gartenhacke auswählen, die Klinge regelmäßig schärfen und Befriedigung daraus beziehen, wie sich der Schaft durch langjährige Anwendung langsam an die Form ihrer Hände anpasst. Oikawas Kunden, die Reis essen wollen, der weltweit seinesgleichen sucht, sind *aiyosha,* aber dasselbe gilt für eine Person, die eine enge Bindung zu ihrem Toyota oder ihrem iPhone entwickelt. Das ist keine Ablehnung des Materialismus, sondern seine Umwandlung – eine innigere Beziehung zu materiellen Gütern.

Die Einwohner von Sado kaufen immer noch die grundlegenden Dinge, aber es ist eine heruntergeschraubte, vereinfachte Konsumkultur. Der Winter ist lang und kalt, und es gibt keine Straßen mit belebten Cafés, Läden und Restaurants. »Die Leute aus Tokio, die hierherkommen, wollen nicht denselben Lebensstil wie in Tokio«, sagt Oikawa. »Es ist ihnen bewusst, dass sie dort viele Dinge hatten, die sie nicht brauchten. Dort ist dein Einkommen höher, aber du musst mehr arbeiten. Hier hast du kein so hohes Einkommen, aber du gibst auch nicht so viel Geld aus. Wenn die Höhe des Einkommens wichtig für deinen Status ist, kannst du diese Art von Status in Sado nicht haben.«

Oikawa kam nicht mit einem Vermögen auf die Insel, und sie erwartet nicht, dort ein Vermögen zu erwerben. Seit sie hier lebt, hat sie viel über *yutori* nachgedacht, ein weiteres Wort, für das es keine exakte Übersetzung gibt. Es wird in Sätzen wie »In unserem Alltagsleben ist kein *yutori* zu finden« verwendet. Im weitesten Sinn bedeutet es »Raum zum Atmen«. Für den einen ist das ein Finanzpolster, für den anderen zusätzliche Zeit, eine schöne Umgebung zum Leben, geistige Ruhe, ein Gefühl der Möglichkeiten oder ein wenig Freiheit zur Verwirklichung der eigenen Träume. Für die meisten Leute ist es eine Mischung aus all diesen Dingen.

In Tokio, erklärt Oikawa, gibt es einen Überfluss an Geld und Dingen, die man damit kaufen kann, aber mittlerweile scheint ihr dieser Ausdruck des Konzepts zu begrenzt. »Ich frage mich, ob ich in Tokio *yutori* hatte. Hier ist das Leben nicht hektisch. Es fehlt mir nicht an Zeit. Es gibt Zeiten, in denen viel zu tun ist, aber es gibt auch Zeiten, in denen Ruhe herrscht. Ich habe jetzt mehr Raum in meinem Leben und in meinem Herzen.«

Sie besucht die Metropole immer noch, wenn auch immer seltener. »Das Leben in Tokio fühlt sich für mich jetzt wie eine Falle an: Du gehst dort hin, du willst Dinge haben, du kaufst sie. Es gibt viele amüsante Dinge zu tun oder zu besitzen oder zu essen. Aber du verbrauchst es alles. Hier auf Sado gibt es nichts. Du musst es selbst schaffen. Nicht das Konsumieren macht dir Freude, sondern das Erschaffen von etwas.«

Als ich mit diesem Gedankenexperiment begann, war ich nicht sicher, welches die Resultate sein würden. Gäbe es Dutzende verschiedene Möglichkeiten, wie eine Welt, die aufhört einzukaufen, funktionieren könnte – wenn sie überhaupt funktionieren könnte? Oder würde sich ein einheitliches Muster herauskristallisieren, eine Häufung von einander überlappenden Lebensstilen, die sich an verschiedenen Orten, bei verschiedenen Menschen und zu unterschiedlichen Zeiten wiederholen?

Die Insel Sado lieferte eine Antwort. Alles, was ich dort hörte und sah, entsprach dem, was ich andernorts gehört und gesehen hatte, nur dass das, was dort geschah, nicht länger wie eine Anpassung wirkte. Es wirkte wie ein System. Ein rudimentäres System, dessen Entwicklung erst begonnen hatte, aber ein System.

Dieses System beruht auf einer Wirtschaft, die kleiner ist und langsamer arbeitet als jene, die wir vom Konsumkapitalismus kennen. Das Angebot an bezahlter Arbeit ist geringer, was vor allem drei Ergebnisse hat. Das erste und offenkundigste ist, dass die meisten Menschen weniger verdienen und weniger kaufen. Das zweite Resultat, das eng mit dem ersten zusammenhängt, besteht darin, dass die Leute einen ungewöhnlich hohen Überschuss an nicht kommerzieller Zeit haben, was an eine Gesellschaft mit Ruhetagen und an ein Leben erinnert, in dem freiwillige Einfachheit praktiziert wird. Das dritte Ergebnis ist, dass die Menschen mehr Zeit damit verbringen, sich selbst zu versorgen. Auf Sado mit seinem ländlichen Charakter und seinem billigen Boden bedeutet das oft, dass sie zumindest einen Teil ihrer Nahrung selbst anbauen. Wie Oikawa erklärt und wie die Befürworter einer partizipativeren und kreativeren Kultur bestätigen würden, bedeutet es auch, für einen größeren Teil seiner Unterhaltung selbst zu sorgen. Als ein Neubürger, der aus der radioaktiv verseuchten Zone bei Fukushima evakuiert worden war, in einem 180 Jahre alten Bauernhaus einen einfachen Versammlungsraum mit Betonboden eröffnete, stellte er zu seiner Überraschung fest, dass sich die Leute aus der Gegend in ihrer besten Kleidung einstellten. Fünf Jahre später ist der Raum manchmal ein Restaurant, manchmal ein Teehaus, manchmal ein Theater, eine Bäckerei, ein Comedy Club oder der Veranstaltungsort für einen Nudel-

Workshop. Offenbar gab es eine nicht befriedigte Nachfrage nach sozialem und kulturellem Leben.

Auf Sado hat man auch eine andere Beziehung zu den Dingen. Die Leute besitzen weniger Sachen, an denen sie länger festhalten. Es gibt viel *wabi-sabi:* geflickte Hosen, ausgebleichte Anstriche, ältere Autos. Aber es ist tatsächlich eine Wirtschaft von weniger und besseren Dingen. Die Sachen, welche die Leute besitzen, scheinen ihnen paradoxerweise nicht weniger, sondern mehr am Herzen zu liegen, was daran liegt, dass ihnen bewusst ist, wie lange ein Gegenstand Teil ihres Lebens sein wird, oder im Fall von vergänglichen Produkten wie zum Beispiel Lebensmitteln daran, dass sie von außergewöhnlicher Qualität sind. Einiges von dem, was die Inselbewohner erzeugen, essen und besitzen, ist tatsächlich so gut wie nur irgend möglich. Dies ist keine Volkswirtschaft, die endlos neue Genüsse hervorbringt, aber sie liefert Genüsse, die einen Menschen Jahre oder sogar ein Leben lang begleiten.

In den Augen der tonangebenden Ökonomen ist das Wachstum stets eine Lösung und nie ein Problem: Peter Victor wertete einmal Artikel aus einem Jahrhundert in der *American Economic Review* aus und stellte fest, dass sich kein einziger Autor mit den Kosten des Wachstums befasst hatte. Aber die Demografen gestehen bereitwillig ein, dass ein endloses Bevölkerungswachstum gravierende Probleme verursachen kann, und betrachten den Zwilling des Entwachstums – die Entvölkerung – nicht als Katastrophe, sondern als Herausforderung. Peter Matanle, ein britischer Geograf, der Sado seit 2004 regelmäßig besucht, ist der Meinung, dass das Ende des Bevölkerungswachstums von einer »Entvölkerungsdividende« begleitet ist. Auf Sado ist es kein Problem, einen Kindergartenplatz für den Nachwuchs zu finden oder an einer Fortbildungseinrichtung einen Platz in den gewünschten Kursen zu finden. Es gibt keine Wohnungsnot und kein Pendlerelend. Statt wachsender Angst vor der Einwanderung gibt es zunehmende Offenheit dafür. Anders als fast überall sonst auf der Welt wird die natürliche Umwelt auf Sado jeden Tag vielfältiger und reichhaltiger. Wie es Rumiko Obata ausdrückt: Die Leute mögen sagen, dass die Insel entvölkert wird, aber die Population der Schopfibisse wächst.

In anderer Hinsicht hat das Leben auf der Insel wenig mit der Vision vom Leben nach dem Ende des Einkaufens zu tun. Ein Bevölkerungsrückgang kann die Auswirkungen eines Rückgangs des Konsums teilweise simulieren, aber er ist nicht dasselbe: In einer Dekonsumgesellschaft gäbe es weder eine derart verwunschene Leere noch einen Verlust von Fähigkeiten in der Gemeinschaft. Sodann ist da die Tatsache, dass die japanischen Regierungen das Ende des Wachstums offenbar nie akzeptiert haben, geschweige denn, dass sie dafür geplant oder Schritte unternommen hätten, um das Beste daraus zu machen. Stattdessen haben sie sich der Realität widersetzt und weiter versucht, eine vom Konsum getragene wirtschaftliche Expansion in Gang zu setzen, wobei sie Orte wie Sado, wo Wachstum fast unmöglich scheint, in einem Zustand der ausgesetzten Wiederbelebung gelassen haben. Schließlich ist da die Frage, ob man von der kleinen Insel Sado mit ihrer schrumpfenden Bevölkerung, ihren malerischen Reisfeldern und stillen Landstraßen wirklich irgendetwas lernen kann, was für einen Ort wie Tokio, den größten Ballungsraum der Welt, der immer noch von Leben und Lichtern pulsiert, von Nutzen sein kann.

Vielleicht kann man etwas lernen. Derzeit wächst die Bevölkerung japanischer Großstädte wie Osaka und Tokio noch, da

Menschen aus dem übrigen Land zuwandern. Doch selbst in Tokio wirkt sich das langsame Wirtschaftswachstum aus. Der Shibuya-Platz ist immer noch eine Ikone: Die riesigen Werbetafeln flimmern noch, die modeverrückte Jugend trägt immer noch die neuesten Looks zur Schau, und es strömen weiterhin Touristen zusammen, um das Gedränge auf der »Alle-Gehen-Kreuzung« zu bestaunen, das ein Sinnbild des rastlosen städtischen Lebens ist. Doch der Shibuya hat sich seit vierzig Jahren kaum verändert. Die Bildschirme haben verglichen mit heutiger Medienarchitektur beinahe ein Vintage-Aussehen, und die Gebäude mit ihren futuristischen Baustoffen, die mittlerweile fleckig und verwittert sind, wirken widersprüchlich. Vielleicht ist der Shibuya auch heute die Vision der Welt von der Zukunft.

Im Jahr 2010 veröffentlichte der Literaturprofessor Norihiro Kato einen viel beachteten Essay, in dem er eine neue Untergruppe der japanischen Jugend beschrieb: die Nichtkonsumenten. »In einer Welt, die unübersehbar an ihre Grenzen stößt, werden Japan und seine Jugend, die für ihr Alter ungewöhnlich reif ist, möglicherweise zeigen, wie es ist, über das Wachstum hinauszuwachsen«, schrieb Kato, der so weit ging, den Traum vom grenzenlosen Wachstum »einem früheren Entwicklungsstadium« zuzuordnen. In Tokio begegnet man diesen Nichtkonsumenten überall. Angesichts einer anscheinend dauerhaften Verlangsamung der Wirtschaft sind viele junge Leute unfreiwillige Vereinfacher, die Secondhandkleidung tragen, in winzigen Wohnungen oder bei ihren Eltern wohnen und eher im Internet leben, als Geld in Läden und Nachtlokalen auszugeben. Draußen sind ihr natürliches Habitat Lokale wie 7-Eleven-Filialen. Dieses ursprünglich amerikanische Unternehmen hat seinen Sitz mittlerweile in Japan. Dort essen die jungen Leute die typi-

schen *Konbini*-Speisen (das Wort ist von *convenience* abgeleitet, dem englischen Wort für annehmlichen Nutzen und
Zweckmäßigkeit, weil diese Läden praktische Lösungen für
den Alltag anbieten) wie zum Beispiel gefüllte Reisbälle für
einen Dollar. Von Versace oder Louis Vuitton ist weit und
breit nichts zu sehen; der Kulturjournalist Tyler Brûlé hat
beobachtet, dass sich Japan in »die erste Post-Luxusgesell-
schaft der Welt« verwandelt.

Es gibt eine wenig schmeichelhafte Bezeichnung für diese
Nichtkonsumenten: Man nennt sie *hikikomori,* »Verschlos-
sene«. Treffender wäre es jedoch, sie als aus dem Wirtschafts-
leben Ausgeschlossene zu bezeichnen. Sie bewegen sich in
der Leere, die zurückbleibt, wenn sich eine Lebensart – in
diesem Fall der Konsumkapitalismus – auflöst, ohne durch
eine andere ersetzt zu werden. Aber mir kam zu Ohren, dass
nicht im pulsierenden Herzen der Metropole, sondern an
ihrem äußersten Rand möglicherweise eine andere Version
von Tokios Zukunft zu sehen ist.

Die Fahrt nach Norden bis zur Endstation der Vorortbahn
in Ogawa-machi dauert mehr als eine Stunde. Satoko Hatta
ist leicht zu erkennen – es sind nur wenige Personen auf
dem Bahnsteig. Hattas Kopf ragt aus dem weißen Schafwoll-
kragen einer Jacke hervor, die von Bob Dylan geborgt sein
könnte. Sie ist eine ungewöhnliche Mischung von unver-
fälschter Freundlichkeit und skeptischer, von beißendem Sar-
kasmus begleiteter Intelligenz. Der Tag ist klar und kalt, und
sie geht sofort los, um mich in ein anheimelndes Bistro zu
führen, ein dezidiert einfaches Lokal mit Furnierplatten und
verputzten Wänden. »Dieses Restaurant ist wie ein Symbol
von Ogawa-machi«, sagt Hatta.

Der Ort lag ursprünglich inmitten der Felder, die sich über
die sanfte Hügellandschaft des Bezirks Saitama erstrecken.

In Ogawa-machi wurde Reispapier erzeugt. Schließlich verschluckte der Großraum Tokio das Dorf. Auf dem Höhepunkt der wirtschaftlichen Blütezeit lebten rund 40 000 Menschen in Ogawa-machi, und die größte Sorge der Einwohner war, dass es nicht genug Schulen für all die Kinder gab. Seit damals hat der Ort 20 Prozent seiner Bevölkerung verloren und wurde eine Weile zu den drei Gemeinden im Bezirk gezählt, die am ehesten verschwinden würden.

Doch es kam anders. Aus dem Stadtzentrum begannen Menschen in den Vorort zu ziehen. Die meisten der neuen Einwohner haben in ihrem Erwachsenenleben keine Wirtschaftsblüte gesehen; in Japan schließt diese Gruppe mittlerweile Personen mittleren Alters ein. Wie mir Yoshihiro Nakano, ein Professor für Entwicklungsstudien an der Waseda-Universität in Tokio, erklärte: »Wer aus der Wirtschaft ausgeschlossen ist, ist dazu verurteilt, eine alternative Wirtschaft zu errichten.«

Hatta glitt langsam in das Leben in Ogawa-machi hinüber. Anfangs war sie eine Pendlerin. Dann begann sie, die Logistik von Ökobauern zu übernehmen. Heute hilft sie Neuankömmlingen dabei, sich im Ort anzusiedeln und beruflich durchzusetzen. Der wichtigste Wirtschaftszweig ist mittlerweile die Biolandwirtschaft. In den Siebzigerjahren ging ein Pionier zur ökologischen Landwirtschaft über, und seine Lehrlinge breiteten sich Schritt für Schritt in der Umgebung aus. Eine Zeit lang gingen fast alle Erzeugnisse nach Tokio, so wie die meisten Einwohner von Ogawa-machi täglich im Zug ins Zentrum fuhren. Doch da die Gezeitenlinie Tokios zurückweicht, beginnt Ogawa-machi, den ökologischen Landbau in die Grundlage seiner Wirtschaft zu verwandeln. In dem Bistro, in das mich Hatta brachte, werden nur Biolebensmittel verarbeitet. Der Supermarkt gehört Einheimischen und schafft

Platz für die Produkte der heimischen Bauern. Ein Stück die Straße hinunter wird in einer Brauerei Bier serviert, das aus Zutaten besteht, die aus einem Umkreis von vier Kilometern kommen. Selbst die Donuts zum Mitnehmen, die man im U-Bahnhof bekommt, werden mit der Lake angereichert, die bei der Erzeugung von Biotofu anfällt. Ähnliche Betriebe findet man heute überall, aber ich habe noch nirgends anderswo gesehen, dass sie so fest in das Leben einer Ortschaft integriert waren, die einmal ein gewöhnlicher Vorort war.

Dies ist keine Geschichte über eine triumphale wirtschaftliche Wiedergeburt, zumindest nicht im herkömmlichen Sinn. Ogawa-machi schrumpft weiter, und die Einwohner träumen nicht von Reichtum, sondern wollen einfach über die Runden kommen. Bemerkenswert ist, dass sogar in einem Teil von Tokio dieselben Muster zu beobachten sind wie auf der Insel Sado. Ein größerer Teil der Wirtschaft besteht aus lokalen Kleinbetrieben, und es wird weniger durch die individuelle Beteiligung an der Geldwirtschaft bewerkstelligt. Die meisten Leute arbeiten »in der Landwirtschaft und x«, wie es Hatta ausdrückt. Das x kann für freiberufliche Aktivitäten wie Design, Beratung, Programmierung, Kunst, einen Teilzeitjob oder einen kleinen *Kodawari*-Betrieb stehen. Es gibt weiterhin Pendler. Gebäude, Autos, Kleidung, die Stühle im Café: alles trägt die Zeichen des Alters. Neues ist ein seltener Genuss, anstatt dem Alltagsleben Glanz zu verleihen. Es ist ein anderes Leben, das jedoch keineswegs schlecht ist. Auf die Frage, wie lange sie in Ogawa-machi bleiben will, sagt Hatta: »Für immer.«

Wissen die Leute, die hierherziehen, worauf sie sich einlassen? »Nein«, entgegnet Hatta mit einem breiten Grinsen. Aber sie haben es leid, darauf zu warten, dass sich das alte Wirtschaftssystem ändert, und sie sind bereit, ein neues zu errichten. Ich frage, welches der wichtigste Rat ist, den Hatta uns geben kann. Was könnte sie einer beliebigen Person sagen, die irgendwo auf der Welt einen ähnlichen Weg einschlagen möchte? Sie senkt den Kopf und denkt nach.

»Anstatt etwas zu wollen, was man nicht hat, sollte man das betrachten, was man hat«, antwortet sie schließlich. »Das sage ich oft.«

Koichiro Takano, der zum ersten Bürgermeister von Sado gewählt wurde, nachdem dessen Bevölkerung so weit geschrumpft war, dass die ganze Insel zu einer einzigen Gemeinde zusammengefasst werden konnte, steht in der riesigen Eingangshalle eines Hotels am Meer. Durch die hohen Fenster hat man einen Blick auf vom Wind gekrümmte Kiefern und eine malerische Bucht. Die einzige andere Person in der weitläufigen Halle ist der Angestellte am Empfang, der einen kleinen, schlecht funktionierenden Roboter zur Seite hat, auf dessen Display in roten Buchstaben eine verdrießliche Antwort auf die Begrüßung »Hallo Roboter« erscheint: »Hallo Teufel«. Als sich Takano auf einem Sofa niederlässt, scheint ihn das leuchtend weiße Möbel zu verschlucken.

Takano, der im Jahr 2012 aus dem Amt schied, ist eine würdevolle, beinahe düstere Figur, und es fühlt sich unhöflich an – obwohl es zweifellos relevant ist –, darauf hinzuweisen, dass seine Cordhose den Großteil ihrer Berippung eingebüßt hat und am Ärmel seines Sakkos ein Knopf fehlt. Man könnte sagen, dass die Kleidung des ehemaligen Bürgermeisters abgetragen wirkt, so wie ganz Sado abgenutzt wirkt. Ebenso gut könnte man sagen, dass seine Kleidung gut getragen und Sado ein weiser Ort ist.

Als Bürgermeister führte Takano eine Bürgerbefragung zum Umgang mit der Krise der Insel durch. Was wünschten sich die Bewohner von der lokalen Wirtschaft? Einige hofften auf Wachstum, aber die meisten waren der Meinung, das sei nicht länger die Frage. »Es ist normalerweise nutzlos, Widerstand zu leisten«, sagt Takano. Die Gemeinde gelangte zu dem Schluss, der Hauptzweck der wirtschaftlichen Aktivität müsse sein, Sado zu einem *sumiyasui tokoro* zu machen, einem »Ort, an dem das Leben angenehm ist«. Die Umwelt sollte gesund sein, es sollte gute Sakebrauereien, eine wachsende Population von Schopfibissen und eine gute Altenpflege geben, die Traditionen sollten bewahrt und das Beste der Architektur wiederhergestellt werden. »Unsere Aufgabe ist es, dafür zu sorgen, dass die Menschen, die hier leben, glücklich sind«, erklärt Takano. »Wir müssen die örtliche Gemeinschaft aufbauen – wir müssen dafür sorgen, dass die Menschen ein gutes Leben haben.«

War es schwierig, das Streben nach Wachstum aufzugeben? Takano glaubt das nicht. »Die Dinge ändern sich nicht über Nacht – sie ändern sich eher in einem Zeitraum von zehn Jahren. Wenn man nicht wirklich unflexibel ist, sollte man in der Lage sein, sich anzupassen.«

In diesen Tagen genießt Takano den Luxus, die Entwicklung in einer langfristigen Perspektive betrachten zu können. Vielleicht, sagt er, ist die Geschichte von Sado einfach die Geschichte des 20. Jahrhunderts: Ein stürmischer Vorstoß in die Moderne, und jetzt eine Rückkehr in ein eher zeitloses Muster. Vor vier Jahrhunderten, bevor auf Sado Gold entdeckt wurde, hatte die Insel etwa 50 000 Einwohner. Im Lauf der Zeit verdoppelte sich die Bevölkerung, und jetzt nähert sie sich wieder dem Wert von 50 000. »Wenn man die Zeit des Goldbergbaus ausklammert«, meint Takano, »dann hat sich nicht allzu viel geändert.«

Er interessiert sich jetzt eher für die Gründe des Bevölkerungsschwunds in Japan. Seiner Meinung nach verstehen die Leute die Entwicklung falsch. Sie sehen das Problem in der Entvölkerung des ländlichen Raums, im globalen Muster der Landflucht. Aber die meisten Japaner leben bereits in Städten, und das ganze Land verliert Einwohner. Tokio hat eine der niedrigsten Geburtenraten, die noch geringer ist als die auf Sado. Ohne Zuwanderer vom Land wäre der größte städtische Ballungsraum der Erde demografisch ausgedrückt auf dem Weg zum Aussterben, da jede Generation kleiner ist als die vorhergehende. In gewissem Sinn ist es also nicht das Land, sondern die Stadt – die riesige, schlaflose, gierige, verführerische Stadt –, die den Niedergang Japans antreibt. Was ist der Grund dafür? Takano hat lange über diese Frage nachgedacht.

»Wenn eine Kultur in ihre Reifephase eintritt, liegt es möglicherweise in der menschlichen Natur zu versuchen, sich selbst zu zerstören, das eigene Ende herbeizuführen. Vielleicht steckt das in uns. Vielleicht gibt es eine Art Gott, der zur Verringerung unserer Zahl beiträgt.«

Man kann dies leicht als apokalyptische Vision eines Mannes abtun, der den Verfall seiner eigenen Welt mit ansehen musste. Aber seine Worte scheinen auf das Konsumdilemma zuzutreffen. Wir können nicht aufhören einzukaufen; wir müssen aufhören einzukaufen. Der Konsum verändert nicht nur das Klima, vernichtet die Wälder, überlädt unser Leben, füllt unsere Köpfe mit einer Wegwerfeinstellung und stiehlt die Sterne vom Nachthimmel. Das Schlimmste ist, dass wir keine Ahnung mehr haben, was wir sonst tun könnten, und nicht an die Möglichkeit von Veränderungen glauben. Egal, welchen Weg wir einschlagen, wir sind zum Untergang verurteilt.

Das japanische Wort für Konsum ist *shohi*. Es entstand im 19. Jahrhundert aus der Verschmelzung von zwei Wörtern –

hi, »ausgeben«, und *sho,* »erlöschen«, wie ein Feuer, das sich selbst verzehrt. Unser Wort hat ähnliche Wurzeln: konsumieren bedeutete ursprünglich, das Bestehende vollkommen auszuschöpfen, nichts zurückzulassen, so als würde es von Flammen verzehrt. Wenn wir mehr und mehr konsumieren, so muss es mehr von allem sein: mehr Möglichkeiten und mehr Erschöpfung, mehr Erfahrungen und mehr Ablenkung, mehr Tiefe, aber auch mehr Oberflächlichkeit, mehr Erfüllung, aber auch mehr Leere. Wir konsumieren Zeit, Raum, Leben, Tod. Wir konsumieren andere und uns selbst. Es geht alles ins Feuer.

21

150 000 Jahre später ...

Das Juǀʼhoan-Dorf Duin Pos (Afrikaans für »Dünenposten«) ist nicht mehr zu sehen. Fünf Frauen schwärmen leichtfüßig und schnell im flachen Buschland der Kalahari aus, wie die Finger einer Hand, die sich in die Landschaft vortastet. Sie wollen Buschkartoffeln ernten, die geröstet köstlich schmecken und roh süß und erfrischend sind wie mildes Zuckerrohr. Die Frauen sind in den kühleren Stunden des späten Nachmittags aufgebrochen. Alle paar Augenblicke bückt sich eine von ihnen und beginnt trotz einer Lufttemperatur von immer noch mehr als 40 Grad, energisch zu graben.

Ich bin nach Duin Pos gekommen, um mit den Jägern und Sammlern Früchte suchen zu gehen – ich habe Gelegenheit, das zu erleben, was der Anthropologe Marshall Sahlins vor 55 Jahren als Praxis des »Betriebs unterhalb der Kapazität« bezeichnete. Die Juǀʼhoansi neigen dazu, gerade genug zu sammeln, um den augenblicklichen Bedarf zu decken. Selbst wenn eine essbare Pflanze oder Nuss zu einer gegebenen Jahreszeit im Überfluss vorhanden ist, werden sie keine Vorräte anlegen, die länger als einen oder zwei Tage reichen. Sahlins wunderte sich über die »innere Bedeutung« dieser Lebensart und fragte sich, was Außenstehende davon lernen konnten, deren Wünsche scheinbar keine Grenzen kannten und die nicht anders konnten, als unablässig an die Grenzen ihrer Produktivität zu gehen. Ich habe mir dieselbe Frage gestellt und darüber nachgedacht, wohin uns diese innere Bedeutung hundert, tausend oder viele Tausend Jahre nach dem Ende des Einkaufens führen kann.

Als ich in Duin Pos eintreffe, das eine dreistündige Autofahrt vom asphaltierten Autobahnnetz Namibias entfernt im Ju|'hoan-Territorium Nyae Nyae liegt, scheint es mir sehr riskant, an einem solchen Ort die Kapazitäten nicht auszuschöpfen. Vom Kamm der Düne, die dem Dorf seinen Namen gegeben hat, wirkt die Weite der von der Nachmittagshitze verwischten Kalahari fast wie das Meer: blau und mit sanften Dünungen. Natürlich ist sie das Gegenteil eines Meeres: eine ausgedörrte und versengte Ebene. An diesem Ort ist es in guten Zeiten schwer zu überleben, und gegen Ende einer Regenzeit, die monatelang keinen Niederschlag brachte, wird es noch schwerer.

Im Dorf gibt es keine im Laden gekauften Lebensmittel und wahrscheinlich auch kein Geld. Die Bewohner bekommen vom Staat Maisrationen zugeteilt, aber ihre gesamte übrige Nahrung kommt aus dem Busch. Es ist zwei Tage her, dass die Frauen das letzte Mal zum Früchtesammeln draußen waren, und sie haben vor aufzubrechen, sobald die Sonne tiefer steht. »Selbst wenn ich Nahrung aus dem Laden und von der Regierung habe, *will* ich Dinge aus dem Busch essen«, sagt eine Frau namens ǁUce (klingt ein wenig wie »Lucy«). Sie trägt eine Strickmütze, eine blassrosa Bluse und einen hellrosa Rock, alles aus zweiter Hand, alles so gepflegt und sauber, als könnte das allein die Härten des Lebens in der Wüste wettmachen.

Als der Zeitpunkt für den Aufbruch gekommen ist, sind die Frauen in wenigen Augenblicken startbereit. Sie müssen nur ihre Stöcke zum Graben holen, die heutzutage normalerweise an einem Ende platt geschlagene Metallstäbe sind, und sich Umhängetücher als Schultertaschen oder Tragen für ihre Babys binden. Die ersten essbaren Pflanzen finden sie drei Minuten nach dem Aufbruch, als ‖Uce eine feine Flechte von Buschkartoffelranken bemerkt, die unter einem niedrigen Busch hervorragt.

Das Sammeln ist eine qualifizierte Tätigkeit. Vor dem Aufbruch zeigte mir ‖Uce eine Pflanze, die direkt neben einer Gruppe von Dorfbewohnern wuchs, die sich um ein bis auf die Kohle heruntergebranntes Feuer versammelt hatten. Es war die Ranke einer Gemsbok-Melone, erklärte sie mir, die eine stachelig wirkende Frucht mit einem erfrischenden Fruchtfleisch trägt, aber eine giftige Wurzel hat. (Die Kinder verwenden die Ranken auch zum Seilspringen.) Die Ranke der Kalahari-Melone sieht ganz ähnlich aus, hat aber eine wohlschmeckende Wurzel. ‖Uce kann diese Pflanzen im Vorbeilaufen voneinander unterscheiden.

Die Vorstellung der breiten Öffentlichkeit vom Leben der Jäger und Sammler wird jedoch seit jeher vom Blut, vom Tod und von den Gefahren des Jagens beherrscht. Selbst die Anthologie der Forschungsberichte, die im Jahr 1966 auf jener Konferenz vorgelegt wurden, die das Bild der westlichen Forschung von den Jäger/Sammler-Gesellschaften revolutionierte, trug den Titel *Man the Hunter,* obwohl eine der wichtigsten Erkenntnisse jener Konferenz ebenjene war, dass die Bezeichnung »Sammler/Jäger« wahrscheinlich zutreffender wäre. (Richard B. Lee hatte beobachtet, dass die Diät der Ju‖'hoansi zu 60 bis 80 Prozent aus Wildpflanzen bestand, die im Wesentlichen von den Frauen gesammelt wurden.) ‖Uce ist die Klassifizierung gleichgültig. Ein Sammler stößt im Busch genauso leicht auf einen Löwen, Leoparden oder Elefanten wie ein Jäger, erklärt sie mir. Sie zeigt mir ein Loch in ihrem Unterarm, wo sie beim Ausgraben einer Wurzelknolle einmal von einer Schlange gebissen wurde, »die von beiden Seiten beißen kann«. Diese Erdviper mit der wissenschaftlichen Bezeichnung *Atractaspis bibronii,* die im Englischen als *Bibron's stiletto snake* bezeichnet wird, verdankt ihren Juǀ'hoan-Namen der Tatsache, dass sie ihren Kiefer rotieren und nach hinten zubeißen kann. Zum Glück ist ihr in geringen Mengen injiziertes Gift normalerweise nicht tödlich, sondern verursacht nur starke Schmerzen und eine Schwellung und hinterlässt dort, wo die Nekrose einsetzt, ein Loch im Gewebe.

Anderthalb Stunden lang suchen die Frauen in der Wüste. Sie unterhalten sich über ihre Funde, scherzen oder deuten auf die frischen Fußabdrücke eines Elefanten, die gewaltig, aber so behutsam gesetzt sind, dass man den Eindruck hat, diese riesigen Tiere könnten sich jederzeit unbemerkt von hinten anschleichen. Den Frauen ist der Nervenkitzel anzusehen, als ǁUce beim Graben unter einem verworrenen Busch eine weitere Schlange-die-von-beiden-Seiten-beißen-kann aufscheucht. Am Himmel zieht eine Schar ungebundener Wolken vorbei. Sie tragen Regen, aber sie werden ihn anderswo abladen.

Und dann ist der Sammelausflug plötzlich beendet. Die Frauen machen sich auf den Weg zurück ins Dorf, dessen Lage sie in einer Wüste, in der für mich alles gleich aussieht, genau bestimmen können. Sie haben ein paar Dutzend Buschkartoffeln, eine Handvoll anderer Knollen sowie Stängel von Giftzwiebeln gesammelt (nur die Wurzel ist giftig). Das genügt, um das Dorf einen oder zwei Tage lang zu ernähren.

Ich bin überrascht über meine Reaktion auf die Entscheidung der Frauen, mit so wenig Nahrung nach Hause zu gehen. In meinen Augen reicht ihr Verhalten weit über ein einfaches Leben hinaus; sie begeben sich in eine Gefahrenzone. Warum bleiben sie nicht bis zum Sonnenuntergang draußen, sammeln genug Nahrung für einen Monat und legen Vorräte an, solange noch genug Buschkartoffeln zu finden sind? Wie kann es in einem derart unbarmherzigen Land sinnvoll sein, die Produktivität *nicht* zu maximieren, solange Ressourcen im Überfluss zur Verfügung stehen?

Im Lauf der Jahrzehnte haben die Forscher, die sich mit den Jäger/Sammler-Gesellschaften beschäftigen, verschiedene Antworten auf diese Fragen gegeben. Einige gelangten zu dem Schluss, die Kalahari sei ein Paradies, in dem ein unerwarteter Überfluss herrsche; der kenntnisreiche Jäger oder Sammler müsse sich nie Sorgen über die Zukunft machen. In Wahrheit ist das Nahrungsangebot in der Kalahari unvorhersehbar (obwohl sie oft überraschend fruchtbar ist), und Zeiten der Not oder des Leids sind insbesondere in Dürrephasen nicht ungewöhnlich. Daher bewegen sich die Ju|'hoansi seit jeher in ihren Territorien umher, um verstreute und von den Jahreszeiten abhängige Nahrungsquellen zu nutzen. Das ist eine weitere Erklärung für ihre Methode, die Kapazitäten nicht auszuschöpfen: Warum sollten sie auf ihren Wanderungen Besitztümer oder Lebensmittelvorräte mit sich herumschleppen? Es bestehen jedoch kaum Zweifel daran, dass die Ju|'hoansi mehr tragen könnten, als sie es tun, oder dass sie durchaus Vorräte und Besitztümer an den Orten aufbewahren könnten, an die sie immer wieder zurückkehren.

Viele Jäger/Sammler-Gesellschaften sind dafür bekannt, dass sie Maßnahmen ergreifen, um eine übermäßige Ausbeutung der Ressourcen zu vermeiden: Indem man beispielsweise in der Erntezeit Buschkartoffeln zurücklässt, gibt man mehr Pflanzen die Chance zur Fortpflanzung. Vielleicht ist die Nichtausschöpfung der Kapazitäten ein ökonomisch vernünftiger Akt in einem älteren Sinn: eine umsichtige Nutzung der Ressourcen, um sie für die Zukunft zu bewahren. Sodann ist da die Tatsache, dass lange Arbeitszeiten der Vorstellung der Ju|'hoansi vom guten Leben widersprechen. Wie die freiwilligen Vereinfacher, aber in noch höherem Maß, haben sie das keynesianische »ökonomische Problem« gelöst, indem sie die Zahl ihrer Bedürfnisse so weit verringert haben, dass es sogar in der Kalahari-Wüste relativ leicht ist, sie zu erfüllen. Die Belohnung für ein Leben mit weniger ist eine Fülle an Freizeit.

Der Anthropologe James Suzman weist darauf hin, dass die Menschen im Westen seit Langem davon träumen, eines Tages ebenfalls ihre materiellen Bedürfnisse zu befriedigen und ein Leben mit viel Freizeit genießen zu können. Aber das Problem ist nicht, dass es nicht gelungen wäre, diese Befriedigung zu erreichen, sondern dass wir nicht imstande sind, sie zu genießen. Im Jahr 2008 stellten der Politikwissenschaftler Robert E. Goodin und seine Kollegen fest, dass die Menschen in der reichen Welt genug Freizeit genießen könnten, wenn sie nur so viel arbeiteten, dass sie über der Armutsgrenze leben könnten, und wenn sie die Hausarbeit auf das sozial akzeptable Mindestmaß beschränkten. Die meisten von uns ziehen es stattdessen vor, für eine Zweitwohnung, Renovierungen, mehr Kleidung, moderne Möbel, die neuesten technischen Spielereien und Abenteuerreisen zu arbeiten – und von dem ewig in die Zukunft verschobenen Tag zu träumen, an dem die Technologie sie endlich von der täglichen Plackerei befreien wird.

Jede der Theorien über die Gründe für das einfache Leben der Ju|'hoansi enthält vermutlich ein Körnchen Wahrheit, aber keine erklärt in meinen Augen, warum die Frauen nur genug Nahrung für ein oder zwei Tage sammeln, wenn sie mit ein bisschen mehr Anstrengung genug für eine Woche mit nach Hause bringen könnten. Obendrein verhalten sie sich in einer Dürrezeit so – in jener Art von prekärer Situation, die, wie die Pandemie gezeigt hat, viele von uns dazu bewegt, Lebensmittel, Haushaltsartikel und sogar Unterhaltungsangebote zu horten.

Noch unerklärlicher scheint all das im Licht eines weiteren unübersehbaren Unterschieds zwischen den Ju|'hoansi und der globalen Konsumgesellschaft: Die Ju|'hoansi nehmen das Teilen sehr, sehr ernst.

Zurück im Dorf, legen die Frauen die gesammelten Nahrungsmittel auf einen Haufen und lassen sich auf Decken am Feuer nieder. Jetzt brennen ein paar kleine Scheite, denn die Wüstenhitze verflüchtigt sich mit dem nahenden Sonnenuntergang rasch, und bis Mitternacht wird es beinahe kühl sein. Ein Gefühl des Wohlbefindens prägt die Szene. Im Westen sehen viele Leute in jedem Afrikaner, der in einer Hütte lebt, einen Inbegriff der Verzweiflung. Aber diese Menschen sehen ausgesprochen gesund aus; ihre Haut schimmert. Ein alter Mann, der vom grauen Star fast erblindet ist, tastet sich mit seinem Gehstock an einem Zaun entlang, um sich der Gruppe anzuschließen; selbst er wirkt kräftig und neckt seine Nachbarn, während er es sich am Feuer gemütlich macht. Alle werden zusammen essen, alles wird geteilt werden.

Würde der Wohlstand in einer Welt ohne Shopping gleichmäßiger verteilt werden? Im Lauf der Geschichte haben viele diese Überzeugung geäußert; die Annahme kommt in der Redensart »Lebe einfach, damit andere einfach leben können« zum Ausdruck. In kapitalistischen Ländern funktioniert es nur selten so. Wenn du einfach lebst, wird der Wohlstand, auf den du verzichtest, wahrscheinlich jemandem zugutekommen, dem es von vorneherein besser ging.

Die Ju|'hoansi haben dieses Resultat auf ihrer langen Reise durch die Zeit stets abgelehnt. Woran genau das liegt, ist schwer zu sagen. Vielleicht lernten sie im Lauf der Geschichte, was die moderne Sozialwissenschaft ebenfalls gezeigt hat – Ungleichheit treibt den Konsum in die Höhe –, und begriffen, dass übermäßiger Konsum in einer Umwelt mit begrenzten Ressourcen zur Katastrophe führen würde. Aber was auch immer der Grund war, wie viele andere Jäger/Sammler-Gesellschaften wurden sie radikal egalitär, und zwar nicht nur in der Verteilung des Wohlstands, sondern auch in der Zuerkennung von individuellen Rechten und Freiheiten.

Das Wort »teilen« hat bei den Ju|'hoansi keine so warme und unscharfe Bedeutung, wie man meinen könnte. Selbst der Begriff »Umverteilung des Reichtums« beschreibt nicht richtig, was sie tun. In den meisten Ländern wird der Reichtum entweder durch vom Staat durchgesetzte Steuern und Lohngesetze oder durch freiwillige Wohltätigkeit umverteilt, die vom guten Willen privater Spender abhängt. Bei den Ju|'hoansi ist das Teilen sowohl mit Rechten als auch mit Pflichten verbunden. Wenn ein Mitglied der Gemeinschaft etwas hat, was ein anderes nicht hat, so kann dieses ganz offen einen Teil für sich reklamieren – die Anthropologen bezeichnen das als »Einfordern sozialer Pflichten« *(demand sharing)*. Wer etwas erwirbt, muss bereit sein, es mit anderen zu teilen. Die Ju|'hoansi richten sich nach dem Grundprinzip, dass das, was man besitzt, unabhängig davon, wie man in seinen Besitz gelangt ist, mit denen geteilt werden sollte, die weniger haben, sofern sie dieselbe Überzeugung teilen. Megan Laws, eine Anthropologin an der London School of Economics and Political Science, die untersucht hat, wie heute in Nyae Nyae geteilt wird, erklärt, dass von den Mitgliedern der Gemeinschaft erwartet wird, »durch andere verwundbar« zu sein.

Die Praxis des Teilens bei den Juǀ'hoansi ist für Außenstehende schwer zu verstehen, aber sie ist zweifellos interessant. Gibt man einem Juǀ'hoan eine Zigarette – das Rauchen ist fest in ihrer Kultur verwurzelt, und der Tabakkonsum ist nur der jüngste Ausdruck dieser Gewohnheit –, so wird sie wahrscheinlich von fünf oder mehr Personen geraucht werden, wobei sie weiterhin der Person »gehört«, der man sie gegeben hat. Desgleichen »besitzt« ein Jäger das Fleisch, das er aus dem Busch mitbringt, aber es ist undenkbar, dass er es nicht mit den anderen Dorfbewohnern teilen wird. Als ich einen Jäger fragte, wie viele Personen von einem Springhasen (das Tier sieht aus wie ein Känguru von der Größe einer Katze) essen könnten, war er ratlos. Es würden so viele Personen davon essen, wie davon essen wollten, sagte er, selbst wenn jede nur ein kleines Stück erhalte. Das Fleisch nicht so zu teilen würde Spott und Tratsch nach sich ziehen.

Die Ankunft der Geldwirtschaft und die Schwächung der sozialen Bande im städtischen Leben haben in Nyae Nyae zu größerer Ungleichheit geführt und die Tradition des Teilens ausgehöhlt. Ein relativ wohlhabender Juǀ'hoan erklärte mir, wie er sich in den neuen Zeiten zurechtfindet. Da er in der Ortschaft Tsumkwe lebt, muss er nicht täglich mit einer Dorfgemeinschaft teilen. Stattdessen teilt er mit einem Netzwerk, das aus Dutzenden Menschen besteht. Wie viel er den einzelnen abgibt, hängt davon ab, wie eng seine Beziehung zu ihnen ist, wie wohlhabend er zum jeweiligen Zeitpunkt ist und wie bedürftig die andere Person ist: Es kann sein, dass er der einen Lebensmittel oder Geld gibt, während er einer anderen lediglich eine Zigarette anbietet. Im Gegenzug erhält er oft Dinge, zu denen er selbst keinen leichten Zugang hat, zum Beispiel Wildfleisch, Frischmilch oder Gemüse aus dem Busch. Er erklärte, das System sei so unvollkommen wie jedes, das aus unterschiedlichen Menschen bestehe. Einige seien übermäßig großzügig, während andere »im Zickzack gehen« – sie wichen dir aus, wenn sie etwas hätten, und kämen auf dich zu, wenn sie nichts hätten. Aber er hielt es nicht für notwendig, *alles* wegzugeben. Es genüge, anderen zur Verfügung zu stehen und ihre Umstände zu berücksichtigen. Er hatte sich ein Handy, ein Fernsehgerät mit Satellitenschüssel und ein Auto kaufen können, ohne dafür öffentlich verurteilt worden zu sein.

In vielen Dörfern in Nyae Nyae gibt es nach wie vor praktisch keine materiellen Unterschiede zwischen den Einwohnern. Die Juǀ'hoansi beschreiben sich selbst als »Menschen, die einander helfen«, und sagen, die Besten unter ihnen seien jene, die »einfach anderen Menschen geben«. Was ihr Bild von der Außenwelt anbelangt, so erzählten mir mehrere Juǀ'hoansi, sie hätten genug von uns kennengelernt, um zu wissen, dass die meisten von uns nicht gut im Teilen seien.

Es heißt oft, der Unterschied zwischen dem einfachen Leben und der Armut sei, dass man das eine wähle und das andere nicht. Aber die Unterscheidung ist nicht immer so einfach. Im Fall der Juǀ'hoansi ist es schwierig – und wahrscheinlich unmöglich – festzustellen, inwieweit die traditionelle Einfachheit weiterhin frei gewählt wird und inwieweit sie das Resultat der Besitzlosigkeit ist. Dieses Volk sieht sich in Namibia seit Langem Rassismus, Segregation und

Ungleichbehandlung ausgesetzt, weshalb Unterkonsum bei den Juǀʼhoansi wahrscheinlicher ist als Überkonsum. Genauso ist jedoch auch klar, dass ein althergebrachter Lebensstil nach wie vor tief in ihrer Gesellschaft verwurzelt ist. Viele von ihnen häufen weiterhin weniger Geld und Besitztümer an, als möglich wäre, wenn sie sich bemühen würden, und beschränken ihre Wünsche im Wesentlichen auf einen fairen Anteil an dem, was die Natur ihnen anbietet. Angesichts dessen betrachten Außenstehende die Juǀʼhoansi oft als Überbleibsel, denen es nicht gelingt, ihren uralten Lebensstil einer Welt anzupassen, in der er seinen Sinn verloren hat: Wären sie nicht in der Vergangenheit stecken geblieben, so würden sie zweifellos beginnen, ihre Kapazitäten auszuschöpfen. Sie würden sich in die Geldwirtschaft und den Arbeitsmarkt integrieren und im Laden gekaufte Güter konsumieren. Sie würden so viele Buschkartoffeln sammeln wie möglich und sie für ihre eigene Sicherheit und die Verbesserung ihrer Lage einlagern.

Es ist, als *weigerten* sich die Juǀʼhoansi, von des Messers Schneide zu springen. Und wie sich herausstellt, ist das möglicherweise nicht weit von der Wahrheit entfernt.

Das Teilen und die Nichtausschöpfung der Kapazitäten haben eine Wirkung gemein: Sie erhalten ein fragiles Gleichgewicht zwischen Sicherheit und Prekarität. Sich nur so viel zu nehmen, wie man braucht, erhält einen Zustand des »gerade genug« aufrecht. Das Teilen hat eine ganz ähnliche Wirkung, wie Laws in ihren Forschungsarbeiten beschrieb: Es verhindert, dass einzelne Mitglieder der Gemeinschaft einen Überschuss des verfügbaren Reichtums anhäufen oder für sich den damit verbundenen höheren Status und die Macht über andere erringen. In sicheren Zeiten erinnern sich die Menschen an ihre Prekarität, in Zeiten der Not fühlen sie sich sicherer. Alle Mitglieder der Gemeinschaft sind sich in jedem Augenblick der Tatsache bewusst, dass sie – um einen Ausdruck der Urarina aus dem peruanischen Amazonas zu verwenden – »aneinandergelehnt stehen«.

Irgendwann im Nebel der vergangenen 150 000 Jahre gelangten die Ju|'hoansi anscheinend zu der Überzeugung, dass die wichtigste Voraussetzung für das langfristige Überleben ist, niemals zu vergessen, dass wir aufeinander angewiesen sind.

Es schien, als wäre die Konsumkultur unwiderstehlich. Im Jahr 1984 veröffentlichte Gary Larson eine Karikatur, die zeigte, wie die moderne Gesellschaft das Schicksal der Jäger/ Sammler-Gesellschaften einschätzte. Die Karikatur zeigt Mitglieder eines Stammes mit Knochen in der Nase, die sich beeilen, ihre Lampen, Telefone, Fernsehgeräte und Videorekorder zu verstecken, während sich im Hintergrund Forscher in Tropenanzügen nähern. Einer der Dorfbewohner warnt die anderen: »Anthropologen! Anthropologen!«

Im selben Jahr legte der amerikanische Anthropologe Rick Wilk eine Arbeit mit dem Titel »Warum tragen die Indianer Adidas?« vor, die mittlerweile Kultstatus auf diesem Forschungsgebiet hat. Nachdem die Wissenschaft die Welt in den Sechzigerjahren darüber aufgeklärt hatte, dass das Leben der Jäger und Sammler tatsächlich sehr viel angenehmer war als vermutet, wurde Völkern wie den Ju|'hoansi die romantische Sehnsucht vieler Menschen im Westen nach einer Kultur aufgebürdet, die nicht vom Konsumismus korrumpiert werden konnte. (Dieselben Leute verspürten allerdings nicht das geringste Bedürfnis, ihr eigenes Streben nach materiellem Wohlstand aufzugeben.) Eine Weile vermittelten anthropologische Lehrbücher den Eindruck, das Leben der Jäger und Sammler sei »nahezu vollkommen«, wie es ein Kritiker ausdrückte.

Unterdessen gingen die Jäger und Sammler einkaufen.

»Es ist schwer zu beschreiben, wie wenig die Anthropologie, die wir studiert hatten, mit dem zu tun hatte, was wir sahen, als wir tatsächlich in die Welt hinausgingen«, erzählt mir Wilk. Im Jahr 1979 traf er in Belize ein, um die Kultur der Q'eqchi' zu studieren. »Am ersten Tag im Dorf sehe ich, wie Maultiere mit Coca-Cola-Flaschen beladen werden, die in weiter entfernte Dörfer gebracht werden sollen.«

In seinem Artikel beschrieben Wilk und sein Kollege Eric J. Arnould ähnliche Beobachtungen an Orten überall auf der Welt: Angehörige eines indigenen Volks in Peru trugen rechteckige Steine mit sich herum, die sie angemalt hatten, damit sie aussahen wie Radios; Mitglieder der Banna in einem abgelegenen Winkel von Äthiopien bezahlten für die Möglichkeit, durch einen View-Master eine stereoskopische Disney-Diavorführung mit dem Titel »Pluto möchte ein Zirkushund werden« anzuschauen; bei Pubertätszeremonien der Apachen in Arizona kam es zur »massiven Umverteilung von Limonade«. Viele im Westen sahen in diesen Berichten bedauerliche Belege dafür, dass der Garten Eden endgültig verloren war. In den Augen anderer zeigten sie, dass die Konsumkultur an sich der Fortschritt war: Ob sich ein Mensch vollkommen dem Konsum verschrieb, hing einzig und allein davon ab, ob er uneingeschränkten Zugang zu Gütern und Dienstleistungen hatte und wie viel Geld ihm zur Verfügung stand.

Tatsächlich zeigten die Erkenntnisse der Forscher über die Begegnung unterschiedlicher Kulturen mit der Konsumökonomie, dass der Konsumismus keineswegs unvermeidlich war. Einige Kulturen konsumierten sehr viel, andere sehr wenig; in einigen wurde kollektiv, in anderen individuell konsumiert; manche rückten den Materialismus in den Mittelpunkt des gesellschaftlichen Lebens, andere drängten ihn an den Rand. Doch allem Anschein nach gewinnt die Konsumkultur, wie die meisten von uns sie kennen, an Durchsetzungsvermögen. »Sie gedeiht unter Bedingungen von Instabilität und Widersprüchlichkeit und wird von gesellschaftlicher Unruhe und individueller Mobilität gefördert«, erklärt Wilk. Wir kommen kaum um die Erkenntnis herum, dass diese Bedingungen die gegenwärtige Weltordnung prägen. Die Konsumkultur erzeugt die Umstände, welche die Konsumkultur hervorbringen.

Die Ju|'hoansi sind nicht in der Vergangenheit gefangen. Es hat vielmehr den Anschein, als betrachteten sie die Welt um sich herum – eine Welt der Instabilität und der Brüche – und sähen einen Ort, der so unsicher ist wie eh und je. Es ist ein Ort, an dem es vielleicht mehr denn je ratsam ist, füreinander verwundbar zu sein. In der Pandemie, als eine willkürliche Krankheit einige ohne ihr Dazutun so viel schwerer treffen durfte als andere, wurde rasch klar, dass es, wenn wir einander in guten Zeiten im Stich lassen, schwierig werden kann, einander in schlechten Zeiten nicht im Stich zu lassen. Obwohl das Leben der Ju|'hoansi schwer ist, haben sie das Gefühl, das Grundlegende richtig verstanden zu haben.

Als der goldene Dotter der Sonne auf dem Horizont zergeht, steht in Duin Pos ein großer Topf auf dem Feuer. Die Kinder essen bereits geröstete Käfer als Vorspeise. Das ganze Dorf hat sich auf den Decken versammelt, es wird geplaudert und gelacht. Einsamkeit scheint hier unmöglich zu sein. Fast jeder Anwesende hat körperlichen Kontakt zu mindestens einer anderen Person. Beine über Beinen, Hände auf Schultern, Rücken an Rücken, Kinder im Schoß. Die Stimmung ist so festlich, dass ich mich frage, ob dies eine besondere Versammlung mit einem ungewöhnlichen Anlass ist.

Die junge Frau, die ich frage, sieht mich verwirrt an. Sie hält inne, um die Szene zu verinnerlichen. »Nein«, sagt sie schließlich. »Es ist immer so.«

Vielleicht hat sie recht. Vielleicht ist es so. Vielleicht wird der Rest von uns 150 000 Jahre nach dem Tag, an dem die Welt aufhört einzukaufen, zum selben Schluss gelangen: Vor allem brauchen wir es, einander zu brauchen. Ein einfacheres Leben mündet in ein noch einfacheres, und dieses führt seinerseits zu größerer Einfachheit, bis wir schließlich wieder gelernt haben, so zu leben, dass wir, selbst wenn wir einen Weg finden, um unsere Ressourcen unerschöpflich zu machen, zu dem Schluss gelangen, dass wir nicht jedes Ding konsumieren wollen. Wie wird unser gegenwärtiges Konsumzeitalter dann im Rückblick wirken? Wie ein Fehltritt. Wie eine schwer nachvollziehbare Unfähigkeit, zur Normalität zurückzukehren. Wie ein vorübergehendes Loslösen von unserer Natur, bevor wir wieder auf den Weg der menschlichen Geschichte zurückfanden und uns eine Zukunft sicherten.

Es gibt eine bessere Möglichkeit, mit dem Einkaufen aufzuhören

Ein unerwartetes Resultat der Arbeit an einem Buch über den Konsum war, dass ich selbst *mehr* einkaufte. Zum Beispiel kaufte ich ein beinahe lächerlich ethisches Paar Jeans, das in einer wiederbelebten Hosenfabrik in Wales unter Verwendung eines haltbaren Denim-Stoffs erzeugt worden war, der aus der vielleicht umweltfreundlichsten Denim-Fabrik der Welt stammte und mit den natürlichen Abfallprodukten einer Palme grau gefärbt worden war. Ich investierte in einen 50 Dollar teuren Besen mit einer voraussichtlichen Lebenserwartung von zwanzig Jahren, der in Vancouver unter Einsatz uralter Maschinen von zwei schlanken und muskulösen Schwestern namens Mary und Sarah Schwieger von Hand gefertigt worden war – ein Dekonsumgeschäft wie aus dem Bilderbuch. (»Unsere Wirtschaft beruht auf stetigem Wachstum, was für unseren Betrieb nicht gilt«, sagte mir Mary.) Ich kaufte Secondhandkleidung und einen Sicherheitsrasierer, der mich bis an mein Lebensende begleiten wird, ohne dass ich jemals wieder einen Wegwerfrasierer werde kaufen müssen.

Mein Kaufrausch war das Ergebnis neu gewonnener Klarheit. Ich begriff, dass der Akt des Konsumierens derart kompliziert und mit Problemen befrachtet war, dass ich ihn oft vollkommen vermied; aber nach umfangreichen Recherchen zu dem Thema wusste ich jetzt, wie mein Konsum aussehen sollte. Ich wollte, dass die Dinge, die ich besaß, ihren Zweck gut erfüllten und so lange hielten, wie ich wollte. Ich wollte, dass sie auf eine Art und Weise erzeugt worden waren, die meinen Werten entsprach, und dass sie mir ein bleibendes Gefühl der Befriedigung gaben. Es gab auch viel Nicht-Shopping. Ich ließ einen Trenchcoat umnähen, um ihn den neuen Zeiten anzupassen. Ich ließ Schuhe neu besohlen, reparierte meinen Toaster selbst, nähte aufgelöste Säume an Kleidungsstücken nach, ersetzte verlorene Knöpfe und ließ mein Handy reparieren, anstatt ein neues zu kaufen. Wie es in der Weltwirtschaftskrise so schön hieß: Ich verbrauchte es, trug es ab, kam damit aus oder kam ohne es aus. Von all den Produkten, die ich kaufen wollte, aber nicht kaufte, ist mir nur eines in Erinnerung geblieben (ein neuer Schlafsack), was ich als Beleg dafür deute, dass diese Wünsche normalerweise flüchtig sind. Wenn ich mich in meiner Wohnung umsehe und die Dinge betrachte, die ich in jüngerer Zeit gekauft habe, finde ich nichts, dessen Kauf ich bereue oder das ich nicht benutze. Ich bin zufrieden mit meinen Entscheidungen.

Als Konsument konzentriere ich mich jetzt darauf, *von allem* weniger und in besserer Qualität zu kaufen: Produkte, Reisen, Aktivitäten, YouTube-Videos, Zeit in den sozialen Medien. In der zusätzlichen Zeit, die ich mir durch diese Entscheidungen verschafft habe, tue ich mehr jener einfachen Dinge – Lesen, Gehen, mich mit Menschen unterhalten –, die ich bereits vorher befriedigend fand. Ich habe tatsächlich das Gefühl, dass diese Veränderungen mein Leben verbessern, und ich glaube, dass der Materialismus die Kontrolle über mich verliert. Aber ich habe nicht aufgehört, zu oft zu viele Stunden zu arbeiten, ich kann mich nicht mit dem Gedanken anfreunden, in so schwierigen Zeiten von einem geringeren Einkommen zu leben, und habe noch nicht wirklich gelernt, in Ruhe meinen Gedanken nachzuhängen.

Es gibt gute Gründe dafür, dass Sie vielleicht ebenfalls aufhören sollten einzukaufen. Vielleicht setzt Ihnen der Konsum finanziell zu, füllt Ihr Leben mit Dingen, die Sie nicht brauchen oder lieben, nimmt Zeit und Aufmerksamkeit in Anspruch, die Sie besser einsetzen könnten, oder trägt zu globalen ökologischen Krisen bei, die Ihnen große Sorgen machen. Vielleicht sehen Sie in der Einfachheit eine Chance auf mehr nicht verplante Zeit, auf mehr Freiheit, Ruhe oder Bindung. Vielleicht empfinden Sie Ihren Konsum als leer – als Abfolge von Zerstreuungen, die nie irgendwo hinführen. Drosseln Sie das Tempo. Halten Sie an. Wie viele andere Menschen werden Sie möglicherweise entdecken, dass das Leben mit weniger eines der Geheimnisse eines glücklicheren Lebens ist.

Aber können Sie nachsichtig mit mir sein, wenn ich Sie mit einem weiteren Widerspruch konfrontiere? Wenn Sie oder ich aufhören einzukaufen, bringt uns das einer Gesellschaft, die weniger konsumiert, keinen Schritt näher. Die Geschichte lehrt uns, dass die Kräfte, die den Konsumismus stützen – gesellschaftliche Trägheit, Konformitätsdruck, Regierungen, deren Schicksal von einem Prozentpunkt Wirtschaftswachstum abhängt, riesige Werbemaschinen und Billionenmärkte, die Investoren dienen müssen – stets größeren Einfluss haben als Bürgerbewegungen, die uns zu einem einfacheren Leben auffordern.

Die Puritaner, die angewidert von der moralischen Verdorbenheit und dem Materialismus Europas nach Amerika flohen, fingen dort ein neues, einfaches und frommes Leben an. Innerhalb von einer Generation begannen die Angehörigen dieser religiösen Sekte mit Bodenspekulation, dem Streben nach Reichtum und dem demonstrativen Konsum.

Die frühen amerikanischen Patrioten, die sich in die Gründerväter der Vereinigten Staaten verwandelten, praktizierten die Einfachheit als Ausdruck der höheren amerikanischen Ideale, die, davon waren sie überzeugt, nach dem Sieg über die Briten verwirklicht würden. Nach der erfolgreichen Revolution sahen sie mit Verzweiflung, wie ihr neues Land in Eitelkeit, Selbstsucht und extravagantem Konsum versank.

Henry David Thoreau forderte Mitte des 19. Jahrhunderts »Einfachheit, Einfachheit, Einfachheit«, die unter anderem dazu dienen sollte, uns davon zu befreien, so viel von unserem Leben Vorgesetzten und der Schinderei zu opfern. Schon zu seinen Lebzeiten weckten seine Vorschläge allgemeine Bewunderung und wurden selten befolgt. Thoreau selbst räumte einmal ein, dass er seinen Worten oft keine Taten folgen ließ: »Diese Dinge sage ich, andere Dinge tue ich.«

Und die Geschichte hat sich fortgesetzt, mit Zurück-aufs-Land-Bewegungen, Zurück-zur-Natur-Bewegungen, Entrümpelungsinitiativen, Rebellionen gegen die nervenaufreibende Geschwindigkeit des modernen Lebens – all diese Bewegungen brachen sich Bahn, nur um bald von einer noch größeren Konsumwelle weggespült zu werden. Die Hippies wurden zu den Boomern. Die Generation X lehnte den demonstrativen Konsum der Achtzigerjahre ab, nur um sich auf das zu verlegen, was der Psychologe Geoffrey Miller als »demonstrative Präzision« bezeichnet hat, das heißt auf die öffentliche Zurschaustellung von Kunstfertigkeit, Qualität, Ursprung und ethischer Tugend – womit sie den positionalen Konsum deutlicher praktizierten als je zuvor. Die Millennials kauften weniger Dinge, aber mehr Erfahrungen, und *vergrößerten* damit oft ihren ökologischen Fußabdruck. Als die Pandemie die Konsumökonomie stilllegte und wir überzeugt waren, nichts werde jemals wieder so sein wie zuvor, lachte die Geschichte hinter vorgehaltener Hand.

Der Historiker David Shi hat dieses »Metronomverhalten« untersucht, das Hin und Her zwischen Begeisterung für die Einfachheit und ihrer völligen Missachtung, und ist zu dem Schluss gelangt, das einfache Leben sei »dazu bestimmt, eine Minderheitsethik zu bleiben«. In jeder Ära wirkt es auf einige und manchmal auf viele Menschen anziehend, aber es ist nie für die Mehrheit attraktiv. Weniger wird nie mehr sein. Wenn es darum geht, den Konsum zu verringern, können wir die Veränderung leben, die wir in der Welt sehen wollen, aber das wird die Welt nicht verändern.

Natürlich ist das ein Problem, denn das Shoppen zerstört den Planeten, auf dem wir leben.

Glücklicherweise machen die wiederholten Fehlschläge unserer Bemühungen um Vereinfachung unsere Situation nicht so hoffnungslos, wie es scheint. Wir können diese Rückschläge auch anders deuten: Da eine Welt ohne Konsum nicht von einzelnen Menschen erreicht werden wird, die sich entschließen, mit weniger zu leben, muss etwas anderes versucht werden. Eine Welt, die aufhört einzukaufen, ist nichts, was wir *tun* werden, sondern etwas, was wir *machen* müssen.

Ich gab Amanda Rinderle von Tuckerman & Co., dem Hersteller der vielleicht umweltfreundlichsten Anzughemden der Welt, einen Zauberstab in die Hand. Wenn sie ihn einsetzen könnte, um eine Sache zu ändern und damit zur Errichtung einer Volkswirtschaft beizutragen, die bessere, aber weniger Dinge hervorbringen würde, was wäre diese eine Sache? Rinderle dachte eine Weile nach (tatsächlich nahm sie sich über Nacht Zeit) und meldete sich anschließend bei mir. Sie bat um Entschuldigung dafür, dass ihre Antwort nicht magisch, sondern einigermaßen technisch sei: Sie würde dafür sorgen, dass die Preise die ganze Wahrheit erzählten. »Das wäre ein großartiger Zauberstab«, sagte sie.

Heute spiegeln die Preise die Nachfrage nach Gütern und Dienstleistungen und die Kosten ihrer Bereitstellung wider: Material, Energie, Fertigung, Vermarktung, Vertrieb. Im Wesentlichen unberücksichtigt bleiben die *Konsequenzen* von Produktion und Konsum dieser Güter und Dienstleistungen: von der Umweltverschmutzung über Bodenerosion, Treibhausgasemissionen, Zerstörung von Lebensräumen und die Auswirkungen von alldem auf die menschliche Gesundheit bis zu den gewaltigen Zerstörungen durch Waldbrände, Überschwemmungen und Stürme im Zeitalter des Klimachaos, der Bürde von zwei Milliarden Tonnen Müll im Jahr und der unfassbaren moralischen Belastung durch die Ausrottung von Millionen Jahre alten Tierarten.

Bisher werden diese Kosten zumeist nicht von Produzenten, Investoren oder Konsumenten getragen, sondern von der Gesellschaft als ganzer – die Ökonomen bezeichnen sie als »Externalitäten«, da sie außerhalb der Ketten von Angebot und Nachfrage erfasst werden. Und so wie der Wohlstand, den eine Volkswirtschaft schafft, werden auch ihre Externalitäten nie gerecht verteilt: Man denke nur an die Bevölkerung Bangladeschs, die unter Hochwasserkatastrophen, Zyklonen, Luft- und Wasserverschmutzung leidet. Der teuflischste Widerspruch des Konsumismus ist, dass jene, die am wenigsten konsumieren, oft sehr viel mehr unter seinen schädlichen Auswirkungen leiden als jene, die am meisten konsumieren.

Der Klimawandel ist die größte Externalität: ein Preis des Konsums, der erst in der Buchhaltung auftauchte, als er die Zukunft der Zivilisation bedrohte. Der britische Ökonom Nicholas Stern hat ihn als »größtes und umfassendstes Marktversagen aller Zeiten« bezeichnet. Jetzt beginnen Staaten in aller Welt, schädlichen Klimaeinflüssen einen Preis zuzuordnen. Oft belegen sie CO_2-Emissionen mit einer Steuer, damit Industrie und Konsumenten etwas mehr von den wahren Kosten der fossilen Brennstoffe tragen müssen, die zu ihrem Vorteil verbrannt werden. Ein ähnliches Vorgehen bei anderen Rohstoffen, erklärt Rinderle, würde die Hemden von Tuckerman & Co. wettbewerbsfähiger machen. Vielleicht würde Biobaumwolle, durch deren Anbau der Boden nicht ausgelaugt, sondern verbessert wird, dann genauso viel oder weniger kosten als Baumwolle, die unter Einsatz umweltschädlicher Düngemittel und Pestizide produziert wird. Ein langlebiges Hemd würde plötzlich geringere Kosten haben als ein Dutzend Wegwerfhemden mit großem sozialem und ökologischem Fußabdruck.

Das gilt für alle Produkte. Wälder speichern Wasser, sind Lebensräume für Tausende Spezies und stabilisieren das Klima. Menschen, die in Wäldern leben oder sie besuchen, finden dort Erholung und Trost. Würde das Recht, Bäume zu fällen, mehr kosten, so würden unsere Möbel gebaut, um die Zeit zu überdauern, anstatt nach wenigen Jahren weggeworfen zu werden, und die hölzernen Strukturen abgerissener Häuser würden nie auf einer Mülldeponie landen. Würde der Wert der Seltenerdmetalle in unseren digitalen Geräten die Kosten der für sie zerstörten Landflächen und Gewässer beinhalten, dann würden unsere Smartphones dafür gebaut, repariert und aktualisiert zu werden, anstatt alle zwei Jahre weggeworfen zu werden.

Wenn wir weniger und bessere Dinge wollen, können wir sie kaufen. Mehr und mehr Unternehmen bieten hochwertige Produkte an. Doch dass der Einzelne solche Produkte erwirbt, ändert wenig daran, dass das System solche Unternehmen und ihre Kunden benachteiligt. Wie bei Biolebensmitteln und grünem Konsum können wir mit unserem Kaufverhalten wahrscheinlich einen Nischenmarkt für hochpreisige, langlebige Produkte schaffen, die wenige Leute zu kaufen bereit oder imstande sind; aber es wird uns nicht gelingen, den Weg zu einer Welt zu ebnen, die aufhört einzukaufen.

Wie sich herausstellt, macht fast jeder Aspekt des Dekonsums Veränderungen erforderlich, die über das hinausgehen, was mit der individuellen Entscheidung für eine Verringerung des Konsums erreicht werden kann. Beispielsweise kann ich persönlich Pausen vom Geldverdienen und -ausgeben nehmen, aber es bedarf einer Gemeinschaft oder sogar einer ganzen Gesellschaft, um die nicht kommerzielle Zeit zurückzubringen. Ich kann ein Dekonsument werden, aber das wird mich zu einem gesellschaftlichen Außenseiter oder sogar zu einem Ausgegrenzten machen, weshalb es unwahrscheinlich ist, dass ich an dieser Veränderung festhalten werde. Indem ich meinen persönlichen Konsum verringere, kann ich die Regierungen nicht dazu bewegen, dafür zu sorgen, dass die Hersteller Produkte bauen, die leichter repariert werden können. Ich kann die Regierungen nicht dazu veranlassen, die Einkommensungleichheit und Unsicherheit in Angriff zu nehmen, die den übermäßigen Konsum antreiben, und ich kann sie nicht drängen, sich von der Fixierung auf das BIP-Wachstum zu lösen. Mein Verhalten wird nicht genügen, um eine Infrastruktur für bürgerliches Engagement, Partizipation oder eine andere soziale Rolle zu schaffen, welche die

Infrastruktur des Konsums ersetzen könnte. Fasziniert von der Forschung Wouter van Marken Lichtenbelts und Elizabeth Shoves, habe ich mich entschlossen, in meinem Haus mit einer größeren Bandbreite natürlicher Temperaturen zu leben. Wie von der Wissenschaft prognostiziert, genieße ich die im Lauf eines Tages oder von Jahreszeit zu Jahreszeit schwankenden Muster von Wärme und Kälte – aber ich kann nichts an den gesellschaftlichen und technologischen Trends ändern, die den Energiebedarf für die Temperatursteuerung unablässig in die Höhe treiben.

Zum Glück gibt es bereits Vorschläge dazu, wie sämtliche in diesem Buch behandelten Bestandteile der Dekonsumgesellschaft verwirklicht werden können. Verpflichtende Angaben zur Lebensdauer in der Produktkennzeichnung können die Haltbarkeit erhöhen; mit neuen steuerlichen Anreizen und Vorschriften kann dafür gesorgt werden, dass die Reparatur von Produkten günstiger wird als ihre Entsorgung; Job-Sharing-Programme und eine Verkürzung der Arbeitstage oder -wochen können gewährleisten, dass die Menschen auch in einer langsameren, kleineren Wirtschaft Arbeit haben. Eine Umverteilung des Wohlstands kann die Ungleichheit verringern oder verhindern, dass sie in einer Welt mit geringerem Konsum zunimmt. Ein bedingungsloses Grundeinkommen würde Menschen, die bereit sind, einfach zu leben, die Möglichkeit geben, weniger Zeit für die Erwerbsarbeit aufzuwenden oder sich sogar vollkommen aus der Arbeitswelt zurückzuziehen. In einer konsumkapitalistischen Kultur wird eine solche Entscheidung oft als Faulheit oder mangelnder Ehrgeiz verurteilt; in einer Dekonsumgesellschaft werden jene, die ein solches Leben führen, möglicherweise bewundert, weil sie Erfolg im Streben nach Genügsamkeit haben.

Ich begann mein Gedankenexperiment als Beobachter. Ich wollte nicht die Theorien anderer studieren, sondern mir selbst ansehen, wie sich eine Welt entwickeln würde, die aufhörte einzukaufen. Am Ende gelangt man auf beiden Wegen zum selben Ergebnis. Die Verfechter des Entwachstums und einer Ökonomie des Wohlbefindens – deren Leistung nicht am BIP, sondern an ihrer Fähigkeit gemessen wird, die Lebensqualität der Menschen zu verbessern – verfeinern unablässig ihre Konzepte und beschreiben eine Lebensart, die uns von der Notwendigkeit einer unablässigen und zerstörerischen wirtschaftlichen Expansion befreien könnte. Die Alternative zum Konsumkapitalismus ist keine Konstellation von Möglichkeiten, sondern zusehends eine Konvergenz der Optionen.

Es ist sinnvoll, unseren Konsum aus rein persönlichen Gründen zu verringern. Aber der Einzelne kann eine Vielzahl weiterer Rollen übernehmen. Eine Welt, die aufhört einzukaufen, braucht neue Produkte und Dienstleistungen, neue Theorien für eine funktionstüchtige Wirtschaft, neue Lösungen, um unserem Leben einen Sinn zu geben, neue Modelle für die Geschäftstätigkeit, neue Gewohnheiten, neue politische Regelungen, neue Protestbewegungen, neue Infrastrukturen. Wie Kris De Decker sagt: »Wir müssen *alles* überdenken.«

Fast jeder Mensch auf der Erde ist mit derart umfangreichen Veränderungen vertraut. Wir leben in einer Ära der Innovation, die uns Güter wie das Auto, den Computer und das Smartphone, Dienstleistungen wie den Weltraumtourismus und die globale Über-Nacht-Lieferung und Systemverschiebungen wie die weltweite Internetkonnektivität gebracht hat. Schon vor der Pandemie erlebten wir umwälzende, oft wunderbare Veränderungen in sämtlichen Lebenssphären. Ein Übergang zu einer Gesellschaft mit geringerem Konsum wäre einfach eine weitere umfassende und tiefgreifende Transformation.

Wir leben auch in einer Ära der Disruption, die der Kapitalismus weiterhin als ein Recht beansprucht. Die Übertragung der Produktion von den reicheren auf die ärmeren Länder ließ ganze Regionen zurück, in denen die Industrie aufgegeben worden war; das Onlineshopping führte zu einem umfassenden Niedergang der physischen Einzelhandelsgeschäfte, der auch als »Einzelhandelsapokalypse« bezeichnet wird. Nichts deutet darauf hin, dass wir uns den Veränderungen in der nahen Zukunft vorsichtiger nähern werden als den vorangegangenen: Künstliche Intelligenz und virtuelle Realität sind nur zwei neue Technologien, die mit großen gesellschaftlichen Umwälzungen einhergehen dürften. (Lebt wohl, Lkw-Fahrer, willkommen selbstfahrende Autos.) Das bedeutet nicht, dass dies die richtige Art ist, die Dinge in Angriff zu nehmen; es ist einfach die übliche Art. Jede Drosselung des Konsums droht wirtschaftliche Auswirkungen zu haben, die genauso gravierend sein werden wie die anderer Umwälzungen im Lauf der Geschichte, und sie sollte unter Rücksichtnahme auf die verletzlichen Mitglieder der Gesellschaft in Angriff genommen werden. Gleichzeitig ist die Lösung des Konsumdilemmas die dringendste Herausforderung unserer Zeit, das Problem, das unsere größten Probleme heraufbeschwört. Wir wurden schon oft aus weniger wichtigen Gründen aufgefordert, uns einschneidenden Veränderungen anzupassen.

Was ist mit jenen technologischen Lösungen, die als größte und einzige Hoffnung auf Rettung für unseren Planeten gelten? Was ist mit den erneuerbaren Energien? Was ist mit Recycling, Wasserreinhaltung, ökologischer Landwirtschaft, Radwegen, Elektroautos, begehbaren Städten und all den anderen Lösungen? Ihr Potenzial zur Verringerung des Ressourcenverbrauchs ist so bedeutsam wie eh und je, wenn nicht bedeutsamer. Der wesentliche Unterschied ist, dass sie, wenn sie nicht länger von der Konsumkultur untergraben und annulliert würden, endlich ihren Zweck erfüllen könnten. Die Technologie kann das Ausmaß der Konsumeinschränkung verringern; die Einschränkung des Konsums verkleinert die Lücke, welche die Technologie überbrücken muss. Das eine verschafft dem anderen mehr Zeit, und beide verschaffen uns mehr Zeit.

Am Anfang dieses Buchs stand eine Frage: Können wir das Konsumdilemma lösen? Die Antwort: Ja, wir können. Indem wir eine auf endlose Expansion ausgerichtete Wirtschaft bremsen, kehren wir lediglich zum langfristigen Trend eines graduellen Wachstums zurück, der über weite Strecken der Menschheitsgeschichte zu beobachten war: Mit Einfallsreichtum können wir uns anpassen. Die persönlichere Frage – ob wir diesen Weg einschlagen wollen – ist schwerer zu beantworten. Forschungsergebnisse deuten darauf hin, dass das Leben in einer Gesellschaft, die weniger konsumiert, wirklich besser sein kann: mit weniger Stress, weniger Arbeit oder sinnvollerer Arbeit und mehr Zeit für die Menschen und Dinge, die uns am meisten bedeuten. Die Gegenstände, die uns umgeben, können gut gemacht oder schön oder beides sein und uns lange genug begleiten, um zu Behältern für unsere Erinnerungen und Geschichten zu werden. Und das vielleicht Beste ist, dass wir zusehen können, wie unser erschöpfter Planet zu neuem Leben erwacht: mit sauberem Wasser, einem blaueren Himmel, mehr Wäldern, mehr Nachtigallen, mehr Walen. Viele Menschen werden an dem Tag, an dem die Welt aufhört einzukaufen, eine Welt sehen, in der sie leben möchten. Andere werden eine Dystopie sehen.

Wie wäre es, mit einem weniger anspruchsvollen Ziel zu beginnen? Wir könnten den Konsum in der reichen Welt um 5 Prozent verringern. Dann hätten wir wieder den Lebensstil, an den wir vor einigen Jahren gewohnt waren; wir würden die Einschränkung kaum bemerken. Und doch begänne sich alles zu ändern, von unseren Wünschen über die Rolle der Wirtschaft bis zur Zukunft des Weltklimas. Es könnte das Ende der uns bekannten Welt sein, aber es wäre nicht das Ende der Welt.

Dank

Zunächst möchte ich all denen, die ich für dieses Buch inter-
viewt habe, dafür danken, dass sie ihre Erkenntnisse und ihr
Wissen mit mir geteilt und sich darauf eingelassen haben,
einigermaßen fantasievolle Szenarien mit mir durchzuspielen. Unabhängig davon, ob sie im Buch namentlich genannt
werden oder nicht, ihre Beiträge waren von großem Wert
für mich, und ich bin sehr dankbar für ihre Bereitschaft, am
menschlichen Gespräch teilzunehmen.

Dieses Buch ist in der Tradition faktengestützter Gedan-
kenexperimente und fantasievoller Neugestaltung der Realität geschrieben. Zwei Bücher aus dieser Gruppe waren besonders wichtig für mich: *Die Welt ohne uns* von Alan Weisman
und *News from Nowhere* von William Morris.

Mehrere Personen nahmen große Mühen auf sich, um
mir Zugang zu potenziellen Quellen zu verschaffen oder
die Logistik meiner Reisen zu organisieren. Dies waren
Amber McCasland und Phil Zabriskie bei Levi Strauss & Co.,
Juan Andrés Portilla in Ecuador, Vera Schoultz, Anu Partanen, Anna Alanko und Saska Saarikoski in Finnland, Jenny
Poulter, Jamie Burdett und die Adland-Stimmen, die sich an
einem denkwürdigen Abend in London versammelten, aber
ansonsten nicht in diesem Buch genannt werden (Jonathan
Wise, Lucy Clayton, James Parr), in Großbritannien. In Seat-

tle stellte die Autorin Emma Marris nützliche Kontakte für mich her. In Japan führten mich die Forschungsergebnisse des Geografen Peter Matanle zur Insel Sado, und Tetsuo Ikeda, Yoshihiro Nakano, Andrew Sutter und Yasuyuki Sato halfen mir großzügig. In Namibia gaben mir James Suzman und Megan Laws unschätzbare Orientierungshilfe. Ich möchte auch den stets hilfsbereiten Mitarbeitern des US Bureau of Labor Statistics, des Bureau of Economic Analysis, der Bibliothek der University of British Columbia und der öffentlichen Bibliothek von Vancouver danken. Die Bibliotheken sind seit jeher Modelle für eine Gesellschaft, die weniger konsumiert.

Im Lauf des Projekts standen mir mehrere Personen als Kollegen zur Seite. Die wunderbare Joanne Will half mir bei der Grundlagenarbeit. Maho Harada war meine Dolmetscherin, Übersetzerin und Problemlöserin in Japan; vor allem danke ich ihr für ihre Freundschaft. In Namibia waren Oma Leon Tsamkxao und Steve |Kunta meine Bezugspunkte. Tuomo Neuvonen und |Ai!ae Fridrick |Kunta halfen mit Übersetzungen. Ich möchte auch Tilman Lewis, Aline Bouwman und Deirdre Molina für ihre flinke Unterstützung bei der Endredaktion danken.

Zahlreiche Freunde scheuten keine Mühe, um mir zu helfen, und ich kann ihnen nicht genug für all das danken, was sie für mich getan haben. Ich bedanke mich bei Jennifer Jacquet, Lara Honrado, Joanna Wong, Yoshi Sugiyama, Vanessa Timmer, Paul Shoebridge, Michael Simons, Ronald Wright und Ruben Anderson. Ich möchte mich auch herzlich bei den Leserinnen und Lesern auf meiner Mailingliste für ihre andauernde Unterstützung und ihre nützlichen Anregungen bedanken (Sie können sich in die Liste eintragen, indem Sie mir über die Kontaktseite bei jbmackinnon.com schreiben).

In der Welt des geschriebenen Wortes gab mir Jim Rutman entscheidendes frühes Feedback, und danach machten er und seine Kollegen dieses Projekt buchstäblich möglich. Matt Weiland ist einfach eine der besten Personen, denen man in diesem Geschäft begegnen wird. Ich danke Emma Janaskie für ihre Unterstützung. Meine Lektoren machten dieses Buch sehr viel besser und halfen mir, es meiner ursprünglichen Vorstellung näher zu bringen als jedes andere Buch, das ich geschrieben habe; ich danke Anne Collins, Sara Birmingham und Stuart Williams. Ein Teil der Entwicklungsarbeit für dieses Buch wurde im *New Yorker* und in *The Atlantic* veröffentlicht; ich danke insbesondere Jeremy Keehn und Michelle Nijhuis für die ausgezeichnete redaktionelle Betreuung. Dank schulde ich auch allen Mitgliedern der Vancouver FCC.

Meine lebenslange Bewunderung für Alisa für alles, für einfach alles.

Schließlich entschuldige und bedanke ich mich bei allen, die ich möglicherweise vergessen habe. Jene, die ich hier genannt habe, sind nur für das Beste in diesem Buch verantwortlich; das Schlechteste einschließlich aller Fehler geht allein auf meine Kappe.

Ich bedanke mich für die finanzielle Unterstützung, die mir die Access Copyright Foundation, eine gemeinnützige Urheberrechtsorganisation, die Autoren und andere Künstler vertritt, in entscheidenden Phasen des Projekts gegeben hat.

Hinweise zu den Quellen

Im Folgenden habe ich die wichtigsten Informations- und Inspirationsquellen für die einzelnen Kapitel aufgelistet. Wenn Sie weitere Fragen zur Herkunft bestimmter Fakten haben, können Sie mich direkt unter jbmackinnon.com kontaktieren.

Zwei Bücher verdienen besondere Erwähnung wegen ihrer Beiträge zu zahlreichen Kapiteln; Frank Trentmanns Geschichte des Konsums, *Herrschaft der Dinge* (Deutsche Verlags-Anstalt, 2017), und Thomas Pikettys *Das Kapital im 21. Jahrhundert* (C. H. Beck, 2014). Meine Statistiken zum Konsum in den Vereinigten Staaten beruhen zumeist auf Daten des United States Bureau of Economic Analysis (BEA) und des US Bureau of Labor Statistics (BLS); ähnliche Daten auf globaler Ebene stammen normalerweise von den Vereinten Nationen (z. B. von der Hauptabteilung Wirtschaftliche und Soziale Angelegenheiten, UN DESA) oder von der Weltbank. Ich habe wiederholt auf Berichte in der *New York Times* und in *The Guardian* zurückgegriffen.

Vorwort: Wir müssen aufhören, Zeug zu kaufen, aber wir können nicht aufhören, Zeug zu kaufen

Abgesehen von den unten aufgelisteten Büchern, Berichten und Studien stammen verschiedene in diesem Kapitel genannten Fakten vom Global Footprint Network, von der Ernährungs- und Landwirtschaftsorganisation der Vereinten Nationen (FAO), von der Internationalen Energieagentur, von Carbon Brief, dem Archiv des Weißen Hauses, dem nationalen Statistikamt Chinas und dem Weltwirtschaftsforum.

Elhacham, Emily, Liad Ben-Uri, Jonathan Grozovski, Yinon M. Bar-On und Ron Milo, »Global human-made mass exceeds all living biomass«, in: *Nature* 588 (2020): 422–44.

Ellen MacArthur Foundation, *A New Textiles Economy: Redesigning Fashion's Future,* Ellen MacArthur Foundation, 2017.

Kaza, Silpa, Lisa Yao, Perinaz Bhada-Tata und Frank Van Woerden, *What a Waste 2.0: A Global Snapshot of Solid Waste Management to 2050,* World Bank, 2018.

Laws, Megan, »All Things Being Equal: Uncertainty, Ambivalence and Trust in a Namibian Conservancy«, Dissertationsschrift, London School of Economics and Political Science, 2019.

Lee, Richard Borshay, und Irven DeVore, *Man the Hunter* (Transaction, 1968).

MacKinnon, J. B., »Can We Stop Global Warming and Still Grow?«, *New Yorker,* 27. März 2017.

Mueller, Paul D., »Adam Smith's Views on Consumption and Happiness«, in: *Adam Smith Review* 8 (2014): 277–89.

Oberle, Bruno, Stefan Bringezu, Steve Hatfield-Dodds, Stefanie Hellweg, Heinz Schandl u. a., *Global Resources Outlook 2019: Natural Resources for the Future We Want.* UN Environment Program International Resource Panel, 2019.

Remy, Nathalie, Eveline Speelman und Steven Swartz, *Style That's Sustainable: A New Fast-Fashion Formula,* McKinsey & Company, 2016.

Rose, A., und S. B. Blomberg, »Total Economic Impacts of a Terrorist Attack: Insights from 9/11«, in: *Peace Economics, Peace Science, and Public Policy* 16, Nr. 1 (2010): 2.

Shi, David E., *The Simple Life* (New York: Oxford University Press, 1985).

Suzman, James, *Affluence without Abundance* (New York: Bloomsbury, 2017).

Zalasiewicz, Jan, Mark Williams, Colin N. Waters, Anthony D. Barnosky, John Palmesino u. a., »Scale and Diversity of the Physical Technosphere: A Geological Perspective«, in: *Anthropocene Review* 4, Nr. 1 (2017): 9–22.

1 Was wir aufgeben und woran wir festhalten

Zu den weiteren Quellen zählen Levi Strauss & Co., US BEA und National Bureau of Economic Research.

Dittmar, Helga, Rod Bond, Megan Hurst und Tim Kasser, »The Relationship between Materialism and Personal Well-being: A Meta-analysis«, in: *Journal of Personality and Social Psychology* 107, Nr. 5 (2014): 879-924.

Jacobs, Meg, »America's Never-Ending Oil Consumption«, *The Atlantic,* 15. Mai 2016.

Jacobs, Meg, *Panic at the Pump: The Energy Crisis and the Transformation of American Politics in the 1970s* (New York: Hill and Wang, 2016).

Lee, Michael S. W., und Christie Seo Youn Ahn, »Anti-con-
    sumption, Materialism, and Consumer Well-being«, in:
    Journal of Consumer Affairs 50, Nr. 1 (2016): 18–47.
Miller, Daniel, *Der Trost der Dinge: 15 Porträts aus dem Lon-
    don von heute* (Berlin: Suhrkamp, 2010).
Miller, Daniel, *Consumption and Its Consequences* (Cam-
    bridge: Polity, 2012).
Museum of Modern Art, *Fashion Is Kale* (Symposium), New
    York, aufgenommen am 19. Oktober 2017.
Putt del Pino, S., E. Metzger, D. Drew und K. Moss, »The Ele-
    phant in the Boardroom: Why Unchecked Consumption
    Is Not an Option in Tomorrow's Markets«, Washington,
    DC: World Resources Institute, 2017.
Trentmann, Frank, *Herrschaft der Dinge* (München: Deut-
    sche Verlags-Anstalt, 2017).
Wilk, Richard R., »Consumer Cultures Past, Present, and
    Future«, in: Alistair Ulph und Dale Southerton (Hg.),
    Sustainable Consumption: Multi-disciplinary Perspectives
    (Oxford: Oxford University Press, 2014), 315–36.

2 Wir shoppen nicht alle auf dieselbe Art und werden nicht alle auf dieselbe Art damit aufhören

Zu den weiteren Quellen zählen die Wirtschaftspolitische
Institution der Regierung von Ecuador, das UN-Entwick-
lungsprogramm, das US Census Bureau, die Weltbank,
Worldwatch, der World Happiness Report und der Happy
Planet Index.

Jacobs, Meg, *Pocketbook Politics: Economic Citizenship in
    Twentieth-Century America* (Princeton: Princeton Univer-
    sity Press, 2005).

Steinbeck, John, *Log from the Sea of Cortez* (New York: Viking, 1941).

Trentmann, *Herrschaft der Dinge.*

York University Ecological Footprint Initiative and Global Footprint Network. National Footprint and Biocapacity Accounts, Ausgabe 2021.

3 Es ist nicht so, dass die Zeit verrücktspielt – es ist eine andere Art von Zeit

Für dieses Kapitel habe ich auch auf die Aufzeichnungen des Obersten Gerichtshofs der Vereinigten Staaten zurückgegriffen.

Cohen, Lizabeth, »From Town Center to Shopping Center: The Reconfiguration of Community Marketplaces in Postwar America«, in: *American Historical Review* 101, Nr. 4 (1996): 1050–81.

Laband, David N., und Deborah Hendry, *Blue Laws: The History, Economics, and Politics of Sunday-Closing Laws* (Lexington: Lexington Books, 1987).

MacKinnon, J. B., »America's Last Ban on Sunday Shopping«, *New Yorker,* 7. Februar 2015.

Mass-Observation und R. Searle, *Meet Yourself on Sunday* (London: Naldrett, 1949).

Shi, *The Simple Life.*

Shulevitz, Judith, *The Sabbath World: Glimpses of a Different Order of Time* (New York: Random House Incorporated, 2011).

Trentmann, *Herrschaft der Dinge.*

4 Plötzlich ein Sieg im Kampf gegen den Klimawandel

Ein besonderer Dank geht an Damon Matthews, Professor für Klimaforschung und Nachhaltigkeit an der Concordia University, und Trissevgeni »Jenny« Stavrakou vom Belgischen Institut für Weltraum-Aeronomie. Zu den weiteren Quellen zählen die *New York Times,* die Internationale Energieagentur, das NASA Scientific Visualization Studio, das Global Carbon Project, Carbon Brief und das auf Luftreinhaltungstechnologie spezialisierte Unternehmen IQAir.

Internationale Energieagentur, *World Energy Outlook,* Paris: IEA (mehrere Jahre).

Jackson, Robert B., Josep G. Canadell, Corinne Le Quéré, Robbie M. Andrew, Jan Ivar Korsbakken u. a., »Reaching Peak Emissions«, in: *Nature Climate Change* 6, Nr. 1 (2016): 7–10.

Knight, Kyle W., und Juliet B. Schor, »Economic Growth and Climate Change: A Cross-National Analysis of Territorial and Consumption-Based Carbon Emissions in High-Income Countries«, in: *Sustainability* 6, Nr. 6 (2014): 3722–31.

Masson-Delmotte, V., P. Zhai, H.-O. Pörtner, D. Roberts, J. Skea u. a. (Hg.), *Global Warming of 1.5°C: An IPCC Special Report on the Impacts of Global Warming of 1.5°C above Pre-industrial Levels and Related Global Greenhouse Gas Emission Pathways, in the Context of Strengthening the Global Response to the Threat of Climate Change, Sustainable Development, and Efforts to Eradicate Poverty,* IPCC, 2019.

Meadows, D. H., und Club of Rome (Hg.), *Die Grenzen des Wachstums: Bericht des Club of Rome zur Lage der Menschheit* (Stuttgart: Deutsche Verlags-Anstalt, 1972).

Mian, Atif, und Amir Sufi, *House of Debt* (Chicago: University of Chicago Press, 2014).

Ward, James D., Paul C. Sutton, Adrian D. Werner, Robert Costanza, Steve H. Mohr und Craig T. Simmons, »Is Decoupling G. D. P. Growth from Environmental Impact Possible?«, in: *PloS One* 11, Nr. 10 (2016): e0164733.

Wiedmann, Thomas O., Heinz Schandl, Manfred Lenzen, Daniel Moran, Sangwon Suh u. a., »The Material Footprint of Nations«, in: *Proceedings of the National Academy of Sciences* 112, Nr. 20 (2015): 6271–76.

York, Richard, »De-carbonization in Former Soviet Republics, 1992–2000: The Ecological Consequences of Demodernization«, in: *Social Problems* 55, Nr. 3 (2008): 370–390.

5 Wir müssen uns wieder an die Nacht gewöhnen

Weitere Quellen sind die NASA, die International Dark-Sky Association, das Kennedy Space Center und die *New York Times* vom 21. und 24. Februar 1962. Der Analyst Thomas Liles von Rygard Energy und der Entomologe John Wallace stellten ebenfalls wertvolle Information zur Verfügung.

Bundervoet, T. u. a., »Bright Lights, Big Cities, Measuring National and Subnational Economic Growth in Africa from Outer Space, with an Application to Kenya and Rwanda«, Policy Research Working Paper WPS7461, World Bank Group, 2015.

Davies, Thomas W., und Tim Smyth, »Why Artificial Light at Night Should Be a Focus for Global Change Research in the Twenty-first Century«, in: *Global Change Biology* 24, Nr. 3 (2018): 872–82.

Elvidge, Christopher D., Feng-Chi Hsu, Kimberly E. Baugh und Tilottama Ghosh, »National Trends in Satellite-Observed Lighting«, in: *Global Urban Monitoring and Assessment through Earth Observation* 23 (2014): 97–118.

Falchi, Fabio, Pierantonio Cinzano, Dan Duriscoe, Christopher C. M. Kyba, Christopher D. Elvidge u. a., »The New World Atlas of Artificial Night Sky Brightness«, in: *Science Advances* 2, Nr. 6 (2016): e1600377.

Glenn, John H., Jr., »Description of the MA-6 Astronomical, Meteorological, and Terrestrial Observations«, *Results of the First U. S. Manned Orbital Space Flight February 20, 1962*, NASA: 1962.

Green, Judith, Chloe Perkins, Rebecca Steinbach und Phil Edwards, »Reduced Street Lighting at Night and Health: A Rapid Appraisal of Public Views in England and Wales«, in: *Health & Place* 34 (2015): 171–80.

Henderson, J. Vernon, Adam Storeygard und David N. Weil, »Measuring Economic Growth from Outer Space«, in: *American Economic Review* 102, Nr. 2 (2012): 994–1028.

Hough, Walter, »The Development of Illumination«, in: *American Anthropologist* 3, Nr. 2 (1901): 342–52.

Kyba, Christopher C. M., und Franz Hölker, »Do Artificially Illuminated Skies Affect Biodiversity in Nocturnal Landscapes?«, in: *Landscape Ecology* 28 (2013): 1637–40.

Kyba, Christopher C. M., Theres Kuester, Alejandro Sánchez De Miguel, Kimberly Baugh, Andreas Jechow u. a., »Artificially Lit Surface of Earth at Night Increasing in Radiance and Extent«, in: *Science Advances* 3, Nr. 11 (2017): e1701528.

Shaw, Robert, »Night as Fragmenting Frontier: Understanding the Night That Remains in an Era of 24/7«, in: *Geography Compass* 9, Nr. 11 (2015): 637–47.

Steinbach, Rebecca, Chloe Perkins, Lisa Tompson, Shane Johnson, Ben Armstrong u. a., »The Effect of Reduced Street Lighting on Road Casualties and Crime in England and Wales: Controlled Interrupted Time Series Analysis«, in: *Journal of Epidemiology and Community Health* 69, Nr. 11 (2015): 1118–24.

Trentmann, *Herrschaft der Dinge.*

6 Das Ende des Wirtschaftswachstums ist nicht das Ende der Wirtschaft

Eine weitere Quelle war die JFK Library. Es folgt eine kurze Liste guter Bücher, die wichtige Fragen zum Wachstum aufwerfen.

Blyth, Mark, *Great Transformations: Economic Ideas and Institutional Change in the Twentieth Century* (Cambridge: Cambridge University Press, 2002).

Kallis, Giorgos, Susan Paulson, Giacomo D'Alisa und Federico Demaria, *The Case for Degrowth* (Oxford: Polity, 2020).

Jackson, Tim, *Wohlstand ohne Wachstum – das Update: Grundlagen für eine zukunftsfähige Wirtschaft* (oekom Verlag, 2017).

Hickel, Jason, *Less Is More: How Degrowth Will Save the World* (London: Penguin Random House, 2020).

Pilling, David, *The Growth Delusion* (New York: Tim Duggan Books, 2018).

Raworth, Kate, *Die Donut-Ökonomie: Endlich ein Wirtschaftsmodell, das den Planeten nicht zerstört* (München: Hanser, 2018).

Victor, Peter, *Managing without Growth: Slower by Design, Not Disaster,* 2. Aufl. (Cheltenham: Edward Elgar, 2019).

7 **Das Konsumdesaster beginnt, das Desaster des Alltagslebens ist vorüber**

Für dieses Kapitel habe ich mich auf die Sachkenntnis und die Forschungsergebnisse von Wissenschaftlern der Universität Helsinki gestützt, darunter Päivi Timonen vom Zentrum für Konsumforschung, Anna Alanko vom Zentrum für Suchtmittelabhängigkeit, der Historiker Juha Siltala, die Medienforscherin Anu Kantola und Matti Kortteinen vom Institut für urbane und Regionalstudien. Ich danke auch dem Journalisten Saska Saarikoski und Martat, einer finnischen Organisation für Hauswirtschaft. Eine weitere Quelle ist die Weltgesundheitsorganisation.

Barro, Robert J., und José F. Ursúa, *Macroeconomic Crises since 1870,* Nr. w13940. National Bureau of Economic Research, 2008.

Barro, Robert J., und José F. Ursúa, »Rare Macroeconomic Disasters«, in: *Annual Review of Economics* 4, Nr. 1 (2012): 83–109.

Fligstein, Neil, Orestes P. Hastings und Adam Goldstein, »Keeping Up with the Joneses: How Households Fared in the Era of High Income Inequality and the Housing Price Bubble, 1999–2007«, in: *Socius* 3 (2017).

Hennigan, Karen M., Linda Heath, J. D. Wharton, Marlyn L. Del Rosario, Thomas D. Cook und Bobby J. Calder, »Impact of the Introduction of Television on Crime in the United States: Empirical Findings and Theoretical Implications«, in: *Journal of Personality and Social Psychology* 42, Nr. 3 (1982): 461-477.

Jonung, Lars, und Thomas Hagberg, *How Costly Was the Crisis of the 1990s?: A Comparative Analysis of the Deepest Crises in Finland and Sweden over the Last 130 Years,*

Nr. 224, Generaldirektion Wirtschaft und Finanzen, Europäische Kommission, 2005.

Riihelä, Marja, Risto Sullström und Matti Tuomala, *What Lies behind the Unprecedented Increase in Income Inequality in Finland during the 1990s,* Working Paper 2, Tampere Economic Working Papers Net Series, Universität Tampere, 2001.

Salokangas, Raimo, »Why Recessions Lower the Impacts on Mental Health«, in: *Duodecim* 111, Nr. 16 (1995): 1576.

Schor, Juliet, »Do Americans Keep Up with the Joneses?: The Impact of Consumption Aspirations on Savings Behaviour«, Mai 1997 (von der Autorin zur Verfügung gestellt).

Schor, Juliet B., *The Overspent American* (New York: Basic Books, 1998).

Solnit, Rebecca, *A Paradise Built in Hell* (New York: Viking Penguin, 2009).

Veblen, Thorstein B., *Theorie der feinen Leute: Eine ökonomische Untersuchung der Institutionen* (Köln: Kiepenheuer & Witsch, 1958).

8 Kann sich die Werbung in ihr Gegenteil verwandeln?

Zusätzliche Quellen sind das Glimpse Collective (weglimpse.co), Levi's Historikerin Tracey Panek, Patagonia und Jon Alexander vom New Citizenship Project (newcitizenship.org.uk).

Kotler, Philip, und Sidney J. Levy, »Demarketing, Yes, Demarketing«, in: *Harvard Business Review* 49, Nr. 6 (1971): 75–77.

MacKinnon, J. B., »Patagonia's Anti-Growth Strategy«, in: *New Yorker,* 21. Mai 2015.

Okazaki, Shintaro, und Barbara Mueller, »The Impact of the Lost Decade on Advertising in Japan: A Grounded Theory Approach«, in: *International Journal of Advertising* 30, Nr. 2 (2011): 205–32.

Picard, Robert G., »Effects of Recessions on Advertising Expenditures: An Exploratory Study of Economic Downturns in Nine Developed Nations«, in: *Journal of Media Economics* 14, Nr. 1 (2001): 1–14.

Ridgeway, Rick, »The Elephant in the Room«, Patagonia. com. Herbst 2013.

Sekhon, Tejvir S., und Catherine A. Armstrong Soule, »Conspicuous Anti-consumption: When Green Demarketing Brands Restore Symbolic Benefits to Anti-consumers«, in: *Psychology & Marketing* 37, Nr. 2 (2020): 278–90.

Trentmann, *Herrschaft der Dinge.*

9 Wir gewöhnen uns schneller, als wir glauben, daran, nicht einzukaufen

Ein besonderer Dank geht an Sam Geall von *China Dialogue* (chinadialogue.net/en). Zusätzliche Informationen von der Weltbank und *China Dialogue.*

Brown, Kirk Warren, Tim Kasser, Richard M. Ryan und James Konow, »Materialism, Spending, and Affect: An Event-Sampling Study of Marketplace Behavior and Its Affective Costs«, in: *Journal of Happiness Studies* 17, Nr. 6 (2016): 2277–92.

Dittmar u. a., »The Relationship between Materialism and Personal Well-being«.

Geall, Sam, und Adrian Ely, »Narratives and Pathways towards an Ecological Civilization in Contemporary China«. in: *China Quarterly,* 236 (2018): 1175–96.

Kasser, Tim, »Materialistic Values and Goals«, in: *Annual Review of Psychology* 67 (2016): 489–514.

Kasser, Tim, Katherine L. Rosenblum, Arnold J. Sameroff, Edward L. Deci, Christopher P. Niemiec u. a., »Changes in Materialism, Changes in Psychological Well-being: Evidence from Three Longitudinal Studies and an Intervention Experiment«, in: *Motivation and Emotion* 38, Nr. 1 (2014): 1–22.

Keynes, John Maynard, »Die wirtschaftlichen Möglichkeiten unserer Enkelkinder«, in: Norbert Reuter (Hg.), *Wachstumseuphorie und Verteilungsrealität: Wirtschaftspolitische Leitbilder zwischen gestern und morgen.* (Marburg: Metropolis, 2007): 135–47.

Lekes, Natasha, Nora H. Hope, Lucie Gouveia, Richard Koestner und Frederick L. Philippe, »Influencing Value Priorities and Increasing Well-being: The Effects of Reflecting on Intrinsic Values«, in: *Journal of Positive Psychology* 7, Nr. 3 (2012): 249–61.

Offer, Avner, *The Challenge of Affluence* (Oxford: Oxford University Press, 2006).

Nasr, Nada, »The Beauty and the Beast of Consumption: A Review of the Consequences of Consumption«, in: *Journal of Consumer Marketing* 36, Nr. 7 (2019): 911–25.

Wang, Haining, Zhiming Cheng und Russell Smyth, »Wealth, Happiness and Happiness Inequality in China«, in: Gaël Brule und Christian Suter (Hg.), *Wealth(s) and Subjective Well-being* (Cham: Springer, 2019): S. 445–61.

10 Vielleicht müssen wir die Ruinen sehen, um zu erkennen, dass es an der Zeit ist, etwas Neues aufzubauen

Burawoy, Michael und Kathryn Hendley, »Between Perestroika and Privatisation: Divided Strategies and Political Crisis in a Soviet Enterprise«, in: *Soviet Studies* 44, Nr. 3 (1992): 371 – 402.

Burawoy, Michael, Pavel Krotov und Tatyana Lytkina, »Involution and Destitution in Capitalist Russia«, in: *Ethnography* 1, Nr. 1 (2000): 43 – 65.

Eichengreen, Barry, *Hall of Mirrors: The Great Depression, the Great Recession, and the Uses – and Misuses – of History* (Oxford: Oxford University Press, 2015).

Gessen, Masha, »The Dying Russians«, *New York Review of Books,* 2. September 2014.

Greasley, David, Jakob B. Madsen und Les Oxley, »Income Uncertainty and Consumer Spending during the Great Depression«, in: *Explorations in Economic History* 38, Nr. 2 (2001): 225 – 51.

Kindleberger, Charles P., und Robert Z. Aliber, *Manias, Panics, and Crashes,* 6. Aufl. (Basingstoke: Palgrave MacMillan, 2011).

Oberle u. a., *Global Resources Outlook 2019.*

Southworth, Caleb, »The Dacha Debate: Household Agriculture and Labor Markets in Post-Socialist Russia«, in: *Rural Sociology* 71, Nr. 3 (2006): 451 – 78.

Romer, Christina D., »The Nation in Depression«, in: *Journal of Economic Perspectives* 7, Nr. 2 (1993): 19 – 39.

Terkel, Studs, *Der große Krach: Die Geschichte der amerikanischen Depression* (Frankfurt a. M.: Suhrkamp, 1972).

York, Richard, »De-carbonization in Former Soviet Republics, 1992 – 2000: The Ecological Consequences of Demodernization«.

11 Keine schwächere, sondern eine stärkere Bindung an unsere Dinge

Orientierungshilfe gaben mir Mitglieder der Sustainable Consumption Research and Action Initiative (scorai.net).

Cooper, Tim (Hg.), *Longer Lasting Products: Alternatives to the Throwaway Society* (Boca Raton: CRC Press, 2016).

Cooper, Tim, Naomi Braithwaite, Mariale Moreno und Giuseppe Salvia, *Product Lifetimes and the Environment: Draft Conference Proceedings* (Nottingham: Nottingham Trent University, 2015).

Dupuis, Russell D., und Michael R. Krames, »History, Development, and Applications of High-Brightness Visible Light-Emitting Diodes«, in: *Journal of Lightwave Technology* 26, Nr. 9 (2008): 1154–71.

Karana, Elvin, Owain Pedgley und Valentina Rognoli (Hg.), *Materials Experience* (Oxford: Butterworth-Heineman, 2014).

Krajewski, Markus, »The Great Lightbulb Conspiracy«, in: *Spectrum, IEEE* 51, Nr. 10 (2014): 56–61.

Jackson, John Brinckerhoff, *The Necessity for Ruins,* (Amherst, MA: University of Massachusetts Press, 1980).

MacKinnon, J. B. »The LED Quandary: Why There's No Such Thing as ›Built to Last‹«, *New Yorker,* 14. Juli 2016.

MacKinnon, J. B., »Trying to Solve the LED Quandary«, *New Yorker,* 5. Oktober 2016.

Mostafavi, Moshen, und David Leatherbarrow, *On Weathering* (Cambridge: MIT Press, 1993).

Trentmann, *Herrschaft der Dinge.*

Weiser, Harald, und Nina Tröger, »The Use-Time and Obsolescence of Durable Goods in the Age of Acceleration«, Europäischer Verbraucherverband (BEUC), 2015.

12 Die Fast Fashion darf nicht herrschen, aber sie muss nicht unbedingt sterben

Eine weitere Quelle ist das Worker Rights Consortium (workersrights.org).

Ashmore, Sonia, »Handcraft as Luxury in Bangladesh: Weaving Jamdani in the Twenty-first Century«, in: *International Journal of Fashion Studies* 5, Nr. 2 (2018): 389–97.

Berg, A., M. Heyn, E. Hunter, F. Rölkens, P. Simon und H. Yankelevich, *Measuring the Fashion World,* McKinsey & Company, 2018.

de Wit, Marc, Jelmer Hoogzaad, Shyaam Ramkumar, Harald Friedl und Annerieke Douma, *The Circularity Gap Report,* Circle Economy, 2018.

Ellen MacArthur Foundation, *A New Textiles Economy.*

Leitheiser, Erin, Syeda Nusaiba Hossain, Shuvro Sen, Gulfam Tasnim, Jeremy Moon u. a., »Early Impacts of Coronavirus on Bangladesh Apparel Supply Chains«. RISC Briefing, Danida – Dänisches Außenministerium, 2020.

Majima, Shinobu, »Fashion and the Mass Consumer Society in Britain, c. 1950–2001« Dissertationsschrift, Universität Oxford, 2006.

Putt del Pino u. a., »The Elephant in the Boardroom«.

Remy, Speelman und Swartz, *Style That's Sustainable.*

ThredUp, *Resale Report,* 2019.

Trentmann, *Herrschaft der Dinge.*

US Bureau of Labor Statistics, *100 Years of US Consumer Spending: Data for the Nation, New York City, and Boston,* US Department of Labour, 2006.

13 Ein Unternehmen, das sehr, sehr langfristig denkt

Weitere Quellen sind das Archiv der Toraya Group, The Henokiens (henokiens.com), INSEAD Wendel International Centre for Family Enterprise, Fairphone und die Zeitschrift *Low-tech* (lowtechmagazine.com sowie solar. lowtechmagazine.com).

Anthony, Scott D., S. Patrick Viguerie, Evan I. Schwartz und John Van Landeghem, *2018 Corporate Longevity Forecast: Creative Destruction Is Accelerating,* Innosight, 2018.

Daepp, Madeleine I. G., Marcus J. Hamilton, Geoffrey B. West und Luís M. A. Bettencourt, »The Mortality of Companies«, in: *Journal of The Royal Society Interface* 12, Nr. 106 (2015).

Pilling, David, *Bending Adversity: Japan and the Art of Survival* (New York: Penguin, 2014).

Mulgan, Geoff, *Good and Bad Innovation: What Kind of Theory and Practice Do We Need to Distinguish Them?* (London: Nesta, 2016).

Wang, Yangbo, und Haoyong Zhou, *Are Family Firms Better Performers during the Financial Crisis?,* SSRN Working Papers Series, 2012.

14 Wenn wir keine Konsumenten mehr sind, was sind wir dann?

Weitere Quellen sind Participatory City Foundation (participatorycity.org), Every One Every Day (weareeveryone.org), New Citizenship Project (newcitizenship.org.uk), die Greater London Authority und Redefining Progress (rprogress.org).

Lawrence, T. E., Die sieben Säulen der Weisheit, Deutsch

von Dagobert von Mikusch (München: dtv, 4. Aufl. 1988):
805.

Britton,Tessy, *Hand Made,* 2010.

Open Works, *Designed to Scale,* o. D.

Participatory City Foundation, *Made to Measure: Year One
Report,* Participatory City Foundation, o. D.

Participatory City Foundation, *Y2: Tools to Act.* Participatory City Foundation, o. D.

15 Wir konsumieren immer noch viel zu viel
(Teil 1: Unauffälliger Konsum)

Zu den weiteren Quellen zählen das DEMAND Centre
(demand.ac.uk) und die Zeitschrift *Low-tech.*

Ackermann, Marsha, *Cool Comfort: America's Romance
with Air-conditioning,* (Washington/London: Smithsonian
Institution Press, 2002).

C40 Cities, Arup und Universität Leeds, *The Future of
Urban Consumption in a 1.5 C World,* 2019.

Cabanac, Michel, »Physiological Role of Pleasure«, in:
Science 173, Nr. 4002 (1971): 1103–7.

Cooper, Gail, *Air Conditioning America* (London: The Johns
Hopkins University Press, 1998).

de Wit u. a., *The Circularity Gap Report* (2018).

de Wit, Marc, Jacco Verstraeten-Jochemsen, Jelmer Hoogzaad und Ben Kubbinga, *The Circularity Gap Report 2019,*
Circle Economy, 2019.

Heschong, Lisa, *Thermal Delight in Architecture* (Cambridge: MIT Press, 1979).

Hui, Allison, Theodore Schatzki und Elizabeth Shove
(Hg.), *The Nexus of Practices: Connections, Constellations,
Practitioners* (London: Taylor & Francis, 2016).

Oberle u. a., *Global Resources Outlook 2019.*

Shove, Elizabeth, *Comfort, Cleanliness and Convenience: The Social Organization of Normality* (Oxford: Berg, 2003).

Trentmann, *Herrschaft der Dinge.*

van Marken Lichtenbelt, Wouter, Mark Hanssen, Hannah Pallubinsky, Boris Kingma und Lisje Schellen, »Healthy Excursions Outside the Thermal Comfort Zone«, in: *Building Research & Information* 45, Nr. 7 (2017): 819–27.

van Vliet, Bas, Heather Chappells und Elizabeth Shove, *Infrastructures of Consumption,* Earthscan, 2005.

16 **Wir konsumieren immer noch viel zu viel (Teil 2: Geld)**

Bataille, Georges, *The Accursed Share,* Bd. 1: *Consumption* (New York: Zone Books, 1988).

Dütschke, Elisabeth, Manuel Frondel, Joachim Schleich und Colin Vance, »Moral Licensing – Another Source of Rebound?«, in: *Frontiers in Energy Research* 6, Nr. 38 (2018).

Hood, Clifton, *In Pursuit of Privilege* (New York: Columbia University Press, 2017).

Fouquet, Roger, und Peter J. G. Pearson, »Seven Centuries of Energy Services: The Price and Use of Light in the United Kingdom (1300–2000)«, in: *The Energy Journal* 27, Nr. 1 (2006).

Fouquet, Roger, »Historical Energy Transitions: Speed, Prices, and System Transformation«, in: *Energy Research & Social Science* 22 (2016): 7–12.

Inoue, Nozomu, und Shigeru Matsumoto, »An Examination of Losses in Energy Savings after the Japanese Top Runner Program«, in: *Energy Policy* 124 (2019): 312–19.

Jevons, William Stanley, *The Coal Question,* 1865.

Kallis, Giorgos, *Limits: Why Malthus Was Wrong and Why Environmentalists Should Care* (Stanford: Stanford University Press, 2019).

Kropfeld, Maren Ingrid, Marcelo Vinhal Nepomuceno und Danilo C. Dantas, »The Ecological Impact of Anticonsumption Lifestyles and Environmental Concern«, in: *Journal of Public Policy & Marketing* 37, Nr. 2 (2018): 245–59.

Makov, Tamar, und David Font Vivanco, »Does the Circular Economy Grow the Pie?: The Case of Rebound Effects from Smartphone Reuse«, in: *Frontiers in Energy Research* 6 (2018).

Mueller, »Adam Smith's Views on Consumption and Happiness«.

Murray, Cameron K., »What If Consumers Decided to All ›Go Green‹?: Environmental Rebound Effects from Consumption Decisions«, in: *Energy Policy* 54 (2013): 240–56.

Smith, Adam, *Der Wohlstand der Nationen,* 13. Aufl. (München: dtv, 2013).

Stepp, John Richard, Eric C. Jones, Mitchell Pavao-Zuckerman, David Casagrande und Rebecca K. Zarger, »Remarkable Properties of Human Ecosystems«, in: *Conservation Ecology* 7, Nr. 3 (2003).

Trentmann, *Herrschaft der Dinge.*

Welch, Evelyn, *Shopping in the Renaissance* (New Haven/London: Yale University Press, 2005).

17 **Wir retten tatsächlich die Wale, endlich**

Weitere Quellen sind die Weltnaturschutzunion (IUCN), das Washingtoner Artenschutzübereinkommen (CITES), der Internationale Tierschutzfonds (IFAW), die Samoa Conservation Society und das National University of Samoa Centre for Samoan Studies.

Drury, Rebecca, »Hungry for Success: Urban Consumer Demand for Wild Animal Products in Vietnam«, in: *Conservation and Society* 9, Nr. 3 (2011): 247–57.

Duffy, Rosaleen, *Nature Crime: How We're Getting Conservation Wrong* (New Haven/London: Yale University Press, 2010).

Filous, Alexander, Alan M. Friedlander, Haruko Koike, Marc Lammers, Adam Wong u. a., »Displacement Effects of Heavy Human Use on Coral Reef Predators within the Molokini Marine Life Conservation District«, in: *Marine Pollution Bulletin* 121, Nr. 1–2 (2017): 274–81.

Kraus, Scott D., und Rosalind M. Rolland (Hg.), *The Urban Whale* (Cambridge: Harvard University Press, 2007).

MacKinnon, J. B., »It's Tough Being a Right Whale These Days«, *The Atlantic*, 30. Juli 2018.

MacKinnon, J. B., »The Rich Meals That Keep Wild Animals on the Menu«, *The Atlantic*, 19. März 2020.

Parry, Luke, Jos Barlow und Heloisa Pereira, »Wildlife Harvest and Consumption in Amazonia's Urbanized Wilderness«, in: *Conservation Letters* 7, Nr. 6 (2014): 565–74.

Pirotta, Vanessa, Alana Grech, Ian D. Jonsen, William F. Laurance und Robert G. Harcourt, »Consequences of Global Shipping Traffic for Marine Giants«, in: *Frontiers in Ecology and the Environment* 17, Nr. 1 (2019): 39–47.

Serra, Gianluca, Greg Sherley, S. Afele Faillagi, S. Talie Foliga, Moeumu Uili u. a., »Traditional Ecological Knowledge of the Critically Endangered Tooth-Billed Pigeon *Didunculus strigirostris,* Endemic to Samoa«, in: *Bird Conservation International* 28, Nr. 4 (2018): 620 – 42.

Stirnemann, R. L., I. A. Stirnemann, D. Abbot, D. Biggs und R. Heinsohn, »Interactive Impacts of By-catch Take and Elite Consumption of Illegal Wildlife«, in: *Biodiversity and Conservation* 27, Nr. 4 (2018): 931 – 46.

Truong, V. Dao, Nam V. H. Dang und C. Michael Hall, »The Marketplace Management of Illegal Elixirs: Illicit Consumption of Rhino Horn«, in: *Consumption Markets & Culture* 19, Nr. 4 (2016): 353 – 69.

Quintus, Seth, und Jeffrey T. Clark, »Ritualizing Hierarchy: Power Strategies and Pigeon Catching in Ancient Samoa«, in: *Journal of Anthropological Research* 75, Nr. 1 (2019): 48 – 68.

York, Richard, »Why Petroleum Did Not Save the Whales«, in: *Socius* 3 (2017).

18 Wir brauchen ein besseres Wort als »Glück« für das, was da entsteht

Zu den weiteren Quellen zählen das US BLS und das International Centre for Anti-consumption Research (icar. auckland.ac.nz).

Belk, Russell W., »Worldly Possessions: Issues and Criticisms«, in: *ACR North American Advances* 10 (1983): 514 – 19.

Brown, Kirk Warren, und Tim Kasser, »Are Psychological and Ecological Well-Being Compatible?: The Role of Values, Mindfulness, and Lifestyle«, in: *Social Indicators Research* 74, Nr. 2 (2005): 349 – 68.

Gregg, Richard B., »The Value of Voluntary Simplicity«, in: *Pendle Hill Essays* 3 (1936).

Lee und Ahn, »Anti-consumption, Materialism, and Consumer Well-being«.

Miller, Geoffrey, *Spent* (New York: Viking, 2009).

Oral, Cansu, und Joy-Yana Thurner, »The Impact of Anti-consumption on Consumer Well-being«, in: *International Journal of Consumer Studies* 43, Nr. 3 (2019): 277 – 88.

Psychology & Marketing 37, Nr. 2 (2020), Sonderausgabe zum Antikonsum.

Schor, Juliet B. »Voluntary Downshifting in the 1990s«, in: Jim Stanford, Lance Taylor, Ellen Houston und Brant Houston (Hg.), *Power, Employment, and Accumulation: Social Structures in Economic Theory and Practice* (Armonk: M. E. Sharpe, 2001), 66 – 79.

Seegebarth, Barbara, Mathias Peyer, Ingo Balderjahn und Klaus-Peter Wiedmann, »The Sustainability Roots of Anticonsumption Lifestyles and Initial Insights Regarding Their Effects on Consumers' Well-being«, in: *Journal of Consumer Affairs* 50, Nr. 1 (2016): 68 – 99.

Zavestoski, Stephen, »The Social-psychological Bases of Anti-consumption Attitudes«, in: *Psychology & Marketing* 19, Nr. 2 (2002): 149 – 65.

Einige Literaturhinweise zur freiwilligen Einfachheit in den Neunzigerjahren:

Andres, Cecile, *The Circle of Simplicity* (New York: HarperCollins, 1997).

Dominguez, Joe, und Vicki Robin, *Mehr Geld für mehr Leben: Wie Sie in neun Schritten Ihre Beziehung zum*

Finanziellen ändern – und früher in Rente gehen können
(München: Redline, 2018).

Elgin, Duane, *Voluntary Simplicity* (Rock Hill: Quill, 1998).

Luhrs, Janet, *Lebe einfacher: Ein Handlungsbuch für mehr
Gelassenheit* (München: Droemer, 1998).

Schor, Juliet B., *The Overspent American* (New York: Basic
Books, 1998).

19 Und jetzt shoppen wir alle virtuell?

Ein besonderer Dank geht an Danny Goel, CEO von PrecisionOS, und Dan Burgar, Präsident der VR/AR Association von Vancouver. Die Quellen für viele Details zur »digitalen Welle« sind die *New York Times* und *The Guardian.*

Belk, Russell W., und Rosa Llamas, *The Routledge Companion to Digital Consumption* (New York: Routledge, 2013).

Devine, Kyle, *Decomposed: The Political Ecology of Music*
(Cambridge: MIT Press, 2019).

Galvin, Ray, »The ICT/Electronics Question: Structural
Change and the Rebound Effect«, in: *Ecological Economics* 120 (2015): 23–31.

Lehdonvirta, Vili, *Virtual Consumption,* Series A-11, Turku,
Turku School of Economics, 2009.

Lehdonvirta, Vili, und Edward Castronova. *Virtual Economies: Design and Analysis* (Cambridge: MIT Press, 2014).

Pike, Kenneth R., und C. Tyler DesRoches, »Virtual Consumption, Sustainability and Human Well-Being«, in:
Environmental Values 29, Nr. 3 (2020): 361–78.

Preist, Chris, Daniel Schien und Paul Shabajee, »Evaluating
Sustainable Interaction Design of Digital Services:
The Case of YouTube«, in: *Proceedings of the 2019 CHI*

Conference on Human Factors in Computing Systems,
1–12, 2019.

Widdicks, Kelly, »Understanding and Mitigating the Impact
of Internet Demand in Everyday Life«, Dissertationsschrift, Universität Lancaster, 2020.

Widdicks, Kelly, und Daniel Pargman, »Breaking the Cor-
nucopian Paradigm: Towards Moderate Internet Use in
Everyday Life«, in: *Proceedings of the Fifth Workshop on
Computing within Limits,* 1–8, 2019.

Weltwirtschaftsforum, Global Web Index sowie Visual
Capitalist, »This Is How COVID-19 Has Changed Media
Habits in Each Generation«, 2020.

20 Wie eine Welt mit weniger Menschen, nur dass die Menschen nicht verloren gehen

Andrew Sutter und Yoshihiro Nakano, Experten für Entwachstum, gaben mir Orientierungshilfe und stellten mir
Forschungsergebnisse zur Verfügung.

Kishida, Ittaka, »Preparing for a Zero-growth Economy«, in:
*Forum Report 008: Reexamining Japan in Global Context
Forum,* Tokio, 26. Mai 2015.

Matanle, Peter, »Towards an Asia-Pacific ›Depopulation
Dividend‹ in the Twenty-first Century: Regional Growth
and Shrinkage in Japan and New Zealand«, in: *Asia-
Pacific Journal: Japan Focus* 15, Nr. 6 (2017).

Matanle, Peter, und Yasuyuki Sato, »Coming Soon to a City
Near You!: Learning to Live ›Beyond Growth‹ in Japan's
Shrinking Regions«, in: *Social Science Japan Journal* 13,
Nr. 2 (2010): 187–210.

Pilling. *Bending Adversity.*

Salsberg, Brian, Clay Chandler und Heang Chhor (Hg.),

Reimagining Japan: The Quest for a Future That Works, San Francisco: McKinsey & Co., 2011.

21 **150 000 Jahre später ...**

Das in Washington ansässige Institute for Policy Studies bietet eine ausgezeichnete Literaturliste zur Ungleichheit an: Inequality.org.

Dittmar u. a., »The Relationship between Materialism and Personal Well-being«.

Goodin, Robert E., James Mahmud Rice, Antti Parpo und Lina Eriksson, *Discretionary Time: A New Measure of Freedom* (Cambridge: Cambridge University Press, 2008).

Kaplan, David, »The Darker Side of the ›Original Affluent Society‹«, in: *Journal of Anthropological Research* 56, Nr. 3 (2000): 301–24.

Laws, »All Things Being Equal«.

Oishi, Shigehiro, Kostadin Kushlev und Ulrich Schimmack, »Progressive Taxation, Income Inequality, and Happiness«, in: *American Psychologist* 73, Nr. 2 (2018): 157.

Partanen, Anu, *The Nordic Theory of Everything* (New York: HarperCollins, 2016).

Payne, Keith, *The Broken Ladder: How Inequality Affects the Way We Think, Live, and Die* (New York: Penguin Random House, 2017).

Suzman, *Affluence without Abundance*.

Wilk, Richard R., und Eric J. Arnould, »Why Do the Indians Wear Adidas?: Or, Culture Contact and the Relations of Consumption«, in: *Journal of Business Anthropology* 5, Nr. 1 (2016): 6–36.

Wilkinson, Richard, und Kate Packett, *The Inner Level: How*

More Equal Societies Reduce Stress, Restore Sanity and Improve Everyone's Well-being (New York: Penguin, 2019).

Nachwort: Es gibt eine bessere Möglichkeit, mit dem Einkaufen aufzuhören

Cohen, Maurice J., *The Future of Consumer Society* (Oxford: Oxford University Press, 2017).

Cohen, Maurice J., Halina Szejnwald Brown und Philip J. Vergragt, *Social Change and the Coming of Post-consumer Society* (Milton Park: Routledge, 2017).

Kallis u. a., *The Case for Degrowth.*

Pilling, *The Growth Delusion.*

Raworth, *Die Donut-Ökonomie.*

Roscoe, Philip, *I Spend Therefore I Am* (Toronto: Random House Canada, 2014).

Shi, *The Simple Life.*

Register

Der Weg in die moderne Überflussgesellschaft

Frank Trentmann, Historiker am Londoner Birkbeck College, erzählt in Herrschaft der Dinge erstmals umfassend die faszinierende Geschichte des Konsums. Von der italienischen Renaissance bis hin zur globalisierten Wirtschaft der Gegenwart entwirft er eine weltumspannende Alltags- und Wirtschaftsgeschichte, die eine Fülle von Wissen bietet, den Blick aber ebenso auf die Herausforderungen der Zukunft lenkt. Ein opulentes, eindrucksvolles Werk, das Maßstäbe setzt, in der Forschung wie in den wichtigsten politischen und wirtschaftlichen Debatten unserer Zeit.

»Ein Meisterwerk der Forschung und, noch wichtiger,
ein großes Lesevergnügen.«
The Times

www.pantheon-verlag.de